文化娱乐法
前沿问题研究

FRONTIER ISSUES

OF CULTURAL AND ENTERTAINMENT LAW

郑宁◎等著

中国政法大学出版社

2020·北京

图书在版编目（CIP）数据

文化娱乐法前沿问题研究/郑宁等著. —北京：中国政法大学出版社，2020.9
ISBN 978-7-5620-9683-2

　Ⅰ.①文… Ⅱ.①郑… Ⅲ.①文化事业－法律－研究－中国
Ⅳ.①D922.164

　中国版本图书馆 CIP 数据核字 (2020) 第 200693 号

出　版　者　　中国政法大学出版社
地　　　址　　北京市海淀区西土城路 25 号
邮寄地址　　北京 100088 信箱 8034 分箱　邮编 100088
网　　　址　　http://www.cuplpress.com (网络实名：中国政法大学出版社)
电　　　话　　010-58908586(编辑部) 58908334(邮购部)
编辑邮箱　　zhengfadch@126.com
承　　　印　　固安华明印业有限公司
开　　　本　　880mm×1230mm　1/32
印　　　张　　13
字　　　数　　320 千字
版　　　次　　2020 年 9 月第 1 版
印　　　次　　2020 年 9 月第 1 次印刷
定　　　价　　66.00 元

一、本书的缘起

文化娱乐法，简称文娱法，顾名思义，就是文化娱乐行业的各种法律规范的总称。文化娱乐行业属于文化产业，其内涵和外延是不断与时俱进的。根据国家统计局发布的《文化及相关产业分类（2018）》，文化及相关产业包括了新闻信息服务、内容创作生产、创意设计服务、文化传播渠道、文化投资运营和文化娱乐休闲服务等九大门类，涵盖 43 个中类和 146 个小类。2016 年，《文化部关于推动文化娱乐行业转型升级的意见》把调整对象集中在歌舞娱乐和游戏游艺等传统文化娱乐行业。文化和旅游部主管的中国文化娱乐行业协会的发起单位则包括了歌舞娱乐场所、游戏机经营场所、网络游戏、手机游戏、家庭娱乐、室外游乐园、会展、文化娱乐内容技术服务等多个业态。艾媒咨询发布的行业报告中所指的文娱行业则既包括传统的文娱行业（如媒体、影视、阅读、动漫），也包括近几年兴起的文娱行业（如短视频、网络直播、游戏等）。[1]本书的研究对象即涵盖了最为广泛的文娱行业。

---

〔1〕 艾媒咨询："2019-2020 中国文娱行业发展现状及前景分析"，载 https://www.iimedia.cn/c1020/70577.html.

近年来，随着新技术、新业态的不断发展，文化娱乐行业进入全面发展的繁荣时期，呈现出良好的发展态势，是我国国民经济的重要组成部分，并有望成为支柱性产业。2018 年全国文化及相关产业增加值为 41 171 亿元，占 GDP 的比重为 4.48%。文化娱乐产业满足了人们的精神文化需求，具有很强的生命力。2019 年，全国规模以上文化及相关企业实现营业收入 86 624 亿元，按可比口径计算比上年增长 7.0%。[1]虽然 2020 年新冠肺炎疫情给文化产业带来了巨大冲击：根据第一季度文化产业相关数据显示，全国 5.9 万家规模以上文化及相关产业企业实现营业收入 16 889 亿元，比上年同期下降 13.9%，电子游艺厅娱乐服务、景区游览服务等线下为主的文化娱乐休闲服务同比下降高达 59.1%。然而，文化产业呈现此消彼长的态势，新闻信息服务营业收入 1739 亿元，同比增长 11.6%，继续保持较快增长，成为唯一一个正向增长的门类。[2]

作为国内最早开设娱乐法课程的高校之一，我所在的中国传媒大学文化产业管理学院法律系早在 2015 年就为首届法律硕士研究生开设了影视娱乐法课程，共 8 周，32 学时，主要是邀请娱乐法律师授课，内容包括影视娱乐投资及开发链条合同管理、影视演艺经纪、影视人格权维权、影视企业的著作权纠纷、不正当竞争、影视企业的知识产权管理等。2019 年，中国传媒大学还在法律实务课程中开设了娱乐法诊所课程，既训练学生从事娱乐法律实务能力，也为娱乐行业提供公益法律援助。中国传媒大学文化产业管理学院还预计于 2021 年在文化产业之下

---

〔1〕 国家统计局："2019 年全国规模以上文化及相关产业企业营业收入增长 7.0%"，载 http://www.gov.cn/xinwen/2020-02/15/content_ 5479165.html.

〔2〕 国家统计局，http://www.stats.gov.cn/tjsj/zxfb/202004/t20200430_ 1742605.html.

开设文化法治与知识产权方向，开设文化法学课程，为培养文化娱乐行业懂文化产业、懂法律、懂知识产权的人才而努力。

文化产品是一种特殊产品，既有社会属性，又有市场属性。我国的文化娱乐行业要坚持双效统一原则，即把社会效益放在首位，社会效益和经济效益相统一。以往的文化娱乐法研究更多局限于知识产权法、合同法、侵权法的角度，而较少从监管和治理的角度出发。由于相关法律规范和司法实践发展迅速，传统的教材难以及时跟进前沿动态，而本书采取专题式的研究，既兼顾了公法和私法的不同视角，又能及时反映前沿动态。本书力图回应以下问题：我国文化娱乐行业有哪些特殊性？存在哪些亟待解决的问题？相关监管制度是如何演进和发展的？现行法律制度和司法裁判标准对文化娱乐行业产生了哪些影响？应当如何完善？希望本书的研究论点和论据能对读者深化对这一领域的认识有所启发。

二、本书的结构

本书综合采用了规范研究、实证研究、案例研究、比较研究等多种研究方法，按照主题，分为上下两篇。

上篇聚焦于文化娱乐行业的监管和治理问题，包括 6 节。有从监管层面来分析网络剧、境外视听节目的监管制度，有从治理层面对纪录片产业政策、视听节目播放数据造假行为的研究，有对法治政府背景下媒体问政的探讨，也有从案例角度对我国《广告法》禁止绝对化用语进行反思，很多选题颇具新意，并且对我国的现状进行了较为系统的梳理，并提出了解决对策，对我国文化娱乐行业的监管和治理有较大的参考价值。

下篇关注文化娱乐行业的知识产权法问题，包括 7 节。第一节全面回顾了我国网络版权监管的历史，并对未来提出了展望；后面六节分别探讨具体问题，都是近年来文化娱乐行业的知识产权热点问题，包括同人作品、演绎作品、机器人新闻稿件、影视角色的商品化权、影视改编中的保护作品完整权等著作权法问题，还有从《商标法》的角度研究"格调不高"作为商标注册驳回理由的正当性。知识产权法律问题新，变化快，司法裁判层出不穷，值得探讨的空间很大，希望这些论文能在一定程度上深化这些领域的研究。

三、致谢

本书是我和我的学生们对于文化娱乐法思考的阶段性成果。李玥琳、王子璇、张艳丽、李博云、庄晓涵、车好是我指导的法律硕士，曾坤、张颖、刘红娟、赵苏、沈纯谊也是我教过的法律硕士，这些论文大多是在他们硕士学位论文基础上修改而成的，也一并感谢所有为这些论文的开题、答辩、撰写作出贡献的老师们。值得一提的是，本书的全部作者都是女性，这也展现了中国传媒大学法律系的女研究生们在科研方面的努力。

感谢我的学生 18 级法学本科生刘子睿同学承担了书稿的校对工作。

感谢中国政法大学出版社丁春晖主任对于本书出版提供的帮助。

四、作者分工（按先后顺序排列）

（1）郑宁（中国传媒大学文化产业管理学院法律系主任、副教授）：上篇第一节、第二节，下篇第一节。

（2）车好（中国传媒大学文化产业管理学院法律系硕士研究生）：上篇第一节。

（3）曾坤（北京中视瑞德文化传媒股份有限公司版权事业

部上海项目主管）：上篇第三节。

（4）李博云（北京知产宝网络科技发展有限公司法律研究助理）：上篇第四节。

（5）沈纯谊（中国传媒大学文化产业管理学院法律系法律硕士）：上篇第五节。

（6）庄晓涵（中国传媒大学文化产业管理学院法律系法律硕士）：上篇第六节。

（7）王子璇（北京市浩天信和律师事务所律师助理）：下篇第二节。

（8）张艳丽（北京市京翰律师事务所律师助理）：下篇第三节。

（9）赵苏（无锡祥生医疗科技股份有限公司法务）：下篇第四节。

（10）张颖（山东政法学院教师）：下篇第五节。

（11）刘红娟［北京德和衡（杭州）律师事务所助理律师］：下篇第六节。

（12）李玥琳（泽东电影法律顾问）：下篇第七节。

郑 宁

2020 年 7 月 8 日于北京

CONTENTS

上 篇

文化娱乐行业的监管和治理问题

我国纪录片产业政策的发展历史及其完善对策

郑宁、车好*

纪录片在中国的发展先后经历了政治化（1958 年至 1977 年）、人文化（1978 年至 1992 年）、平民化（1993 年至 1999 年）、社会化（2000 年至 2009 年）以及政治化产业（2010 年至今）五个时期。[1] 2010 年是我国纪录片发展史上具有里程碑意义的一年，《国家广播电影电视总局关于加快纪录片产业发展的若干意见》的出台标志着我国纪录片从此走上了政策与市场双重驱动的产业化道路。在政策红利的刺激下，纪录片产业迅速发展，2019 年中国纪录片生产总投入达 50.36 亿元，同比增长 9.4%，年生产总值约达 66.60 亿元，同比增长 3.3%，呈良性上升趋势。[2] 我国学界对于纪录片产业的研究较多，对纪录片产业政策的研究较为薄弱，本文在梳理我国近十年纪录片产业政策的发展历史的基础上，评价其实施效果，分析存在的问题，并提出完善对策，希望对我国纪录片产业的健康发展有所助益。

---

* 郑宁系中国传媒大学文化产业管理学院法律系主任、副教授，车好系中国传媒大学文化产业管理学院法律系硕士研究生。

〔1〕 何苏六、韩飞："时代性互文互动：改革开放 40 年与中国纪录片的发展谱系"，载《现代传播（中国传媒大学学报）》2018 年第 12 期。

〔2〕 2020 年 4 月 18 日，北京师范大学纪录片研究中心在线发布《中国纪录片发展研究报告 2020》。

一、我国纪录片产业政策的发展历史

产业政策，作为政府调整社会资源配置的有效手段，在促进文化产业快速健康发展方面起到了不可或缺的作用。根据市场失灵理论，完全竞争的市场经济结构是资源配置的最佳方式，但是在现实中完全竞争是不存在的，如果仅靠市场来进行资源配置就会出现市场失灵。而纪录片从本质上来讲是一种文化产品，具有文化价值和经济价值双重属性，兼具私人产品和公共产品的混合特征。正是因为文化产品的特殊性，单纯依赖市场机制进行文化资源的配置难以达到帕累托最优状态。正如威廉·鲍莫尔"成本病"理论所言，工业部门的生产率将随着技术水平的提高不断提高，而表演艺术的生产率却无法保持相同的增长速度，长此以往将导致表演艺术成本增加以及艺术家和工人之间的"收入差"，阻碍表演艺术产业的发展。[1]因此，在保证市场充分竞争的同时，需要政府通过产业政策来纠正市场失灵，促进市场均衡发展。自 2010 年以来，有关部门围绕着资金扶持、鼓励播出、加快"走出去"和中外合拍、加强知识产权保护四个方面出台了一系列政策，下文将对这些政策的发展历史及实施效果进行分析。

（一）资金扶持

2010 年出台的《广电总局关于加快纪录片产业发展的若干意见》，从繁荣创作生产、健全市场体系、推进改革创新、加强"走出去"等方面做出了整体布局，是国家首次对纪录片发展提出整体性指导意见，标志着我国纪录片从此走上了政策与市场双重驱动的产业化道路。

---

〔1〕 Baumol, W. J., Bowen, W. G., *Performing arts: The Economic Dilemma*, Twentieth Century Fund, 1966.

（1）对优秀纪录片、制作播出机构和人才进行资金扶持。
2011 年，在财政部的支持下，国家广播电影电视总局[1]设立
国产纪录片及创作人才扶持项目发展专项基金，支持和鼓励国
产纪录片的创作、生产和播出，重点奖励对国产纪录片发展有
重要贡献的优秀人才、国产纪录片制作机构及播出机构。同年，
国家广电总局下发《广电总局关于推荐优秀国产纪录片的通
知》，开始实行"优秀国产纪录片推荐播映"制度，各地推荐总
局评选，每年推荐四批，获总局推荐的纪录片可优先在电视台、
电影院安排播出播映，并从中择优参加"优秀国产纪录片及创
作人才扶持项目"评选，获得相应资金扶持。这一制度的实施
有效地带动了纪录片产业的发展，各地推荐纪录片数量和总局
推优纪录片数量皆呈上升趋势，2013 年至 2018 年间，全国各地
共推荐 3157 部纪录片，其中总局推优纪录片 897 部，占比
28.4%。此外，纪录片奖励范围和奖励力度也在不断加大，截至
2018，奖励项目从最初的 8 类 46 个，扩展到 12 类 79 个，奖
励资金也相应地从 468 万元增加至 600 万元。从获得资金扶持的
纪录片制作主体来看，电视台和国家机构（如国务院南水北调
办公室、中共北京市委宣传部、解放军总政治部宣传部）占比
最高，民营公司占比从 2014 年起逐步增加，2018 年达到
19.5%[2]（见下图）。

---

[1] 为行文方便，本书将国家广播电影电视总局（1998 年 3 月至 2013 年 3
月）、国家新闻出版广电总局（2013 年 3 月至 2018 年 3 月）、国家广播电视总局
（2018 年 3 月至今）统称为"国家广电总局"。

[2] 仅以优秀微片、短片、中片、长片、系列片、文献片以及优秀国际传播
类为统计对象。民营公司包含新媒体，国家机构不包含电视台。

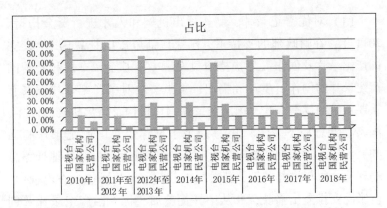

不同类型纪录片制作机构获得总局资金扶持的情况统计[1]

（2）对主旋律纪录片进行资金扶持。2015年7月，国家广电总局发布《国家新闻出版广电总局办公厅关于开展"百人百部中国梦短纪录片扶持计划"的通知》，扶持100名优秀纪录片导演和爱好者，创作100部反映中国人拼搏奋斗的现实题材短纪录片。"双百计划"分3年实施，总局每年拿出300万元专项资金扶持相关选题的拍摄制作。据笔者统计，在100部作品中有32部由民营公司制作，反映出在政策刺激下，民营资本越来越多地投入到纪录片创作生产当中。接档"双百计划"，2018年5月，国家广电总局下发《国家广播电视总局关于实施"记录新时代"纪录片创作传播工程的通知》，提出在2018年至2022年间，编制"记录新时代"百部纪录片重点选题规划、扶持"记录新时代"纪录片精品创作、扶持"记录新时代"中国梦短纪录片创作，总局对列入扶持项目的选题进行资金支持，并指导创作播出。

受新冠肺炎疫情影响，为宣传防疫事迹、推动产业有序发

---

[1] 根据国家广电总局官网历年公开数据统计，http://www.nrta.gov.cn.

展，国家广电总局于 2020 年 3 月发布《国家广播电视总局关于统筹疫情防控和推动广播电视行业平稳发展有关政策措施的通知》，将围绕疫情防控和重大决策的部署，指导创作一批优秀的电视剧、纪录片、电视节目、网络影视剧、MV、短视频等，并加大资金扶持力度。4 月，由国家广电总局指导的战"疫"纪录片《第一线》《今日龙抬头》相继播出。

（3）对精品网络纪录片进行资金扶持。国家广电总局出台的一系列鼓励原创网络视听节目的政策，也在一定程度上为纪录片的发展带来了红利。2014 年，国家广电总局开始实施"弘扬社会主义核心价值观 共筑中国梦"主题原创网络视听节目征集推选和展播活动，对入选的剧情类、非剧情类网络视听节目以及展播平台进行补助。其中，在非剧情类网络视听节目中，纪录片占了很大比例。在此基础之上，2017 年，国家广电总局开始实施"网络视听节目精品创作传播工程"，重点扶持处于创作阶段的网络剧、网络电影、网络纪录片、网络动画片、网络综艺节目等，作品入选后签订《扶持项目协议书》并发放一期补助资金，完成后的作品经评议列入《网络视听节目精品创作目录》的，发放二期补助资金，并给予宣传推广和播出支持。据笔者统计，2017 年至 2019 年，国家广电总局共扶持网络视听精品节目 69 部，其中纪录片 30 部，占比高达 43.5%。[1]其中，连续两年入选的网生纪录片《了不起的匠人》反响热烈，不仅展现了传统工艺的新时代风尚，并反向输出到了电视台，取得了经济效益和社会效益的双丰收。

（二）鼓励播出

纪录片的播出平台和数量是纪录片取得社会效益和经济效

---

[1] 根据国家广电总局官网历年公开数据统计，http://www.nrta.gov.cn。

益的重要保障。

（1）鼓励新设播出平台。国家广电总局对于播出平台的鼓励政策使得纪录片的播出有了渠道保障。2011 年 1 月 1 日，央视纪录频道开播，分中英文双语，全天候 24 小时覆盖全球播出，在收视、影响、广告、海外销售方面都取得了傲人的成绩。为突破纪录片行业"人才、精品、市场"的瓶颈，2013 年 7 月，央视纪录频道牵头成立了"中国纪录片制播联盟"，涵盖国内100 多家纪录片制作机构、电视播出机构，致力于打造出中国最大的纪录片制作、播出与交流平台。2013 年 11 月 11 日，由央视纪录频道联合全国 70 家省、市级电视台共同开办的《纪录中国》栏目，是中国纪录片制播联盟的重要产物，其作为全国电视台合作模式的一次重要创新，真正实现了参与主体"节目资源共享、播出平台共享"，对于促进纪录片产业的发展具有长远意义。2011 年至 2016 年，北京纪实频道、上海纪实频道、湖南金鹰纪实频道陆续完成上星，中国纪录片播出平台"1+3"格局形成。各大纪录频道的上星播出拓宽了纪录片的受众面，进一步刺激了纪录片的生产制作。2019 年，专业纪实频道格局发生了大规模调整，分化明显，央视纪录频道全面改版，上海成立纪录片中心，湖南金鹰纪实频道继续深耕青春题材，北京纪实频道与体育频道合并为北京冬奥纪实频道，以体育为主。

（2）要求增加播出数量。国家广电总局还鼓励上星频道增加纪录片播出数量。2011 年，国家广电总局下发《广电总局关于进一步加强电视上星综合频道节目管理的意见》，要求扩大新闻、经济、文化、科教、少儿、纪录片等多种类型节目的播出比例。这一政策被称为"限娱令"，虽然并未对纪录片的播出时长进行具体规定，却为纪录片的播出创造了机会，事实上提高了纪录片的播出比例。2011 年纪录片投资迅速接近 10 亿元，其中大片投资升温，社会资本开始规模进入纪录片制作，纪录片价格从每分钟 30 元至 50 元提升为 100 元至 200 元。[1]

2013 年，国家广电总局又发布《国家新闻出版广电总局关于做好 2014 年电视上星综合频道节目编排和备案工作的通知》（又称为"加强版限娱令"），明确要求上星综合频道平均每天 6：00 至次日 1：00 之间至少播出 30 分钟国产纪录片。这一政策大大繁荣了纪录片的生产和播出。2014 年中国纪录片行业年度生产总投入约 19 亿元，总收入约 30 亿元。与 2013 年相比，发展速度为 33%。全国电视台纪录片总投入为 13.04 亿元，占行业年度总投入的 68%；民营公司总投入为 4.11 亿元，占整个行业年度投入的 22%。[2]

2015 年，国家广电总局"一剧两星"政策实施，"同一部电视剧联播的上星频道至多两家，且每晚播出数量不超过两集"的规定，进一步增大了纪录片的播出空间。2018 年，国家广电总局发布《国家广播电视总局关于实施"记录新时代"纪录片创作传播工程的通知》，再次指出扩大国产纪录片播出需求，在不少于 30 分钟规定的基础上，增加"每个电视上星综合频道全年在 19：30~22：30 时段播出国产纪录片总量不得低于 7 小时"的规定。一系列政策的推出有效地带动了电视纪录片的播出，据 CDRC 统计，2012 年至 2016 年电视纪录片全年播出总时长稳定增长，2016 年达到 7 万小时，其中，中央电视台播出 2.1 万小时，省级卫视播出约 2 万小时，纪录片专业频道播出约 3 万

〔1〕 中国纪录片发展研究课题组，张同道等："2011 年中国纪录片发展研究报告"，载《现代传播（中国传媒大学学报）》2012 年第 3 期。
〔2〕 参见张同道主编：《中国纪录片发展研究报告（2015）》，中国社会科学出版社 2015 年版。

小时。[1]虽然受新媒体纪录片竞争影响，2017年至2018年播出总时长出现波动，但是总体上已取得长足发展。

（三）国际合作

纪录片是传播中华文化的重要途径，大力实施国产纪录片"走出去"战略，有助于利用国际资源讲好中国故事，让世界更好地了解中国。自确立"走出去"战略以来，国家从鼓励中外合拍、加强纪录片译制等方面促进优秀国产纪录片打入国际市场。

（1）鼓励中外合拍纪录片。2018年，国家广电总局开始实施"记录新时代"纪录片创作传播工程，积极实施纪录片海外推广计划，鼓励扶持讲好中国故事的中外合拍纪录片，并视同国产纪录片给予政策扶持，对在国际主流媒体播出的纪录片予以重点扶持。实施该工程以来，《智慧中国：众创时代》《21世纪海上丝绸之路》《中国：变革故事》《极致中国》《医道无界》等9部纪录片被评为"优秀国际传播奖"，并获得国家广电总局的资金奖励，其中多部纪录片都是由五洲传播中心联合国外主流纪录片制作播出机构打造的。"中国题材，国际表达"日益成为国产纪录片走出去的重要形式。

（2）支持优秀纪录片的海外传播和评奖。为助力优秀国产作品的国际传播，中央宣传部于2013年开始组织实施中国当代作品翻译工程，遴选资助具有代表性的中国当代影视作品并进行多语种翻译向世界推介，在讲好中国故事、传播中华文化方面发挥了积极作用。在国际纪录片市场上，《舌尖上的中国》《茶，一片树叶的故事》等精品，成为一张张闪亮的中国名片。

此外，国家支持引导开办纪录片节展活动。中国（广州）

---

〔1〕 何苏六主编：《纪录片蓝皮书：中国纪录片发展报告（2011）》，社会科学文献出版社2011年版，第9页。

国际纪录片节自开办以来，现已与 40 多个国际著名纪录片专业电影节与机构建立了友好合作关系，成为推动国际纪录片交流的优质平台，在促进纪录片投融资、版权交易等方面发挥着重要作用。2012 年，中国（广州）国际记录片节首创"金红棉奖"，2018 年共有 122 个国家和地区、4542 部纪录片参会角逐这一奖项，创历史新高。

（四）版权保护

加快纪录片产业市场化，营造良好的知识产权环境尤为重要。纪录片的版权保护包括行政保护和司法保护两个层面。

（1）加大行政保护力度。自 2005 年以来，国家版权局每年都会同多部委开展"剑网行动"，打击网络盗版行为，对纪录片的版权进行了有效保护。此外，为保护热播热映影视作品免遭网络盗版，国家版权局建立了重点作品监管预警机制，要求相关网站对名单内的作品采取相关保护措施。《航拍中国》《中国影响方志》《舌尖上的中国》都被列入预警名单。2010 年，国家广电总局下发《广播影视知识产权战略实施意见》，提出建立健全广播影视知识产权保护体系，严厉查处涉及广播影视行业的知识产权侵权盗版和违法犯罪行为，严厉打击互联网侵权盗版，重点打击影视剧作品侵权盗版行为。

（2）完善司法保护机制。2013 年，投资上千万的《舌尖上的中国》遭遇著作权侵权，权利人央视国际网络有限公司将土豆网告上法庭，最终获赔 24 万元。这一赔偿标准与侵权收益相比仍然较低。2019 年印发的《中共中央办公厅、国务院办公厅关于强化知识产权保护的意见》，从"严保护、大保护、快保护、同保护"四个方面着手，对新时代强化知识产权保护作出了系统谋划。其中，知识产权惩罚性赔偿制度的建立，将大幅提高侵权成本，有效解决赔偿额低的问题。2020 年发布的《北京市高级人民法院关于侵害知识产权及不正当竞争案件确定损害赔偿的指导意见及法定赔偿的裁判标准》，其中作出了"被告未经许可在线播放涉案视频类作品、制品，无其他参考因素时，电影、电视剧、纪录片、动画片类作品每部赔偿数额一般不少于 3 万元"的规定。《民法典》第 1185 条对故意侵害他人知识产权且情节严重的情形规定了惩罚性赔偿。《著作权法修正案（草案）》将法定赔偿数额由 50 万元提升至 500 万元，另设立惩罚性赔偿制度，以权利人的实际损失或侵权人的违法所得或权利许可使用费为基数，给予 1 倍以上 5 倍以下的赔偿。这一系列法律规定的变化，势必将提升版权保护的力度。

二、我国纪录片产业政策存在的问题及完善对策

尽管我国纪录片产业在政策扶持下有了长足发展，但纪录片监管方式僵化、资助体系不科学、行政化扶持的投融资带动效果差等问题仍然制约着产业的市场化发展。

（一）政府的监管理念和方式方面

从纪录片政策的制定和实施来看，政府部门起着主导作用，在监管方式上依旧偏"控制导向"，而企业、行业协会、公众的参与度较低，难以发挥社会力量在纪录片产业发展中的积极作用。例如，在纪录片资助方面，政府的主导作用贯穿于推荐、评估标准制定、评选、资助各个环节，但这种模式也存在着专业性不足、标准单一的弊端，难以满足产业快速发展的需求。

因此，政府只有转变监管理念，创新监管方式，提升服务水平，才能释放产业活力，刺激产业发展。在公共管理领域，合作治理是目前研究的主流理论。合作治理强调政府、企业、社会组织、公众共同参与、多元治理，政府作为多元治理主体中的一元不能垄断社会治理，政府职能应从"控制导向"转为

"服务导向"。合作治理是开放的治理，虽然政府在治理过程中发挥着引导的作用，但参与到治理过程中的每一个治理主体都能够平等地在治理活动中发挥其应有的作用。这种治理方式能够促进行政管理与社会良性互动，避免治理僵化。[1]

在纪录片监管中，可运用合作治理的思想，将企业、行业协会、公众纳入监管范畴，充分调动社会机构和行业自身的力量，提高行政服务水平。具体而言，政府主要负责政策制定、宏观监管和产业引导；行业协会可承担部分监管职能，负责扶持政策的执行，搭建多方位交流平台；企业则侧重在规制之下，发挥自身能动性，创造优质内容；而公众更多的是发挥监督作用。例如，可以借鉴澳大利亚的做法，通过政府拨款、社会组织运作的方式，具体执行纪录片扶持工作。澳大利亚影视项目的扶持工作主要由联邦和各州的电影机构负责执行，而机构的运作资金主要来自政府财政拨款。[2]结合我国实际情况，可从以下几个方面加以改进：第一，秉持机构运作、政府监管的原则，建立健全工作汇报、项目备案、资助信息公开、社会监督等机制，以保证机构持续健康有序运行；第二，推动机构专业化运作，机构的建立应当广泛吸纳专业的管理人员、财务人员、市场分析人员、纪录片专家以及其他产业内部人士，营造机构内"懂管理、懂市场、懂产业"的良好生态，从而建立更加科学合理的纪录片评估体系，最大程度发挥资金的市场效益和产业效益；第三，加强机构"人员库"的建设，积极推动产业专家、制片人、导演、新媒体、电视台、投资机构等入驻机构，分门别类编入"人员库"，搭建一个纪录片产业内部、产业—媒

〔1〕 张康之："合作治理是社会治理变革的归宿"，载《社会科学研究》2012年第3期。

〔2〕 叶非："澳大利亚视听产业的政府资助"，载《电影艺术》2010年第1期。

体、产业—资本的交流平台，有潜力的纪录片项目可由机构直接推荐给投资方，进一步打通产业和资本之间的壁垒；第四，建立纪录片跟踪机制，持续跟进受资助纪录片的制作情况以及发行后的市场效果，实施制片人和项目积分计划，并开展相关的纪录片调研、研究工作，根据项目反馈及时调整纪录片资助评估体系。

（二）资金来源方面

（1）改变纪录片资金来源单一的现状。我国纪录片资助基金来源单一，主要依赖于国家财政拨款。而国外纪录片资助资金来源相对广泛，除了财政拨款，还包括国家彩票基金、税收提取、商业化运作收益、捐赠等。例如，法国纪录片的资金支持主要来自影片发行时产生的电影票附加税、录像带和 DVD 销售税、网络视频点播营业税以及电视营业税等各种税收，[1]这种将纪录片生产、流通过程产生的税收纳入产业支持资金的方式，不但实现了财政收入的合理分配，也达到了产业资金反哺产业的效果，使产业自身具备了造血功能。再如，英国电影协会（British Film Institute）每年都会把从国家彩票基金获得的大量资金用于扶持电影制作。我国的体育彩票销售额呈现稳定增长趋势，2018 年销售总额突破 5000 亿元，成为财政收入的重要来源，也可以考虑提取彩票公益金的一部分支持纪录片产业发展。[2]

（2）建立科学的资助体系。我国对纪录片的扶持政策偏向于事后奖励，这种资助方式带有一定的滞后性，对于前期制作

---

〔1〕 叶非："英法电影资助政策及启示"，载《北京电影学院学报》2010 年第5 期。

〔2〕 来源于 British Film Institute 官网，https：//www.bfi.org.uk/supporting-uk-film/film-fund.

资本不足的项目来说，并不能起到有效的帮扶作用。因此，建立科学的资助体系，设置多元的资助基金十分重要。国外对纪录片的资助大多采取全流程的方式，覆盖纪录片的开发、制作、后期、发行等各个环节，并且根据纪录片的类型，如长片、短片，设置不同的基金，我国也应当加快建立健全纪录片资助分类制度，提升资助的针对性和及时性。此外，通过国产纪录片年度扶持项目的统计数据可以看出，虽然近年来民营公司获得资助的比例有所上升，但从整体来看仍然处于较低的比重，这也反映出我国对民营公司制作纪录片的扶持力度不足，独立制片人更是难以获得资助。反观国外大多比较重视对独立制片人的扶持，如 1984 年开办的美国圣丹斯电影节（Sundance Film Festival）就是专为独立电影人和影片而设的。[1]独立制片人拍摄的主题比较丰富，通常蕴含着对社会、人生的思考，但往往因为题材小众而难以获得融资支持。因此，我国下一步应当加大对民营公司以及独立制片人的扶持力度，将更多更深刻的纪录片搬上荧幕，刺激纪录片题材多元化创作，繁荣产业发展。

（三）投融资层面

我国纪录片的资金扶持主要是通过政府补贴和奖励的方式，但这种行政化的扶持方式有两个弊端：一是资金数额小，与纪录片制作所需资金相差甚远；二是缺乏带动作用，很难带动市场资金投入纪录片制作。据统计，2018 年，纪录片每小时的制作成本为 26.3 万元，[2]相比于制作成本，5 万元至 10 万元的奖励资金并不乐观。关键是，这部分资金在纪录片投融资过程中

---

〔1〕 来源于 Sundance Institute 官网，https://www.sundance.org/about/us#our-story.

〔2〕 艾瑞咨询："2019 年中国纪录片产业研究报告"，载 http://report.iresearch.cn/report_pdf.aspx?id=3448.

难以发挥预先的示范、引导作用，无法产生市场资金跟投的效果。资本是影响纪录片产业发展的根本性要素，要想实现纪录片产业市场化，必须解决产业投融资问题，引导多元资金注入纪录片制作。

首先，要变"行政化扶持"为"市场化扶持"，建立官方或半官方的产业投资基金。在项目补贴和资金奖励的基础上，按照"由补改投""资金改基金"的思路，逐步实现扶持资金向投资基金的转变，发挥政府资金带动作用，为产业发展注入"活水"。

其次，要加大金融机构对纪录片产业的支持力度。虽然，近年来中央和地方都推出了若干金融支持文化产业的政策，要求金融机构创新文化产业融资方式和配套金融服务，但这种总括性的政策要求，并不能保证金融机构对纪录片产业资金支持的比例。因此，需要对金融支持纪录片进行单独规定。例如，加大银行对纪录片产业的信贷投放，推动设立纪录片专项低息贷款，规定纪录片产业贷款余额同期增长率最低值。而对于小型民营制作公司和独立制片人来说，解决融资难的关键是完善增信机制，"财政+保险"的信贷风险补偿机制是一种有益的尝试。保险机构为制片人提供信贷担保，银行信贷风险由保险机构承担，政府财政兜底建立风险补偿资金池来分担保险机构经营风险，若亏损则由资金池补偿，若盈利则按约定比例注入资金池，这种"政策+市场"双重驱动的方式既打消了银行的顾虑又提高了保险机构的积极性，将有效解决融资难问题。

最后，要鼓励纪录片生产者开展多元的融资方式，通过政策驱动利用好市场资本和境外资本。近年来，国家大力推行知识产权融资，纪录片产业作为文娱产业的一种，更要从政策层面推动其利用好自身无形资产的优势。例如，积极推动纪录片版权证券化融资，可以由政府成立纪录片知识产权管理公司，将企业或者独立制片人的版权使用费作为发行证券的原始资本，再将发行版权证券化的部分盈利返还给版权拥有者，以此为其提供制作资金支持。同时，可由政府成立资金池作为外部增信，吸引更多的民间资本进入。此外，中外合作不仅是中国题材走向国际舞台的重要途径，也是国内纪录片产业融资的重要方式。例如，澳大利亚为刺激国外资本进入本国纪录片产业推出了多种税收优惠和补贴政策，其中主要的三种补贴形式为制片人补偿、后期制作及数字和影像（PDV）补偿、地点补偿。[1]我国将来也应当加大对国外资本的利用，通过降低补贴标准、提高补贴力度、加强区域合作等方式刺激外资投资制作中国纪录片，为中国纪录片产业注入新鲜活力。

三、结语

纪录片，作为一种反映社会、探讨现实的纪实影像，对内具有教育和思想启发的功能，对外具有文化传播和构建国家形象的功能。为满足纪录片产业的市场化需求，推动纪录片产业的健康快速发展，政府必须转变监管理念和方式，构建更为科学的扶持政策体系。在管理上，秉持合作治理思想，充分调动行业组织、企业等各种积极力量，提高行政服务水平；在资金上，扩大扶持资金来源，由"行政化补贴"转变为"市场化扶持"，逐步带动纪录片产业投融资，解决资金不足的根本性问题。

---

〔1〕 来源于 Screen Australia 官网，https://www.screenaustralia.gov.au/funding-and
-support/producer-offset.

法治政府背景下的媒体问政

郑宁

　　法治政府是国家治理体系和治理能力现代化的必然选择。我国正处在法治政府建设的关键时期，党的十九大指出，到2035年，我国法治国家、法治政府、法治社会基本建成。法治政府的基本要求包括八个方面：机构和职能法定、服务型政府、行政立法的法治化、行政决策的法治化、行政执法的规范化、政府信息公开、监督与问责的法治化、构建解决行政争议的法治体系。[1]而媒体问政是指公众通过媒体对政府进行监督，保障公众的知情权和监督权，促使政府履行职责，完善立法和决策，推动政府信息公开和执法规范，促进法治政府的建设。本文立足于法治政府语境下来讨论媒体问政的价值、问题及完善。

一、媒体问政对法治政府的价值

　　"问政"，即咨询或讨论为政之道，最早出自《礼记·中庸篇》中的"哀公问政"。媒体问政属于一种特殊的舆论监督，对象是政府，而舆论监督的对象更广，除了政府，还包括社会的其他组织和个人。

　　媒体问政在我国并不是一个新生事物，随着时代发展和媒

---

　　〔1〕马怀德："法治政府建设的基本要求"，载《中国司法》2018年第5期。

体技术的不断演进，媒体问政的形式也不断发生变化，主要有三种类型：第一，平面媒体问政，如报纸对政府的舆论监督。新中国成立之初，中共中央就开展了"报刊批评"，报刊可以对政府工作中的错误和缺点进行批评；[1]改革开放后创办的《南方周末》将舆论监督作为报纸的主要内容。第二，广播电视媒体问政，即由广播、电视媒体对政府开展的问政，如成都广播电台的《成都面对面 政风行风热线》采取市纠风办组织与协调督办，市级各部门（行业）到电台直播间值守，网络平台互动参与的形式，与市民面对面沟通交流，现场接听热线电话，接受网民留言，公开政务，解答政策，受理群众投诉，解决群众反映问题。1994年由中央电视台开办的《焦点访谈》"用事实说话"，曝光了大量各级各地政府存在的问题，为新闻舆论监督树立了一面旗帜，成为中国电视新闻评论的标杆性节目；2002年郑州电视台电视时政类节目"周末面对面"、2005年兰州电视台媒体政务类监督节目"一把手上电视"、2011年武汉电视台直播的政府与公众互动的访谈节目"电视问政"都是典型的电视问政栏目。第三，网络问政，即通过网络新媒体对政府进行监督，形式更加多样，包括：①政府主导的网络问政，如政府官方网站上开设的问政栏目（如领导信箱、网络信访），开通政务微博、政务微信，官员在网络上与网民在线交流；②传统媒体在网络上开设的网络问政栏目，如2013年，浙江省丽水日报社推出网络《问政直通车》栏目，通过让网友在网上反映问题，74个部门单位网络发言人直接上网回复的模式，为丽水260万群众和74个部门之间搭建交流沟通的平台。

媒体问政对法治政府的主要价值体现为两个方面：

---

〔1〕 中国社会科学院新闻研究所编：《中国共产党新闻工作文件汇编》，新华出版社1980年版，第5~8页。

（一）保障公众的知情权和监督权

知情权和监督权是我国公民重要的政治权利。虽然我国《宪法》没有直接规定知情权，但从《宪法》第2条第1款和第3款"中华人民共和国的一切权力属于人民。人民依照法律规定，通过各种途径和形式，管理国家事务，管理经济和文化事业，管理社会事务"中可以推导出人民享有知情权。《宪法》第41条第1款明确规定了公民的监督权，"中华人民共和国公民对于任何国家机关和国家工作人员，有提出批评和建议的权利；对于任何国家机关和国家工作人员的违法失职行为，有向有关国家机关提出申诉、控告或者检举的权利，但是不得捏造或者歪曲事实进行诬告陷害"。由于媒体具有较大的影响力，公众通过媒体问政，能够更全面地了解政府情况，更及时地表达和反馈意见，从而更有效地监督政府。同时，通过媒体问政，也增强了政府信息公开的透明度，有助于打造阳光政府。媒体问政也是现代协商民主的集中体现。20世纪后期，一些政治学家提出了协商民主的理论，[1]我国十八届三中全会也提出了协商民主。公民通过媒体问政的形式与政府进行平等的对话、讨论、审议，参与公共决策和政治生活，可以更好地实现当家做主的权利。

（二）增强行政决策的可问责性

责任政府是指政府在行使行政管理职能的过程中，积极主动地就自己的行为向人民负责；政府违法或者不当行使职权，应当依法承担法律责任，实现权责统一，做到"执法有保障，有权必有责，违法受追究，侵权须赔偿"。建设责任政府是我国推进法治中国建设的必然要求。党的十八届四中全会强调建立

---

〔1〕［美］埃米·古特曼、丹尼斯·汤普森："审议民主意味着什么"，载谈火生编：《审议民主》，江苏人民出版社2007年版。

重大决策终身责任追究制度及其责任倒查机制，对重大决策严重失误或者依法应该及时作出决策但久拖不决造成重大损失、恶劣影响的，严格追究行政首长、负有责任的其他领导人员和相关责任人员的法律责任。2019年4月，中共中央办公厅发布的《党政领导干部考核工作条例》中，领导班子年度考核结果较差等次及领导干部年度考核结果不称职等次包括但不限于以下情形：责任心差、能力水平低，不能履行或者不胜任岗位职责要求，依法履职出现重大问题的；表态多调门高，行动少落实差，敷衍塞责、庸懒散拖，作风形象不佳，群众意见大，造成恶劣影响的；不坚守工作岗位，擅离职守的。媒体问政，往往会启动对于政府官员违法犯罪、决策失误、庸政懒政等行为的问责机制，使政府官员在强大的舆论压力下，增强自身责任感，促进行政决策的依法化、民主化和科学化。2017年，西安电视台《每日聚焦》播出了某区域脏乱差一事曝光后，西安市委主要领导高度关注，对城乡环境卫生状况做出批示。西安市纪委也立即启动调查程序，对西安市城管局、某区相关领导等23名责任人进行问责处理。[1]此外，周久耕、杨达才等一批官员因网络问政被启动问责程序，并受到法律制裁。

二、法治政府背景下媒体问政的完善之道

在法治政府背景下，媒体问政功能的合法、有效发挥，需要政府、媒体、社会公众等各方的共同努力，具体可以从三个方面加以完善：

（一）政府树立正确的媒体问政观

观念引领行动。政府首先应当理性认识媒体问政的价值和

---

［1］ 张小刚："西安二环南路脏乱差遭曝光 市城管局局长被调整职务"，载《华商报》2017年3月19日。

功能，既不要把媒体问政看成"洪水猛兽"，也不能把媒体问政当成解决一切政府问题的"灵丹妙药"。政府应当将媒体问政看成是一架政府和公众沟通的桥梁，媒体将公众的诉求及时反映给政府；政府把政府决策时的考虑、各种信息通过媒体向公众公开，并有效回应公众需求；对于政府的违法、失误、不到位的地方，勇于承认，敢于担当，积极补救，对于公众的误解和不合理的需求，真诚解释，及时澄清，取得理解。

（二）政府建立健全相应制度

（1）健全政府信息公开发布制度。主动公开信息，及时回应公众的政府信息公开申请，在信息更加对称的环境下，提升媒体问政的理性水平。

（2）建立健全舆情回应制度。在热点事件中积极回应舆论，做到不缺位，不失声。

（3）建立科学的问责机制。在媒体问政暴露出问题之后，启动法定程序，查清原因，分清责任主体，再依法追究责任，不被舆论所绑架。

（4）建立长效监督机制。充分发挥人大、监察委、法院、行政复议、审计等外部和内部监督机制的作用，媒体问政与上述监督手段相互配合，形成一张严密的监督网，把政府权力关在制度的笼子里。

（三）媒体积极提升问政水平

媒体应当将问政作为自己的重要职责，明确自己在问政中的定位，即代表公众对政府进行监督，保持基本的底线和操守。为此，首先，需要加强对媒体从业人员的专业和法律教育，同时，对媒体及从业人员的违法违规行为予以法律、纪律等方面的制裁。其次，相关行业协会（如记协、广播电视协会、互联网协会等）应当在提升媒体的问政水平方面发挥积极作用，可以通过信用惩戒方式，增强媒体的自律。最后，媒体需要改进问政的形式和内容，综合运用全媒体手段进行问政，提升问政的专业性，对问政过程中出现的非理性情况进行及时引导、纠偏，对问政结果进行评估、追踪，切实提升问政的实效。

网络剧监管的法律问题研究

曾　坤[*]

一、绪论

网络剧，是指专门为网络客户端制作的，以互联网为载体进行播放的一类连续剧，也是继电影、电视剧之后的一种新兴的视听文化娱乐产品形式。按照我国现行的监管制度，传统电视剧既可以通过传统电视台播放，也可以通过网络播放，而本文所定义的网络剧只能通过网络播放。网络剧自出现以来，就凭借制作周期短，题材丰富、互动性强等特征快速发展，迄今已在我国走过十多年的发展路程，并逐渐走向产业化，为丰富人民精神生活和促进影视行业的经济增长绘就了浓墨重彩的一笔。因此，网络剧的监管是何样态，与传统电视剧有什么不同，现行监管制度与环境对于网络剧的发展产生了怎样的影响，这些问题都需要认真研究和对待。从这些问题出发，探究未来完善网络剧监管制度的对策和措施，也是推进文化产业立法，发展和繁荣我国的文化产业，满足人民日益增长的精神文化需求所必需的。

网络剧是一种兼具商业属性的视听类文化产品，尤其在它

---

* 北京中视瑞德文化传媒股份有限公司版权事业部上海项目主管。

以一种产业形态进行发展后，其对文化的从属性变得更强，网络剧与视听产业、文化产业密不可分；另一方面，现阶段以网络剧为主题词进行写作的论文、著作不在少数，但其中专门研究网络剧相关法律政策或监管制度的文献却十分有限，内容更多是对网络剧的创作、制作和产业发展的描述。可以说我国目前直接专门研究网络剧法律监管制度及法律政策的文献较为匮乏。因此，研究网络剧的监管问题离不开对其上位概念视听产业和文化产业的法律政策及监管制度的了解。

纵观当前的文化产业政策类文献，按内容主要可分为政策分析类和监管对策类。前者如王祎庆在其专著《文化产业政策解读》中分章别类地进行了文化产业相关政策制度梳理，包括体制机制政策、人才政策、金融财政政策、奖励鼓励政策、国际贸易政策、产业门类政策等方面。虽然著作内容详细殷实，但直接涉及网络剧的较少，因此在适用时需要仔细甄别该政策文件或制度能否在网络剧领域适用。《文化立法正崛起》一文指出了当前文化立法上的问题，尽管我国目前的文化立法已经取得了一定的进展，但是相较于其他立法文件，还是存在滞后等现象。加上文化产业领域的立法多集中于低位阶，因此在执行过程中难免受到地域限制等其他阻碍。同时提出网络技术的进步推动了文化新形式的出现，网络领域的文化新问题同样需要立法的规制与保障。[1]监管对策类文献如祁述裕、曹伟发表的文章《文化产业发展专项资金政策：绩效评估、理论探讨及对策建议》，该文通过研究对比四省市对文化产业发展专项资金政策的实施效果分析，得出从突出社会效益、推进精准扶持、加强政策协同和改善政策服务等方面，完善文化产业发展专项资

---

[1] 阿计："文化立法正崛起"，载《群言》2016年第7期。

金政策。上述文献内容虽然并未直接涉及网络剧，但是为研究网络剧的监管问题提供了相应的研究基础。

如果说从文化产业政策看网络剧监管效果较为笼统，那么网络视听行业监管制度的相关文献则能更具体地和网络剧有所关联。卜彦芳、董紫薇发表的文章《框架、效果与优化路径：网络视听节目管理政策解读》以国家广电总局、国家互联网信息办公室（以下简称"网信办"）、文化部（现为文化和旅游部）等相关部门在 2000 年至 2018 年 3 月发布的 45 条网络视听节目管理政策为研究对象，从政策沿革路径、政策框架结构、政策作用机制与效果评价等方面进行解读，并提出新时代背景下网络视听节目管理政策的优化路径。此外，司凯威、张婉君、赵月发表的文章《基于流媒体的网络视听节目直播技术与监管策略研究》则通过解释技术从而得出需要完善的监管建议，令人耳目一新。

研究网络剧上位概念监管类问题的文章只能间接体现网络剧的适用，当前直接对网络剧的监管问题进行研究的文献则主要关注于网络剧的以下方面：市场过度商业化、国家广电总局针对网络剧所出台的管理性政策文件促使网络剧等互联网内容自制产品逐渐走上"自治"之路、缺乏合理的规制方式，当前网络剧产业存在版权保护力度不够、信息不对称等现象。[1]在网络剧的内容监管方面，在网络剧中插入广告等行为同样适用于网络剧监管制度，现行行业管理规章在一定程度上规范了网络剧行业的制作、播出行为，但不可否认，当前网络剧的内容离网上网下同一标准规范化还有很长的路要走，管理相对滞后于行业发展。在作品版权保护方面，网络剧领域的抄袭等著作

---

〔1〕 徐筝："网络剧产业发展中的政府规制方式研究"，浙江传媒学院 2018 年硕士学位论文。

权法律问题不可忽视，完善相关法律法规、加强立法、建立适当的监管体系、成立专门的自治管理机构、明确侵权罚则等建议得到论述。[1]

现有的网络剧监管类研究文献缺少对监管具体环节的研究，对在监管过程中存在的问题和如何完善监管制度也少有创新性探讨。有鉴于此，本文运用规范研究、案例研究等方法力图以一种更加全面的视角对我国网络剧的监管问题进行梳理并提出相应建议。

二、网络剧概述

（一）网络剧及产业发展概况

1. 网络剧的概念

网络剧，最早由钱珏定义为"网络和戏剧的组合"，是"通过互联网传送，由上网计算机接收，实时、互动地进行戏剧演出的一种新的戏剧形式"。[2]目前，从制作和播放的角度来说，网络剧主要是指专门为网络客户端制作的，以互联网为载体进行播放的一类连续剧。根据国家广电总局监管中心发布的《2018网络原创节目发展分析报告（网络剧篇）》，从国家政策和监管角度界定，网络剧是指由节目制作机构或网民个人制作，主要在视频网站等网络视听节目服务机构播出，并由播出平台对节目内容履行审核责任的剧情类连续剧、系列剧作品。网络剧不同于传统电视剧，根据我国的相关监管制度，传统电视剧是获得《电视剧发行许可证》的作品，并自获得该许可证之后，可以通过电视台播放，后来随着网络的发展，也可以通过网络播放。而网络剧不属于可获取《电视剧发行许可证》的范畴，

---

[1] 朱健宁："浅谈网络剧著作权的法律监管"，载《视听》2017年第3期。

[2] 钱珏："'网剧'——网络与戏剧的联合"，载《广东艺术》1999年第1期。

一般只能通过网络途径播放。因此，虽然广义上人们对于获得《电视剧发行许可证》但在网络环境下独播或首播的作品，也称为"网络剧"，但这种网络剧依然是传统电视剧监管部门监管的对象，而不是网络剧监管体制的监管对象。本文研究的是狭义的网络剧的监管问题。

2. 网络剧产业发展时间线

（1）网络剧萌芽期。网络剧的先河可以追溯到 2007 年，上海市禁毒委员会办公室与上海文广新闻传媒集团（SMG）所属上海东方宽频传播有限公司携手打造禁毒题材连续剧《迷狂》，这是国内首部在多个网络平台播出的网络互动剧。[1] 2008 年 9 月，凤凰新媒体与 PPlive 联合制作了网络互动剧《Y. E. A. H》，此后国内各大视频网站陆续推出自制剧。而网络剧真正火起来应该是从 2013 年《万万没想到》和《屌丝男士》等一批低成本、短小精悍的网络剧开始，其以诙谐幽默的语言、极易引起共鸣的剧情，吸引了一大批年轻的受众。但由于 2012 年之前的网络剧产业处在一种探索互联网与电视剧交叉空间的新处境中，因此产量屈指可数，2012 年和 2013 年网络剧的数量分别为 39 部和 50 部，可以将 2007 年至 2013 年这段时间认为是网络剧探索的初期。这一时期的网络剧呈现出制播用时短的特点，但制作审核方面的"短平快"也使得这一时期的网络剧制作水平低下，为吸睛效应不惜充斥无厘头搞怪、恶俗等剧情。

（2）网络剧发展期。2014 年被称为网络剧的变革之年，《匆匆那年》《万万没想到第二季》《灵魂摆渡》等多部网络剧再次点燃国产剧受众的热情，网络剧从最初的网民自娱自乐越来越走向专业化。这一年制作并上线的网络剧有 205 部，共计

---

〔1〕 该剧利用最先进的在线视频互动技术，强调广大网友提出意见，参与整个剧集的发展。

2918 集，年度网络剧数量超过了之前数量累计之和，因此 2014
年也被业内公认为网络剧元年；相比较而言，2015 年则堪称网
络剧发展的"井喷"年，全年网络剧总部数达 379 部，总集数
达 5008 集，并且网络剧制作水准开始朝向高质量转型，市场上
涌现出《无心法师》《盗墓笔记》《太子妃升职记》等现象级爆
款网络剧。可以说 2014 年至 2015 年这一阶段是网络剧产业的快
速发展期。

在制作投入上，从 2014 年开始，网络剧市场开始逐渐加大
制作方面的投入，以期打造高水平高质量的佳作。《2015 年中国
网络视听发展研究报告》显示，2014 年中国网络视听产业总产
值预计达 378.4 亿元，2015 年视频行业自制内容投入规模将增
至 20 亿元，投资 2000 万以上的网络自制剧近 20 部。网络剧品
质的升级，让更多网络用户享受其中。另外，2014 年至 2015 年
也是网络剧付费模式开启的一个结点。

（3）网络剧成熟期。经历了快速发展期的"野蛮生长"
后，网络剧市场在 2016 年进入成熟期，由原先的"博量"发展
真正转型为品质发展。据骨朵数据统计，相较 2015 年网络剧爆
发式的增速，2016 年网络剧的数量减少，只有 349 部。2017 年
全网共有网络剧 295 部，相比 2016 年减少 15.5%，相比 2015 年
更是减少 22.2%。然而 2017 年的网络剧类型却比过去两年更丰
富、更多元。2018 年上线网络剧总量下降，全年约 280 部，但
单部网络剧的前台播放次数增长迅猛，流量朝头部、腰部剧集
集中。[1]

此外，2017 年之后国产网络剧开始走国际路线，如像《白
夜追凶》《河神》《无证之罪》《致我们单纯的小美好》等网络

---

〔1〕 2018 年 11 月，中国网络视听节目服务协会发布《2018 年中国网络视听发
展研究报告》。

剧不仅在国内获得播放量和口碑上的双赢，还通过国际流媒体平台 Netflix（曾经出品过著名网剧《纸牌屋》的美国视频网站）、东南亚地区的电视台或电信运营商等海外平台，进入国际市场。"出海"不仅意味着文化输出，更彰显了国家的文化自信。

盈利模式上，2016 年是会员付费模式逐渐成熟的一年，网络剧产值达到 100 亿元，已经逐步形成了广告、视频付费以及 IP 产业链拓展的盈利模式，为在线视频平台赢得了可观的营收。进入 2017 年，视频平台优酷、爱奇艺、腾讯视频继续深化它们在一线视频平台的地位。2018 年，网络剧领域依旧被腾讯视频、爱奇艺、优酷三家视频平台"独占鳌头"，大量的用户和网生内容向此三大平台集中，相较而言，其他视频平台则退居二线。

（二）网络剧发展存在的问题及监管的必要性

1. 网络剧发展存在的问题

（1）网络剧内容良莠不齐，缺少应有的标准和规范。网络剧作为一种文化产品，主要以其内容承载产品的功能，从宏大的视角来说，它也与国家的政治制度、意识形态有关系。而网络剧"起家"时，内容多粗制滥造，充满了低俗恶搞的成分，这也是制作方为了争取收视率以及利益最大化的手段，但往往以牺牲正能量导向为代价。例如，部分网络剧出现了泛娱乐化倾向，影响媒体领域的拜金、浮夸、焦躁、肤浅等风气盛行，明星、八卦、猎奇、炫富、暴力等内容长期占据大众的注意力，严肃的社会现实问题却得不到关注，造成了非常负面的社会影响，甚至严重误导了青年一代的价值取向。网络剧内容亟须加强引导和规范。

（2）产业发展缺少优良的政策环境。网络剧开始快速发展的时期，由于市场行情好，吸引了一大批资本入驻。资本的入驻，让原本被定为低俗和粗制滥造的网络剧市场变得高大上起来。然而，近半年以来，影视行业进入调整期，当下网络剧产业所面临的政策、金融、行业等方面一波接一波的变化具有持续的不确定性，致使一些经营核心放在 IP、明星、资本等不可控因素上面的传统大公司业绩出现巨大震荡，影视股集体惨跌，一片萧条，目前整个行业似乎处于一种缺乏有效资金支持的状态。资本撤退，亟须盘活产业运营；网络剧产业链毕竟起步晚，商业运作模式等并不成熟，所以失败率可能会更高。网络剧领域的活力需要进一步被释放，需要国家出台优惠政策等进行扶持，为网络剧市场发展保驾护航。

尽管网络剧近年来发展势头迅猛，但是产业发展整体较为粗放，国家出台了相关政策来解决当下迅速发展的网络剧所面临的各方面问题，但是在政策本身上难有预测性，实施操作方面可操作性也较弱，需要进一步明确规范。例如，影视行业税务自查带来财税方面的一片迷茫。曾经的避税天堂霍尔果斯一度迎来集体大逃离，多家影视公司和工作室宣布注销。尽管从业者一致认可纳税为公司和公民应尽的义务，但由于对相关税务细节不甚清晰，仍在一定程度上导致了自查自纠工作的缓慢与困惑。不仅如此，针对网络剧出台的政策本身毕竟还是少数，许多方面还需参考相近的网络视听行业甚至是文化产业领域的相关政策进行操作，又由于政策对象的不明晰等问题，诸如此类的情形给网络剧从业者带来了政策环境上更大的法律风险。

2. 网络剧监管的必要性

（1）监管的含义。监管，是一种"政府对于私人领域的干预或者是为了实施这种干预而制定的规则"。[1]这也是指狭义上

---

〔1〕 李丹林："英国传媒监管形塑问题研究"，载《新闻前哨》2018年第12期。

的理解：仅以政府为主体，对某领域进行监督、控制、检查和指导。本文所指的网络剧的监管，是指对网络剧相关主体的行为进行的监管活动，主要强调广义上的监管：既包括政府的监督，还包括行业协会以及社会团体等监督组织的管理和协调。其中，政府监管相较于其他主体的自我监管有更大的优势。一方面，政府监管作用对象的范围更广，而行业自律更多注重自身行业的发展，较少延及行业之外的领域；另一方面，政府作为掌握公权力的机关，具有更大权威性，在监管执行方面也有更强的执行力和更多的执行手段来保证相冲突利益之间的协调。网络剧作为文化产业的新业态，对其进行监管的目的，就是规制网络剧发展过程中的市场失衡等现象，调节网络市场经济与利益。

（2）网络剧监管的必要性。网络剧起势非常迅速，发展初期题材限制不严，剧本的创作者和网络剧的制作商弥补了传统电视剧创作题材的空白区域，但另一方面也造成了网络剧领域的创作更加趋利而非真正追求艺术。这种背景下出现的作品，多数具有外表吸睛、实则没有营养和内涵的内容。而网络剧内容的新奇刺激，也吸引了一大批年轻受众。但年轻群体尤其是青少年，由于身心都处于正在生长发育的阶段，并不具备成熟的三观以及辨别良莠的能力，网络剧的内容对青少年群体的影响不可忽视。另外，网络剧借助互联网飞速传播，面向受众群体广泛且不特定，其作为具有公共利益属性和意识形态属性的文化产品，具有教育、指导或影响人们生活方式的作用。因此，这种新兴网络文化产品需要被监管和规范。

从产业发展的角度看，一方面，网络剧的兴起是市场促发的结果。但新兴的产业想做到持久发展实为不易，政策环境、市场经济等因素要形成一种有利于其发展的氛围，而这种氛围的营造需要健康的监管环境来保障。另一方面，市场经济在蓬勃发展的同时，可能会出现因过分追逐经济效益而导致原有的机能失衡，甚至破坏正常的规则的现象，即所谓的"市场失灵理论"。此时便需要政府之手来干预、引导和规范该产业的正常运行，但政府的监管行为也可能会出现偏差或不符合网络剧自身的发展特性，因此，政府的监管行为也需要监管类法律规范来约束。总之，网络剧产业的发展离不开监管政策与监管措施的规范。

三、我国网络剧监管体系的构成分析

（一）监管依据和监管主体

（1）法律依据。网络剧的监管政策体系还处于不断完善的阶段。目前内容上涉及网络剧的法律政策文件分属五个位阶：法律、行政法规、部门规章、规范性文件、行业自律文件，对应制定主体为立法机构、国务院、有关部门和行业协会。其中，部门规章和规范性文件是构成政策体系的主要部分。部门规章中，对于网络剧最早起指导作用的是 2008 年 1 月起施行的《互联网视听节目服务管理规定》，此后网络剧市场出现，国家多次重申与调整关于网络剧等网络视听行业的规范标准，一些有关网络剧内容监管的政策也先后出台，标准越来越严格。这其中，专门针对网络剧进行规定的政策共有十几部，分别从准入、内容、播出、罚则等几个角度为网络剧的健康发展保驾护航。从监管主体上看，政策制定主体形成了以国家广电总局为主导，以文化和旅游部、网信办、版权局等为合作发布部门，以中国网络视听节目服务协会、中国广播电影电视社会组织联合会等行业协会为补充的国家广电总局主导、多部门协作管理、行业机构共同管理的格局。

与网络剧产业相关的法律政策文件，按照内容大致可做进行如下划分：

涉及版权问题的主要有《著作权法》（2010 年修订），《国家新闻出版广电总局关于印发〈新闻出版广播影视"十三五"发展规划〉的通知》（2017 年）等。

涉及管理类的政策文件主要有：《互联网信息服务管理办法》（2000 年），《广电总局关于互联网视听节目服务许可证管理有关问题的通知》（2009 年），《互联网文化管理暂行规定》（2011 年修订），《国家广播电影电视总局、国家互联网信息办公室关于进一步加强网络剧、微电影等网络视听节目管理的通知》（2012 年），《国家新闻出版广电总局关于进一步落实网上境外影视剧管理有关规定的通知》（2014 年），《国家新闻出版广电总局关于进一步完善网络剧、微电影等网络视听节目管理的补充通知》（2014 年），《互联网视听节目服务管理规定》（2015 年修订），《国家新闻出版广电总局关于进一步规范电视剧以及相关广告播出管理的通知》（2016 年），《国家新闻出版广电总局关于进一步加强网络原创视听节目规划建设和管理的通知》（2016 年），《专网及定向传播视听节目服务管理规定》（2016 年），《国家新闻出版广电总局关于调整〈互联网视听节目服务业务分类目录（试行）〉的通告》（2017 年），《国家新闻出版广电总局、国家发展和改革委员会、财政部、商务部、人力资源和社会保障部关于支持电视剧繁荣发展若干政策的通知》（2017 年），《中国网络视听节目服务自律公约》（2012 年），《中国广播电影电视社会组织联合会电视制片委员会、中国广播电影电视社会组织联合会演员委员会、中国电视剧制作产业协会、中国网络视听节目服务协会关于电视剧网络剧制作成本配置比例的意见》（2017 年），《互联网视听节目服务业务分类目录

（试行）》（2017年），《国家新闻出版广电总局关于进一步加强网络视听节目创作播出管理的通知》（2017年）等。

涉及内容监管类的政策文件主要有：《广电总局关于加强互联网视听节目内容管理的通知》（2009年），《网络文化经营单位内容自审管理办法》（2013年），《网络视听节目内容审核通则》（2017年），《互联网信息内容管理行政执法程序规定》（2017年）等。

涉及传播秩序类的政策文件主要有：《互联网等信息网络传播视听节目管理办法》（2004年），《广电总局关于加强互联网传播影视剧管理的通知》（2007年），《信息网络传播权保护条例》（2013年修订），《国家新闻出版广电总局关于进一步规范网络视听节目传播秩序的通知》（2018年）等。

（2）监管机构。网络剧的监管机构主要有广播影视行政部门、互联网视听节目服务单位、网络视听节目行业协会。各级广播影视行政部门遵照属地原则对辖区内网络剧进行监管。

作为网络剧最主要的监管机构，国家广电总局主要负责监督管理互联网视听节目服务的实施，并对其产业发展的内容建设、安全管理和行业监管等方面进行统筹；互联网视听节目服务单位主要负责本单位网络剧内容审核流程，在网络剧播出前先审后播，严格把关，网络剧播放时也要进行监看，出现问题，立刻处理；网络视听节目行业协会是在网络视听行业里十分有代表性的全国性社会团体，在国务院广播电影电视主管部门的指导下开展活动，主要职责是制定行业规范进行自我管理，按照文明办网、文明上网的方式营造文明的上网环境。该行业协会还承担了培训和考核各视频平台等的网络剧审核员审核能力的职能。政策规定以上三类监管机构要建立投诉受理机制，通过多种渠道，及时受理并处理群众对网络剧的投诉。

除上述专门针对网络剧进行监管的部门之外，还有一些政府部门，其职责与网络剧监管息息相关，例如中央宣传部、工业和信息化部、文化和旅游部以及网信办等。

具体来说，中央宣传部主要负责宏观把控和提出宣传思想文化的指导方针，指导宣传文化系统制定政策、法规，协调宣传文化系统各部门之间的关系；工业和信息化部则依据电信行业的管理职责，对网络剧等互联网视听节目服务进行相应的监督和管理，例如管理视频平台；文化和旅游部指导全国文化市场综合执法，组织查处全国性、跨区域文化、文物、出版、广播电视、电影、旅游等市场的违法行为，督查督办大案要案，维护市场秩序。2017 年 5 月，网信办出台的政策文件规定，国家网信办和地方网信办对违反有关互联网信息内容管理的法律法规规章的行为实施行政处罚。[1]具体职责上包括落实互联网信息传播政策，督促、协调有关部门进行互联网信息内容管理，审批相关业务并进行日常监管，指导网络视听等文化领域的布局规划等。

（二）具体监管制度

我国电视剧的管理实行许可制度，网络剧的制播审同样适用许可制度，其依据在 2000 年《互联网信息服务管理办法》中有所体现：国家对经营性互联网信息服务实行许可制度。但传统电视剧与网络剧在适用的监管政策上有所不同，传统电视剧是指电视台播出的电视剧，主要适用《电视剧内容管理规定》；网络剧则按照"互联网视听节目"相关规定进行管理。

（1）许可制度。国家广电总局首次对网络剧出台专门管理规范，当属与网信办于 2012 年联合下发的《国家广播电影电视

---

〔1〕 参见《互联网信息内容管理行政执法程序规定》第 2 条。

总局、国家互联网信息办公室关于进一步加强网络剧、微电影等网络视听节目管理的通知》，这也是影视和新媒体管理政策层面的创新举措。[1]该通知对从事网络剧播出的服务单位提出了具体准入要求。例如，播出单位应具有审核能力满足经国家或省级网络视听节目行业协会培训合格的要求的审核员，播出单位需要具备节目内容编审管理制度并依法取得《信息网络传播视听节目许可证》（由广播影视行政部门颁发）并在被许可的范围内开展业务，播出单位还要具备由国务院信息产业主管部门发放的《互联网信息服务增值电信业务经营许可证》，以及文化行政部门发放的《网络文化经营许可证》。[2]如果该服务单位不仅仅承担播出网络剧的角色，还参与了制作生产等环节，则需要同时具备《广播电视节目制作经营许可证》。

此外，对于想要在境内网络平台上播放的境外影视剧（未排除网络剧），还有特殊的要求。有关政策要求自2015年4月1日起，若境外影视剧没有经过登记，或没有依法取得《电影片公映许可证》或《电视剧发行许可证》，则不得在网络上播放。[3]

（2）审核与备案制度。根据国家广电总局于2010年发布的《电视剧内容管理规定》，传统电视剧实行内容审查和发行许可制度，未取得发行许可的电视剧，不得发行、播出和评奖。广播影视行政部门设立电视剧审查机构，对于审核人员，电视剧审核要求具有"较高学术水平、良好职业道德"的专家。

和电视剧管理实行的内容审核制度不同，网络剧的内容审

---

〔1〕 常昕："互联网影视产品的自制与'自治'"，载《声屏世界》2012年第9期。

〔2〕 徐笋："网络剧产业发展中的政府规制方式研究"，浙江传媒学院2018年硕士学位论文。

〔3〕 参见《国家新闻出版广电总局关于进一步落实网上境外影视剧管理有关规定的通知》第10条。

核实行的是"自审制",即播出前的审核权下放给播出机构"自审自播"。网络剧播出机构对网络剧一律先审后播,不仅要建立节目审核制度,还要建立节目监播制度,并实行总编辑负责制。网络视听节目行业协会组织开展行业自律。

在审核人员的要求上,具有网络剧播出资质的互联网视听节目服务单位播放网络剧,需要组织 3 名以上审核员进行内容审核,互联网视听节目制作机构内设的审核员必须经国家广电总局培训,持证上岗。相关行业协会,如中国网络视听节目服务协会和省级网络视听节目行业协会则由国家和省级广播影视行政部门进行指导。

审核一致通过后,网络剧要在片头标注审核单位编制的审核序列号,由本单位内容管理负责人复核、签发。网络剧审核签发后要到当地广播影视行政部门备案,备案文件包含剧情梗概、导演、演员等基本信息以及 3 个审核员和总审核员审核签字的文件。该文件扫描并上传到国家广电总局的网站后会形成节目编码,即每个网络剧独一无二的备案编号。网络剧只需要拿到备案编号即可上线播放,不需要上映前获得发行许可。

2014 年 12 月"第二届中国网络视听大会"上,时任国家广电总局局长蔡赴朝提出,国家广电总局将加强对网络剧的审查,实行"线上线下统一"标准。需要明确的是"线上线下统一"论并非是取消了此前多年施行的"自审自播",变为传统电视剧审核模式即立项、报批、备案、发行,而是对审核员资质以及培训和网络剧播出后的"第一时间"干预做出了进一步的强调。

2016 年,国家广电总局发布的《国家新闻出版广电总局关于进一步加强网络原创视听节目规划建设和管理的通知》强调了重点网络剧等在事前、事中、事后的管理,提出网络剧在创作规划阶段要进行备案登记,备案内容包括作品的名称、制作机构、时长以及题材等，针对作品需提出不少于 1500 字的内容简介和不少于 300 字的思想内涵阐释。备案之前，所有视频网站的网络剧须填写《重点网络原创节目信息登记表》，由视频网站统一盖章后，向广播电视行政部门进行报送备案。拍摄重大题材或者涉及政治、军事、外交、国家安全、统战、民族、宗教、司法、公安等特殊题材的节目，应当征求省级以上人民政府有关主管部门或有关方面的意见。该文件要求加强网上原创视听节目内容的监看监管，并且规定重点网络原创视听节目在上线前组织内容抽查，并对播放违规节目的单位规定了罚则。

该通知中的"重点网络原创视听节目"是指满足以下条件之一的节目：互联网视听节目服务单位招商主推的节目；拟在互联网视听节目服务单位网站（客户端）首页推广的节目；拟优先供网站会员观看的节目；投资超过 500 万元的网络剧或投资超过 100 万元的网络电影（微电影）；或者是互联网视听节目服务单位自愿备案的其他网络作品。但实际上许多网络剧都达到了"重点"的标准，比如单集成本 300 万的《心理罪》和单集成本 500 万的《鬼吹灯之摸金符》，但是具备制播资格证件的视频平台等却不多。因此，出现了如 2017 年初爱奇艺视频平台因缺乏《广播电视节目制作经营许可证》等对一批网络剧进行集中下架的现象。

2017 年 6 月，中国网络视听节目服务协会发布了《网络视听节目内容审核通则》，该通则重申了网络剧等内容的审核原则以及导向要求，强调要坚持正确的政治、价值以及审美导向，坚守住内容的底线要求。

2017 年 9 月，国家广电总局再度强调网络剧和传统电视剧的管理标准一致问题。例如，针对重点网络剧，在创作规划方面进行备案，同时鼓励传统电视剧领域的优秀制作机构或从业者积极投身网络剧行业，使得网络剧在创作或审美等各方面都有整体的提升。[1]

2019年初，国家广电总局出台《国家广播电视总局办公厅关于做好网络视听节目信息备案系统升级的通知》，对"网络剧、微电影等网络视听节目信息备案系统"进行升级，新增"重点网络影视剧信息备案系统"模块，并对相关信息报备方式做出相应调整。按照新备案要求，重点网络影视剧开始制作前，由平台统一备案，改为片方自主备案。此处的"重点网络影视剧"包含投资总额超过500万元的网络剧（网络动画片）、超过100万元的网络电影。重点网络影视剧以外的其他网络原创视听节目，备案工作仍按原有程序和管理要求执行。省级广播电视行政部门审核后会生成"规划备案号"，在国家广电总局网站上进行公示。重点网络影视剧拍摄制作完成后，片方需在备案系统中再次登记，并将成片报送所在地省级广播电视行政部门，通过审核后获得"上线备案号"，公示后才可以进行播放、推广以及招商等活动。也就是"一剧两审，两次备案，两次公示"，重点网络影视剧的审查标准和电影从此一致——电影在立项阶段和拍完都需要进行送审。

（3）内容审查标准。2012年，国家广电总局、网信办联合下发的《国家广播电影电视总局、国家互联网信息办公室关于进一步加强网络剧、微电影等网络视听节目管理的通知》中对网络剧的内容审核以"十大禁播条款"为标准，即网络剧内容不得与宪法的基本原则背道而驰；不得展现危害国家统一、主权和领土完整的内容信息；不能够表现泄露国家秘密、危害国家安全或者损害国家荣誉和利益的内容；禁止煽动民族仇恨、

---

〔1〕 参见《国家新闻出版广电总局、国家发展和改革委员会、财政部、商务部、人力资源和社会保障部关于支持电视剧繁荣发展若干政策的通知》第6条。

搞民族歧视等其他破坏民族团结的内容出现，对于各民族的风俗习惯要加以尊重，不得任意侵害；内容也不得宣扬邪教，不得出现迷信色彩。另外，网络剧承担着填补或娱乐人民精神生活的作用，不得通过网络剧的内容扰乱社会秩序，从而破坏社会稳定；对未成年人要进行额外保护，不可通过网络剧内容诱导未成年人违法犯罪，也不能在剧中展现暴力、色情、赌博、恐怖活动等内容；网络剧内容也要维护好他人的合法权益，禁止出现侮辱或者诽谤他人、侵害公民个人隐私等现象。此外，还要注意保护社会公德以及民族的优秀文化传统；如果网络剧内容涉及重大革命和重大历史题材，还应当遵照相关管理规定执行。

（三）具体监管措施

1. 下架违规网络剧

（1）政府监管重视内容导向。政府对于网络剧内容监管的重视程度在不断增强，尤其是在涉黄涉暴与宗教内容的监管问题上。2012年，一部《东北往事之二十年》因为尺度过大而被禁播；2016年，又有《太子妃升职记》《心理罪》《无心法师》《盗墓笔记》《暗黑者》《探灵档案》等6部网络剧因涉及色情粗俗、血腥暴力、封建迷信等原因被举报，随后被国家广电总局下令紧急停播，并做事后审查。

（2）行业自律开展合规审查。2017年2月，腾讯视频PGC影视组对上线网络剧进行排查，并对107部网络剧因未在片头添加网络视听节目信息备案编号，不满足上线的条件，进行了集中下架。腾讯视频公众号"微影大咖秀"之后发布一则通知，明确了对于下架的107部网络剧限期申请备案和恢复上架的具体要求，并说明达标后会尽快进行上架恢复的安排。这种行业出手的监管措施，一方面表明了今后网络剧上线播放必须严格按照相关政策中的准入要求、持证上岗的决心，另一方面也体现了行业自律措施的时效性和灵活性，为后续的救济或恢复操作提供了更为便捷的保障。

2. 加强版权保护

（1）保护网络原创内容。当前的管理政策反复强调版权的重要性，例如 2018 年 3 月国家广电总局下发的《国家新闻出版广电总局办公厅关于进一步规范网络视听节目传播秩序的通知》中有三处提及网络原创内容：禁止非法抓取、剪拼改编视听节目；加强网上片花、预告片审核；加强对各类节目接受冠名、赞助的管理。此规定也体现了对网络剧作品完整权的保护。

（2）"剑网行动"：直斩网络盗版侵权。网络环境下侵权盗版主体多元、手段隐蔽、技术便捷、作品数量庞大，加之移动互联网的迅猛发展，使网络版权保护面临更为严峻的挑战。例如，热门网络剧等影视资源的网售风波。视频盗版对正版的品牌价值、广告会员投入、版权付费、带宽消耗等带来了很大伤害。对于此，2005 年，国家版权局联合有关部门开展打击网络侵权盗版"剑网行动"，这是中央部委层面较早在网络领域探索开展的执法监管行动。15 年来，"剑网行动"针对网络侵权的热点，实施重点监管、分类规范，先后开展了网络视频等领域的版权专项整治，有效打击和震慑了侵权盗版行为，相关正版率大幅提高。但是，现阶段网络领域版权矛盾、纠纷依然处在高发期，网售盗版网络剧资源的现象不仅反映出当下视频资源的激烈竞争态势，也显露出该行业侵权方违法成本过低、版权方追查成本较高，目前各大视频平台或片方公司对于片源的保护措施并不完善的现象。保护网络版权、打击侵权盗版仍然是一项长期、复杂、艰巨的任务。

此外，相关的监管保障不能仅停留在"剑网行动"这种执法措施上，网络剧资源属于著作权的范畴，相关的《著作权法》与《刑法》同样是打击盗版的武器。出售盗版网络剧等影视资源的商家涉嫌侵犯网站或著作权人的著作权的，应该承担停止侵权、消除影响、赔礼道歉、赔偿损失等民事责任。若侵权行为损害了公共利益，不良商家还需承担行政责任，由著作权行政管理部门责令停止侵权行为，没收违法所得，没收、销毁侵权复制品，并可处以罚款。如果多次侵犯著作权，个人非法经营数额在 10 万元以上，单位非法经营数额在 50 万元以上的，则涉嫌构成侵犯著作权罪，需承担刑事责任。《著作权法》修法通过后，侵权判赔数额应会大幅度提高。

3. 实行经济性规制

经济性规制是指以调整网络剧产业的进入标准，规范许可证制度等方式，以优化资源配置和产业结构、确保市场的公平竞争、防止垄断为目的的规制手段。例如，针对制作方、网络平台、用户的违法行为，加强事后惩罚力度；对网络剧产业的价格结构和价格水平进行修正等行为。当前我国对于网络剧经济性规制措施主要体现在以下方面：

（1）惩治收视率造假。2017 年 9 月，多部门发布的《国家新闻出版广电总局、国家发展和改革委员会、财政部、商务部、人力资源和社会保障部关于支持电视剧繁荣发展若干政策的通知》，其中谈及要对电视剧的收视率进行调查和管理，该通知同样适用于网络剧。但其实，这已经不是第一次提及收视率的问题了，2009 年，国家广电总局就对收视率两端买卖者进行过严查；在 2010 年的时候，因为某卫视收视率波动起伏异常，甚至黄金时段的收视率远远高于其他卫视，这一现象也被《人民日报》发文指出过。到了 2013 年，国家广电总局发布了 22 条规定直指收视率整顿问题，后于 2014 年又出台首个电视收视率国家调查标准，并在 2016 年通过出台政策的方式禁止电视台之间签署关于收视率的对赌公约。然而政策打击与业界的长期呼吁仍然没有解决掉收视率造假这一现象。

（2）规范行业利益分配。流量明星往往以年轻、高颜值、粉丝众多著称，而近些年投资方对粉丝效益的迷信，也让流量明星的片酬随之水涨船高。福布斯中国名人榜上，排名靠前的也大都是流量明星。"小花旦""小鲜肉"大行其道，收入水平之高已远超那些演技超群的实力派演员。

2017 年 9 月，相关组织[1]联合发布《中国广播电影电视社会组织联合会电视制片委员会、中国广播电影电视社会组织联合会演员委员会、中国电视剧制作产业协会、中国网络视听节目服务协会关于电视剧网络剧制作成本配置比例的意见》，该意见又被业界称为"限薪令"，意见中对各影视机构的演员片酬作出了限制性规定，参照总制作成本，意见规定全部演员的总片酬不得超过总成本的 40%，其中又对主要演员和其他演员做出了区分，在全部演员的片酬中，主要演员和其他演员的片酬又有"七三开"的限制，即主要演员的片酬不超过全部演员总片酬的七成，其他演员的片酬不低于全部演员总片酬的三成。若超出 40% 的情况，需要相关单位备案并进行说明。

2018 年 6 月，中央宣传部、文化和旅游部、国家税务总局、国家广电总局、国家电影局等五部委联合印发《通知》，重申加强对影视行业天价片酬问题的治理，甚至为了避免助长片酬过高的风气，该通知还对政府资金、免税的公益基金的投资方向作出了限制性规定，例如不得参与投资娱乐性、商业性强的影

---

〔1〕 此处指中国广播电影电视社会组织联合会电视制片委员会、中国广播电影电视社会组织联合会演员委员会、中国电视剧制作产业协会、中国网络视听节目服务协会。

视剧和网络视听节目等。该通知还对"阴阳合同"和偷逃税等问题表明了从严治理的态度，明确加大对偷逃税行为的惩戒力度，以期控制不合理片酬，推进依法纳税，促进影视业健康发展。

2020年受新冠肺炎影响，影视行业发展势头大打折扣。2020年4月发布的《中国电视剧制作产业协会、首都广播电视节目制作业协会关于厉行节约，共克时艰，规范行业秩序的倡议书》，建议我国电视剧、网络剧制作成本应控制在每集400万元人民币以内，摄制人员酬劳亦应同步降低30%，一部电视剧、网络剧的编剧、导演和男、女一号主演的酬金，各自最高不得超过制作成本的10%，全体演员酬金不得超过制作成本的40%。同时指出要拒绝演艺经纪公司在艺人随行人员、生活待遇、交通工具以及宣传推广上的过度要求。这份行业规范类的倡议书也在特殊时期为寒冬中的网络剧从业者提供了一点温暖。

（3）规范影视行业税收秩序。2018年10月，针对影视高收入行业从业人员偷逃税务的问题，国家税务总局发布《国家税务总局关于进一步规范影视行业税收秩序有关工作的通知》，对相关问题进行严格查处。该通知提及处罚依据主要为《税收征管法》及其实施细则相关规定，查整时间为2018年10月到2019年7月底，在查处步骤上，该通知要求通过自查自纠、督促纠正、重点检查、总结完善等环节进行，以期整顿影视行业偷逃税的问题，营造健康的征税环境。

四、我国网络剧监管制度存在的问题分析

（一）部分监管原则忽视市场规律

2013年党的十八届三中全会通过的《中共中央关于全面深化改革若干重大问题的决定》（以下简称《决定》）开创性地

提出"市场在资源配置中起决定性作用",与之前的"基础性作用"相比,这是对市场作用的新定位,也是对市场作用的价值在国家政策高度上的肯定与认同。市场作用不仅仅适用于社会治理活动的宏观层面,同样也体现在每一种产业和行业的监督管理领域。尤其是在现代社会背景下,市场一定程度上具备消解"市场失灵"的内生作用。随着经济全球化、科技进步和制度创新,一些过去需要由政府提供的产品和服务现在可以由行业或私人提供,某些典型的市场失灵现象也可以通过市场机制来矫正和自行解决。网络剧产业的发展亦是如此,政府在对该领域进行管制的同时,也需尊重市场规律,依循市场逻辑,不断完善政府行为。

(1)"统一标准"忽视网络剧自身特点。在内容审查标准上,专门针对网络剧进行规定的《国家广播电影电视总局、国家互联网信息办公室关于进一步加强网络剧、微电影等网络视听节目管理的通知》中对于网络剧禁播内容的条款,和《电视剧内容管理规定》《电视剧内容审查实施细则》中对于传统电视剧在内容上的要求一致;《国家新闻出版广电总局、国家发展和改革委员会、财政部、商务部、人力资源和社会保障部关于支持电视剧繁荣发展若干政策的通知》同样明确表示:要将电视剧和网络剧以同一标准进行管理。内容是有应当遵守的底线原则的,但在坚守内容底线原则的基础上,也应考虑到网络剧来源于互联网的属性,正因为网络剧在题材等方面突破与弥补了传统电视剧的缺失,网络剧才得以迅速发展。并且在良性的市场竞争与规范政策的引导下,网络剧将为人民群众参与文化建设提供新的渠道,从更大的层面满足人民群众日益增长的精神文化需求。因此,若一味将电视剧和网络剧以完全相同的标准进行管理,可能会使得网络剧的发展"矫枉过正",使得网络剧和电视剧的差异将不再明显，网络剧自身的鲜明特点也会更加模糊化，甚至降低网络剧产业的活力。

（2）"限薪令"略显忽视市场作用。2018 年"限薪令"出台后，曾在业界引起争议。例如，中国电影导演协会作为业内一方曾经就此事发布过声明，强调当前情况下国内影视业的环境整体上可以用"良性"来形容。如果进行"限薪令"或是大规模税改，可能对全行业是一种污名，也是对兢兢业业的工作者的一种不尊重的表现，这种含糊的整顿方式对于守业的从业者或企业来说并不公平，也会使得相关政府部门的公信力下降，它可能会带来更多的负面影响。引起颁布"限薪令"的因素是多方面的，例如薪酬与制作经费、行业合同的管理等。如果出现问题，也可以考虑一下市场的行为，注重市场的调节作用，由工商部门或税收部门进行监督调控，可能收效会更好。

（二）监管执行部门职能不明确，权利救济难

尽管网络剧相关的监管机构从政策当中可以明确找到，但是由于国家同样将网络剧等网络视听产品纳入到意识形态领域，因此涉及一些其他政府部门仍然具有相关监管权限，甚至权限相似，这就为具体执行领域存在监管执行部门职能不明确的问题埋下了隐患。例如，国家广电总局负责向视频网站颁发准入许可证，而由工业和信息化部负责网络视频网站平台的监管；对网络剧行业进行宏观方向把控的是中央宣传部，而内容质量方面属于国家广电总局监管；网信办成立之后，主要职责当中也包括了关于网络视听方面的规划布局等工作。这些职能部门或存在职责交叉的问题，也导致后续网络剧从业者寻找行政主体进行救济存在困难。

另外，并非所有下架的网络剧都像行业自律下架的网络剧那样会明确告知恢复途径，现实生活中还存在网络剧下架的救

济途径不明确、权利救济维权难的问题。对于永久下架的网络剧而言，一部制作精良的网络剧包含了整个制作团队的辛苦与努力，若是因为某些原因导致网络剧不能与观众见面，无疑是将参与人员的心血付之一炬，甚至影响部分产业环节的发展。

（三）内容审查制度待完善

（1）标准不明确。近年来，网络剧对人们的生活方式的影响越来越大，同时考虑到青少年群体的身心健康，国家对网络剧的内容监管态势逐年收紧。尽管相继出台的政策措施不断强调网络剧的内容制作要注重价值观导向，要规范各个视频平台对网络剧的管理审核，确立统一并严格的标准，例如网络剧等网络视听节目不得含有 10 项禁止性内容，[1]但现阶段仍存在网络剧内容审核标准不明确的问题。诸如政策规定需"按照属地管理原则来管理互联网站工作"，[2]不同地区监管部门对于网络剧内容监管方面的执行手段或措施有所不同。2014 年，国家广电总局因各地审核标准尺度不同，导致同一节目出现不同版本，还下发过有关进一步完善网络剧等管理的补充通知。现有的规定还并未能够使得网络剧制作单位在制作节目过程中准确把握内容审核要求。

另外，内容审查标准不明确也会造成内容审核上缺乏事前有效审批的问题。现实生活中的案例有，2016 年网络罪案剧《余罪》热播过程中被下架，引起网民一阵唏嘘。据了解，下架原因是《余罪》中张一山饰演的警察抽烟酗酒"有损警察的形象"，从而遭遇"剪刀手"。倘若在内容审核或是备案等更早的环节给制片方一个调整的机会，就能摆脱一部成品剧被扼杀的

---

〔1〕　参见《国家广播电影电视总局、国家互联网信息办公室关于进一步加强网络剧、微电影等网络视听节目管理的通知》第 3 条第 3 款。

〔2〕　参见《互联网站管理工作细则》第 2 条。

命运。

此外，当下网络剧审核标准态势可能会迷惑从业者所把握内容创作的尺度和分寸，限制网络剧产业的创造性及其发展。如《河神》《灵魂摆渡》等网络剧曾因为灵异等题材限制被下架。尽管网剧界的从业者对此也早有准备，例如修改故事发生地或题材，但也可能使得本土的剧情就此失去原汁原味，且从长远来看，做网络剧还是要对用户负责，而不是单纯为了规避审查，所以"改地"类对策是一个治标不治本的方法。内容监管还是要张弛有度，否则因为题材而抑制了网络剧的创新与市场，则略显得不偿失。

（2）审核备案环节多。2019 年年初，重点网络视听节目在播出之前，须经历两次备案和两次公示，分别获得规划备案号和上线备案号。[1]然而，流程复杂的备案方式并不一定符合网络剧等网络视听产品实际中诸如"数量多、更新速度快"的一些特点。和之前成片备案相比，现在两次备案的审核周期可能长达 50 个工作日，这不仅给网络剧片方或视频平台均造成了时间上的负担，由于网络视听节目时效性高，产量庞大，也给审核员和政府部门的备案管理人员等增加了更多的工作量。然而无论是国家广电总局还是各地方广电总局，监管队伍人员数量十分有限，且共审两次，备案时间过长，也会延长网络剧等产品的上线周期，延误产业的发展，这种方式无形中增添了监管的成本，并可能不会达到理想的监管效果。此外，由于需要提前备案，因此对于引进的境外网络剧来说，只能等待在国外播放完毕之后再进行备案操作，这样一来，使得许多引进的境外网络剧在国内无法同步更新，而这种更新慢的特点会为盗版资

---

[1] 参见《国家广播电视总局办公厅关于网络视听节目信息备案系统升级的通知》第 2 条、第 3 条。

源市场打开方便之门，甚至还会导致原来网站的用户流失，实则抬高了网络剧的播放准入门槛，不利于产业的发展。[1]

（3）监管技术落后。当前服务于我国网络剧产业的技术手段较为落后，跟不上产业发展的速度，或者说当前的技术手段并不能在产业发展的过程当中较好地承担保驾护航的作用。一方面是网络剧的版权保护问题，现实生活中存在大量网络剧通过云盘等进行盗播，或是将新剧进行盗版发行等现象。由于盗播这种违法行为成本较低、简便快速，并且在网络剧的热播季节具有市场，收益颇丰，因而造成了该问题的持续性。另一方面，在内容审核的标准上，由于审核员也会受自身经验、主观判断等的影响，导致网络剧的审核结果不完全统一或具有随机性。同时网络剧产业不断发展，网络剧的剧集多而长，也会给审核过程带来障碍，给人力或物力增加成本。当前大数据技术在我国如火如荼地发展，上述情况若考虑用技术手段来辅助保证内容审核结果的公正性，或通过利用大数据技术先进行初步筛选，则可以帮助减少人力或物力成本。但我国目前审核主要采用人工审核的方式，对于技术手段的利用较为缺乏，从而加剧了产业发展的滞后性。为此，提升网络剧内容监管技术手段势在必行。

（四）缺乏对行业自律的重视

监管需要多个部门共同配合，从多个领域、多个方面进行协调，继而形成一个健全完整的机制，达到较为理想的监管效果。目前我国的网络剧监管，尽管有些内容审核的权利下放到了互联网视频播出平台，但整体上行业自律监管仍然只占有少量的比重，然而其承担的任务却非常重要。有关网络剧监管的

---

[1] http://tyzx.people.cn/n1/2018/0228/c417759-29839581.html，访问日期：2019 年 3 月 18 日。

政策多数属于规范性文件，在位阶稍高的行政法规层面，仅有《互联网信息服务管理办法》和《信息网络传播权保护条例》作为相关依据，且在现实生活中的实施并未达到理想效果。而与立法规制相比，行业自律的方式则更加具有灵活性，在制定条规的时间和程序上更加快速简便。除此之外，在监管执法层面，政府部门的监管能力和行政资源毕竟有限，网络剧的管理牵涉多个监管部门，从管理成本来考虑，通过行业自律也能够减少整体监管成本。另外，网络视听行业协会等组织或视频平台等企业扎根在网络剧等一线领域，对该行业的变化和问题有着更加直观与详细的认识，综合考虑行业自律所采取的监管手段或许能收获更好的监管效果。

五、完善网络剧监管的思考

（一）确立网络剧监管法律原则

（1）尊重网络剧市场规律。不同于传统电视剧，网络剧有自己独特的发展路径和需求。尊重网络剧市场规律才能给予网络剧发展更自由的空间，网络剧曾展现出的蓬勃发展的状况就是尊重市场规律进行探索并获得发展的最好说明。若当下采取与传统电视剧完全一致的审查标准，可能会带来广大受众的精神文化诉求与行政管理之间的矛盾，也会带来网络剧产业发展的迟滞。因此，即使网络剧领域还存在着许多需要进行监管的问题，也应该在制定这些监管政策或措施时考虑到网络剧自身的发展规律和标准。

（2）监管治理与文化包容并重。无数的论证已经证明，网络剧监管必须重视内容和题材方面的引导和治理，我国出台各种政策文件和措施注重打击网络淫秽或暴力等内容，主要目的也是为了保护青少年的网络权益，呵护其健康成长。而网络剧作为一种文化产品其承担的主要任务，还有引导或影响人们生活、丰富人们精神世界、提升人们文化内涵等作用。落实到网络剧的监管方面，则要以监管治理与文化包容并重为原则。监管治理就是要通过各种行之有效的监管手段，来维护网络剧风清气朗的局面，文化包容更多的是指网络剧的题材领域。对于网络剧产业来说，有需求才会催生市场，网络剧等新兴行业绝非一时兴起。网络剧最初兴起的原因是其新鲜的创意和题材紧跟当下的热度，不仅拓展了传统电视剧的观看方式，更重要的是突破了传统电视剧千篇一律的题材领域，弥补了当前年轻群体观看影视剧的生活需要与市场空白。为了保护青少年的网络权益和健康成长，弘扬社会清正之风，网络剧市场确实需要规范，但要做到监管治理与文化包容并重，审查从严不是"万金油"，净化网络亦需考虑对正常新兴市场的影响。

（二）网络剧监管的优化措施

（1）明确网络剧监管主体职能。针对我国目前网络剧监管执行主体职能交叉混杂、多头监管现象存在的问题，有关部门要明确职能分工，各司其职。例如，中国互联网协会、中国网络视听节目服务协会、中国版权协会以及互联网版权工作委员会等行业协会组织，对于网络监管均具有工作上的宗旨和义务，在现实生活中应建立围绕网络剧等网络视听节目监管的可持续发展的全方位的渠道，遇事协商，避免各自为政，以提升行业监管组织实际的监管效率。对于相关政府部门监管职责方面存在交叉的问题，则需明确区分对意识形态进行宏观把控的部门、具体拟定政策或打击违法行为等的执行部门以及对一个具体的行政行为确定具体的实施主体等。还可以整合现有的监管组织，在国家广电总局之下建设专门的监管平台，用以倾听大众的反馈意见。此外，上述所有监管机构需协调配合构成一种完整的监管机制,由管理部门进行总体把控,监管组织负责执行,视频网站平台等负责自律,最后由社会进行整体监督。这种监管机制的建立,可以避免企业自律不力的问题,并提高监管效率。职责分工的明确也会给相关人员维权提供方便。

(2)明确内容审查标准,建立案例数据库。针对网络剧内容标准和尺度仍不明确或不统一的问题,可以通过总结目前出现的所有被监管规制的情形,之后细化并进行立法立规,或是利用技术等手段进行辅助确认。具体而言,一方面,视频平台审核方可以收集现有的各种网络剧下架的原因,进行分析和整理,并在实际操作中,遵从该经验进行审核把关;但这样还不具有可诉性以及法律的权威性,因此需要相关监管部门以办法或通知的形式将细化后的内容审查标准进行固定,使之法律化。另一方面,国家广电总局等监管部门要加强对审核员的培训,视频网站内容审核方要加强学习,在认知上形成更为客观明确的标准,例如对于一些打擦边球的网络剧作品不能以个人主观印象为参照模板,而要以具体标准作为参考。此外,加强技术创新,借鉴国外成熟经验,如采用互联网内容筛查软件等,利用技术手段进行前期内容筛选过滤。或建立"案例数据库",将目前越来越多的网络版权纠纷和行政纠纷转化成数据收录进库,作为供借鉴的案例参考资源。这些资源一方面可以为国家进一步出台具体政策文件提供实际依据,或作为行业自律机构培训内容审核员的指导依据,使监管标准更加明确,从而降低内容审核标准中的随机性和主观性。另一方面也可以给网络剧制片方提供题材或内容上的模板,通过这些案例,网络剧制作方也可以更加明确自身的创作界限,在法律没有明确规定的情况下也能有案例可参照,从而使企业规避内容审查的风险。从长远来看,这也会使政府方面减少监管成本,使得网络剧产业获得更稳定的发展。

（3）简化备案流程，加快行政效率。针对网络剧多重备案用时长、效率低的现状，可以从监管方式上进行优化。首先探索网络剧内容分类审核，注重利用技术进行辅助审核，例如大数据技术等智能工具承担审核前期的筛查等工作，参考 Youtube 网站在内容审核方面采取的安全模式，该模式能够帮助屏蔽诸如暴力等符合本网站规定但不符合用户接受程度的内容。视频的内容不可能完全符合所有人的喜好，对于用户而言，安全模式可以赋予他们更多选择和控制的能力。再如法国的教育系统曾推荐过免费过滤软件，用来帮助屏蔽不适宜小朋友观看的网站或内容。

审核过后，在内容安全的前提下，对于重点网络剧和一般网络剧考虑适当简化备案程序，减少备案环节。同样的原则与方法也适用于引进的境外网络剧，通过简化备案程序，缩短国外播放该剧与国内视频网站播放的时差，提高行政效率。

2020 年伊始，疫情肆虐，新冠肺炎阻隔了人们的行程，为绝大部分的工作按下了暂缓播放的按钮，但也倒逼互联网云技术的发展与普及，促使各行各业加快在即使相隔万里、足不出户的情况下办事成功。2020 年 3 月，国家广电总局发布《国家广播电视总局关于统筹疫情防控和推动广播电视行业平稳发展有关政策措施的通知》，其中就提及利用"互联网+政务服务"优化业务审批流程和方式，逐步实现重点电视剧、网络影视剧等通过"线上+邮寄"办理备案审批。同时在办理流程、审批时限等方面进行了更加人性化的规定。这对于影视从业者来说无疑是一件好事，希望现实行动能尽快将规定一一落实，并不断完善以适用于后续的行政审批领域。

（4）重视行业自律，提高职业素养。网络剧的监管对视频平台等运营主体及行业协会提出了更高的自律要求，相应的行业自律作用也应该更加被重视。网络剧的发展一方面代表了民众或企业的私权利，而私权利应当受到合理的约束，即在政府部门及行业协会共同监管和保障下才能使这种私权利最大化。因此，网络剧行业相关组织或人员首先要积极配合政府部门的各项监管措施，另外也要保证自身能够充分发挥作用。例如，网络视听节目行业协会等行业组织要在视频平台企业和政府监管部门之间，扮演好沟通渠道的角色，充分发挥自身在行业角色中的灵活性定位，充分了解当前网络剧等最新动态，尽量在权衡各方利益的条件下制定、实施并完善行业自律条款，还要指导企业审核人员的相关培训工作，倡导网络剧内容审核方加强学习相关法律法规以及案例，强化视频平台等企业的责任意识，构建健康的网络环境，发挥好行业自律的作用。对于网络剧制作方，同样要重视培养自律意识，要提高自身职业素养，注重网络剧本身的艺术性与审美性。网络剧逐渐走向精品化发展之路，唯有靠打造品质良心剧才能在激烈的市场环境中赢得口碑，获得在网络剧领域长久发展的资格，质量低下的网络剧纵然博得一时瞩目也注定会是昙花一现。

此外，不论是哪种监管，都要注重监管过程中保护用户的个人信息。按照相关政策规定，互联网视听节目服务单位只能转发经过核实真实身份信息并且符合内容规定的个人上传的网络剧。即上传网络剧的个人，需在该网站进行真实身份登记，这就意味着视频网站等平台会掌握大量的个人用户数据信息，鉴于当下数据已经成为具有财产属性的无形物品，且被盗取或利用的事件频发，给当事人造成了不良后果的事实，相关网站应做好对个人信息的保密工作。

六、结语

网络剧时代已经来临，它的出现不仅由于传统电视剧收看方式的单一、题材内容的寡淡，时代技术的发展、受众们不断提高的精神文化需求也为此助了力。网络剧的到来促进了影视剧市场的欣欣向荣，也为更多人创造并提供了就业机会。但一个新兴产业想要长久发展下去并不容易，它从一出生就受到政府或社会等各个方面的监管规制与影响。本文从为促进网络剧行业的发展角度出发，简要分析了相关监管政策与措施对于该行业的影响，继而提出完善对策：需明确网络剧各监管部门职能，并为网络剧从业者及相关民众维权提供明确依据；明确并细化网络剧内容审查标准，同时提倡稍放宽网络剧题材限制，使得更多有创意和新意的优秀作品涌入网络剧市场；利用互联网、大数据等技术手段进行辅助性帮助，减少行政审批备案环节；重视行业自律，充分发挥行业的主动性和灵活性，配合各监管部门形成有效的全方位监管体系，使得网络剧行业能够在健康、有效的环境下快速发展。

我国境外视听节目引进监管制度研究

李博云[*]

一、绪论

当今国际的竞争日益转移到文化产业的竞争上，而视听行业是其中重要的一环。《2019 中国网络视听发展研究报告》显示，截至 2018 年 12 月底，中国网络视频用户规模达 7.25 亿，占整体网民的 87.5%。[1]视听行业发展之快，足以说明视听行业对整个社会及文化产业的重要性。

在国际上，一直以来就存在着以美国为代表的视听节目贸易自由化和以法国等国家为代表的"文化例外"之争，并引发了一系列的视听节目贸易纠纷。这都反映出国际视听节目贸易的现实困境：自由为主还是保护为主的价值冲突和规则冲突。我国在视听节目贸易尤其是境外视听节目引进方面作出了一系列立法与政策规定，如何从理论和国际趋势来评价这些法律政策，从而完善我国境外视听节目引进的法律法规，亟待学界的关注和研究，而目前的研究较为欠缺。

从宏观角度看，境外视听节目引进监管制度不仅是法律规

* 北京知产宝网络科技发展有限公司法律研究助理。

[1] 2019 年 5 月，中国网络视听节目服务协会发布《2019 中国网络视听发展研究报告》。

范的问题，更体现了我国文化安全、文化产业政策的整体走向，理清我国对境外视听节目的引进制度，有利于我国选择科学合理的文化政策方向。

从微观角度看，一是目前的境外视听节目引进监管制度中存在一定的争议，很有必要进行文化、法律方面的论证，为以后的制度完善做准备；二是有利于解决目前境外视听节目引进中的问题，正确规范指引境外视听节目引进的依法进行，保障境外视听节目发挥其积极作用。本文运用规范研究法、比较研究法对境外视听节目引进监管制度进行研究。

二、境外视听节目引进监管制度概述

（一）境外视听节目引进监管的概念及与文化产业的关系

1. 境外视听节目引进监管的概念

《出境入境管理法》第 89 条规定，境外是指中国边境（国界）以外的所有国家与地区和中国以内政府尚未实施行政管辖的地域。[1]根据这一解释，我国香港、澳门、台湾地区均应属于"境外"的范畴，因此 TVB 就属于境外剧，也受到境外视听节目引进立法的规范。

在境外视听节目的概念上，本文参照 2018 年《境外视听节目引进、传播管理规定（征求意见稿）》的规定，将视听节目定义为"用于广播电视播出机构和网络视听节目服务单位传播"的境外电影、电视剧、动画片、纪录片，也包括教育、科技、

---

〔1〕《出境入境管理法》第八章"附则"第 89 条规定："本法下列用语的含义：出境，是指由中国内地前往其他国家或者地区，由中国内地前往香港特别行政区、澳门特别行政区，由中国大陆前往台湾地区。入境，是指由其他国家或者地区进入中国内地，由香港特别行政区、澳门特别行政区进入中国内地，由台湾地区进入中国大陆。外国人，是指不具有中国国籍的人。"

文化、综艺、体育等其他境外视听节目。[1]这一概念发展到现在，经历了从"境外电视节目"[2]再到"境外视听节目"的转变，从原来传统的电视台播出的境外广播电视节目延伸到线上几乎所有的网络视听节目播出机构，体现了针对互联网影响下视听节目发展时代特征的政策方向。

境外视听节目引进属于视听节目国际贸易中进口的部分，为规范用语，与法律法规相一致，本文将境外视听节目的进口统一表述为"引进"。

"监管"（regulation）从广义角度看，是指私人或者社会上的机构，基于维护市场秩序为目的，以社会规范或者法律为基础，控制和干预经济活动的一种行为方式。根据不同的监管主体，可以分为：第一，社会公共机构。包括司法机关和行政机关等诸多组织；第二，行业协会及其他形式的社会组织；第三，企业中的监管机构。这也说明，监管除了依照法律，还有社会性规范和企业内部规范等。[3]

从狭义角度来看，监管就是指政府通过对市场机制的具体问题进行改善和矫正，以法律为基础对经济活动进行控制和干预，监管主体特指政府，不包括私人和行业自律组织。[4]本文主要讨论政府监管，即政府针对服务和物品以及随之而来的活动，进行的限制经营、检查和考核制度、资格审查制度、费用补偿制度、信息公布制度和标准认证制度等体系。[5]因此，基于上述理由，本文将对境外视听节目引进的管理、监督规定统

---

〔1〕《境外视听节目引进、传播管理规定（征求意见稿）》第2条。

〔2〕《境外电视节目引进、播出管理规定》第2条。

〔3〕马英娟：《政府监管机构研究》，北京大学出版社2007年版，第22页。

〔4〕马英娟："监管的语义辨析"，载《法学杂志》2005年第5期。

〔5〕肖兴志、宋晶主编：《政府监管理论与政策》，东北财经大学出版社2006年版，第52页。

称为"境外视听节目引进监管制度",并对该制度进行研究。

2. 境外视听节目引进：文化产业的组成部分

对境外视听节目引进的监管,并非独立存在,而是隶属于文化产业国际贸易监管的一部分。视听节目作为输出价值观的文化产品,可以说是最直接的意识形态和文化形象的载体。视听节目的文化性要从理解文化、文化产业的含义入手。在联合国教科文组织编写的《世界文化报告（2000）——文化的多样性、冲突与多元共存》中指出,评估一国文化的指标应该包括广播与电视、电影院与电影、传播新技术等。[1]

(1) 文化的含义。人类从"茹毛饮血、茫然于人道"[2]的"直立之兽",到"人道"的逐渐形成,体现了文化的创造过程。德国哲学家恩斯特·卡西尔在其名著《人论》中认为,人与动物最大的区别,就是人会通过各类手段和方式,例如符号,来建立事物的联系。也正因此,人不断创造出文学、艺术、科学之类的动物没有的东西,这些构成人的世界的特性,就称之为文化。[3]

对文化的讨论从各类文化学者诸多的论著中可以体现出来。但有共性的是,文化是人类社会活动的产物,文化最大的价值是文化在人类社会,在人类交流、传播中体现的作用。由于本文旨在研究境外视听节目引进的法律规范,因此,本文只侧重于对文化产品在引进过程中的法律规则问题做进一步系统的研究。

(2) 文化产业的含义。要弄清楚文化产业的概念,要先了

---

〔1〕 联合国教科文组织编：《世界文化报告（2000）——文化的多样性、冲突与多元共存》,关世杰等译,北京大学出版社 2002 版。

〔2〕 (清) 王夫之：《读通鉴论》卷20。

〔3〕 张謇："国际文化产品贸易公法研究",苏州大学 2010 年博士学位论文。

解"产业"的概念。产业是一个经济学概念，指的是从事生产活动的事业。从广义上讲，产业是指国民经济各行业的总和。[1] 行业，是指从事国民经济中同性质的生产或其他经济社会的经营单位或者个体的组织结构体系的详细划分。[2]例如，旅游业、银行业、影视业。因此，产业概念大于行业的概念，行业是对产业的进一步细分。

我国于2017年发布的《国民经济行业分类》将产业划分为三个不同的部门，即农业为第一产业；工业、建筑业为第二产业；其他各业，包括信息传输、服务部门为第三产业。[3]国务院办公厅转发的《国家统计局关于建立第三产业统计的报告》中，首次将文化艺术列入第三产业范围内。

（3）文化产业的概念及与文化事业的关系。不同国家对于文化产业具有不同的定义和分类标准。美国是首个对文化产业进行了明确具体分类的国家。其主导北美自由贸易区三国建立了《北美产业分类系统》，认为由于现代科技逐渐渗透到传统文化产业中，因此将传统文化领域的出版、电影、广播电视纳入信息产业领域。根据该分类标准，信息产业不仅仅包含软件开发和信息设备制造，而是将信息内容尤其是文化内容转化为商品的过程也纳入信息产业。[4]因此，基于这一分类标准，美国的文化产业在实质上包含了信息文化产业和娱乐两大类，前者包括出版业、广播电视、电影、网络服务、其他信息服务；后

〔1〕 苏东水主编：《产业经济学》（第3版），高等教育出版社2010年版。
〔2〕 梅清豪、林新法、陈洁光编著:《市场营销学原理》，电子工业出版社2001年版。
〔3〕 国家统计局官网，http://www.stats.gov.cn/tjsj/tjbz/hyflbz/201710/t20171012_1541679.html，访问日期：2020年2月7日。
〔4〕 苑洁："文化产业行业界定的比较研究"，载《理论建设》2005年第1期。

者则包括表演、古迹遗产、赌博和娱乐等传统的文化产业。[1]英国是第一个提出创意产业的国家。政府在制定文化政策时，摒弃文化产业的概念，以创意产业一词代替。所谓创意产业，是指有关文化创意产品的生产活动成果，定义为有创造性，并经过知识产权开发生产，创造财富的活动。创意产业强调创造性，以及对经济的贡献价值。[2]

在我国，国家统计局于2018年作出的《文化及相关产业分类（2018）》将文化产业定义为，以文化为核心内容，为直接满足人们的精神需要而进行的创作、制造、传播、展示等文化产品的生产活动。[3]该分类标准将文化产业进一步分为新闻、出版发行、广播电影电视、文化艺术、网络文化、文化休闲娱乐、其他文化服务、文化用品生产、文化用品销售九个部分。

通过对各国文化产业的比较和我国文化产业的介绍，可以看出文化产业并非一个一成不变的概念，而是由核心产业、相关产业和延伸产业组成的完整的产业群，其重点在于经济性和交换价值。与文化产业相对应的概念——文化事业，则是我国特有的术语，是指我国政治体制当中存在的文化事业单位的集合名词。[4]文化事业的本质在于非营利性，由此与具有营利性质的文化产业相对应。[5]

---

〔1〕 刘吉发、岳红记、陈怀平：《文化产业学》，经济管理出版社2005年版，第17页。

〔2〕 佟贺丰："英国文化创意产业发展概况及其启示"，载《科技与管理》2005年第1期。

〔3〕 国家统计局官网，http://www.stats.gov.cn/tjsj/tjbz/201805/t20180509_1598314.html，访问日期：2020年2月7日。

〔4〕 中共中央文献研究室编：《习近平关于社会主义文化建设论述摘编》，中央文献出版社2017年版。

〔5〕 祁述裕主编：《中国文化产业发展战略研究》，社会科学文献出版社2008年版，第1页。

3. 境外视听节目引进与文化产业、文化贸易的关系

境外视听节目本身作为文化精神产品，是与文化事业中的公共文化服务和文化产业中的交换价值并存的。但引进的境外视听节目，主要是具有明显营利性，以贸易为主要传播手段的文化产品。本文论证的重点在于境外视听节目的引进，而非境外视听节目本身，因此将其归属于文化产业中，符合本文的研究目的。

产业是贸易发展的基础，一国文化贸易是否强大的基础是本国文化产业发展的成熟程度，文化产品的贸易政策规则受到各个国家文化产业在国际竞争的优势或劣势地位的影响。[1]表现在视听节目引进方面：例如，发达国家以强大的经济实力为基础，利用国际视听节目贸易规则和竞争优势取得了贸易优势，向视听行业落后的国家倾销其文化产品，使得发达国家与发展中国家在视听贸易中形成了不平衡的贸易关系。这也正体现着文化产业与贸易之间的相互联系。境外视听节目的引进属于国家贸易的一部分，也属于各个国家文化产业中不可或缺的一环。[2]

（二）境外视听节目引进监管制度的影响因素

我国境外视听节目的监管制度的形成受到多方面的影响。由于我国没有关于文化例外的规定，因此将它作为国际因素阐述；我国一直强调保护文化安全的重要性，因而把它作为本国的因素。把文化例外和文化安全分为国际和国内因素，都是从我国自身的视角来看待的。

---

〔1〕 张骞：“国际文化产品贸易公法研究”，苏州大学 2010 年博士学位论文。
〔2〕 沈鲁、王子儒：“影视业在国家文化产业战略中的地位和作用”，载《青年记者》2019 年第 26 期。

1. 国际因素：视听节目引进领域"文化例外"原则

（1）文化例外的溯源。文化例外，是指文化产品，包括商品和服务，应当与一般商品和服务的贸易规则相区别。在一定条件下，文化产品的国际贸易不受世界贸易组织（World Trade Organization，WTO）等贸易自由协定的约束，而是对文化产品进行单独约定保留条款，从而使得保留条款方可以不受规则的约束，免除规定的义务。[1]简单地说，文化例外就是指，对于文化产品的贸易不遵循自由贸易原则，国家可以采取措施对文化贸易进行限制。

"文化例外"的实践最早可以追溯到第一次世界大战前，欧洲国家作为文化大国，历史悠久，文化底蕴丰富，在视听行业也是大国，英、法等国家制作的视听节目不仅在欧洲内部传播，也远销海外。[2]第一次世界大战开始后，欧洲各国几乎将全部力量投入战争中，电影业陷入停滞状态。而美国好莱坞迅速成长起来，第一次世界大战结束后，好莱坞电影已经成为美国出口创汇的一大产业。1919年到1922年三年间，好莱坞的电影出口量增加了3倍之多。[3]随着好莱坞电影在欧洲市场的销量越来越好，传播越来越广泛，英、法等国开始恐慌，认为好莱坞电影毫无文化和审美意义，而且是对本国市场和文化的威胁，因此开始大幅度限制进口，在引进的同时实行限额，在播放上实行配额制，这也是文化例外的萌芽开端。[4]

在1994年《关税及贸易总协定》（General Agreement on Tariffs and Trade，GATT）谈判中，美国极力反对电影国家贸易

---

〔1〕 Ivan bernier, *trade and culture*, pp. 785~787.

〔2〕 Kerry segrave, *American films abroad*, pp. 1~7.

〔3〕 *Massey Hollywood beyond the screen: design and material culture*, London and New York, p. 22.

〔4〕 America beviglia zampetti, "wto rules in the audio visual sector".

的所有限制，但许多缔约方认为有必要保留配额制度。[1]美国最终同意规定电影例外，允许实行屏幕配额，这就是GATT第4条"电影例外"的来源。[2]

（2）文化例外的确立：乌拉圭回合视听部门谈判冲突。1986年，GATT部长级会议在乌拉圭召开，在乌拉圭回合谈判过程中，各方在视听节目贸易问题上存在非常大的分歧。以欧盟为代表和以美国、日本为代表的双方在如何设定视听节目贸易谈判条款时存在问题的意见如下：

欧盟一方认为，对视听节目与其他货物或服务贸易不应一视同仁，视听节目包含了一个国家的文化特征，具有特殊性，应当给予视听节目特殊待遇。各国可以以保护和促进本国文化的名义对视听产品贸易加以控制。对许多国家来说，因为保护或促进本土语言、历史和传统主要依赖于民族视听业的产出，所以应当通过配额的方式拒绝给予进口视听服务市场准入，对视听产品贸易加以管控。

以美国、日本为代表的一方对视听产品贸易的问题的意见与其相反，其推崇自由贸易原则，即任何人都可以将任何形式

---

〔1〕 W. ming shao, "is there no business like show business? Free trade and cultural protectionism".

〔2〕《关税与贸易总协定》第4条"有关电影片的特殊规定"，缔约国在建立或维持有关电影片的国内数量限制条例时，应采取符合以下要求的放映限额办法：（甲）放映限额可以规定，在不短于一年的指定时间内，国产电影的放映应在各国电影片商业性放映所实际使用的总时间内占一定最低比例；放映限额应以每年或其相当期间内每一电影院的放映时间作为计算基础。（乙）除根据放映限额为国产电影片保留的放映时间以外，其他放映时间，包括原为国产电影片保留后经管理当局开放的时间在内，不得正式或实际上依照电影片的不同来源进行分配。（丙）虽有本条（乙）项的规定，任一缔约国可以维持符合本条（甲）项要求的放映限额办法，在实施这项办法的国家以外，对某一国家的电影片保留一最低比例的放映时间。（丁）放映限额的限制、放宽或取消，须通过谈判确定。

的视听产品销售到世界上的任何地方，视听产品贸易理应包含在自由贸易体制内。在其看来视听产品贸易是不关乎文化问题的，贸易就是贸易，就该给予其充分的自由度，如果在贸易当中进行文化保护，那就是贸易保护主义，视听产品贸易管制就是一种贸易保护措施，无疑这些贸易保护措施是不尊重消费者的，侵犯了消费者自由选择的权利，让消费者只能去选择价格更高、性价比更低的国内视听产品。[1]

乌拉圭回合中双方对视听产品贸易并未达成共识，双方各执己见，甚至连已商议谈判完成的内容也几乎夭折。最后，双方在谈判和妥协下，达成了分歧保留的意见。将视听节目排除，在之后涉及视听节目的贸易时，不需完全按照协议规定进行。但需要注意的是，欧盟一方坚持的文化例外原则在国际规则中，没有任何强制地位，也没有写入协议和条约。文化例外这一诉求只是欧盟一方认为的，文化产品与其他产品不同，具有不同于自由贸易的商业价值的文化特殊性，能够传播价值观和思想的产品。

2. 我国：国家文化安全的考量

一国的文化是维系国家团结、稳定的重要基础，更是国家综合国力的重要组成部分。境外视听节目的引进不仅对经济有着重要影响，对文化安全的作用也不可小觑。据统计，截至2019年12月28日，我国2019年年度票房累进达到633亿元，已经上映且有票房数据的进口片达到133部，累计票房约达到238亿元（仅统计票房超过1000万元的进口电影），占目前总体比例约为37.5%。[2]

---

〔1〕 李丽璇："中国影视贸易中的文化安全问题研究"，华东政法大学2018年硕士学位论文。

〔2〕 电影票房数据库，http://58921.com，访问日期：2020年2月6日。

该数据表明，随着境外视听节目引进我国的程度不断深入，这种带有文化理念和价值观的文化产品会对我国产生更加深刻的影响，当这种影响的不良因素增加到撼动我国文化和意识形态从而改变人的价值观念时，文化安全就面临着威胁。[1]

（1）国家文化安全的概念。胡惠林教授是我国最早系统地研究国家文化安全的学者，他以维护国家利益，本国文化安全不受威胁为出发点，提出"国家文化安全是一个国家文化生存和发展为基础的集合，这种集合影响着国家文化生存和发展的全部合法性和合理性。它既包括客观上国家文化不受威胁，也包括主体的价值判断"。[2]花建教授认为国家文化安全的根本在于保护文化主权，文化主权代表着一国对本民族文化的最高权威和独立主权。[3]刘跃进教授在《国家安全学》中从"文化"的角度研究文化安全，认为文化安全是一国价值观念、道德伦理等的保持和延续，是国家文化安全的本质。[4]本文认为，文化安全涉及"文化"和"安全"，其内涵丰富，外延广泛，根本原因在于在不同文化之间因为具有差异而产生的交流和冲突。

（2）国家文化安全的发展历程。国家文化安全在我国的不同历史时期，面临着不同的问题，需要解决的主要矛盾不同，维护国家文化安全所采取的主张和战略也不同。

20世纪50年代，中华人民共和国成立初期，党和国家面临着美苏两个超级大国的对立和作为社会主义国家所面临的帝国主义的不平等对待，如何巩固社会主义新政权的稳固和独立，

---

〔1〕 娱乐资本论，https://ent.qq.com/a/20150928/045650.htm，访问日期：2020年2月6日。

〔2〕 胡惠林：《中国国家文化安全论》，上海人民出版社2005年版。

〔3〕 花建等：《软权利之争：全球化视野中的文化潮流》，上海社会科学院出版社、高等教育出版社2001年版。

〔4〕 刘跃进主编：《国家安全学》，中国政法大学出版社2004年版。

是这一时期党和国家考虑的重点问题。因此，在国家文化安全这一问题上也要重视意识形态的问题，捍卫马克思主义在意识形态领域的指导作用，维持社会主义新政权的独立，是维护国家文化安全的首要任务。[1]

20世纪80年代，改革开放的春风吹向全国各地，面对国内拒绝改革开放，认为改革开放破坏了社会主义的思潮，和改革开放后外国文化的大规模入侵，如何确保社会主义的发展方向，是这一时期思考文化安全的现实和核心问题。在面对20世纪70年代后期的社会思潮影响时，邓小平提出要用准确完整的毛泽东思想指导文化建设，一方面，针对"两个凡是"的错误主张，提出"解放思想，实事求是"的论断；另一方面，强调毛泽东思想旗帜不能丢，毛泽东思想代表了党和国家的光辉历史和文化，要坚持四项基本原则，维护中国思想文化领域的安全，保证社会主义现代化沿着正确的方向前进。

进入21世纪，意识形态和社会制度问题的冲突被日益淡化，文化的普遍适用性替代了意识形态的政治性。1993年，江泽民在对外工作宣传会议上首次正式提出文化安全的概念；胡锦涛在党的十六届四中全会上进一步指出，要坚决抵制敌对势力的渗透和分裂活动，确保国家的政治安全、经济安全、文化安全和信息安全。这是第一次以文件的形式将文化安全纳入国家四大安全之列。国家日益重视文化的作用，注重文化软实力的建设，将文化与经济、政治军事实力同等对待。

总而言之，不同历史时期，党和国家面临和亟待解决的问题不同，对文化安全的侧重点也不同。但文化安全始终是与国家兴亡、生存和发展紧密联系的。

---

〔1〕段妍："中国共产党国家文化安全思想的历史考察"，载《上海师范大学学报（哲学社会科学版）》2018年第2期。

（3）境外视听节目引进中的国家文化安全。视听行业作为文化产业的核心产业层，是我国文化产业发展中资本活跃度高、创意集中度高、对于国家综合竞争力和意识形态安全有着重要意义的产业。随着我国境外视听节目引进的开放程度提高，美国、日本等文化产业发达的国家的文化内容传输到我国，观众潜移默化地受到影响，且这种文化的接受并非强制，在隐性的文化传播中，亦应当注重文化安全的重要性。[1]

好莱坞大片、美剧、韩剧在我国的影响不容小觑，公正地说，境外视听节目包含了人类共有的情感和信念，比如对爱与和平的歌颂、对战争和杀戮的控诉和反思，但不可避免会附加不同于我国的政治理念、社会制度、价值观念、意识形态和生活方式，宣扬国外的社会制度和散布"西方文化中心论"，部分观众容易将荧幕形象等同于社会现实，使得原本的价值观发生动摇和改变。[2]

本文对近 5 年外国与国产电影的票房统计，以及进口影片占全国票房比例进行了一定程度的分析。

表 1　2015 年至 2019 年电影票房统计表

时间（年）	全国电影票房（亿元）	国产影片票房（亿元）	进口影片票房（亿元）	进口影片占全国票房比例（％）
2015	95.96	57.2	38.76	40.4
2016	88.38	45.9	42.48	48.1
2017	141.57	97.55	44.02	31.1

---

〔1〕　方慧、韩云双："论影视产业开放对我国文化安全的威胁"，载《经济与管理评论》2015 年第 5 期。

〔2〕　向前："以影视产业为核心谈中国的文化安全与文化产业发展"，载《行政与法》2010 年第 11 期。

时间 （年）	全国电影票 房（亿元）	国产影片票 房（亿元）	进口影片票 房（亿元）	进口影片占全国 票房比例（%）
2018	149.65	125.95	23.7	15.8
2019	197.34	155.29	42.05	21.3

通过表 1 可以看出，2015 年至 2019 年我国的全国电影票房稳步提升，与之成正比的国产影片票房亦是逐步提升的状态；进口影片占全国票房比例呈现不断下降的趋势。这也与我国近年来提出更严格的文化保护政策息息相关。

三、我国境外视听节目引进的监管制度体系

境外视听节目引进的监管制度经历了从无到有、从封闭到开放的过程。改革开放以来，我国加强了对文化产业的监管，对境外视听节目引进的监管也开始走向规范化、制度化的道路。

（一）我国境外视听节目引进监管制度历史发展

1. 初步发展阶段：1978 年至 2001 年

改革开放初期，我国国内的文化产品和服务供给薄弱，这个阶段文化市场逐渐扩大对外开放，积极吸收外来文化，在该背景下制定了多项行业的具体规定，涉及电影、广播电视节目、新闻、图书刊物、演出等领域，在境外视听节目监管方面主要有：

在电影方面，1981 年，国务院批准文化部（现为文化和旅游部）、海关总署发布《进口影片管理办法》，对从境外进口发行的影片的主管单位进行规定，并对进口影片严格管理。[1]1996 年，国务院发布了《电影管理条例》，并在 2001 年进行了

---

〔1〕 姜飞主编：《海外传媒在中国》，中国文联出版社 2005 年版，第 101 页。

新的修订，规定电影进口业务由国务院广播电影电视行政部门管理。[1]

在电视节目方面，1994 年颁布的《广播电影电视部关于引进、播出境外电视节目的管理规定》，规定各电视台播出的境外剧不能超过 25%，黄金时段不能超过 15%；2000 年发布的《国家广播电影电视总局关于进一步加强电视剧引进、合拍和播放管理的通知》，规定对境外剧的内容应当严格把控，宫廷和武打题材的引进剧不能超过年引进剧总量的 25%。

1998 年 3 月，国家广播电影电视总局成立，2013 年顺应大部制改革的趋势，国务院将新闻出版总署、国家广播电影电视总局的职责整合，组建国家新闻出版广播电影电视总局。

在这个阶段，具体行业具体办法，政策手段大多采用法律强制保护的形式，事前控制和过程控制均非常严格，体现出了我国在引进境外剧的同时格外谨慎，注重政治领域的敏感性和对国家文化安全的维护。[2]

2. 积极推进阶段：2002 年至 2011 年

加入 WTO 后，我国全方位地加大了对外开放的力度，从规制进口逐渐转向引进来和走出去的结合。重点放在了鼓励和扶持我国文化产品和服务的出口。对境外视听节目的监管除了依据本国的法律法规之外，也要在 WTO 的法律框架下制定完善。WTO 在文化贸易中的条款内容包括配额限制、市场准入规定、补贴支持以及知识产权保护。因此，我国也按照 WTO 的要求，对文化领域的法律法规进行了全面、系统的清理。

---

〔1〕 赵京文：“以‘综合治理’引领行业行稳致远——中国网络视听规制的历程与经验分析”，载《传媒》2018 年第 24 期。

〔2〕 陈柏福、邓子璇、杨建清：“改革开放 40 年以来我国对外文化贸易政策变迁研究”，载《中国软科学》2018 年第 10 期。

在境外视听节目监管制度方面，2003 年施行《电影制片、发行、放映经营资格准入暂行规定》；2004 年颁布《境外电视节目引进、播出管理规定》，规定了如"境外电视节目的引进、播出必须经过广电总局和受其委托的广播电视行政部门审批""节目中不得出现境外频道台标等文字标示"。国家广电总局对于有线数字付费频道、点播平台等境外节目的使用行为也作出了明确的规定。出于对突发事件和社会危机的回应，2005 年国家广电总局还发布了《国家广播电影电视总局关于禁止以栏目形式播出境外动画片的紧急通知》。

这一阶段相关法规出台明显增多，针对的内容越来越细，对外商投资明确规定中方控股权。[1]政府制定了一系列的通知、意见规划、公告、办法等配套措施，并注重市场的作用，形成了政府加市场的互动模式，鼓励参与竞争，政策体系在逐步完善。[2]

3. 战略发展期：2012 年至 2020 年

2011 年，我国成为世界上第二大经济体。2012 年开始，我国经济增长速度放缓，开始进行经济结构优化，扩大文化贸易在对外贸易中的比重。在经历了前两个阶段的探索后，境外视听节目的政策开始向知识产权保护、高新科技、数字化、互联网的方向转变。

2012 年 2 月 9 日，国家广电总局下发《广电总局关于进一步加强和改进境外影视剧引进和播出管理的通知》，该通知指出，境外影视剧不得在黄金时段播出，各电视频道每天播出的境外影视剧，不得超过该频道当天影视剧总播出时间的 25%。

---

〔1〕 屠正锋："中国传媒业运行的监管与规范"，复旦大学 2007 年博士学位论文。
〔2〕 潘莺、陈雪萍："浅谈外资进入中国传媒行业的方式及其影响——以视频节目版权合作角度出发"，载《传播与版权》2016 年第 9 期。

同时对境外节目的引入增加多重限制，包括播出长度、播出时间、播出数量限制以及播出国别比例等问题作了明确的规定。这些规定表明，我国一方面进行控制海外剧的引进，另一方面也为国产剧的制作和播出提供机会和便利条件。[1]2014 年以来，国家广电总局先后发布了《国家新闻出版广电总局关于进一步完善网络剧、微电影等网络视听节目管理的补充通知》《国家新闻出版广电总局关于进一步落实网上境外影视剧管理有关规定的通知》《国家新闻出版广电总局办公厅关于开展网上境外影视剧相关信息申报登记工作的通知》《电视剧内容管理规定》《国家新闻出版广电总局关于大力推动广播电视节目自主创新工作的通知》等。[2]

（二）我国境外视听节目引进监管制度的内容分析

我国境外视听节目引进监管主要体现在《电影管理条例》《广播电视管理条例》以及其他一系列的规章中。下面对涉及境外视听节目的主要监管内容进行细致介绍和归纳。

1.《电影管理条例》

2001 年，国务院颁布《电影管理条例》，是对 WTO 的第一个回应。在境外视听节目管理方面，主要涉及电影的制片和引进，在境外视听节目引进方面确立了四个制度：①引进许可制，即电影的引进需要得到国家广电总局的审批和许可方可进口。②用于影院放映的引进电影需要取得审查并得到《电影片公映许可证》。③国家允许中外合资或者中外合作的方式建设、改造电影院。国家广电总局可颁发《中外合作摄制电影片许可证》。

---

〔1〕 "《权游》搅动全网热议，但正版海外剧的引进一言难尽……"，载 https://baijiahao.baidu.com/s? id = 1631661228883706373&wfr = spider&for = pc，访问日期：2019 年 5 月 26 日。

〔2〕 杜玮："浅析新媒体领域的外资版权输入及其社会影响"，载《传播与版权》2015 年第 11 期。

④国产电影不能低于全面总放映量的 2/3。

2.《广播电视管理条例》

1997 年，国务院颁布《广播电视管理条例》，其中与境外视听节目引进有关的一共有三条，具体内容如下：①设立广播电台、电视台的资格：必须是我国政府的广播电视行政部门，完全排除外资、中外合资以及中外合作设立广播电台、电视台的情形；②事先审批制度：境外电视剧必须要经过广播电视行政部门的事先审批；其他境外视听节目要经过广播电视行政部门及其授权的机构审批；③对未经批准的境外视听节目给予处罚。

3.《电视剧内容管理规定》

2010 年，国家广电总局根据《广播电视管理条例》制定了《电视剧内容管理规定》，该规定将电视剧分为三类，分别是国产剧、合拍剧、引进剧。引进剧即从境外引进的电视剧，涉及引进剧的主要规定有：①引进剧实行内容审查和发行许可制度；②发布的"禁载十条""删剪九条"同样适用于引进剧；③已取得电视剧相关许可证的引进剧，广播电视行政部门可以根据公共利益的需要，作出责令修改、停止播出等决定；

4.《进口影片管理办法》

1981 年，文化部（现为文化和旅游部）、海关总署联合发布《进口影片管理办法》，该办法共 9 条，其中第 2 条将进口的影片分为商业性影片和非商业性影片，并且将进口影片的业务统一归中国电影发行放映公司管理。2012 年，中美双方就 WTO 电影相关问题达成谅解备忘录，自此民营企业也可以发布进口片，打破了过去统一由国有公司管理的局面。根据这一协议的规定，我国进口影片业务已经由中影集团一家独揽变成逐步放开的制度，实质上修改了第 2 条的规定。

5. 《境外电视节目引进、播出管理规定》

2004 年，国家广电总局颁布《境外电视节目引进、播出管理规定》，主要有如下内容：①保留了审批制度和限制境外电视节目的播出比例的制度；②在国产剧不得超过 2/3 之外，增加了不得在黄金时段（19：00～22：00）播出境外影视剧；③在引进境外电视节目的程序上分别对卫星传送、电视台播放等的申请材料作了更加细致的规定；④新增不得引进时事性新闻节目。[1]

6. 相关政策制度

此外，还主要有"国产电影保护月""黄金时段禁播境外动画片"以及"限韩令"。"国产电影保护月"是 2004 年电影局发布的通知，规定 6 月 10 日到 7 月 10 日这一个月内，全国各院线不引进境外大片。这一制度从发布之日起，就起到了保护国产电影的作用，很多高票房的国产电影都是在这一时期产生的。

"黄金时段禁播境外动画片"的规定是指从 2009 年 9 月 1 日开始，每天的 17：00～20：00 不得播放从境外引进的动画片，这一规定也是明显的产业保护措施，保护了本国动画片的制作。"限韩令"开始于 2016 年，在短短几个月的时间把韩国明星从中国市场剥离，虽然没有明文规定，但从当年 9 月份起，基本上看不到有关韩国艺人的广告、表演或演艺活动。韩国进口的影视剧也都不再在电视台或网络上出现更新。也因为"限韩令"的出现，我国国内娱乐市场迅速壮大，补足了观众对韩流的需求，韩国文化在我国的市场逐渐被淡化。

根据对以上引进境外视听节目监管制度的分析，可以看出我国对境外视听节目引进申请程序更加明确，这也是我国继续

---

〔1〕 潘莺、陈雪萍："浅谈外资进入中国传媒行业的方式及其影响——以视频节目版权合作角度出发"，载《传播与版权》2016 年第 9 期。

对外开放的要求，使得境外视听节目进入我国更加规范化。但同时也可以看出，我国对文化安全的重要性愈加重视，例如不引进时事性新闻节目的规定，更多地体现出文化的政治性考量，"禁载十条"和"删剪九条"的规定也充分地体现出我国对外来文化冲击的防止措施。

四、我国境外视听节目引进监管制度中存在的问题

（一）配额制度保护力度强，视听行业竞争力不足

配额制度来源于 GATT 的第 4 条，即缔约国可以建立或维持有关电影片的国内数量限制条例，是一种限制进口数量的非关税措施。

配额制度自产生之日起，就成为国家间争议较为密集的一项，视听行业强的国家急于将本国视听节目出口，因此极力要求取消配额；而视听行业较为弱小的国家，则与之相反，希望配额制度增强，从而得到进一步的保护。在我国，主要通过引进数量和时间的配额制度对境外视听节目进行限制。

1. 我国配额制度的发展历程

在数量配额上经过了几次调整，1994 年中国允许每年引进 10 部 "能够体现世界优秀文化成果和当代电影艺术、技术成就的影片" 的分账电影，只有中影集团可以在国内发行，这是新中国成立以来第一次允许对境外电影开放，但是只有中影集团享有进口权也证明了这种开放的限制性。2001 年，在加入 WTO 时，我国承诺每年引进境外影片不少于 20 个，且外资可以在国内建立电影院，但持有股份不得超过 49%；2012 年，DS393 美国诉中国限制出版物及音像制品的贸易权及分销服务争端解决案，是 WTO 争端受理机构第一次受理由文化产业市场开放问题所引发的争端案。美国认为，中国对境外电影的引进实施了严

格控制，只允许国有独资企业或国有合资企业拥有进口权，从而禁止了所有其他企业或个人引进境外电影，这违反了 GATT 第 3 条和第 4 条规定的国民待遇原则，对于境外引进的电影的发行只能由两家中国指定的电影公司进口，但是对于中国本土的电影却没有此项限制，这种不平等待遇违反了中国入会议定书承诺的义务。因此，通过与美国达成的《中美双方就解决 WTO 电影相关问题的谅解备忘录》，我国每年进口境外的影片达到了不少于 34 部。[1]

在时间配额上，电影方面，国产电影要占到院线全年总播放时间的 2/3，6 月 10 日至 7 月 10 日这一个月内，全国各院线不引进境外大片；电视剧方面，黄金时段（19：00～22：00）不得播放境外视听节目，下午（17：00～20：00）不得播放从境外引进的动画片。

无论是数量配额还是时间配额，都是为了扶持和保护本国视听行业的发展，在一定程度上给予本国视听行业时间将具有民族特色和含有本国文化的内容做大做强。但配额制度也是一把双刃剑，在带来益处的同时，也阻碍着一国视听行业的进步。

2. 配额制度的不利后果

法国实行"配额制度"已 20 余年，但配额制度并没有实现法国的文化发展，通过对外国的视听节目设置配额比例和关税壁垒，只是在短期内使得法国传统文化如视听行业避免了好莱坞大片的冲击，但随后，视听行业便陷入了竞争不充分、活力不足、与国际脱轨等问题。即使设置了重重配额壁垒，仍然没能阻挡美国大片的侵入，这种情况值得深思。以电影业为例，进入 21 世纪以来的前十年，美国电影在法国电影市场年均占

---

[1] 协议签订后美国多家媒体争先报道，并对之大加赞扬。See Ethan Smith, Bob Davis, "China Agrees to Increased Access for U. S. Films", February 18, 2012.

50.4%，达 5.19 亿欧元，法国本土电影只占 36.8%，仅 3.84 亿欧元。[1]电影行业越弱小，越需要政府的补贴保护。至 2013 年，欧盟在法国的强烈要求下，宣布在欧美的自由贸易谈判范围内，完全剔除影视音像等文化产业部分。

而且对视听行业贸易的限制，不符合现代社会的发展特征，特别是数量的配额限制，会使得观众依靠正常渠道的消费得不到满足，转而寻找盗版市场，甚至只需要一个链接，就能畅享国家禁止进口的影片。

配额制度容易导致的另一个后果，就是鼓励一些视听行业的公司为了得到政府的补贴，仅仅为了迎合政府的口味、风格制作节目，生产出一批"配额快餐"。更为糟糕的是，国家把补贴给了那些在资金上最不需要补贴的公司，例如法国将电影补贴的大部分给了国内最大的两家制作公司，从好的方面来说，能将资金集中拍摄出好的影片；从坏的方面说，公司为了说服政府给予补贴所付出的资金反而比投资在视听节目本身的资金还要多。[2]

（二）行政审批严格，且无明确标准

未经国家广电总局和受其委托的行政部门审批的境外电视节目，不得引进、播出。[3]也就是说，我国对境外视听节目实行事先审批制度。事前审批制度在一定时期内，起到了宏观调控的作用，对视听行业的发展起到了引导和监督作用。但是，目前的行政审批越来越难适应视听行业的发展，具体表现在：

---

[1] 杨正位、李勇："以开放胸襟看待'文化例外'"，载 https://mp. weixin. qq. com/s/Mtu350i2eqKgGKhoV1b97A，访问日期：2018 年 9 月 14 日。

[2] 单万里："法国'文化例外'主张的衰亡"，载《读书》2004 年第 7 期。

[3] 参见《境外电视节目引进、播出管理规定》第 4 条。

1. 行政审批影响视听节目的时效性，带来版权风险

视听节目最大的特点就是时效性和节目的创新性，但是就目前我国境外视听节目的审批程序来看，需要 20 天到 50 天才能完成审批，在海外已经公开上映之后的一个月甚至更长时间才会出现在我国院线，很多节目无法同步播出，以至于对境外视听节目的传播产生较大的负面影响。

另外，以境外电视剧为例，多采用周播的方式，不一次性制作完成，拍 30% 的剧集即播出，之后根据收视率再对节目进行调整，但是我国引进境外视听节目，要求提交完整样片，这就意味着，想要引进境外视听节目必须等到所有节目制作完成之后才可以引进，经过一系列的审批程序之后才能播放。在目前视听行业竞争激烈、更新迅速的现状下，审批周期之长会给播出的平台带来巨大的资金周转压力，观众急于追新的剧集，盗版商有机可乘，行业盗版问题势必更加严重，这不仅带来了知识产权纠纷，还会对天价购买正版剧集的平台带来巨大的经济损失，甚至会损害我国的信誉和商业合作关系。

2. 审批标准不明确

（1）内容标准。关于电影审查，我国相关条文所明确规定的审查标准有"禁载十条""删剪九条"等。结合这些规定的具体内容及在审查实践中的运用，我们可以感受到这些审查标准所带有的政治性，甚至是阶级性和社会主义意识形态属性。审查条款中的技术性要求都是对电影作品情节内容作出的规定，并且这些规定相当严苛。例如，除明确要求表达的思想内容不得违反国家法律和政治方针外，思想要正大光明、纯洁端正，绝不允许任何对党和国家有不利影响的因素存在。然而在对他国电影内容审查工作上普遍较为侧重于对暴力、血腥等方面，对其他内容的审查相对宽松，只要主题和主要内容没有与"禁

载十条"直接冲突往往就能通过审查。

（2）程序标准。由上文提到的程序规定中我们可以发现，现下的审查程序在制度方面仍有多项问题：第一，审查程序缺乏公开性，影片审查机构规定的审查流程不够清晰。第二，缺乏公众参与。电影审查过程脱离公众而存在，由于制片方没有解释权，当影片被判定具有不合格性质时，制片方通过面对面的交流方式来请影片审查机构指出电影涉及的不合格元素基本不可能。第三，救济程序有待完善。《电影管理条例》明确指出当申请主体对审查结果有异议时，可以在规定时间内申请复议。复审程序在重新走一遍初审程序后，制片方能够维护自身权益的概率并不高。

（三）需重新审视文化安全问题：文化开放抑或文化例外？

视听节目是一种特殊的商品，它具有一般商品和文化载体的双重属性。视听节目的一般商品属性使其应当具有可贸易性和商业性，但其具有的文化载体属性决定了其涉及民族传统和文化的内容应当给予保护，而非绝对开放。

从电影业来看，我国电影的新一代导演拍摄的电影在商业和艺术层面上都吸收了国外的优秀制作模式、叙事和拍摄风格，这也告诉我们积极参与国际市场是可行的。作为文化大国，我国虽然没有明确宣称实行"文化例外"，但在对外贸易政策方面，将针对文化对外贸易的财政补贴和退税政策单独独立出来，区别于一般的贸易部分，中央财政安排文化产业发展专项资金，遵循了文化产业不同于其他产业部门，文化贸易不同于一般商品贸易的例外。[1]在制度形成的初期，其对于发展壮大文化产业起到了有利作用。自从2010年我国成为世界第二大经济体，

---

[1] 马冉："WTO补贴规则视角下中国文化产业财税政策措施探析"，载《河南财经政法大学学报》2016年第5期。

这给予了文化产业一定的开放竞争的环境，但这种制度保护和财政支持红利，消减了文化产业的竞争力，也使得文化产业创新力不足，在一定程度上走向文化保守主义的趋势。

五、典型国家境外视听节目引进监管制度分析

各个国家引进境外视听节目监管制度各不相同，对各国监管制度的研究剖析是解决我国引进境外视听节目问题的关键一步。在这里主要对美国、法国、韩国、印度这四个具有代表性国家的有关视听节目引进的监管制度进行研究。美国影视行业属于世界之最，对视听领域完全开放，追求多样性；法国极为重视本国保护，通过各项措施削弱境外视听节目引进的重要性；"韩流"的力量不容小觑，韩国对引进境外视听节目实行的配额制具有普遍的代表性；印度作为发展中国家，全面放开视听节目引进，本民族视听行业却越来越发达，这也值得深思。这四个国家关于境外视听节目引进监管大相径庭，却均有其优势。因此，本部分将分析四个国家的监管制度的背景、对于境外视听节目的引进模式以及因此对本国的视听行业产生的影响，[1]试图为我国的法规的完善提供方案。

（一）美国："自由主义"为主导

美国占据着当今世界视听贸易的霸主地位，在全球有着巨大的影响力和渗透力。美国政府也是唯一一个长期以来一直以自由主义的文化贸易政策为主导的国家。自由主义引导着本国文化企业的发展以及国际市场上的竞争，也向世界推行其文化自由的贸易政策。整体而言，美国对视听节目的贸易原则是对内放松管制，对外扩张，将文化看作同经济、军事力量同等重

---

〔1〕 Zweigert/Kötz, Einfuhrung in die Rechtsvergleichung auf dem Gebiete des Privatrechts, J. C. B. Mohr, 1996, S. 36.

要的"软实力",向世界各国输出自己的文化。

1. 宽松管制但体系严密的视听节目管理规则

美国没有统一的文化产业政策,在历届美国执政者看来,任何以国家政策的方式对文化发展作出规划、引导,都是对个人自由表达的干涉。美国政府认为,应当营造一个能够让各种声音自由表达的环境,即"文化自由市场",奉行自由的贸易政策,强调市场调节和政府尽量少地干预。[1]在影视行业也遵循自由开放的原则,鼓励、吸收外资及外来影视产业进入美国市场,重视影视产业的经济效益。[2]

一方面,美国的电影、电视剧行业一直以来相对其他国家都有着很大的优势,美国"大片"成为"文化入侵"最大的利器,所以美国自然主张让影视行业进行自由贸易。在多边谈判中,美国提出应该将影视文化产品完全纳入自由贸易体制,认为自由贸易就是自由的进行贸易,提出电影、电视节目或其他视听产品可以像一般产品一样自由流通,可以销售到世界上的任何地方,文化产品同其他产品相同,政府不应刻意违反市场规律而强加管控。美国反对对文化产品自由流通制定任何条款加以限制。

2. 积极扩张的对外视听贸易规则

美国是文化产业最发达的国家,不同于其他国家保护本国文化的战略,美国实行积极的开放海外市场政策。凭借其文化产业优势,在双边和多边谈判中,通过各种经济和政治手段,如许诺提供援助、贸易战等方式迫使其他国家开放其文化市场。

---

〔1〕 Bush, "G. 2006. Remarks to the U. S. University Presidents Summit on International Education", http://www.encyclopedia.com/doc/1G1-142684007.html/ (accessed 26/09/2019).

〔2〕 刘悦笛:"美国文化产业何以雄霸全球?",载《粤海风》2006年第2期。

一方面，在多边谈判中，自 GATT 产生之初，美国就主张对其占有比较优势的电影行业进行自由贸易；在 1993 年乌拉圭回合谈判中，美国主张将电影、电视、磁带、书籍等文化产品等同于一般商品，实行自由流通。在 1998 年经济合作与发展组织关于投资的多边谈判中，美国亦认为，文化产品同其他产品一样，应同样遵循市场规律。美国反对任何限制文化产品自由流通的国际条约下的条款。另一方面，在双边谈判中，美国以推销自己的文化产品作为实现国家利益的重要手段。

（二）法国："文化例外"为主导

1. "文化例外"为导向的产业政策

法国历来对本国的文化产业极为重视，在影视领域更是如此，加入欧盟至今，法国都坚持自己有别于其他国家的产业政策，颁布了《文化产业促进法》，在视听产业领域有专门规定，同时也在 WTO 的国际会议上要求将文化产业列入一般例外规则之中。[1]

法国作为文化例外理论的首创者和坚决维护者，在 1994 年《关税及贸易总协定》的谈判过程中就明确地意识到文化的特殊性，并坚决认为文化不应当与其他一般商品相提并论，而应当单独进行协议和保护，并发表了《共同行动纲领》，旨在将欧洲各国结成团体，共同维护视听行业的发展，在这一纲领中，法国反对将视听节目作为一般贸易商品进行自由贸易。[2]并且在法国的积极推动和支持下，联合国教科文组织先后颁布了《世界文化多样性宣言》和《保护和促进文化表现形式多样性公约》，不断地要求以法律形式确认文化的特殊性和例外性。在《世界文化多样性宣言》中，联合国教科文组织宣布世界各国都

---

〔1〕 李宁："'自由市场'还是'文化例外'——美国与法-加文化产业政策比较及其对中国的启示"，载《世界经济与政治论坛》2006 年第 5 期。

〔2〕 李怀亮主编：《国际文化贸易导论》，中国传媒大学出版社 2008 年版，第 5 页。

有决定文化政策的权利，保护文化的多样性远比将文化作为商品参与优胜劣汰的竞争更为重要。

2. 对境外视听节目的限制手段

在有关境外视听节目的政策法规中，法国主要通过立法、法规与条例、政策与经济手段对境外视听节目进行限制，并扶持本国产业发展。

（1）法律。法国的《传播自由法》第40条规定，任何外籍人不得采取手段直接或者间接地获得超过持有法语广播电视传送许可证的公司资本或者股东大会投票权20%的份额。也就是说，首先，并非全部电视台均允许外资进入；其次，外国资本进入法国电视台亦不能超过20%。[1]

（2）法规和条例。根据法国视听最高委员会于1995年的规定，无论是公共电视台还是商业电视台，其节目构成比例都必须遵守表2的规定：[2]

表2　公共电视台与商业电视台节目构成比

	公共电视台	商业电视台
欧洲节目	60%	60%
法语节目	40%	40%
欧洲电影	60%	60%

（3）政策和经济手段。法国政府通过政策手段扶持本国文化产业，对本国制作的视听节目进行税收优惠和减免，并将财政支持作为法国国家电视台运营的资金来源。也正因为如此，

---

〔1〕　刘俐："德、法电视管理体制探析"，载《电视研究》2000年第11期。

〔2〕　法国文化部，http://www.culture.gouv.fr/Nous‐connaitre/Decouvrir‐le‐ministere/Budget，访问日期：2018年10月10日。

法国电视台将精力集中于挖掘本国文化的魅力、更新本国文化产品。[1]

法国政府虽然规定所有影视公司均有资格引进境外视听节目，但由于其苛刻的引进条件使得极少数大型影视公司才有真正的实力引进境外影视剧。法国实行的配额制就是为了保护本国视听行业的发展。在不同的历史时期，配额制在法国有不同的表现方式：1928 年开始实行互利配额制，美国想要在法国放映美国电影，首先要同意购买同等数量或实质相同的法国电影。1947 年与美国达成的《布鲁—拜勒斯协议》，该协议将配额制细化成时间和数量的配额，规定每一季度要有一个月的时间放映法国本地的电影，并提出在电视剧方面，应当实行与电影一样的国产剧保护，实行电视剧配额制。这样的配额制度显然违背了 WTO 的自由贸易原则。

（三）韩国：文化立国为主导

1998 年，韩国政府正式提出"文化立国"的政策理念，并先后制定颁布《文化产业振兴五年计划》《电影产业振兴法》、废除内容审查制度、调整银幕配额制，使得影视行业飞快发展。[2]

1. 银幕配额制

在电影方面，韩国政府于 1966 年出台的《电影法》（第一修正案）中提出实施"银幕配额制"，随后银幕配额制成为韩国本土电影保护的代表性政策，在电影上映环节中发挥着为本土电影提供空间的作用。按照这一规定，一年中本国影院必须上

---

[1] 张敏："法国当代文化政策的特色及其发展"，载《国外理论动态》2007 年第 3 期。

[2] 杜冰："韩国文化产业发展现状"，载《国际资料信息》2005 年第 10 期。

映本土电影 60 天至 90 天。〔1〕1996 年《电影产业振兴法》代替《电影法》，将上映本国电影时间提升至 106 天。2006 年又对《电影产业振兴法》进行改进，一年中影院必须上映本土电影的天数减至 73 天。由于现今韩国每年制作的本土电影数量在 80 部以上，在客观事实上银幕配额已经不存在限制。〔2〕

在广播电视方面，韩国政府于 2000 年施行的《统一广播电视法》中，规定了地面广播电视台的播放时间，要求电视台播放韩国本土节目的时间不得低于电视台播放总时间的 25%，这项规定极大地促进了韩国电视业的发展。到 2006 年，韩国本土节目的市场占有率达到了 60%。

可以说，银幕配额制在早期的确起到了保护韩国本土影视行业的作用，为本土影视保留了发展空间；另一方面，也逐步放宽银幕配额，引进竞争机制，促进了本国影视业的长足发展。随着韩国本土影视市场占有率的提高，银幕配额制这一政策手段的作用已经被弱化，银幕配额制只是一种消极的保护政策，经济手段的调节成为促进韩国影视行业长足发展的主要因素。

2. 境外视听节目引进政策

韩国早在 1965 年就放弃对外影视剧的数量配额，对影视剧进口贸易完全自由，不做任何管控，此举极有可能是加入《关税及贸易总协定》时迫于美国的压力。

韩国在刚加入世界贸易组织时，只能通过控制银幕配额来管控进口影视剧的"入侵"。但韩国的影视行业近几年发展迅速，文化实力日益强大起来。有数据统计，最近 8 年韩国影视

---

〔1〕 刘润生："韩国文化创意产业发展"，载中国科学技术研究网：http://www.chinainfo.gov.cn/data/. 访问日期：2020 年 2 月 8 日。

〔2〕 陈彦均："从韩国电影配额制的演变看文化的对外开放问题"，载《电影评介》2006 年第 23 期。

剧节目的出口数量每年都大幅增长，同比增长比例达到 30% 以上，换言之，对外进口的影视行业节目依赖性减少，对于美国的进出口差距慢慢减少，这证明了韩国"软实力"不断提升。[1]如前几年在"油管"点击播放量大发异彩的 MV《江南 style》就给韩国带来了非常大的经济效益，北美国家通过"骑马舞"重新认识到了韩国的文化实力，换言之韩国影视由此打开了北美影视行业市场的大门。近几年，韩国通过另一种方式也加速了出口影视剧的进度，即出售或租借版权，还与好莱坞签订剧本版权合同，此举为韩国出口影视剧打开了一扇新的大门。目前韩国如果只有电院和电视荧屏一条道路，此外的相关产业链来带动经济效益的话，不利于影视行业的可持续发展。

（四）印度：开放与保护文化并存

印度电影平均年产量 800 部以上，早在 19 世纪 70 年代就超越了好莱坞，排名世界第一。根据 2016 年 9 月发布的《印度电影行业报告》显示，印度电影产业的整体收入中，本土贡献率达 74%，海外票房占 7%，卫星电视授权 5%。虽然印度本地观众的票房占总体收入的大部分，但海外票房及授权占到总收入的比例超过 10%，正在飞速成长为新的利润点。[2]

1. 视听管理政策

在印度视听行业刚刚兴起时，印度政府一直采用放任自流的态度，既没有扶持政策，也没有管理制度。印度独立后，开始采用公司制等现代化的管理方式管理视听行业，并对视听行业附加高额税收，这对印度的视听行业产生了极为负面的影响，阻碍了印度影视的发展。1975 年印度政府开始实行税收返还制

---

〔1〕 袁蕾："'死守运动'，守得住吗?"，载《南方周末》2006 年 2 月 16 日。

〔2〕 Deloitte report: the indian film industry.

度，即在拍摄完下一部影片后，政府将上一部缴纳的税返还80%。[1]这样一系列的政策使得国内的视听行业得到持续发展，并形成了"宝莱坞"这一类的大型制片厂，在国际上也有相当强大的竞争力和影响力。

2. 内容审查严格

印度对于影视节目的内容审查极为严格，其中没有关于性的镜头，男女主准备亲昵时立即进入一段歌舞，这种浪漫又含蓄的表达方式容易通过伊斯兰国家宗教的审查，因此歌舞穿插是印度电影的标志。视听节目里穿插的歌舞享有独立的版权，也是吸引观众的一大特点。

印度独立之前，在英国的统治下实行完全的贸易自由，文化产品也不例外。唯一设置的例外之处就是对境外视听节目采取审查制度。印度独立之后，对于引进和出口的视听节目就采取了不同的政策，对于印度向境外出口的视听节目采取扶持和税收减免政策，但是对于引进的境外视听节目器材仍要缴纳高额关税。印度演员精通英语，印度自身拍摄的英文视听节目也是出口的一项便利条件。

印度对于境外视听节目的引进没有数量或时间的配额限制，境外的影视公司、电台、电视台及制作的节目可以和印度本土的影视公司、电台、电视台、节目公开竞争，可以说除了印度教文化中对内容审查的要求，印度的视听节目市场是完全开放的。在这种开放的状态下，印度民族文化丝毫未被动摇，在全球市场上也占有了一席之地。印度视听行业的开放给了其他国家一个启示，只要民族文化足够深厚，视听行业可以完全放开。

（五）各国境外视听节目引进监管制度之总结

"他山之石，可以攻玉"，世界上其他文化产业和文化产品

---

〔1〕 张讴：《印度文化产业》，外语教学与研究出版社 2007 年版，第 73 页。

贸易比较成功的国家的监管制度为我国提供了有益的经验。就目前各国的文化产业政策来看，大多数国家均强调文化产业对本国经济社会发展的特殊意义。

1. 在促进本国视听行业发展上采取不同措施

美国利用 WTO 规则，在国际层面实行贸易完全自由化，利用本国强大的影视行业能力、软实力入侵其他国家的影视行业；法国为了与美国抗衡，首先倡导实行影视剧配额制，起初与WTO 的自由贸易原则相违背，最终被越来越多的国家所借鉴并使用；韩国实行文化立国的政策，初期通过银幕配额制来限制美国影视剧的大规模入侵，如今本国影视行业日益壮大，进出口差距越来越小，出口带来的收益越来越大，之后的政策法规就偏向于尽可能地打开亚洲等国家的影视市场。因此，对我国来说，由于视听行业目前还处于幼稚期，应当进行保护和扶持；但应当清醒地认识到，保护和扶持是为我国的视听行业争取时间，保护并非目的。因此，在进行必要的保护的同时，应当保持适度的原则，把重点放在如何发展本国视听节目上来。

2. 对境外视听节目有选择地播放

四国都采取不同措施保护和促进本国产业的发展，力图增强本国文化产业的国际竞争力。但不同的国家根据不同的国情采取了不同的措施，韩国、法国采取有限度地控制转播境外卫星电视的做法，主要通过本国电视台有选择地收录转播一些卫星电视节目以满足观众需求。[1]

---

〔1〕 李永增、陈泽伟："世界文化产业的撞击与竞争"，载《瞭望新闻周刊》2004 年第 21 期。

六、我国境外视听节目引进监管制度完善建议

(一) 树立开放型的适度保护原则

1. 从人类文明史来看: 开放交流是主流

从人类文明史来看,中西文明都是在交流与互鉴中发展的。从中华文化的历史发展来看,汉朝的丝绸之路、唐宋开放的文化交往无一不体现出开放交流的利处,这也是中国文化开放并繁荣的历史进程。从西方文明的历史发展来看,大航海时代是全球化进程的开始。欧美走出中世纪,出现了从意大利到美国的文化中心的转移,无一不伴随着从文化开放到吸收再到创造新文化的过程;但同时期的我国明朝,走向保守的"弃海从路""自给自足"的文明发展史,在文化保守的路上越走越远。也从此时,开始了中西文化繁荣与落后的转化,对比日本明治维新时文化开放的繁荣景象,这种保守与开放的转化,以中日甲午战争的结束宣告了结果。[1]

2. 我国视听行业需要适度开放

从目前我国视听行业的发展现状来说,应当趋向开放不断前进,但还不具备完全开放的市场条件和强大的行业基础来支撑视听行业的完全开放。我国应当采用"开放型的适度保护"原则,将开放放在首位,开放为第一要义,按照开放的、竞争的原则,逐步缩小保护范围、规模及期限,逐步增强我国视听行业的成熟度和参与世界市场竞争的能力。

在具体的制度设计上,一方面制定完善的市场准入和充分的贸易救济规则,使视听行业在境外视听节目引进后能够充分地发挥法律的规则作用;一方面逐步减少财税支持,鼓励竞争,

---

[1] 傅才武、严星柔:"全球化环境下国家文化安全的前提是扩大文化开放",载《艺术百家》2018 年第 5 期。

扶持具有创造性、创意能力的企业。改革开放时期我们积极引入境外视听节目，促进了文化的交流和共享，给我国的视听行业和经济发展带来了诸多利好因素。现在开放型的适度保护，就要求按照改革开放对境外视听节目的态度和发展道路，开放视听行业，进入全球开放的环境中。

（二）渐变配额制度为扶持

1. 数量配额的完善

在境外视听节目引进时，要从如何限制境外视听节目转变到如何增强本国视听节目的竞争力，做大做强本国的视听行业。在这一方面，可以吸收韩国的经验。在与其他国家关于视听行业进行谈判时，在数量配额上可以放松，逐步增加引进数量，同时要求境外具有制作经验的公司企业对我国视听行业给予帮助，通过资金、技术和先进的拍摄理念的引进，将进口数量转化为具体资金，例如通过分账法，每增加一个视听节目的引进，我国在该视听节目引进所得收入的基础上增加5%的票房作为发展基金，扶持我国国内视听行业的发展。通过这种方式，既可以增强我国视听行业的对外开放和交流，加快技术进步，也可以使本国视听行业得到较为充分的竞争，促进视听行业的持续发展。

2. 时间配额的完善

完善境外视听节目引进时间上的配额，是指目前我国播放境外视听节目的时间比例从原来的统一的30%，完善为与特定国家匹配的具体的播放比例。

（三）渐变行政审批制度为分级制，建立明确标准

世界各国普遍建立了对视听节目的内容审查和分级制度，发达国家实行审查制度的历史更为久远。视听节目作为人类思想意志、情感的表达，总是会有好坏、善恶的区分。这种新的

传播方式对维护国家意识形态和主流价值观及文化安全具有重要作用。[1]因此,对视听节目的内容进行审查,以保护青少年身心健康、维护文化安全,在全球化的今天依然具有重要作用。

我国的行政审批制度应在现有的视听节目管理的基础上,引入分级制度,将视听节目的审查主体、内容、程序规则化,在完成基本的国家政治要求审查后,通过开放类别化的分级标准,将视听节目分类评定,将视听节目的审批变成一项参考意见。[2]

目前世界上主要有两种分级制,一种完全放弃审批,将所有视听节目均按等级分类,取消行政审批的干预;一种是审批制与分级制并行,对视听节目进行审查,同时也进行分级;前者以美国为代表,实行单一的分级制;英国、印度、法国均采用审批和分级制并行的手段。世界各国的分级制大有不同,最为细致的为新加坡的分级方式,分为六级:G 级、PG、PG13、NC16、M18、R21,这种分级方式是世界上最为细致也是力度最强的分类方式,但过于精细的分类方法会使得分级管理工作效率较低。

七、结语

在文化全球化浪潮扑面而来的今天,任何国家、民族的受众不可能不受到外来影视文化作品的影响。[3]境外视听节目,作为外来文化的载体,通过国际贸易进入我国市场,并与本国文化交流碰撞,这种文化自由无国界的交流趋势已势不可挡,

---

〔1〕 吴曼芳:《媒介的政府规制》,中国电影出版社 2008 年版。

〔2〕 曾文革、蒋世松:"论 WTO 框架下《中美电影协议》的战略缺失与反思——以电影产业安全为视角",载《云南大学学报(法学版)》2013 年第 6 期。

〔3〕 刘菲:"中国电影产业保护性政策及其效果研究",载《商情》2018 年第 46 期。

但由于文化的交流、境外视听节目的引进面临着贸易自由和文化安全的冲突和互斥，使得对境外视听节目的引进变得慎重起来，我国需要根据实际情况对本国市场进行开放，保护国家和民族文化的独立性和延续性，结合本国利益逐步取消视听贸易壁垒。中国拥有五千年的悠久文明和历久弥新的历史文化，应当采用"开放型的适度保护"原则，将开放放在首位，开放为第一要义，按照开放的、竞争的原则，逐步缩小保护范围、规模及期限，增强我国视听行业的成熟度和参与世界市场竞争的能力，营造充分的开放环境，从而在新的国际竞争中越来越强。

视听节目播放数据造假行为的法律分析及规制研究

沈纯谊[*]

一、绪论

播放数据是视听节目制作完成后，发行播放过程中受众对节目内容的反馈。在当前的视听节目市场内，最主要的两类播放数据就是传统电视节目的收视率和网络视听节目的播放量。传统电视节目的收视率统计了在一定时期内收看某节目人数占电视节目观众总人数的百分比。而播放数据在网络平台表现为播放量数据，即视听节目在平台内被播放的次数统计。播放数据是目前评价视听节目质量的重要参考依据和标准。除了衡量视听节目的质量，播放数据也是制作方、平台方和广告主之间达成交易、获取各自利益的必备的谈判筹码之一。

收视率是电视行业公认的"行业货币"，是衡量电视台挖掘电视节目经济价值的一个重要因素。在电视行业，电视台和广告商之间以收视率为指标，对某时段内投放广告的价格进行定价。在这种情况下，收视率的经济价值凸显，于是催生了收视率调查行业。我国收视率调查产生于20世纪80年代，但商业化

---

* 中国传媒大学文化产业管理学院法律系法律硕士。

的模式则直到 20 世纪 90 年代才正式开启。1996 年，AC 尼尔森公司率先进入中国收视率调查的商业市场，索福瑞公司也紧随其后，与央视合作进入中国市场。因此，中国收视率调查市场一度主要由这两家公司占据主要份额。后来 AC 尼尔森公司退出，央视——索福瑞媒介研究公司（以下简称"央视——索福瑞公司"）在收视率调查行业的覆盖程度遥遥领先，形成垄断态势。现在，一些新的调查公司正在努力进入收视率调查市场，如"酷云 EYE"大数据平台（以下简称"酷云平台"）。其摒弃了传统的抽样统计方法，转而采取了顺应互联网时代发展的大数据系统，数据来源为电视机和机顶盒，覆盖的观众范围更大。相比较于央视——索福瑞公司的垄断地位和权威地位，酷云平台的调查数据被戏称为"野榜"。近期，国家广播电视主管部门——国家广电总局也开发了一种新的调查系统"收视综合评价大数据体系"。该评价体系与酷云平台采用的调查方式相似，基于大数据、云计算技术，未来更将逐步扩大样本数量，力求达到样本全覆盖。

　　同时，随着互联网的发展，网络播放平台的兴起，播放数据在视听节目制作和播放市场中也占领了一席之地，与电视媒体相似，网播平台中也存在统计视听节目受众情况的收看数据，即播放量。与传统电视媒体的收视率数据不同，网播平台的播放量通常由制作运营视听节目的网站通过其自身的平台页面在前台直接显示数据供用户参考，并不存在公布数据的第三方调查统计机构。另外，对于播放量数据的统计，怎样才被计算为一次有效的播放量，也不存在统一的计算方式。这对播放量数据的权威性也造成了很大的影响。2018 年 9 月，一直被当作网播平台前台显示的重要数据的播放量被爱奇艺首先宣布关闭。在爱奇艺之后，2019 年 1 月，"优爱腾"三大网络视频平台的又一大平台优酷，也宣布关闭前台播放量显示。至此，中国视频网站行业的前三大平台，只剩下腾讯视频仍向用户保留着前台播放量数据的公布。率先宣布关闭前台播放量显示的爱奇艺平台，又另辟蹊径地推出了内容热度这一新的数据来作为评价视听节目内容质量和受欢迎程度的新标准。

由于播放数据具有突出的经济功能，在视听节目产业的发展及播放数据调查和服务过程中便产生了一些问题，其中，播放数据造假就是一个突出的问题。这种问题扭曲市场、产生误导、伤害公平，同时还诱发其他违法犯罪行为。早在 2010 年，《人民日报》等多家媒体就对收视率乱象问题进行了一系列的报道，并且已有媒体称，电视台花钱购买收视率问题已经成为一个半公开的行业规则。2018 年，导演郭靖宇在微博上公开发声直指电视剧收视率造假问题，一时引起公众的高度关注。但这并不是收视率造假问题第一次被曝光在公众面前，2016 年的《美人私房菜》，在浙江卫视播出后收视率极低，中国电视剧制作产业协会随后发布声明称，该剧收视率极低的原因是制作方未按照行业潜规则购买收视率。

因此，本文对有关播放数据造假的问题的相关性质进行分析，以便为治理这种现象，维护良好的市场秩序、权利人的合法权益提供有益帮助。

二、播放数据造假行为研究

（一）播放数据的产生与造假的成因

本文讨论的播放数据造假包括收视率的造假和网络播放量的造假。收视率造假存在于电视节目的制作、交易、播放过程中。网络播放量的造假则主要发生于网络节目播放过程之中。由于播放数据是视听节目行业内存在的一种特殊项目，要分析该数据造假行为的法律性质，首先还是需要梳理播放数据产生环节中涉及的主体以及行为。

为了判断一部片子或节目的价值，制作方、播放方、广告方都需要获知与视听节目相关的播放数据。视听节目作为文艺作品，其质量是十分抽象、难以量化评价的，但视听节目的有关交易总需要一个量化标准用以制定交易价格。长期以来，电视媒体行业主要流行的就是"收视率导向"，节目制作、评价和运行决策皆以收视率为中心。对数据的追求也同样地发生在网络视听节目行业。网播视听节目的播放数据甚至比传统电视节目的收视率更加直接地展现在大众面前。

在电视节目行业，收视率这一播放数据无法由以上各方自行统计产出，而是委托给第三方调查机构收集并统计公布。根据《中国电视收视率调查准则》的规定，数据提供方，也就是调查机构，与多个数据使用方签订数据调查服务合同，进行独立的商业运营。从央视—索福瑞公司公布的客户信息来看，其中涉及的数据购买使用方包括各电视台以及广告公司、媒介代理机构等。调查机构接受各方的委托，在民众之中以城市为单位，抽取样本户，构建每个城市的观众网络，并基于这些城市的样本数据产出最终的收视率数据。而造假行为也就产生在这个过程中。网络视听节目行业在计算机技术的支持之下，播放数据的统计则更加便捷。网络视频播放平台往往自己掌握着平台中视频节目的播放数据，观众的每一次点击、每一次播放，都直接被后台的服务器记录，统计后公布在前台为大众所知。

播放数据造假这一非法产业链存在的源头，是视听节目背后存在的巨大的广告等商业效益，电视台、网播平台的广告销售部门正是拿着节目或剧作的收视、播放量成绩进行招商，播放数据作为节目质量评判标准的做法已经在行业内被广泛地认同。广告商选择不同的视听节目支付广告费用，其中的选择标准非常单一，仅仅根据该节目的播放数据高低来选定节目和商议广告费用的高低。这些播放数据，除了影响广告收入之外，与播放数据挂钩的更大的相关利益就是对赌协议。对赌协议实际上是一种节目播放效果的承诺，其本身是无可厚非的，一方面，播出平台方可以通过这种承诺规避一部分播放风险，另一方面也可以倒逼节目制作方在内容生产环节就采取高要求，打造精品高质的视听节目。但一旦各方过度"妖魔化"地推崇对赌协议，将盈利的希望全部寄托于对赌协议之上，以至于将重心完全置于完成对赌协议牟取经济利益，就会逐渐陷入无益于行业健康发展的泥潭。在乱象面前，我国对该领域的关注度和监管力度尚且不够，针对视听节目播放数据统计的监管缺位。且在数据调查统计环节中，央视—索福瑞公司一家独大，市场内竞争活力匮乏，依赖自身统计播放数据的网络播放平台又缺乏统一的数据统计标准，这些都在客观上放任了播放数据造假行为的滋生。

（二）播放数据造假行为具体表现研究

（1）干扰样本户。在数据的前期采集阶段，主要的造假行为方式是干扰样本户。随着造假成风，虚假收视的需求市场逐渐扩大，造假黑色产业链逐步形成，产业链的完善也催生了专业第三方造假主体的出现。有记者调查显示，这些第三方机构以"宣传公司""数据公司"的外壳包装自己，实际上专门从事着帮助购买收视和污染样本户的非法业务。一方面，这些资源方掌握着遍布全国各地的样本户资源，有渠道能够操控各地的收视数据。另一方面，这些造假"黑势力"在与收视购买者进行交易时，始终处于暗处，并不直接公开地进行交易，这使收视率造假的监管难上加难。干扰样本户主要是做两件事，一是通过网络或者直接通过调查机构处寻找样本户。接下来是收买样本户，请求对方在某个时间段锁定目标频道。这些非法主体利用手中掌握的不法资源，干扰收视率调查市场统计数据的正常秩序，使视听节目制作方时常受到关于节目收视效果的威胁，逼迫制作方被动地参与到黑色产业链之中，也扰乱了视听节目制播市场的正常秩序。

对于这种污染样本户信息的行为，目前的研究理论中尚存在不同的观点。

马治国反对从不正当竞争行为的角度认定该类行为的法律性质，而认为这种行为损害的对象是调查机构的经营信息，行为固然是在市场中以不正当的方式取得竞争优势，但这不是更直接的目的。他认为应该用知识产权侵权来对这种行为进行定性。利用非法渠道收集样本户信息并污染样本户收视情况的行为，侵害了调查机构的经营信息，也破坏了样本户实际收视行为信息的真实性。同时，在他的观点下，提供信息的调查公司内部人员、代理造假服务的第三方机构以及样本户三方，都直接或间接地共同完成了上述行为，分别都获得了非法利益，构成共同侵权人。而刘承韪、李梦佳更倾向于在刑法范畴内对这种行为进行打击。他们认为，鉴于样本户的有关信息是调查公司开展商业经营活动的基础，调查公司会因为这些信息的流出而在经济利益上蒙受巨大的损失。因此，通过不正当的渠道获得样本户信息的行为应当构成侵犯商业秘密罪。同时，从事造假行为的第三方机构以行贿的方式贿赂调查机构员工来获知样本户信息的，双方应该分别构成对非国家工作人员行贿罪和非国家工作人员受贿罪。黎亚薇从造假行为的整体和最终目的来分析，认为应该用诈骗罪这一罪名来定性。造假行为最终是为了骗取广告投放主体花费的广告费用，这是其行为的主观目的所在；客体是广告商的经济利益；从客观方面来说，是使用了虚构事实或者通过隐瞒真相的方法，得到了虚高的数据。这样的认定将行为的侵害客体限缩在了单个主体的财产利益之上，而未考虑行为所侵害的社会利益。

另外，对于干扰样本户以提高节目收视率的行为，从目前法院判决的观点来看，都认为样本户信息是利用了保密措施予以保护使公众无法轻易获知且对权利所有人来说具有经济价值和实用价值的经营信息，属于商业秘密，而该种以不正当手段获取样本户信息的行为可能会构成侵犯商业秘密罪。

国内首起样本户数据侵权案件是 2009 年西安市十大知识产权案件之一的"西安市人民检察院指控王某侵犯商业秘密罪及附带民事诉讼案"。该案中，央视—索福瑞公司员工王某作为西安办事处技术人员，利用工作取得样本户个人信息，并将信息透露给电视剧制作方，以牟取非法利益。而电视剧制作方则凭借这些样本户信息对样本户进行收买，操控他们的收视行为，以达到干扰央视—索福瑞公司样本户收视数据，提高收视率的效果，并利用虚假的高收视率数据从电视台处获得更高的经济利益。[1]陕西省高级人民法院维持了西安市中级人民法院的一审判决，将该种行为定义为侵犯商业秘密罪，并判处了相应的附带民事赔偿。

还有，2012 年杭州市江干区人民法院判决的干扰样本户从而影响收视率的案件，造假手段也与前案类似。被告人王某通过非法途径收集央视—索福瑞公司在部分地区的样本户信息并出售给被告人林某，林某即与被告人潘某一同联系样本户，通

---

〔1〕 马治国："媒体收视率调查公司样本户数据的商业秘密保护——对国内首例干扰样本户信息案件的分析"，载《西安交通大学学报（社会科学版）》2011 年第 2 期。

过上门游说、贿赂等方式干扰样本户的正常收视行为，以提高其电视频道的收视成绩。以此行为为基础和模板，该案被告逐渐扩大干扰样本户和收视率造假的范围，通过非法的手段获取了央视—索福瑞公司在全国 76 个城市的 2514 个样本户信息，影响的电视台地域范围扩大至全国。[1]与陕西省高级人民法院的判决结果一致，江干区人民法院同样以侵犯商业秘密罪来认定该种行为。著名编剧赵冬苓就曾提出，收视率造假的根本目的不是向观众展示作品的质量有多高，而是得到广告商的注意力，赚取广告投放费用，她认为这是完完全全的商业欺诈行为，应该用更严厉的刑事制裁手段予以打击。日本在打击收视率造假的过程中，也着重从司法层面予以规范。污染样本户的例子也曾出现在日本 NTV 电视台。针对该事件中通过收买的方式使收视率提高的行为，相关当事人包括有关的上级领导均受到了法律的严厉制裁，对其他电视台起到了极大的震慑作用。

（2）播放数据"刷量"行为。在网络播放数据的造假行为中，同样也存在第三方专门的数据造假机构，接受节目制作方等利益相关方的委托，从事与数据造假相关的服务业务。在前期的数据采集阶段，典型的行为方式是由专门的刷量公司利用技术手段来对播放量数据进行作假。不久前，一位深圳的创业青年发文抨击微博头部 MCN 机构蜂群文化涉嫌播放数据造假，据文章描述，几百万的播放量却仅为该创业公司的淘宝店带来近乎 0 的流量，因此该创业青年认为其中存在数据造假。据其调查，市场上存在着专门从事微博视频播放量的"刷量"行为的利益链条，有商家将播放量、转发评论量等数据"刷量"服务明码标价进行售卖。而国外视频播放平台也同样面临被刷

---

〔1〕 余锋：《中国娱乐法》，北京大学出版社 2017 年版，第 226 页。

虚假流量的问题。《纽约时报》曾报道国外存在专门从事贩卖YouTube 视频虚假播放量的经营者，利用自动或"僵尸"流量以及用户电脑上的弹出式视频等提供虚假播放量，而 YouTube虽然也为此采取了防御这些"刷量"行为的技术完善措施，但 YouTube 平台每天数十亿次的播放数据中，仍混杂有数以千万的虚假播放量。

对于利用技术手段恶意"刷量"的行为，许春明教授认为《反不正当竞争法》修改后新增的第 12 条"互联网专条"正好可以用来适用该种不法行为，因为该行为利用互联网技术手段破坏了网络播放平台提供的视频播放服务的正常运行秩序，直接影响了平台的商业价值和商业信誉。除了民事责任，他还认为也应当发挥行政监管的作用，根据《网络安全法》《网络交易管理办法》追究网络"刷量"行为相关当事人的行政责任。

2018 年 8 月 24 日，上海市徐汇区人民法院判决了一起有关网播平台"刷量"行为而被诉的案件。杭州飞益信息科技有限公司（以下简称"飞益公司"）专门从事针对爱奇艺、优酷、腾讯视频等网络播放平台的刷量服务。爱奇艺在监控中发现，三被告分工合作，通过建立数个域名，使用不同 IP 地址频繁访问等方式，连续进入爱奇艺平台，播放特定的视听节目视频，以异常的速度增加视频点击和播放量，在短短的四个月之内，三被告在爱奇艺平台制造了近十亿次的虚假点击播放行为，按照三被告的刷量服务价格，非法获益数额巨大。针对该案，法院的观点认为，即使在该种造假行为中，刷量公司与播放平台之间的经营范围、盈利模式均不相同，不具有传统意义上的竞争关系，但法院仍旧认为，被告通过技术手段增加无效的爱奇艺网站视频访问数据以获取不当利益，并通过信息网络对其不正当的业务运作进行宣传，不断、广泛地干扰爱奇艺网站统计数据的真实性和完整性。该种行为不尊重他人的合法权益，这与市场经济中奉行的商业道德背道而驰。这种行为会使平台公布的数据变得不再真实可靠，从而使平台失去在受众之中的商业信誉和在市场中的竞争优势，故涉案行为违反市场经济竞争原则，具有违法性。三被告的行为破坏了市场良性竞争中应遵守的商业道德，损害爱奇艺公司以及消费者的合法权益，构成不正当竞争。该案历经两审，且在二审判决中，二审法官进一步指出，原审判决所适用的《反不正当竞争法》一般性条款在此案中并不适宜，并作出了相应的调整，最终适用了第 8 条来定性飞益公司的数据刷量行为。另外，该案在法律责任的承担上，也有值得进一步探讨的地方，抛开诉讼中原告所起诉的被告范围，在这之外，委托第三方机构利用技术手段刷量的内容出品方、版权方是否也应当承担起相应的连带责任。

（3）直接篡改播放数据。调查机构收集到来自各个城市样本户的收视反馈后，应统计并公布给数据使用方，此时收视率调查公司控制着最终从样本户处回传得到的收视数据。在这个环节，存在调查公司对收视数据直接进行改动的可能。一方面，在当前中国的收视率调查市场中存在一家独大的垄断局面。另一方面，从本质上说收视数据的调查机构还是以盈利为目的的企业，其经营行为的根本目的是为了追求利益的最大化。这也使大众十分怀疑央视—索福瑞公司是否会为了自身利益而"一手遮天"，以其在市场内的垄断地位急功近利地直接篡改收视率数据。中视丰德董事长王建锋就曾举报央视—索福瑞公司的管理层涉嫌收视率造假行为，直接从调查公司后台篡改统计数据，央视—索福瑞公司虽然对该举报内容作出了否认，但却未就举报者所提及的收视数据异常情况给出合理的解释说明。

在网络视听节目行业，不需要第三方的数据调查机构，播放平台方直接掌握了视听节目有关的播放数据。视频平台直接操控着播放数据的统计和显示，且当下视频平台越来越多地参与到视频内容的制作之中，制播主体合一的趋势也使得平台方同时作为制作方，与节目播放数据产生的利益联系更加密切。平台向外公布的点击量、播放量数据越可观，越能够在之后的招商环节吸引到更多的资本，在激烈的视频网站竞争中获得更大的优势，此即平台方直接篡改平台中视频节目播放数据的动机。此种造假行为模式发生得比较隐蔽，目前的司法实践中还未有判决的案例。

就目前的研究进程来看，各个观点都倾向于从不正当竞争行为的角度来定性播放数据造假行为，也就是从竞争市场利益、社会经济利益的维度进行考量。这样的理论定性，可以针对造假行为采取更严厉的行政、司法制裁手段，但播放数据造假毕竟是一个多环节、多形式的行为，对于它的法律性质，还应有更多样的定性分析。

三、关于播放数据造假中不同行为的具体法律性质分析

（一）造假行为的法律性质分析

正如前文所述，现阶段的播放数据造假现象背后存在多种不同的行为模式，该部分试从行为法律性质角度分析各个造假行为可能涉及的法律问题。

（1）样本户信息获取。在数据前期采集阶段，作为播放数据产生的来源，样本户信息是造假产业链中至关重要的一环。因此也就产生了针对样本户个人信息的非法买卖行为。要分析该种行为的法律性质，首先要从样本户信息的性质入手。

《民法总则》第111条将个人信息写入法律条文，应认为我国民法已从法律上确立个人信息作为一项民事权利——个人信息权，

从民事权利的高度对自然人个人信息加以保护。[1]要寻求个人信息权的民法保护，就要求涉及的信息满足该项权利的客体构成要求。虽然《民法总则》中并未具体规定，也并未明确地解释个人信息在民法范畴中的定义，但此处可以采用体系解释的方法，参考借鉴《网络安全法》第76条中有关自然人的个人信息的定义。[2]另外，如果从学术理论上对这个权利客体进行界定，杨立新教授认为，个人信息的特点是身份识别性，该类信息能够与个人人格、身份相联系，能通过信息指向具体的个人，作为个人人身、行为状态的数据化表示，是个人自然痕迹和社会痕迹的记录。[3]而在收视率调查市场中，样本户信息包括样本户的姓名、住址等基本的个人联系方式信息，性别、年龄、职业等有关个人身份的个性化信息也有可能包括在调查公司所掌握的样本户信息中。收视率调查公司开展数据统计工作的前提，正是通过这些信息与样本户建立合作关系，收集样本户的收视行为数据。这些信息内容具有很强的身份识别性，当他人获取这些信息时，也可以通过这些信息内容定位到样本户的身份，符合个人信息权权利客体的特征。

同时，个人信息权也应当属于人格权的一部分，作为人格权客体的个人信息，与一般人格权保护的人格利益一样，具有两个方面的利益。一方面是精神层面的人格利益，权利人应享有维护其个人信息的完整性和真实性，不被扭曲、篡改，能够维护其人格尊严、人格独立以及人格自由的价值；另一方面则是财产性人格利益，即个人信息的商业利用价值，由于个人信

---

〔1〕 参见《民法总则》第111条。

〔2〕 参见《网络安全法》第76条第（五）项。

〔3〕 杨立新："个人信息：法益抑或民事权利——对《民法总则》第111条规定的'个人信息'之解读"，载《法学论坛》2018年第1期。

息具有身份识别性，也就能够被市场所利用。因此，个人信息权还应保护自然人个人信息不被他人非法利用，牟取非法利益，对自然人造成经济损失。在此基础上，个人信息受到侵害时，自然人可以行使请求权，向侵害人直接请求或者诉诸诉讼手段来请求加害人为一定行为或者不为一定行为，以恢复人格权的圆满状态或者制止人格权的妨害。〔1〕另外，个人信息权还应受到《侵权责任法》的保护和规制，《侵权责任法》第3条赋予被侵权人以侵权责任请求权。当作为民事权利之一的个人信息权受到侵害时，被侵权人即享有侵权损害赔偿请求权这一请求权基础，向加害方寻求停止侵害、恢复原状以及赔偿损失等权利救济。

　　基于此，样本户信息在收视率造假产业中被肆意泄露并在利益链条上辗转交易的行为，对样本户个体的正常生活造成了一定的负面影响，是对其个人信息保有权、信息决定权、信息知情权和个人信息保护权等多方面权益的侵害。一方面，获得样本户联系方式等信息的造假行为人必然会利用信息试图与样本户本人取得联系，游说其改变收视行为，此将打扰到样本户原本独立的生活；另一方面，通过对样本户个人信息的交易，信息的持有者获得了金钱利益，交易相对方也将通过后续的造假行为牟取商业利益，这一非法买卖的存在给样本户造成了财产上的损失。因此，被非法买卖个人信息的样本户既可以基于个人信息权寻求精神人格利益的损害救济，也可以要求相关侵权人赔偿因此对其造成的财产利益损失。而在这一法律关系中，除了泄露个人信息的直接责任人之外，笔者认为，责任主体还应该包括作为有权收集样本户信息的收视率调查公司，他们也

---

〔1〕 杨立新、袁雪石："论人格权请求权"，载《法学研究》2003年第6期。

同样应当承担侵权责任。调查公司作为样本户信息的收集和使用者，对信息具有特殊的保管和注意义务，也就应该对因其管理不善导致的信息泄露承担特殊的连带责任。此乃民法范畴内非法获取、买卖样本户信息的行为会产生的民事责任。

在刑法范畴内，我国《刑法修正案（九）》通过对原有《刑法》条文的修改，进一步加强了对公民个人信息权的刑法保护，增加了公民个人信息交易链中的责任主体。[1]这意味着在收视率造假产业链中，无论是向他人提供还是从他人处购买样本户信息，都是侵犯公民个人信息的行为，视行为构成的情节严重程度来承担相应的刑事责任。

此外，样本户信息的性质，对于收视率调查公司来说，则有所不同。收视率调查公司（这里主要指央视—索福瑞公司）统计数据的基础都来自样本户的资料信息。收视率调查工作的开展以样本户为基础，通过选取样本户，记录其收视行为，来产生最终的收视数据。为了收集获取有质量的样本户信息来产出有权威性的收视数据，调查公司付出了巨大的成本，因此，样本户信息是调查公司重要的经营资本。对于收视率调查公司来说，样本户信息的安全，是其顺利开展业务的一大重要保障，也同样是保证其行业信誉的重要要求。《刑法》第 219 条第 3 款中对商业秘密的概念进行了界定。[2]相关司法解释中也提及了一类商业秘密的概念，即"客户名单"。[3]实践中的司法观点认为，认定客户名单是否能构成商业秘密予以保护，主要需要

---

〔1〕 参见《刑法》第 253 条之一第 1 款，责任主体包括非法出售和非法向他人提供公民个人信息的行为人。

〔2〕 参见《刑法》第 219 条第 3 款，即要求作为商业秘密的信息应该具有秘密性、商业价值性和保密性。

〔3〕 参见《最高人民法院关于审理不正当竞争民事案件应用法律若干问题的解释》第 13 条第 1 款。

满足三个方面的特征。首先是客户名单内容的深度，即信息内容并非仅限于客户的名称，而是涉及了除此之外的更全面的客户信息。其次是名单所覆盖的客户的数量，成体系、成集群的众多客户才能满足认定为商业秘密的要求。最后是企业与客户之间交易关系的稳定性，在司法实践中，很难将具有短期或偶然贸易关系的客户名单视为商业机密，保持着长期固定交易关系是司法实践中考量客户名单可保护性的重要因素。[1]这一概念与样本户信息十分类似，样本户是调查机构输出调查数据的信息来源，调查机构掌握了全国各地大量样本户各方面的个人信息，且调查机构与样本户之间长期保持着定期回传节目收看反馈的稳定互动关系，则样本户信息数据也就构成了调查机构经营活动中的客户名单。因此，将非法获取调查公司内部掌握的样本户信息的行为性质定义为侵犯商业秘密有其合理性。

（2）干扰样本户。有观点认为，参照2017年"网络刷单入刑案"中的法院判决，诸如干扰样本户这种恶意操纵、刷高收视率、扰乱正常视听节目制播秩序的行为应适用《刑法》第225条第（四）项有关非法经营罪的兜底性条款"其他严重扰乱市场秩序的非法经营行为"来定性处理。笔者认为，将该种第三方机构操纵、买卖收视的行为纳入非法经营罪所范畴并不妥当。有关非法经营罪保护的客体，学界虽曾有许多不同的观点，但比较来看，认为非法经营保护的法益应当是国家特许经营的业务范围，而不是宽泛的"市场经济秩序"或"市场秩序"的观点更受到主流的认可，符合刑法的谦抑性要求。因此，非法经营罪所规制的，应是违反国家有关特许经营限制的行政法律、法规规定，未按法律法规规定获得相关的特别行政许可，擅自

---

[1] 孔祥俊主编：《商业秘密司法保护实务》，中国法制出版社2012年版，第21页。

从事特许经营业务的不法行为。《刑法》第 225 条的前三项规定
了构成非法经营罪的几种具体行为模式，根据体系解释的方法，
该条第（四）项的兜底性规定，也应与前三项具有一致的行为
特征。具体地来说，首先，该罪规制的行为应该属于以营利为
目的，稳定提供商品或服务的经营行为；其次，国家予以特殊
保护的行业的特许经营制度也被这种行为破坏；最后，该行为
因违反上述管理规定而严重地扰乱了正常的市场准入和管理秩
序，损害国家市场经济的健康发展。而在收视率造假的行为模式
中，通过干扰样本户，操纵收视率数据的第三方"黑中介"机
构，其经营行为虽扰乱了收视数据调查市场的正常统计秩序，但
其侵害的法益并不包括市场准入制度和国家保护的特许经营制度。
该种行为仅仅是违反了市场管理规定而扰乱市场正常经济秩序，
并不能简单地适用该条第（四）项，否则，非法经营罪终将与从
前的"投机倒把罪"一样，落入"口袋罪"的窠臼，背离刑事法
律体系中罪刑法定的原则。对于该类行为，利用行政手段进行针
对性的行政监管和处罚，更符合法治的要求。

（3）播放数据"刷量"行为。利用技术手段使网络播放平
台的播放数据呈现异常的"刷量"行为，目前的司法裁判主要
认定其为不正当竞争行为，适用《反不正当竞争法》。

从主体方面来看，该法的适用在实践中也存在一些质疑。
在实务中，被诉行为的实施者常以其与网络平台从事的主要经
营业务不同，不存在商业竞争关系为由进行抗辩。网络平台从
事视频的互联网平台播送业务，而实施"刷量"行为的中介机
构承接通过计算机程序算法手段、非人工地增加平台视频点击
量或播放量的业务。该类从业者与网络平台之间并不处于同一
个商业交易市场，的确并不存在同业竞争关系。但此处应当厘
清的是，对《反不正当竞争法》第 2 条中界定的"不正当竞争

行为"和"经营者"的概念进行基本的文义解释,此处的经营者指的是以营利为目的,提供商品或服务的市场主体,而不正当竞争行为则是该类市场主体违反该法的规定,破坏市场正常竞争规则的行为。由此可知该法并未强制性地要求所调整的法律关系主体之间存在共同的主要业务或具有竞争关系,同业竞争关系也并非构成不正当竞争行为的法定要件。

从客观行为方面来看,该种行为具体应当适用《反不正当竞争法》中哪一项具体规定,也值得探讨。有司法判决针对该种行为直接适用一般性条款进行裁判,是容易引起争议的。《反不正当竞争法》第2条作为高度概括的原则性一般条款,在整体上对市场竞争规则和不正当竞争的行为特点给出界定,在该条之外,该法第二章列举了七类不正当竞争行为。由此,该法以法定主义,对不正当竞争行为模式进行了限定,因此应当对第2条进行限制使用,只有违反了该一般准则,同时又符合第二章规定的行为模式的才能受该法规制。在此之外的行为,如何认定还存在争议。若采用限制性解释的观点,则该种行为无法适用《反不正当竞争法》第2条的一般性规则。

2017年修订的《反不正当竞争法》专门增设第12条"互联网专条",弥补了之前有关互联网领域利用技术手段进行的不正当竞争行为规制一直空白的问题。该条款首先列举了互联网行业中存在的不正当行为类型,又辅以第(四)项来兜底,从文字内容来看尚有些宽泛,没有办法覆盖存在于互联网环境中的各类不正当竞争行为。对照该款前三项的内容,播放数据造假中的第三方"刷量"行为,并不能适用其中任何一项的规定,正好反映出了该条文在内容和适用范围上的局限性。至于第12条第2款第(四)项的兜底性条款,更应采取限缩解释,而不能将其适用于所有网络环境中的竞争行为。具体地来说,此项所能够涵盖的竞争行为，应当尽量在利益平衡方面与前三项所述竞争行为有相似性。[1]该条所具体规定的三项网络不正当竞争行为在表述上都比较具体，而本文所要讨论的播放数据"刷量"行为则无法在其中找到共通性。因此，第12条虽专为互联网领域中存在的不正当竞争行为而设，但却并不能完全解决互联网领域纷繁复杂的众多竞争模式中存在的问题。

在前文所提及的"爱奇艺诉飞益公司不正当竞争案"的司法判决中，法官并未援引"互联网专条"，而是适用了该法第8条的规定，作出行为违法的判断。也就是转换了一个角度，从消费者，即视听节目观众的角度来看待此类行为。衡量一种竞争行为能否构成不正当竞争行为，可以从行为是否损害了消费者在交易环节中理应具有的知情权和自由选择的权利来判断。在现有《反不正当竞争法》的立法框架中，这一视角也是有据可循的。《反不正当竞争法》第8条[2]规定了有关虚假商业宣传的竞争行为，"欺骗、误导消费者"表述了构成虚假宣传的行为需要满足的法律后果要件，即虚假宣传的行为会损害消费者在做出消费决定时的知情权，从而侵害消费者公平交易的权利。在一般消费者的评价体系中，播放数据即代表了视听节目的质量水准，"刷量"行为虚构了视听节目的播放数据，虚假的播放量、点击量数据使节目往往能够在网络平台中占据更加显眼的位置，以至于在消费者选择视听节目时很容易被虚高的数据所误导而观看该节目，甚至需要为此购买例如平台会员等其他增值商品或服务。节目制作方则借此获得经济收益。而在这样的情形之下消费者做出的选择，与平台之间产生的交易是违反交

---

〔1〕 蒋舸："《反不正当竞争法》网络条款的反思与解释 以类型化原理为中心"，载《中外法学》2019年第1期。

〔2〕 参见《反不正当竞争法》第8条。

易公平原则的。在《反不正当竞争法》的法律框架之下，除了实施网络"刷量"行为的第三方机构，此种行为所涉及的视听节目制作出品方、版权方，为了宣传节目作品，给大众造成一种虚假的播放量信息认知，委托第三方刷量公司及其人员帮助实施违法"刷量"行为，是播放量造假行为的最终受益方，同样也需要面临构成虚假宣传的不正当竞争行为的风险。

除了在民事领域应当承担法律责任以外，利用行政监管手段或刑事制裁方式，应该更能对该种扰乱视听节目数据公平统计秩序的行为起到惩罚和震慑作用。《网络安全法》第 27 条规定了任何个人和组织不得非法侵入、干扰和窃取网络系统或数据。《网络安全法》是从计算机网络安全的角度对数据进行安全保护的，这也是对国家和社会安全的重要保障。举重以明轻，该法的规定也应同时保护企业在业务开展过程中关系到的数据网络安全。在判断涉及网络数据安全的行为的法律性质时，国家、社会的网络安全以及企业网络业务安全应当在价值判断的位阶中被置于优先地位。[1]数据"刷量"行为利用注册域名、不断变更访问 IP 地址等技术手段虚假地对视频网站中特定的视频链接进行访问、播放，造成视频相关的收看数据虚假繁荣的假象，并以此盈利。一方面是对平台受众的收看选择产生了误导，也对诚信经营的平台方的商业信誉造成了损害；另一方面，这种利用技术手段进行造假的方式，严重威胁到了网络平台数据统计系统的计算机网络安全。因此，理论上看，此种行为违反《网络安全法》的有关规定，而该法也针对这种行为设置了相应的追责机制，应由行政执法机关予以罚款、行政拘留等方式的处罚。

---

〔1〕 梅夏英："在分享和控制之间 数据保护的私法局限和公共秩序构建"，载《中外法学》2019 年第 4 期。

（4）直接篡改播放数据。收视率造假机构采取直接篡改数据的手段制造虚假收视率的行为，一般是与央视—索福瑞公司等收视率调查企业内部人士一同，利用内部职务便利，接触收视率数据。一方面为了了解样本户的基本情况，造假公司通常会向收视率调查机构的工作人员行贿；另一方面，若需要直接对收视率数据进行篡改，由于从样本户处收集返回的数据仅由调查机构的高层管理人员掌握，只能通过与机构内部的配合才能实现，因此，在这个环节即会产生对调查机构内部员工及其他公司员工行贿的违法行为。从微观层面看，这种行为模式损害的是调查公司内部正常的管理秩序和商业信誉；从宏观层面看，破坏的是收视率数据调查市场乃至于广播电视视听节目市场竞争的公平和诚信。针对商业领域存在的贿赂行为，《反不正当竞争法》和《刑法》中均有涉及。《反不正当竞争法》第7条对为"谋取交易机会或者竞争优势"的目的实施贿赂的行为进行了不法性评价，作出了禁止性规定。《反不正当竞争法》中有关商业贿赂行为的规定，更侧重于对行为性质的界定和评价，在责任承担上的内容较为简略，仅就违法者应承担的行政责任进行了规定。我国《刑法》在立法完善的历史进程中曾经在相关司法解释中短暂地使用过"商业受贿罪"这一罪名称呼，但在之后的司法实践中，《刑法》更多地以行为本身的性质特征为依据进行罪名提炼，而不是强调犯罪行为发生的商业环境来建构犯罪的罪名。相关行为罪名以行为主体、行为方式的不同，分布在"破坏社会主义市场经济秩序罪"和"贪污贿赂罪"两章中，所谓"商业贿赂"只是我国刑法体系中对于商业交易活动中发生的贿赂犯罪的类型化表述。2017年修订的《反不正当竞争法》将商业受贿行为的主体扩大，并不限于"经营者"的范围，同时又扩大了商业贿赂行为的主观方面，"以谋取交易机会或者竞争优势"的目的要件，将商业实践中可能存在的商业贿赂行为的目的基本都涵盖其中，揭示了商业贿赂行为的本质，即利用不正当的手段破坏交易公平，谋取不正当利益。在播放数据的后期统计公布阶段，支配播放数据的最终统计和公布机构的内部工作人员，收受贿赂后对收视率数据做出篡改调整，收视率的上升将会在后续为制作方、播出方带来广告、版权等一系列经济利益的增长。很明显地，直接篡改数据的行为对那些处于同一市场内的竞争者来说，是将他们置于了十分不公平的被动之地，应当受到《反不正当竞争法》的规制，配以相应的行政监管措施，情节严重者，根据《刑法》中个关于非国家工作人员受贿罪和对非国家工作人员行贿罪的规定，会产生承担刑事责任的风险。

对于网络平台中的数据造假行为，如果造假行为由平台方自己来实施，也就是在后期数据的统计公示阶段篡改播放数据，在理论上对该种行为的定性，更适宜从维护消费者，也就是平台用户权益的角度出发。网络平台对播放数据的利用主要有以下几种方法：一是通过数据降序的规则从上至下排列视听节目，发布表单，如热播排行等，方便用户直接挑选；二是在视听节目的信息简介页面标注该节目的播放数据；三是在平台首页推送推荐广告内容，并引用播放数据作为看点进行宣传。而平台用户在使用网络平台观看网络视频时，由于无法了解视频内容的全貌，此时平台显示的播放数据就成为其挑选视频时能够参考的最直观的一项因素。同时，随着网络平台和网络视频行业的发展，网络视频平台逐渐进入"付费时代"，平台为了建立自身的付费会员体系，将其拥有的大多数视频资源纳入付费内容的范围，用户需要通过购买会员或者付费点播的方式才能观看相应的视频内容。在这种服务模式之下，视听节目俨然已经成为一项特殊的商品或服务，而为此付费的用户也就是相对应的消费者。作为消费者的平台用户，在购买平台提供的增值服务时，根据《消费者权益保护法》（以下简称《消法》）的规定，应该享有知悉视听节目的真实信息的权利。《消法》第8条第2款列举了消费者有权知悉的商品或服务的有关情况，虽然该款中列明的各项商品或服务的信息，主要是针对实体经济背景下商品或服务的有关特点展开的。但一方面，从文义解释上看，由于带有"等有关情况"这一语素，该款并非是穷尽式的列举；另一方面，从立法目的来看，该款是在通过列举的方式强调消费者群体在交易环节所享有的知晓商品或服务真实全貌的权利。因此，视听节目的播放量，也应当属于此处提及的商品或服务的"真实情况"范围之内。在《消法》第二章和第三章中，分别规定了消费者享有的权利和经营者应当履行的义务，与第8条规定的消费者知情权相对应，还在第20条中要求经营者如实全面地告知消费者有关商品或服务的信息。[1]网播平台利用信息不对等优势，对播放量数据造假的行为实际上违背了其应承担的如实告知义务。因此，网络播放平台对播放数据造假的行为是一种侵害消费者知情权的欺诈行为。

另外，在《广告法》视角下，网播平台通过在平台页面中显示视听节目作品的播放数据，与节目相关的文字、图片搭配，向其用户推荐播放量高的作品，这一行为正符合《广告法》第2条有关商业广告活动的定义。所以，网播平台将播放量造假的作品推荐给用户实质上是一种对其提供的服务进行虚假宣传的行为，构成虚假广告。《广告法》第28条有关虚假广告的定义，与前文所述《消法》中有关经营者虚假宣传的规定相辅相成，

---

〔1〕 参见《消费者权益保护法》第20条。

从不同的法律调整视角，共同维护的都是消费者在交易活动中的知情权以及公平交易的市场秩序。在互联网市场环境中，在眼球经济之下，网络用户都已经抽象成为网络流量，网络平台之间角逐的是网络用户的注意力资源，这是他们经营收益的资本。那么在这个市场环境之下，网络用户的权益就应该成为最值得关注的因素，将消费者作为法律规制的出发点和落脚点。[1]

（二）小结

实践中播放数据造假的行为具有方式多样且隐蔽的特点，对此类行为以及相关当事人的行政监管和司法制裁也尚处于起步阶段，还远远起不到有效遏制的效果。而在这种现实情况之下，只有对于造假行为本身、行业、市场过程中的具体表现有充分的了解和把握，在此基础上对于造假行为相关问题的法律性质有全面准确的分析和认定，才能更好地遏制这种现象，为视听节目产业发展，版权方、制作方、播放方、调查机构以及广大观众合法权利的维护，文化繁荣提供法律上的支持和保障。

四、播放数据造假现象的规制路径

（一）加强执法监管力度，发挥司法力量

前文对于播放数据造假行为的法律性质分析，是从应然的理论层面上寻找能够适用的法律条文，对造假行为进行定性。无论是民事法律范畴、刑事法律范畴还是行政法律中，都能够找到对应的法律规范，而实践中播放数据造假现象仍然屡禁不止，因此就应该从监管的角度入手，思考能够遏制这种不良现象的路径。在监管机制的构建上，我国目前对此还十分空缺，除了行业协会的有限力量之外，似乎只能依靠行政的执法力量。

---

〔1〕 蔡慧永："虚假网络流量法律问题刍议——兼论不正当竞争行为的评判标准"，载《法学杂志》2019 年第 10 期。

但从实际情况来看，来自政府方面的行政监管也基本未形成固定的模式。国家广电总局作为管理视听行业的行政部门，也曾屡次发文要求规范制作方、播放方等主体之间签订对赌协议的行为，明令禁止数据造假的不良现象。基于我国国情考虑，由于用户数量的庞大，在监管模式上，完全可以发挥政府的行政指导力量，政府应严格审查和考虑监管机构的资格，选择和委托第三方监管机构并对其工作进行监督，即受政府管理但又不附属于行政机构系统。[1]在这种监管模式下，既能够发挥政府公权力的权威作用，也不至于使第三方机构因隶属于行政系统而被限制了工作效率，工作方式更具灵活性，符合我国社会主义市场经济的现实需要。同时，在造假行为被权利方诉诸司法时，司法机关也应该厘清造假行为的法律性质，正确适用相关的法律，特别是在刑事诉讼中，对行为的罪名考量上，既要充分发挥刑法打击犯罪的制裁力量，也要考虑刑法的谦抑性和罪刑法定原则。

（二）促进行业自律，鼓励市场良性竞争

（1）制播行业。视听节目行业具有极高的专业性和一定的封闭性，除了专门从事该行业的从业者之外，无论是行政机关还是普通民众都很难知晓行业之中具体的运作模式。因此，作为由专业从业者组成的行业协会，应当承担起规范监督行业健康发展的重要责任。行业自律在这样专业性较高的行业中显得尤为重要。中国广播电视协会得到国家广电总局和各电视台、广播电台对其的双重赋权，需要发挥管理广播电视行业和代表、维护和服务各电视台、广播电台的双重职能。一般来说，行业自律以行业内较大的主体共同发表倡议书等文件或成立专门的

---

〔1〕 刘燕南："再谈收视率造假：缘起、技术与监管"，载《现代传播（中国传媒大学学报）》2012年第10期。

行业协会出台规范文件等方式来实现。在行业自律方面，中国广播电视协会制定了行业协会中的第一个规范文件——《中国电视收视率调查准则》，后又在 2012 年推出收视率调查行业的国家标准。[1]除了制定准则和国家标准之外，行业协会应该充分发挥其专业性和作为第三方主体的监督作用，对收视率造假的行为采取更为主动性的措施。例如，可以对涉及造假的电视台或电视节目制作方在行业内进行批评教育甚至封杀措施，以期在行业内部起到警示效果。

网络平台也在呼唤一个可统一执行的行业标准以及透明可追溯的监测数据和专业权威审计监督的第三方机构。目前规模较大的网络播放平台数量尚且不多，这正是统一行业标准的良好时机。由国家质量监督检验检疫总局、国家标准化管理委员会颁布的《电视收视率调查准则》在 2014 年开始实施，其中明示了电视节目收视率的调查方法。这值得新生的网络视频播放行业借鉴学习，搭建一个公平合理的数据收集统计系统，使行业参与各方均能获知真实准确的播放数据，扭转平台和受众之间的信息不对等关系。同时，行业主体也亟须一个第三方审计监管机构，不仅是流程审计，也包括技术审计。

（2）数据调查行业。收视率调查市场应打破一家公司独家垄断的局面，营造开放的市场氛围，引入多家调查公司进行良心竞争。这不仅仅是对市场提出的要求，也是电视台和广告商在参考收视率数据时需要做到的要求。作为收视率数据的使用方，不能再局限于一家调查公司的调查结果，可以针对市场中存在的多个不同的收视调查系统进行比较考察，择优而用之。这一方面能够帮助使用方从多个不同层次深入了解电视节目的

---

〔1〕 刘燕南："再谈收视率造假：缘起、技术与监管"，载《现代传播（中国传媒大学学报）》2012 年第 10 期。

实际影响力，另一方面也有利于通过市场竞争促使调查公司改进自身数据系统，促进该产业的技术升级。不可忽视的是，现阶段在促进市场竞争方面，收视调查行业的确已经前进了一大步，除了前文提到的酷云平台，另一收视率调查行业的巨头尼尔森网联也回归中国的收视率调查市场。另外，国家广电总局试运行的全新收视评价系统，也有望为收视调查市场注入新活力。当然，市场主体数量上的增加并不足以打破一家独大的垄断地位，各调查公司必然要以自身完备的数据系统来逐渐建立自身的公信力，为电视行业带来真正真实公正的数据，才能在市场竞争中取得一席之地。

（三）建立多元的节目评价指标及完善配套措施

由于以收视率为唯一内容的单一的电视节目评价标准的存在，使广告主和电视台之间存在畸形的利益链条，催生造假行业的兴起。为从根本上阻断这一恶性循环的发生，则应从源头抓起。在视听节目样式内容包容万象的今天，仅凭播放数据来考量节目质量的做法的可靠性已经大大降低，播放数据与节目水准绝对不可以画上完全的等号。除了收视率之外，应引入电视节目的观众满意度等口碑指标。

另外，随着互联网行业的发展，对电视节目的收看早已不再局限于电视机这一种方式，有一部分观众已经抛弃传统的电视收看模式转而选择更具灵活性的网络电视、手机电视等收看方式。这也对收视统计系统的终端覆盖提出了更高的要求，收视率调查公司应当顺应时代的发展，尽可能广泛地收集不同终端用户的收视偏好，以全方位地统计电视节目的传播效果和观众的实际观看体验。央视—索福瑞公司自身也早已意识到这一问题。2015 年底，央视—索福瑞公司与市场内另一从事收视数据调查服务的公司欢网合作，将欢网的实时数据统计系统与自身的抽样调查体系相结合，开始涉足实时收视率数据统计领域。这是符合当前互联网以及网络智能电视发展趋势的。但央视—索福瑞公司相关工作人员也表示，实时收视数据对电视广告投放与结算并没有太多的实际意义，也没有简化电视广告投放流程或者提高其工作效率。由此，实时收视数据统计的发展，其实还缺乏足够的市场动力。而该种局面的改变，正是需要收视率数据调查的需求方，即播出平台、制作方以及广告投放者转变传统观点，正视收视率数据的本质和收视率调查市场未来的发展方向，同步地做出电视节目、电视广告投放交易环节的调整。

时下占据网络视听节目主要市场的腾讯视频、爱奇艺、优酷和芒果 TV 四大播放平台，仅剩下腾讯视频和芒果 TV 仍保留播放量数据，爱奇艺、优酷则宣布关闭前台播放量显示，寻求其他评价视听节目热度的评价标准。如今市场上也逐渐出现一些数据营销专业平台，如 Vlinkage、猫眼等，专门汇集主流视频网站在播的视听节目播放数据，采取综合算法，推出热度榜单，如猫眼推出的"猫眼全网热度"数据，综合了播放平台热度、社交网络互动热度、媒体热度三方面因素，除了播放数据之外还将节目引发的用户评论等互动数据纳入考量范围。

另外，除了上述主流播放平台以外，B 站、微博等平台仍旧保留前台显示的播放量数据，并作为衡量视频热度的主要依据。短视频是近两年异军突起的视听节目类型，短视频平台衡量短视频热度的方式仍以传统的播放量为依据。对于这些仍使用播放量数据的平台来说，增强针对非法"刷量"行为的技术保护系统建设则尤为重要，谨防"刷量"行为使播放数据"注水"，从而给平台带来信誉损失。

国家广电总局于 2019 年底正式上线试运行的收视综合评价

大数据体系，其数据范围和对象来自于全国 1.4 亿的有线电视、IPTV 用户直播收视行为数据。同时，在此前，国家广电总局也曾表示，除了传统的统计观众收看比例的收视率数据之外，新的大数据系统还将引入舆情监测和专家评价体系。这是一个值得鼓励和学习的尝试，多方位的评价数据可以更直观和真实地反映电视节目的影响力和传播效果，对需要通过评估节目质量来选择投放广告的广告主来说，这样的评价数据使其能更有把握地做出选择，也能够降低投资风险，提高广告投放的回报率。评价指标的多元化也使收视率造假者的造假成本增加，需要造假的数据不再仅仅是收视率一项，而是整个评价体系，成本的增加自然会使造假者逐渐放弃这一黑色产业，进而使电视行业的发展重新进入良性循环之中。

五、结语

视听节目产业的迅速发展促进着国家文化产业的繁荣，而一片繁荣的景象背后也逐渐暴露出产业发展过快无法掩盖的造假腐败现象。播放数据造假问题在视听节目制播行业内的密集出现，正反映出视听节目行业繁荣发展背后存在的问题，即巨大利益所引出的发展歪路，这一问题不解决，行业的发展必然会受到严重阻碍。这些行为可能侵害的是公民个人信息安全、市场经济下正常的公平竞争秩序和良性竞争环境以及消费者在交易环节中的知情权和公平交易权。要解决这一问题，应当从源头入手，以法牵头，以行业协会辅之。依靠行业自律的力量，从内部出发，才能达到更精准有效的规范效果。鼓励更多机构进入收视调查市场，开展良性竞争。节目制作方、平台方和广告方也应该及时地转变观念，合理看待播放数据，将更多的播放数据纳入考量范围，给更多的数据调查机构成长的机会和空间。倡导多元的节目质量评价体系，由国家广电总局牵头，冲破"唯收视率论""唯播放量论"的思想禁锢。多方位措施并举，以根治这一困扰视听行业已久的难题，为视听行业的健康发展保驾护航。

绝对化用语的广告法规制研究

庄晓涵 *

一、绪论

《广告法》第 9 条规定，广告不得使用国家级、最高级、最佳等用语，这些用语被统称为绝对化用语。2016 年，杭州市西湖区方林富炒货店因在经营场所和产品外包装上使用最好、最优、最特色等用语，西湖区市场监督管理局认为方林富炒货店使用了绝对化用语，违反了《广告法》的规定，罚款 20 万元，后人民法院以违法情节轻微、社会危害性小为由，变更罚款为 10 万元。[1]这一案例引起了广泛讨论。

"杭州市西湖区方林富炒货店与杭州市西湖区市场监督局、杭州市市场监督局行政处罚案"的争议主要集中于过罚是否相当，除此以外，实践中还存在绝对化用语范围不清、绝对化用语认定标准不明、绝对化用语过罚不当以及绝对化用语与欺诈关系不明等问题，对于使用绝对化用语是否构成欺诈，能否以广告用语真实、广告用语不指向商品或服务为抗辩理由进行抗辩等问题也存在不同看法，本文将梳理广告法禁止绝对化用语

＊ 中国传媒大学文化产业管理学院法律系法律硕士。

[1] 浙江省杭州市西湖区人民法院（2016）浙 0106 行初 240 号行政判决书。

的立法沿革、立法目的，归纳总结禁止绝对化用语存在的问题，从理论和实践层面对我国广告法禁止绝对化用语进行反思，回应实践中存在的问题，进而提出相应建议。

二、《广告法》绝对化用语概述

1995 年施行的《广告法》规定，广告不得使用国家级、最高级、最佳等用语。[1]虽然《广告法》经过 2015 年和 2018 年两次修订，但是该条规定内容并无变化，仅是由原来的第 7 条第 2 款第（三）项调整为第 9 条第（三）项，同时修改了标点符号，在国家级、最高级、最佳三个词语上增加了引号。本文研究广告的定义、绝对化用语的这一统称的来源以及广告法禁止绝对化用语的原因。

（一）广告的定义、特征及《广告法》的调整范围

（1）广告的定义和特征。广告，是特定主体通过媒介以公开的方式将经过提炼加工的具体信息传达给目标受众，深化受众认识和改变受众行为，进而实现该主体特定目的的传播活动。[2]广告具备以下特征：第一，广告是公开的有特定受众的信息传播活动；第二，广告须通过一定的媒介进行传播；第三，广告是为了实现特定主体某一具体目的的活动。

（2）《广告法》的调整范围。1995 年的《广告法》和 2015 年的《广告法》均在第 2 条明确指出，广告法调整的是商业广告。[3]

---

〔1〕 1995 年《广告法》第 7 条第 2 款规定："广告不得有下列情形……（三）使用国家级、最高级、最佳等用语。"

〔2〕《广告学概论》编写组：《广告学概论》，高等教育出版社 2018 年版，第 15 页。

〔3〕 1995 年《广告法》第 2 条第 2 款规定，本法所称广告，是指商品经营者或者服务提供者承担费用，通过一定媒介和形式直接或者间接地介绍自己所推销的商品或者所提供的服务的商业广告。2015 年《广告法》第 2 条第 1 款规定，在中华

商业广告与非商业广告的区别在于是否以营利为目的，因此商业广告是以营利为目的的广告。[1]全国人民代表大会常务委员会法制工作委员会（以下简称"全国人大法工委"）在《中华人民共和国广告法释义》（以下简称《广告法释义》）中指明，与非商业广告相比，商业广告影响范围更广、影响更直接且更为常见，因此《广告法》调整的是商业广告。[2]商业广告应当具备以下四个要素：①广告发生在我国境内，即广告设计、制作、代理、发布等环节的任意一项在我国境内；②广告的目的是为销售商品或推广服务；③广告主是广告商品的经营者或服务的提供者；④广告通过一定的媒介和形式传播。[3]

（3）鉴于《广告法》明确指出其调整范围为商业广告，本文仅对禁止商业广告使用绝对化用语进行研究。

（二）绝对化用语的含义

虽然 1995 年和 2015 年两版《广告法》均未在法律条文中使用"绝对化用语"这一表述，但是使用"绝对化用语"统称国家级、最高级、最佳等用语已经通过其他官方文件得以确定。

全国人大法工委在《广告法释义》中明确指出，广告应当真实、客观地介绍商品或服务，不得使用"国家级""最高级""最佳"等绝对化用语。[4]这实际上采纳了"绝对化用语"这一表述。此外，在《国家工商行政管理局关于"顶级"两字在广

（接上页）人民共和国境内，商品经营者或者服务提供者通过一定媒介和形式直接或者间接地介绍自己所推销的商品或者服务的商业广告活动，适用本法。

〔1〕 郎胜主编：《中华人民共和国广告法释义》，法律出版社 2015 年版，第 4 页。
〔2〕 郎胜主编：《中华人民共和国广告法释义》，法律出版社 2015 年版，第 4 页。
〔3〕 郎胜主编：《中华人民共和国广告法释义》，法律出版社 2015 年版，第 27 页。
〔4〕 郎胜主编：《中华人民共和国广告法释义》，法律出版社 2015 年版，第 16 页。

告语中是否属于"最高级"等用语问题的答复》〔1〕《国家工商行政管理局关于"极品"两字在广告语中是否属于"最高级"、"最佳"等用语问题的答复》〔2〕《国家工商行政管理局关于立即停止发布含有"第一品牌"等内容广告的通知》〔3〕《国家工商行政管理局关于产品包装物出现"极品"字样问题的处理意见》〔4〕中均使用"绝对化用语"这一表述。因此,"绝对化用语"这一表述得到了普遍认可。

实践中存在"极限词"〔5〕"极限用语"〔6〕等称谓,但这些称谓均未能被法律文件、司法判例予以认可,因此以绝对化用语统称《广告法》中提到的国家级、最高级、最佳等用语更为准确。

(三)我国《广告法》禁止绝对化用语的理由

(1)立法机关。在《广告法》出台前,国务院先后于1982年和1987年颁布了《广告管理暂行条例》和《广告管理条例》用以管理广告,上述两个条例中均没有禁止绝对化用语的规定。1995年施行的《广告法》首次规定了禁止广告使用绝对化用语。在1995年的《中华人民共和国广告法释义及相关法律法

---

〔1〕《国家工商行政管理局关于"顶级"两字在广告语中是否属于"最高级"等用语问题的答复》(工商广字〔1996〕第380号)中释义,"顶级"两字是与《广告法》中"国家级""最高级""最佳"的用语含义相同的表示,属于绝对化用语。国家工商行政管理总局于2016年5月31日发布《工商总局关于公布政策性文件清理结果的公告》(工商办字〔2016〕98号),废止了该答复。

〔2〕《国家工商行政管理局关于"极品"两字在广告语中是否属于"最高级"、"最佳"等用语问题的答复》(工商广字〔1997〕第207号)。

〔3〕《国家工商行政管理局关于立即停止发布含有"第一品牌"等内容广告的通知》(工商广字〔1997〕第225号)。

〔4〕《国家工商行政管理局关于产品包装物出现"极品"字样问题的处理意见》(工商广字〔2000〕第307号)。

〔5〕参见 http://www.sohu.com/a/344349084_ 755783,访问日期:2019年10月26日。

〔6〕参见 https://www.kanwode.tv/15881,访问日期:2019年10月26日。

规》中，全国人大法工委指出，使用绝对化用语的广告属于不实广告、含混广告，违反广告应当真实、清楚的要求，会误导消费者，因此，法律应当禁止在广告中使用绝对化用语。[1]

在 2015 年的《广告法释义》中，全国人大法工委指出，社会是不断发展变化的，使用绝对化用语不符合不断变化的实际情况，并且会向消费者传递某种商品或服务优于其他同种类商品或服务的信息，一方面可能致使消费者对商品或服务产生错误的认识，另一方面也可能致使其他商品或服务在竞争中处于劣势地位，因此法律应当明确禁止在广告中使用绝对化用语。[2]

（2）行政机关。国家市场监督管理总局广告监督管理司认为，商品或服务受到地域或时间的限制，具有局限性，绝对化用语忽视这些局限，不符合事物发展变化的客观规律，同时绝对化用语会误导消费者和引起商品经营者或服务提供者进行不正当竞争。[3]

（3）学理解释。刘双舟认为，绝对化用语缺乏明确标准，广告中使用绝对化用语不符合真实、客观地介绍商品或服务的要求，既容易误导消费者，也容易致使商品经营者或服务提供者利用绝对化用语开展不正当竞争。[4]曹康泰认为，一方面绝对化用语违背事物发展变化的科学规律，另一方面消费者并未掌握相关的信息，主要依靠广告做出判断，面对使用绝对化用

---

〔1〕 卞耀武主编：《中华人民共和国广告法释义及相关法律法规》，中国方正出版社 1995 年版，第 33 页。

〔2〕 郎胜主编：《中华人民共和国广告法释义》，法律出版社 2015 年版，第 16 页。

〔3〕 国家工商总局广告监督管理司编著：《中华人民共和国广告法释义》，中国法制出版社 2016 年版，第 33 页。

〔4〕 刘双舟编著：《中华人民共和国广告法释义》，中国工商出版社 2015 年版，第 42 页。

语的广告，容易遭受欺骗。[1]

（四）总结：禁止绝对化用语的目的

（1）保护消费者合法权益。商品和服务信息通过广告由商品经营者或服务提供者传递给消费者，广告是消费者了解商品或服务的重要途径，同时也是消费者做出判断、决定是否购买的重要依据。[2]真实的广告既有助于商品经营者和服务提供者传递信息，销售商品和服务，获得经济回报，也有助于消费者降低获取信息的成本，及时高效地购买商品和服务，满足自己的需求，提高生活质量和幸福程度。但是，实践中存在商品经营者或服务提供者损害消费者合法权益、寻求经济利润的情形，因此，为了防止经营者为谋求自身利益损害消费者合法权益，我国颁布实施《广告法》，通过规范广告行为，规定行政和民事责任，通过行政处罚和经济赔偿，约束经营者的广告发布行为，从而保护消费者权益。

（2）禁止绝对化用语的目的之一便是保护消费者权益。与商品经营者或服务提供者相比，消费者获取与商品或服务有关的信息存在局限，缺乏对商品或服务的全面认识，往往依靠广告内容做出判断。由于绝对化用语没有具体的判断标准，商品经营者或服务提供者使用绝对化用语进行宣传，容易致使消费者产生错误认识，做出错误判断，因此，《广告法》通过禁止绝对化用语保护消费者合法权益。

（3）营造良好的竞争秩序，禁止不正当竞争。广告是经营者进行市场竞争的重要手段。[3]经营者通过广告传递信息获

---

〔1〕 曹康泰主编：《〈中华人民共和国广告法〉释义》，法律出版社1995年版，第37页。

〔2〕 郎胜主编：《中华人民共和国广告法释义》，法律出版社2015年版，第3页。

〔3〕 郎胜主编：《中华人民共和国广告法释义》，法律出版社2015年版，第2页。

取消费者的信息，引导消费者做出判断，占有市场份额，从而在市场竞争中占据优势。实践中，经营者可能在广告中通过明示或暗示的方式，向消费者传递其他经营者的商品或服务存在缺陷和不足的信息，突出自身商品，进而以极低的成本将其他经营者通过各种方式、花费大量成本获得的消费者转化为自身商品或服务的潜在消费者。在损害了其他经营者名誉和信誉的同时，扰乱了市场正常的竞争秩序，不利于经济的持续发展。因此，有必要通过《广告法》禁止经营者不正当的竞争行为，营造良好的市场秩序，为经营者提供良性的竞争环境。

三、绝对化用语的案例分析

我国《广告法》自颁布以来便规定禁止广告使用绝对化用语，实践中存在众多绝对化用语的案例，本文通过分析各地有关绝对化用语的案例，总结广告中使用绝对化用语的具体表现及案例特点。

（一）行政案例总体情况

1. 行政案例分布情况

行政案例来自 22 个省份，其中北京、浙江、江苏、河南、湖北、山东、福建这七个省份案例最多，七个省份的案例之和占全部案例的 83%，总体而言，行政案例地区分布不均衡，各地案例数量差异较大。

2. 行政案例总体特点

（1）绝对化用语的认定情况。在绝对化用语认定方面，法院支持原告诉讼请求，认为广告用语构成绝对化用语的案例占比为 67%；不支持原告诉讼请求，认为广告用语不是绝对化用语的案例占比为 33%。其中，法院认为属于绝对化用语的广告用语，主要是以"最"字开头的词语以及"第一""顶级"；法院不予认定广告用语构成绝对化用语的理由，主要包括：原告不具备诉讼主体资格、广告用语真实、广告用语并非宣传产品或服务而是表达企业的目标和追求、证据不足、法律未明确规定该用语为绝对化用语以及一般公众不会产生错误认识等。

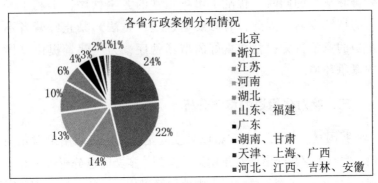

图1 各省行政案例分布情况

（2）绝对化用语的处罚情况。在绝对化用语的处罚方面，行政机关或法院会根据违法情节的轻重、社会危害性的大小、是否配合调查、是否主动及时改正违法行为等因素，从轻、减轻或不予处罚。

（二）各地行政案例分析

不同省份绝对化用语的行政案例存在不同的特点，本文将分地区对各地的行政案例分别进行分析，介绍各地区绝对化用语的认定情形以及各自的案例特点。

1. 华北地区的案例分析
（1）北京市。

表1　北京行政案例绝对化用语的认定情形

绝对化用语	非绝对化用语
第一品牌、首创、首选、最佳	顶尖、最佳、最全面、最高、最强悍、最新、最多、最优惠、顶级、最负盛名、最酷、最薄、最棒、最轻、最坚固、最强、最高级、最昂贵、彻底、极致、最天然

第一，绝对化用语认定情形，如表1所示。行政案例中，原工商行政管理局不予认定构成绝对化用语的占比大，构成绝对化用语的案例占总体比例的10%，[1]不予认定的案例占总体比例的90%。

第二，北京地区的案例有以下三个特点：

其一，原工商行政管理局不予认定理由多样。不予认定的理由包括：现有证据无法认定、举报材料不清、经调查未发现绝对化广告用语、用语不指向产品本身、用语构成对商品性能等表述不清、构成虚假广告、用语并非广告、一般公众不会误解且无恶意并已删除，法律法规未明确规定用语为绝对化用语、有证明材料证明用语真实以及用语为合法注册的商标。

因现有证据无法认定、举报材料不清、经调查未发现均属于不能认定的情形，因此，将其均纳入不能认定之后，上述理

---

〔1〕　北京市第一中级人民法院（2017）京01行终586号行政判决书；北京市海淀区人民法院（2017）京0108行初511号行政判决书；北京市第一中级人民法院（2017）京01行终717号行政判决书；北京市第二中级人民法院（2017）京02行终914号行政判决书。

由可以分成 8 类，其分类及占比如图 2：

不构成绝对化用语的理由占比

- 无法认定
- 构成对商品性能等表述不清
- 并非广告
- 用语真实

- 用语不指向产品本身
- 构成虚假广告
- 法律未明确规定为绝对化用语
- 一般公众不会误解且无恶意并已删除

图 2　不构成绝对化用语的理由占比

其二，法院裁判以不具备诉讼主体资格驳回诉讼请求。北京的法院在行政机关不认定构成绝对化用语的案例中，通常以投诉人（向行政机关投诉绝对化用语的主体）不具备诉讼主体资格为由，驳回其诉讼请求。法院的判决逻辑为，市场监督管理部门对于违法广告行为进行查处，其目的在于规范广告活动，维护市场经营秩序和公平竞争环境，保护不特定消费者的合法权益，而非维护单个主体的权益，不涉及具体民事纠纷的处理和权益保护问题。因此，行政机关不予立案对投诉人的权利义务不产生实际影响，投诉人欠缺请求权基础，不具有提起诉讼的原告主体资格，驳回其诉讼请求。

其三，北京的行政案例存在五个特殊情形。首先，存在原工商行政管理部门将绝对化用语认定为虚假广告的情形，如在"北京某科技有限公司与北京市工商行政管理局朝阳分局行政处罚案"中，[1] 朝阳分局将"全球首款宝石移动电源"认定为虚假广告；其次，对于能否以真实性为抗辩理由，原工商行政管

---

〔1〕　北京市第三中级人民法院（2017）京 03 行终 757 号行政判决书。

理部门存在不同看法，原工商行政管理部门在"北京银之源科贸有限责任公司与北京市工商行政管理局大兴分局行政处罚案"中指出，[1]无论绝对化用语是否真实，只要广告中使用绝对化用语，就违反《广告法》的禁止性规定，而西城分局在"李某与北京市西城区人民政府、北京市工商行政管理局西城分局行政复议案"中认为，[2]虽然广告中使用"彻底"这一用语，但有证据证明该用语是真实的，因此不违反《广告法》的禁止性规定；再次，存在将不指向商品本身的用语认定为非绝对化用语的情形，在"许某法与北京市市场监督管理局海淀分局行政复议案"中，[3]海淀分局认为"登顶品质""顶级工艺"是对产品的目标与提供服务的良好愿景与追求，并不是对公司产品或者服务的描述，因而不属于绝对化用语；复次，存在将使用绝对化用语的广告认定为违反《广告法》第8条[4]的情形，在"许某法与北京市市场监督管理局海淀分局等行政复议案"中，[5]海淀分局认为广告"A10Fusion 芯片迄今为止，iPhone 速度最高的芯片"对"Apple iPhone7 32G"手机的性能、功能、成分表示的不准确，违反《广告法》第8条，即广告主在广告中对商品的性能、功能等的表述应当准确、清楚；最后，存在以法律未明确为由认定广告用语不是绝对化用语的情形，在"陈某与北京市工商行政管理局海淀分局行政处罚案"中，海淀

〔1〕 北京市第二中级人民法院 (2017) 京 02 行终 914 号行政判决书。

〔2〕 北京市第二中级人民法院 (2017) 京 02 行终 828 号行政判决书。

〔3〕 北京市第一中级人民法院 (2019) 京 01 行终 151 号行政判决书。

〔4〕 《广告法》第 8 条第 2 款规定，广告对商品的性能、功能、产地、用途、质量、成分、价格、生产者、有效期限、允诺等或者对服务的内容、提供者、形式、质量、价格、允诺等有表示的，应当准确、清楚、明白。

〔5〕 北京市第一中级人民法院 (2019) 京 01 行终 332 号行政判决书。

分局认为,[1]《广告法》及原国家工商行政管理总局作出的答复中均没有提到"最天然",因此"最天然"不是《广告法》禁止的绝对化用语,这实际忽视了《广告法》采用不完全列举的本意。

(2) 天津市。

第一,绝对化用语认定情形,如表2所示。

表2 天津市行政案例绝对化用语的认定情形

绝对化用语	非绝对化用语
第一、唯一、最新、最先进、最丰富、最理想、最雄厚、最好、最喜爱、最佳	

第二,行政案例中,法院支持以真实性为使用绝对化用语的抗辩理由,即有证据证明绝对化用语是真实的,就不违反《广告法》的禁止性规定。[2]

(3) 河北省。

河北省仅有2个行政案例。[3]在绝对化用语的认定上,法院认为绝对化用语应当用于宣传商品或服务,如果绝对化用语形容的是所宣传的商品或服务以外的对象,则不违反《广告法》的规定。例如,在"承德市双桥区市场监督管理局与承德六福餐饮有限公司行政处罚案"中,法院以广告用语"重庆老火锅第一品牌麻、辣、鲜、香"仅是为了介绍火锅的口味特点,而非说明承德六福餐饮有限公司经营的火锅店是第一品牌为由,

---

〔1〕 北京市第一中级人民法院(2013)一中行终字第3643号行政判决书。

〔2〕 天津市西青区人民法院(2018)津0111行审52号行政判决书,天津市西青区人民法院(2018)津0111行审53号行政判决书。

〔3〕 河北省沧州市中级人民法院(2019)冀09行终211号行政判决书,河北省承德市中级人民法院(2018)冀08行终173号行政判决书。

认定行政处罚依据不足。

2. 华东地区的案例分析

（1）山东省。

第一，绝对化用语认定情形，如表3所示。

表3　山东省行政案例绝对化用语的认定情形

绝对化用语	非绝对化用语
极致、顶级、首选、最大、最专业、最新、最领先、最优质、最贴心、最全、最高、最悠久、最上乘、最佳、最贴合、最低	最佳

第二，案例特点。对于处罚绝对化用语的问题，法院认为可以根据案情从轻、减轻处罚，如在"山东好帮环保科技有限公司与潍坊市坊子区市场监督管理局行政处罚案"中，[1]法院以违法行为情节较为轻微，社会危害性较小，好帮环保科技有限公司积极配合调查，且没有广告费为由认定罚款20万明显不当，将罚款数额变更为5万元。

（2）江苏省。

第一，绝对化用语认定情形，如表4所示。

表4　江苏省行政案例绝对化用语的认定情形

绝对化用语	非绝对化用语
顶级、第一、最理想、最全、最大、最先进、最佳、最热销、最安全等	顶级

第二，案例特点。在绝对化用语的处罚上，行政机关可以

---

〔1〕　山东省潍坊市坊子区人民法院（2018）鲁0704行初29号行政判决书。

结合案例实际情况从轻、减轻处罚，如在"镇江市科瑞制样设备有限公司与镇江市丹徒区市场监督管理局行政处罚案"、[1]"江阴浩方机械有限公司与江阴市市场监督管理局行政处罚案"[2]中，行政机关根据科瑞制样设备有限公司、浩方机械有限公司积极配合调查，主动消除违法行为后果等情况，决定减轻处罚；在绝对化用语的认定标准上，法院认为绝对化用语应当指向商品或服务，在"孙某丁与无锡市锡山区市场监督管理局、无锡市锡山区人民政府行政复议案"[3]中，行政机关认为"力争为您提供顶级享受"是绝对化用语，法院认为该用语是表达经营者的经营理念和目标，不是指向商品或服务，不是绝对化用语。

（3）安徽省。

第一，绝对化用语认定情形，如表5所示。

表5　安徽省行政案例绝对化用语的认定情形

绝对化用语	非绝对化用语
第一品牌	最佳

第二，案例特点。在绝对化用语的认定标准上，市场监督管理局与法院均认为不能仅凭字面意思认定广告使用绝对化用语，如在"宇某与阜阳市颍东区工商行政管理局、阜阳市工商行政管理局行政处罚案"中，[4]阜阳市颍东区市场监督管理局认为，商品使用方法中虽然有"最佳调味品"这一表述，但该用语不是用于宣传商品质量，消费者不会产生错误认识，不存在受到

---

〔1〕　江苏省镇江市丹徒区人民法院（2019）苏1112行审102号行政判决书。

〔2〕　江苏省江阴市人民法院（2019）苏0281行审105号行政判决书。

〔3〕　江苏省无锡市滨湖区人民法院（2018）苏0211行初122号行政判决书。

〔4〕　安徽省阜阳市中级人民法院（2017）皖12行终76号行政判决书。

欺骗和误导的可能性，因此不属于绝对化用语；法院认为，"最佳调味品"的使用位置是商品包装的背面，没有用在突出位置，不是对产品的宣传，不会误导消费者，不是绝对化用语。

（4）浙江省。

第一，绝对化用语认定情形，如表6所示。

表6　浙江省行政案例绝对化用语的认定情形

绝对化用语	非绝对化用语
顶级、100%、唯一、第一品牌、极品、最先进、最新、最高、最传统、最稳定、最佳、最低、最流行、最好、最理想、最专业等	国家级

第二，案例特点。对于绝对化用语认定标准，法院认为，绝对化用语既可以指向商品或服务，也可以指向企业，如在"杭州市西湖区方林富炒货店与杭州市西湖区工商行政管理局、杭州市工商行政管理局行政处罚案"中，[1]法院认为，有关企业的介绍宣传是为了吸引消费者，获取消费者的认可，进而实现促使消费者购买商品或服务的目的，因此，使用最优秀、最有特色修饰店铺也构成绝对化用语；在绝对化用语处罚问题上，行政机关会根据广告发布期间的交易数量和价款、是否配合调查、是否及时纠正违法行为等因素，从轻、减轻处罚，如在"温州顿鼎卫浴有限公司与温州市场监督管理局行政处罚案"中，温州市场监督管理局综合考量上述因素，决定减轻处罚至5万元。

（5）福建省。

第一，绝对化用语认定情形，如表7所示。

---

〔1〕　浙江省杭州市西湖区人民法院（2016）浙0106行初240号行政判决书。

表7 福建省行政案例绝对化用语的认定情形

绝对化用语	非绝对化用语
第一品牌、最大、最百搭、最佳、最正宗	最高、最实惠

第二，案例特点。法院认为对绝对化用语的处罚应当符合过罚相当的原则，如在"厦门莎斯网络技术有限公司与厦门市思明区市场监督管理局行政处罚案"中，[1]市场监督管理局认定莎斯网络技术有限公司使用绝对化用语，处以罚款20万元，法院认为莎斯网络技术有限公司在市场监督管理局检查后立即改正，且从未因违反《广告法》受到行政处罚，其违法行为情节轻微，社会危害程度小，主动消除违法后果，符合减轻处罚的规定，市场监督管理局罚款20万元违反过罚相当、处罚与教育相结合的原则。在"莆田市乐维贸易有限公司与莆田市城厢区市场监督管理局行政处罚案"中，[2]市场监督管理局认定乐维贸易有限公司使用绝对化用语，鉴于乐维贸易有限公司主动改正违法行为、积极配合调查，予以从轻处罚，罚款20万元；法院认为从违法事实、社会危害、认错悔过态度等方面考虑，罚款数额过大，责令市场监督管理局重新作出处罚决定。

在绝对化用语的认定标准上，应当结合广告内容和广告效果进行判断，不能仅凭字面含义确认，如在"董某华与福州市仓山区工商行政管理局不履行法定职责案"中，[3]市场监督管理局以"办卡最优惠"并非针对药店经营范围内的商品本身或者服务本身进行商业广告宣传为由不予认定使用绝对化用语；法院认为"办卡最优惠"没有产生排他性宣传的后果，不影响

---

〔1〕 福建省厦门市中级人民法院（2019）闽02行审复1号行政判决书。

〔2〕 福建省莆田市荔城区人民法院（2019）闽0304行初26号行政判决书。

〔3〕 福建省福州市中级人民法院（2017）闽01行终338号行政判决书。

其他经营者，不属于绝对化用语。

（6）上海市。

第一，绝对化用语认定情形，如表8所示。

表8　上海市行政案例绝对化用语的认定情形

绝对化用语	非绝对化用语
第一品牌、独一无二、顶级、最佳	最新、最全

第二，案例特点。法院认为不能仅凭字面意思认定使用绝对化用语，如在"陈某发与上海市闵行区工商行政管理局行政处罚案"中，[1]上海市闵行区工商行政管理局结合销售情况、商品款式、一般消费者的理解综合分析认定"款式最新、货品最全"不是绝对化用语，法院支持这一观点，认为不应单纯以个别字眼为认定标准。

3. 华中地区的案例分析

（1）湖北省。

表9　湖北省行政案例绝对化用语的认定情形

绝对化用语	非绝对化用语
最佳、最优质、最硬质、最低价、最低、最全、最大、最专业、最时尚、最负责、最高、极佳、第一品牌、最畅销、最美、最先进、最好、彻底、百分百	无

（2）湖南省。

第一，绝对化用语认定情形，如表9、表10所示。

---

〔1〕　上海市闵行区人民法院（2015）闵行初字第50号行政判决书。

表 10　湖南省行政案例绝对化用语的认定情形

绝对化用语	非绝对化用语
独一无二、最大、最好、最佳、最先进	顶级

第二，案例特点。在绝对化用语的判定上，法院认为广告用语不指向商品本身，但指向商品的重要组成部分，同样属于《广告法》的调整范围，违反了禁止广告使用绝对化用语的规定。如在"宁乡县碧水源家电经营部与宁乡县工商行政管理局质量监督行政处罚案"中，[1]广告中使用"最先进、独一无二"形容净水设备的纳滤膜，法院认为，虽然广告用语并不指向净水设备商品本身，但是纳滤膜是净水设备最主要的成分，该广告用语会使消费者对净水设备产生错误认识，因而认定该广告用语属于绝对化用语，违反《广告法》的规定。对于顶级是否是绝对化用语这一问题，原工商行政管理局和法院一致认为顶级不属于绝对化用语，如在"许某法与长沙市工商行政管理局天心分局行政复议案"中，[2]天心分局以《国家工商行政管理局关于产品包装物出现"极品"字样问题的处理意见》被废止，顶级是绝对化用语没有法律依据为由，认为顶级不属于绝对化用语，法院认为该做法并无不当。

（3）河南省。

第一，绝对化用语认定情形，如表 11 所示。

---

〔1〕　湖南省宁乡县人民法院（2017）湘 0124 行初 29 号行政判决书。
〔2〕　湖南省长沙市中级人民法院（2017）湘 01 行终 311 号行政判决书。

表 11　河南省行政案例绝对化用语的认定情形

绝对化用语	非绝对化用语
第一品牌、顶级、第一、唯一、最大、最全、最雄厚、最专业、最齐全、最好、最佳、最具潜力、最先进、最具影响、最具口碑、最具诚信、最美	最大、世界顶端、绝佳、极品、最爱

　　第二，案例特点。在处罚使用绝对化用语的广告问题上，法院认为满足法定情节应当从轻、减轻、不予处罚，如在"河南网酷网络科技有限公司与商丘市市场监督管理局行政处罚案"中，[1]法院以网酷网络科技有限公司影响范围小，违法广告存续时间短，主动撤销广告，违法情节轻微，社会危害性小为由，将 20 万元罚款变更为 3 万元。在"河南省国美电器有限公司商丘金榜凯旋店与商丘市市场监督管理局睢阳分局行政处罚案"中，法院以使用绝对化用语的广告宣传页数量少且及时被消除，误导消费者可能性低为由，撤销了 20 万元的行政处罚。在绝对化用语认定标准上，法院认为绝对化用语应当指向用语商品或服务本身，如在"河南中源化学股份有限公司与桐柏县市场监督管理局非诉执行审查案"中，[2]法院以"公司拥有全国最大的天然碱产业循环经济示范基地，是目前中国最大的天然碱和小苏打生产企业"并非是对产品的介绍，不涉及对产品质量、性能进行介绍为由，认定该广告用语不是绝对化用语。在"潘某与济源市工商行政管理局、济源市人民政府不履行法定职责案"中，[3]法院认为"抢购空调最佳时机"不是对其产品本身进行介绍，不违反禁止使用绝对化用语的规定。对于举报人不服行

---

〔1〕　河南省商丘市睢阳区人民法院（2019）豫 1403 行初 10 号行政判决书。

〔2〕　河南省桐柏县人民法院（2019）豫 1330 行审 26 号行政裁定书。

〔3〕　河南省孟州市人民法院（2016）豫 0883 行初 104 号行政判决书。

政机关的决定而起诉的情形，法院认为，举报人与行政行为无利害关系，不具备诉讼主体资格，如在"吕某利与郑州市工商行政管理局不履行法定职责"案、[1]如"田某与洛阳市工商行政管理局瀍河分局和洛阳市工商行政管理局行政复议案"[2]中，法院以举报人不具备诉讼主体资格为由驳回其诉讼请求。

（4）江西省。

表 12　江西省行政案例绝对化用语的认定情形

绝对化用语	非绝对化用语
最具口碑、最具实力、最独特	无

4. 华南地区的案例分析

（1）广东省。

第一，绝对化用语认定情形，如表 13 所示。

表 13　广东省行政案例绝对化用语的认定情形

绝对化用语	非绝对化用语
顶级、极致、第一、唯一、第一品牌、最先进、最安全、最好、最优质、最便民、最实惠、最具个性、最有经验、最有效果、最具实力	最纯净

第二，案例特点。在绝对化用语的认定标准上，法院认为应当从是否误导消费者、是否通过贬损同类商品或服务损害其他竞争者两方面认定，如在"董某华与中山市工商行政管理局、中山市人民政府行政处罚案"中，[3]法院以"不断寻找最纯净

---

〔1〕 河南省郑州市中原区人民法院（2017）豫 0102 行初 110 号行政判决书。

〔2〕 河南省偃师市人民法院（2017）豫 0381 行初 5 号行政裁定书。

〔3〕 广东省中山市第一人民法院（2017）粤 2071 行初 471 号行政判决书。

对肌肤有益的成分"没有被特别标示，且表达的是企业的目标，不会误导消费者，损害其他竞争者利益为由，认定不构成绝对化用语。

（2）广西壮族自治区。

第一，绝对化用语认定情形，如表14所示。

表14　广西壮族自治区行政案例绝对化用语的认定情形

绝对化用语	非绝对化用语
最先进、第一品牌	最负盛名

第二，案例特点。对于绝对化用语的认定标准，法院在"广西盟展鳄鱼科技开发有限公司扶绥分公司与扶绥县工商行政管理局行政处罚案"中认为，[1]绝对化用语不仅应当与国家级等词具有相同的含义，还应当指向商品本身。在"陈某杰与玉林市工商行政管理局行政复议案"中[2]，法院以最负盛名的玉林'吴常昌'牛巴是援引《玉林市志》中的描述，具有真实依据为由认定不构成绝对化用语。在处罚绝对化用语的问题上，法院认为应当综合考虑案例主体、客体、主观方面、客观行为及危害后果作出处罚决定，如在"南宁市新永前五金装饰材料有限公司与广西壮族自治区市场监督管理局行政处罚案"中，[3]法院以新永前五金装饰材料有限公司规模小，涉案商品的消费者是鉴别能力强于民众的企业事业单位，主观恶性小，及时消除违法广告且没有购买者为由将罚款20万元变更为罚款5万元。

---

〔1〕　广西壮族自治区扶绥县人民法院（2018）桂1421行审6号行政判决书。

〔2〕　广西壮族自治区高级人民法院（2018）桂行申152号行政判决书。

〔3〕　广西壮族自治区南宁铁路运输中级法院（2019）桂71行终90号行政判决书。

（3）海南省。

海南省只有 1 个行政案例，广告中使用"全球第一"构成绝对化用语。[1]

5. 东北地区的案例分析

辽宁省只有 1 个行政案例，广告中使用"最佳"构成绝对化用语。[2]吉林省有 2 个行政案例，广告中使用"最先进""最高分"构成绝对化用语。[3]

6. 西北地区的案例分析

（1）甘肃省。

在绝对化用语的处罚问题上，法院认为应当根据违法情节、社会危害后果等综合判断。如在"陈某忠与兰州市城关区工商行政管理局行政处罚案"中，法院认为广告中使用"顶级""独一无二"构成绝对化用语，但是认为陈某忠在调查期间，配合调查并自行改正违法行为，社会危害后果小，兰州市城关区原工商行政管理局罚款 20 万元明显不当，因此判决撤销行政处罚。

（2）新疆维吾尔自治区。

新疆维吾尔自治区有 1 个行政案例，广告中使用"顶级"构成绝对化用语。[4]

7. 西南地区的案例分析

（1）四川省。

四川省有 1 个行政案例，广告中使用"最佳"构成绝对化

---

〔1〕 海南省文昌市人民法院（2018）琼 9005 行初 21 号行政判决书。

〔2〕 辽宁省沈阳市中级人民法院（2016）辽 01 行终 125 号行政判决书。

〔3〕 吉林省吉林市中级人民法院（2013）吉中行终字第 6 号行政判决书；吉林省长春市中级人民法院（2018）吉 01 行终 264 号行政判决书。

〔4〕 新疆维吾尔自治区乌鲁木齐市中级人民法院（2013）乌中行终字第 63 号行政判决书。

用语。[1]

（2）贵州省。

在"印江土家族苗族自治县市场监督管理局、贵州省印江土家族苗族自治县某某茶叶有限公司行政处罚案"中，[2]印江自治县市场监督管理局和法院适用法律具有特殊性，对于公司使用"最正宗、最安全、最放心"的广告用语，市场监督管理局和法院认为构成虚假宣传，根据《反不正当竞争法》第8条第1款进行处罚，[3]而非依照《广告法》中有关绝对化用语的规定进行处罚。

各个省份案例特点各不相同，地区之间也存在差异。华北地区案例共性的争议焦点在于绝对化用语是否必须指向商品或服务本身以及真实性可否作为抗辩理由；此外，个别案例还在绝对化用语与虚假广告的区分、绝对化用语是否必须由法律明确规定、行政诉讼的主体资格这些问题上存在争议。华东地区共性的争议焦点在于绝对化用语应当综合认定，不能仅凭字面含义确定以及绝对化用语可以考量违法情节轻重、是否配合调查、是否主动消除违法后果等因素，从轻、减轻处罚；此外，个别案例还在绝对化用语是否指向商品或服务本身这些问题上存在争议。华中地区共性的争议焦点在于绝对化用语是否必须指向商品或服务本身；此外，个别案例还在行政诉讼主体资格、从轻减轻处罚以及顶级是否属于绝对化用语存在争议。华南地区没有突出的共性争议焦点，争议包括绝对化用语的认定标准、

---

[1] 四川省巴中市巴州区人民法院（2019）川1902行审83号行政判决书。

[2] 贵州省印江土家族苗族自治县人民法院（2018）黔0625行审2号行政判决书。

[3] 《反不正当竞争法》第8条第1款规定，经营者不得对其商品的性能、功能、质量、销售状况、用户评价、曾获荣誉等作虚假或者引人误解的商业宣传，欺骗、误导消费者。

真实性可否作为抗辩理由、从轻减轻处罚。东北地区案例较少，争议焦点不突出。西北地区的主要争议焦点在于绝对化用语的从轻、减轻处罚上。西南地区还涉及绝对化用语与虚假广告区分的问题。

（三）民事案例总体情况

1. 民事案例分布情况

民事案例来自 20 个省份共计 518 个，其中广东、北京、浙江、重庆、江苏这五个省份案例最多，五个省份的案例之和占全部案例的 72%，其中广东和北京两省案例数量为全部案例的 53%，民事案例地区分布同样不均衡，如图 3 所示。

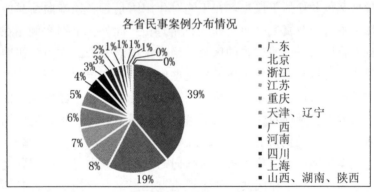

图 3　各省民事案例分布情况

2. 民事案例总体特点

（1）绝对化用语的认定情况。民事案例中，认定广告用语是否属于绝对化用语，同样存在抗辩理由，例如广告用语真实、广告用语属于固定搭配等，但由于不涉及行政处罚，法院更倾向于认定广告用语属于绝对化用语，其中最为常见的仍然是以"最"字开头的词语以及第一、顶级、100%等。

（2）民事案例的争议焦点。与行政案例相比，民事案例的争议焦点并不在于绝对化用语的认定，而是绝对化用语与欺诈的关系。消费者主张广告用语是绝对化用语，目的在于证明经营者存在虚假宣传，构成欺诈，进而请求法院判令经营者支付3倍赔偿。绝大多数情况下，消费者是针对商品起诉，而非针对服务宣传起诉。由于消费者起诉的并不是商品的生产者，而是商品的销售者，法院在判决时，一方面指明使用绝对化用语构成虚假宣传，是欺诈行为，另一方面会说明商品销售者有查验义务，未能履行查验义务应当承担赔偿责任，进而支持消费者的诉讼请求。但是，也存在法院不予支持消费者诉讼请求的情形，此时法院认为，使用绝对化用语与欺诈并无必然联系，主张欺诈需要满足欺诈的构成要件，即便经营者在广告中使用了绝对化用语，消费者无法证明其仅仅是因绝对化用语而对商品形成错误认识，具备一般辨别能力的消费者，结合商品的其他信息，可以做出正确的购买决定。

（四）各地民事案例分析

各省有关绝对化用语的案例存在不同的特点，本节将分地区对各省绝对化用语民事案例行中的绝对化用语认定情形进行介绍，并分析各省民事案例的特点。

1. 华北地区的案例分析

（1）北京市。

表15　北京市民事案例绝对化用语的认定情形

绝对化用语	非绝对化用语
销量第一、顶级、极品、极致、全球第一、一流、100%、最强、最全、最佳、最强大、最先进、最好、最符合、全球最大、最适合、最快、最新	顶级棉、最全

第一，绝对化用语认定情形。民事案例中，法院大多认定

广告用语构成使用绝对化用语，如表 15 所示。

第二，北京地区的案例有以下四个特点：

一是，使用绝对化用语构成欺诈。在民事案例中，原告主张被告构成欺诈，并根据《消费者权益保护法》第 55 条规定要求 3 倍赔偿。法院判定构成欺诈的裁判逻辑为，广告使用绝对化用语，构成虚假宣传或夸大宣传，误导消费者，使其陷入错误认识，产生购买意愿，从而构成欺诈。[1]广告中除使用绝对化用语，还有其他《广告法》禁止的行为时，法院通常将违法行为一一列举，并综合认定构成虚假宣传，进而以构成欺诈为由支持原告 3 倍赔偿的主张。[2]

二是，商品经营者或网络交易平台提供者未履行查验义务应当承担赔偿责任。在"李某忠与北京华联综合超市股份有限公司、郭某冬与北京华联精品超市有限公司朝阳公园买卖合同纠纷案"中，法院认为超市作为商品经营者具有查验义务，其未履行查验义务，致使消费者对商品产生误解，做出错误意思表示，构成欺诈，应当承担赔偿责任。[3]前述案例的责任主体为线下商品经营者，线上商品经营者对构成欺诈的绝对化用语

---

〔1〕 例如，北京市朝阳区人民法院（2015）朝民（商）初字第 66830 号民事判决书：蓝旅公司销售的涉案商品标注"顶级制作工艺、顶级金属、最好的 ABS 塑料"的行为，会对消费者构成误导从而使其产生购买意愿，属于虚假宣传的欺诈行为。

〔2〕 例如，北京市朝阳区人民法院（2016）京 0105 民初 64559 号民事判决书：《广告法》规定，广告不得使用"国家级""最高级""最佳"等用语；广告使用数据、统计资料、调查结果、文摘、引用语等引证内容的，应当真实、准确，并表明出处。本案中，奥尼斯公司在销售页面上使用了"一流"的宣传用语，应认定为上述规定所禁止使用的绝对化用语；"强度为同等质量钢铁的 5 倍，但密度仅为钢铁的五分之一""将拍线的震动直接降低 20% 以上"未表明出处，已经构成虚假广告，足以引起消费者的误解，应认定为《消费者权益保护法》中的欺诈行为。

〔3〕 北京市西城区人民法院（2017）京 0102 民初 1625 号民事判决书；北京市朝阳区人民法院（2016）京 0105 民初 40217 号民事判决书。

广告同样需要承担赔偿责任。在"北京国美在线电子商务有限公司与胡某年买卖合同纠纷案"中，法院认为，国美在线电子商务有限公司怠于审查，其在线商城销售了使用绝对化用语的产品，误导消费者，存在欺诈行为，应当承担赔偿责任。[1]由此可见，无论是线上还是线下，商品经营者对使用绝对化用语的广告未尽到审查义务，构成欺诈时，需要承担赔偿责任。

与商品经营者不同，网络平台交易提供者并不参与交易，其虽然不是绝对化用语广告的发布者，但该广告构成欺诈时，网络交易平台提供者也需要承担赔偿责任。在"王某娴与北京京东叁佰陆拾度电子商务有限公司买卖合同纠纷案"中，法院认为，作为网络交易平台提供者，京东叁佰陆拾度电子商务有限公司对于足以引起消费者误解的产品图片没有采取必要措施，可推定其存在误导消费者做出购买意愿的行为，应当承担连带责任。[2]

三是，顶级不构成绝对化用语。在捷赛厨电（北京）科技有限公司为被告的批量案例中，法院认为，原国家工商行政管理总局已于2016年5月31日明确废止了工商广字［1996］380号答复，因此"顶级"并不属于绝对化用语，使用"顶级"不违反《广告法》的禁止性规定。[3]这引出一个问题，虽然原国家工商行政管理总局的答复被撤销，但《广告法》禁止绝对化用语的规定仍然存在，答复被撤销不是顶级不属于绝对化用语的充分理由，这反映出目前实践中对于绝对化用语的界定仍然不明确。

---

〔1〕 北京市第三中级人民法院（2017）京03民终4090号民事判决书。

〔2〕 北京市第三中级人民法院（2015）三中民（商）终字第05302号民事判决书。

〔3〕 北京市第一中级人民法院（2018）京01民终9723号民事判决书。

四是，表述数据的绝对化用语与虚假广告重合。在济南天鹰电子商务有限公司与王某网络购物合同纠纷纠纷案中，广告中使用了"全网销量第一""××专卖店：××销量第一"的表述，法院认为这些用语既构成绝对化用语，又属于虚假广告的表现形式之一，即广告使用数据未标明出处，法院经过综合考量认为构成虚假广告，存在误导消费者的欺诈行为，[1]这反映出绝对化用语与虚假广告存在交叉重合。

（2）天津市。

第一，绝对化用语认定情形，如表16所示。

表16　天津民事案例绝对化用语的认定情形

绝对化用语	非绝对化用语
顶级、极品、国内没有第二家、最实用、最美、最高级	

第二，民事案例具有以下四个特点：一是，同样存在串案的情形，同一主体针对同一商品向不同的销售主体起诉；[2]二是，法院认为使用绝对化用语构成欺诈的裁判逻辑是：使用绝对化用语—存在虚假宣传—误导消费者—构成欺诈；三是，法院认为，商品销售者有审查义务，未尽到审查义务，需要承担责任；四是，在"杜某鹃与北京京东叁佰陆拾度电子商务有限

---

〔1〕　北京市第一中级人民法院（2018）京03民终11514号民事判决书。
〔2〕　天津市河东区人民法院（2017）津0102民初1530号民事判决书，王某以六必治超强全效牙膏使用了绝对化用语，存在虚假夸大宣传，误导消费者的行为，其销售行为已构成欺诈为由，起诉天津劝业家乐福超市有限公司、天津劝业家乐福超市有限公司河东商场；天津市河东区人民法院（2017）津0102民初1523号民事判决书，王某以相同理由，起诉天津劝业家乐福超市有限公司、天津劝业家乐福超市有限公司河东商场、天津华润万家生活超市有限公司、天津华润万家生活超市有限公司十一经路分公司。

公司产品销售者责任纠纷案"中，[1]滨海新区人民法院认为，书籍名称或者书籍所属丛书名称本身不是商业广告，不属于《广告法》的调整范围，不存在构成欺诈的可能，同时法院认为违反《广告法》禁止性规定，使用绝对化用语，并不必然构成欺诈，也就是使用绝对化用语与构成欺诈之间不存在因果关系。

（3）山西省。

山西省民事案例具有以下两个特点：第一，在消费者针对印有"极品典藏"茶叶提起诉讼的两个案例中，法院的裁判逻辑不同。在"侯某鹏与太原美特好大型综合百货销售有限公司漪汾街店买卖合同纠纷案"中，[2]法院认为，出售印有"极品典藏"的茶叶的行为是虚假宣传，构成欺诈，并未提及使用绝对化用语；而在"王某辉与山西美特好连锁超市股份有限公司万柏林分公司合同纠纷案"中，[3]一审法院同样未提及使用绝对化用语，直接认定虚假宣传构成欺诈，二审法院则认为，使用极品违反禁止使用绝对化用语的规定，存在虚假宣传，构成欺诈。两个案例均对使用"极品典藏"的茶叶提起诉讼，法院均认定存在虚假宣传，构成欺诈，并支持 3 倍赔偿，但是判决理由中一个提及使用绝对化用语，另一个却未提及使用绝对化用语。第二，消费者相同或相邻日期购买同一商品，并先后两次起诉，要求赔偿，法院对消费者第二次起诉能够获得赔偿存在不同看法。在侯某鹏分别起诉太原美特好大型综合百货销售有限公司漪汾街店、[4]山西美特好连锁超市股份有限公司案例[5]

---

〔1〕 天津市滨海新区人民法院（2016）津 0116 民初 24775 号民事判决书。
〔2〕 山西省太原市中级人民法院（2016）晋 01 民终 2117 号民事判决书。
〔3〕 山西省太原市中级人民法院（2017）晋 01 民终 1980 号民事判决书。
〔4〕 山西省太原市中级人民法院（2016）晋 01 民终 2117 号民事判决书。
〔5〕 山西省太原市迎泽区人民法院（2016）晋 0106 民初 2699 号民事判决书。

中，侯某鹏分别针对 2015 年 9 月 26、27 日购买 3 盒和 2015 年 9 月 26 日购买的 4 盒印有"极品典藏"的茶叶起诉要求赔偿，在其与太原美特好大型综合百货销售有限公司漪汾街店一案中，法院于 2016 年 7 月 27 日宣判支持其诉讼请求，在判决生效后，侯某鹏再次起诉，法院于 2016 年 9 月 9 日立案受理，此案中，法院以侯某鹏通过生效判决明知茶叶印有"极品典藏"构成欺诈，仍然主张 3 倍赔偿不符合法律规定为由驳回其诉讼请求。而在吴某锐分别起诉山西美特好连锁超市股份有限公司、[1] 太原美特好大型综合百货销售有限公司漪汾街店案例[2] 中，吴某锐分别针对 2015 年 9 月 11 日购买的 4 盒牛奶和牛奶礼盒起诉要求赔偿，在其与山西美特好连锁超市股份有限公司一案中，法院于 2016 年 1 月 11 日宣判支持其诉讼请求，判决生效后，吴某锐再次起诉，法院于 2016 年 2 月 24 日立案受理，仍然支持其诉讼请求。在"侯某鹏与山西美特好连锁超市股份有限公司合同纠纷案"中存在两个问题：一是侯某鹏虽然起诉时间存在先后差别，但其购买商品的时间并不存在明显差距，法院裁判应当以购买商品或服务时的状态为裁判依据，以判决生效后的明知的情况为裁判依据并不合理。二是，消费者明知欺诈行为仍然购买商品或服务并不是经营者主张免责的事由，因为欺诈行为是客观的，无论消费者是否知晓欺诈的存在，经营者实施了欺诈行为是毋庸置疑的。因此，以消费者明知存在欺诈为由主张免责，实际是将经营者的欺诈责任转移给消费者承担，不符合责任自负的原因，因此消费者明知存在欺诈仍然购买商品或服务，可以要求赔偿。

---

〔1〕 山西省太原市迎泽区人民法院（2015）迎民初字第 3213 号民事判决书。
〔2〕 山西省太原市万柏林区人民法院（2016）晋 0109 民初 386 号民事判决书。

· 152 ·

2. 华东地区的案例分析

（1）山东省。

第一，绝对化用语认定情形，如表 17 所示。

表 17　山东省民事案例绝对化用语认定情形

绝对化用语	非绝对化用语
顶级、极品、最佳、最轻	

第二，案例特点。对于使用绝对化用语是否构成欺诈，法院存在不同看法，如在"张某娜与上海余青信息科技发展有限公司、浙江天猫网络有限公司产品销售者责任纠纷案"中，[1]法院认为广告违法与广告欺诈不同，使用绝对化用语不足以认定余青公司欺诈消费者；在"纪某昌与济南阳光壹佰房地产开发有限公司美爵大酒店等买卖合同纠纷案"、[2]"苏某强与青州市大润发商业有限公司产品销售者责任纠纷案"中，[3]法院认为绝对化用语使消费者陷入错误认识，构成欺诈。

（2）江苏省。

第一，绝对化用语认定情形，如表 18 所示。

表 18　江苏省民事案例绝对化用语的认定情形

绝对化用语	非绝对化用语
顶级、极品、第一、独一无二、最强、最佳、最好	销量第一

第二，案例特点。对于使用绝对化用语是否构成欺诈，法院存在不同看法，如在"周某雷与苏州新路连汽车科技有限公司产

---

〔1〕　山东省滨州市滨城区人民法院（2016）鲁 1602 民初 1700 号民事判决书。

〔2〕　山东省济南市槐荫区人民法院（2017）鲁 0104 民初 4462 号民事判决书。

〔3〕　山东省潍坊市中级人民法院（2016）鲁 07 民终 1418 号民事判决书。

品销售者责任纠纷案"、[1]"孙某丁与上海舒语贸易有限公司网络购物合同纠纷案"、[2]"徐某兰与清河县盛世羊绒制品有限公司网络购物合同纠纷案"中，[3]法院认为最强是绝对化用语，误导消费者，构成欺诈，而在"张某保与邱某月产品销售者责任纠纷案"、[4]"胡某年与居事佳（上海）商贸有限公司南京竹山路分公司和居事佳（上海）商贸有限公司产品销售者责任纠纷案"[5]中，法院认为使用绝对化用语不等同于构成欺诈，构成欺诈需要满足告知虚假情况或隐瞒真实情况等要件。此外，法院认为，销售者未尽到审查义务销售使用绝对化用语的产品，应当承担责任。在"孟某平与永旺华东（苏州）商业有限公司和永旺华东（苏州）商业有限公司园区湖东店买卖合同纠纷案"[6]中，法院认为，销售者未尽到审查义务，其所销售的商品使用绝对化用语，误导消费者，构成欺诈。

（3）安徽省。

法院认为使用绝对化用语，构成欺诈，销售者没有尽到查验义务，应当承担赔偿责任。在"孙某兵与安徽国生电器有限责任公司买卖合同纠纷案"中，[7]法院认为"顶级材质"中的顶级是绝对化用语，构成欺诈，根据《产品质量法》第33条的规定，[8]国生电器有限责任公司没有履行查验义务，应当承担赔偿责任。

---

[1] 江苏省南京市鼓楼区人民法院（2017）苏0106民初4754号民事判决书。
[2] 江苏省常熟市人民法院（2016）苏0581民初12333号民事判决书。
[3] 江苏省张家港市人民法院（2016）苏0582民初9938号民事判决书。
[4] 江苏省无锡市中级人民法院（2017）苏02民终393号民事判决书。
[5] 江苏省南京市江宁区人民法院（2016）苏0115民初15416号民事判决书。
[6] 江苏省苏州工业园区人民法院（2015）园民初字第04493号民事判决书。
[7] 安徽省合肥市中级人民法院（2017）皖01民终3019号民事判决书。
[8]《产品质量法》第33条规定，销售者应当建立并执行进货检查验收制度，验明产品合格证明和其他标识。

（4）浙江省。

第一，绝对化用语认定情形，如表 19 所示。

表 19　浙江省民事案例绝对化用语的认定情形

绝对化用语	非绝对化用语
第一品牌、顶级、100%、最安全、最好、最轻最薄、最大、完全、最优良等	

第二，案例特点。对于使用绝对化用语是否构成欺诈，法院存在不同看法。如在"卢某清与北京国美在线电子商务有限公司网络购物合同纠纷案"[1]中，法院认为，虽然广告中使用了绝对化用语，但消费者并未陷入错误认识、做出错误的购买行为，使用绝对化用语不等同于欺诈行为；在"张某军与环球智达科技（北京）有限公司网络购物合同纠纷案"[2]中，法院认为环球智达公司虽然使用了绝对化用语，但同时也如实告知了其他信息，不存在故意隐瞒真实情况或告知虚假情况，且涉案商品是电视机，一般消费者具备鉴别能力，不会因绝对化用语做出错误购买行为。而在"张某博与成都爱米拉商贸有限公司网络购物合同纠纷案"中，[3]法院以顶级是绝对化用语为由，认定构成欺诈，但是使用绝对化用语不等同于欺诈行为是主流看法。

（5）福建省。

第一，绝对化用语认定情形，如表 20 所示。

---

〔1〕　浙江省台州市中级人民法院（2018）浙 10 民终 1549 号民事判决书。
〔2〕　浙江省杭州市中级人民法院（2017）浙 01 民终 668 号民事判决书。
〔3〕　浙江省宁波市鄞州区人民法院（2016）浙 0212 民初 4960 号民事判决书。

表 20　福建省民事案例绝对化用语的认定情形

绝对化用语	非绝对化用语
极品、最着迷	最适口感、全球领先

第二，案例特点。对使用绝对化用语是否构成欺诈，法院存在不同看法。如在"董某华与厦门润良商业有限公司、时代出版传媒股份有限公司、安徽少年儿童出版社买卖合同纠纷案"[1]中，法院认为董某华是具备完全民事行为能力的成年人，不会因少儿图书上的绝对化用语做出错误的购买决定，因此不构成欺诈；在"陈某来与莆田市荔城区方东食品店产品责任纠纷案"[2]中，法院认为方东食品店在广告中使用极品两字，属于绝对化用语，存在违法宣传，使消费者陷入错误认识，构成欺诈。

（6）上海市。

第一，绝对化用语认定情形，如表 21 所示。

表 21　上海市民事案例绝对化用语的认定情形

绝对化用语	非绝对化用语
顶级、最优、最高、最好吃	

第二，案例特点。对于使用绝对化用语是否构成欺诈，法院存在不同看法。如在"张某龙诉上海憩悉家居用品有限公司买卖合同纠纷案"中，法院认为张某龙仅提交证据证明广告中使用绝对化用语，并未提交证据证明存在"以假充真""以次充好"的欺诈行为，因此不予认定构成欺诈；在"刘某燕与小米

---

〔1〕　福建省厦门市湖里区人民法院（2016）闽 0206 民初 5104 号民事判决书。
〔2〕　福建省莆田市荔城区人民法院（2015）荔民初字第 1229 号民事判决书。

科技有限责任公司网络购物合同纠纷案"〔1〕中，法院认为广告中使用了绝对化用语，但同时也完整提供了商品信息，刘某燕可以根据商品信息做出购买决定，其购买的商品与广告信息一致且不存在质量问题，因此小米公司不存在欺诈行为。而在"洪某伟与深圳市小风科技有限公司网络购物合同纠纷案"、〔2〕"李某蓉与东海县晶时代珠宝有限公司网络购物合同纠纷案"、〔3〕"李某明与山西杏花古井亭原生态酿造股份有限公司买卖合同纠纷案"〔4〕中，法院认为广告使用绝对化用语，属于虚假宣传，构成欺诈。

3. 华中地区的案例分析

（1）湖北省。

法院认为产品外包装上的绝对化用语属于《广告法》的调整范围，如在"刘某相与沃尔玛（湖北）商业零售有限公司武汉马场角分店产品责任纠纷案"中，〔5〕法院认为产品外包装上的"国家级高新技术企业"字样是对企业的介绍，但该绝对化用语是通过宣传企业间接推销商品，属于《广告法》的调整范围。

（2）湖南省。

第一，绝对化用语认定情形，如表22所示。

---

〔1〕 上海市第一中级人民法院（2015）沪一中民一（民）终字第4077号民事判决书。

〔2〕 上海市浦东新区人民法院（2016）沪0115民初76566号民事判决书。

〔3〕 上海市闵行区人民法院（2016）沪0112民初21001号民事判决书。

〔4〕 上海市浦东新区人民法院（2016）沪0115民初38910号民事判决书。

〔5〕 湖北省武汉市江汉区人民法院（2015）鄂江汉民一初字第00051号民事判决书。

表 22 湖南省民事案例绝对化用语的认定情形

绝对化用语	非绝对化用语
顶尖、顶级、第一、最好、最佳、最小	

第二，案例特点。对于使用绝对化用语是否构成欺诈，法院存在不同看法。如在"郭某茜与北京惠联友讯商贸有限公司买卖合同纠纷案"中，[1]法院认为"全球体积最小"属于绝对化用语，误导消费者，构成欺诈；而在"王某与江苏苏宁易购电子商务有限公司买卖合同纠纷案"中，[2]法院认为"世界顶尖"虽然是绝对化用语，但王某不会因该用语陷入错误认识，同时广告中还存在其他真实的信息，王某可以结合其他信息做出是否购买的决定，苏宁易购不构成欺诈；在"吕某亮与长沙恒信星凯汽车销售服务有限公司、苏州爵速汽车销售有限公司等网络购物合同纠纷案"[3]中，法院认为，虽然"顶级"是绝对化用语，但是吕某亮无法证明其因该用语做出错误的购买意思表示，不构成欺诈；在"麻某与广州市丰原光电科技有限公司网络购物合同纠纷案"中，[4]法院认为"顶级""第一""最低"是绝对化用语，但一般消费者不会因上述用语做出错误购买决定，且商品本身不存在质量问题，因此不构成欺诈。由上述案例可以得出，部分法院认为单纯使用绝对化用语不构成欺诈，还需要证明消费者因绝对化用语做出错误意思表示、商品存在质量问题或与约定不符以及经营者存在欺骗误导消费者的故意。

此外，法院认为，在一定情况下商家可以使用绝对化用语

---

[1] 湖南省益阳市资阳区人民法院（2016）湘 0902 民初 323 号民事判决书。
[2] 湖南省长沙市岳麓区人民法院（2017）湘 0104 民初 3075 号民事判决书。
[3] 湖南省长沙市雨花区人民法院（2016）湘 0111 民初 7111 号民事判决书。
[4] 湖南省衡阳市蒸湘区人民法院（2016）湘 0408 民初 884 号民事判决书。

进行宣传。在"刘某豪与被告武汉京东世纪贸易有限公司网络购物合同纠纷案"[1]中，法院指出合法使用绝对化用语的三种情形，[2]并以"每一细节用心雕琢、只为你最佳体验"这一绝对化用语，属于表达企业服务理念和目标追求，而非对商品的描述，不会产生误导消费者的后果为由，认定不构成欺诈。

（3）河南省。

第一，绝对化用语认定情形，如表23所示。

表23　河南省民事案例绝对化用语的认定情形

绝对化用语	非绝对化用语
世界级、全能、顶级、极品、最强、最好、最为安全	

第二，案例特点。对于使用绝对化用语是否构成欺诈，法院存在不同看法。如在"张某龙与利维（嘉兴）服饰有限公司产品责任纠纷案"、[3]"张某龙与深圳市艾宝家居有限公司买卖合同纠纷案"、[4]"焦某军与浙江天猫网络有限公司和小米科技有限责任公司网络购物合同纠纷案"[5]中，法院认为，广告中使用绝对化用语虽然存在瑕疵，但是不足以认定构成欺诈，一方面商品质量不存在问题，另一方面消费者具备辨别能力，不会仅因绝对化用语做出错误意思表示，因此广告使用绝对化用语不构成欺诈。而在"张某龙与义乌市火鸟针织有限公司产品责任

---

〔1〕　湖南省邵阳市大祥区人民法院（2017）湘0503民初309号民事判决书。

〔2〕　湖南省邵阳市大祥区人民法院（2017）湘0503民初309号民事判决书：绝对化用语在一定情况下还是可以合法使用的：一是用于同一品牌或同一企业内部的产品描述；二是表达企业的经营理念或目标追求；三是作为固定用语中的一部分。

〔3〕　河南省洛阳市中级人民法院（2017）豫03民终5431号民事判决书。

〔4〕　河南省洛阳市西工区人民法院（2017）豫0303民初4133号民事判决书。

〔5〕　河南省漯河市源汇区人民法院（2016）豫1102民初781号民事判决书。

纠纷案"、〔1〕"李某政与河南华润万家生活超市有限公司买卖合同纠纷案"〔2〕中，法院认为广告使用绝对化用语，误导消费者，构成欺诈。此外，法院认为，销售者未尽到审查义务，需要承担责任。如在"崔某锋与大商集团郑州新玛特购物广场有限公司买卖合同纠纷案"、〔3〕"范某顺与郑州易初莲花连锁超市有限公司和李锦记（新会）食品有限公司产品责任纠纷案"〔4〕中，法院认为销售者没有审查其销售的商品，误导了消费者，构成欺诈。

（4）江西省。

对于使用绝对化用语是否构成欺诈这一问题，法院存在不同观点。如在"喻某忠与天津银河龙诚科技发展有限公司买卖合同纠纷案"〔5〕中，法院认为"最强主机"属于绝对化用语，欺骗误导消费者，构成欺诈；而在"万某燕与武汉京东世纪贸易有限公司网络购物合同纠纷案"〔6〕中，法院认定"顶级配置"属于绝对化用语，同时指出使用绝对化用语不是构成欺诈的理由。

4. 华南地区的案例分析

（1）广东省。

第一，绝对化用语认定情形，如表 24 所示。

---

〔1〕 河南省洛阳市中级人民法院（2017）豫 03 民终字 5424 号民事判决书。

〔2〕 河南省郑州市金水区人民法院（2017）豫 0105 民初 944 号民事判决书。

〔3〕 河南省郑州市中级人民法院（2009）郑民二终字第 1826 号民事判决书。

〔4〕 河南省郑州市中级人民法院（2009）郑民二终字第 700 号民事判决书。

〔5〕 江西省景德镇市珠山区人民法院（2016）赣 0203 民初 628 号民事判决书。

〔6〕 江西省南昌市中级人民法院（2016）赣 01 民终 1460 号民事判决书。

表 24　广东省民事案例绝对化用语的认定情形

绝对化用语	非绝对化用语
极速、顶级、100%、顶级、极致、第一、最亮、最大、最全、最美、最强、最快、最新、最高级、最畅销、最受学生喜爱、最规范、最简单、最有效、最实在、最佳、最古老等	最适合、最残酷、最搞笑、最丢脸、最简单

　　第二，案例特点。对于使用绝对化用语是否构成欺诈，法院存在不同看法。如在"衡某庆与苏宁云商集团股份有限公司苏宁采购中心网络购物合同纠纷案"、[1]"姚某武与乐视致新电子科技（天津）有限公司产品责任纠纷案"[2]中，法院认为虽然广告使用了绝对化用语，但是不存在故意告知虚假信息或隐瞒真实情况的情形，消费者具有辨别能力，不会因绝对化用语做出错误购买巨鼎的决定，不构成欺诈；而在"李某军与广州百佳超级市场有限公司和广州百佳超级市场有限公司黄埔分店产品销售者责任纠纷案"、[3]"陈某斌与广州购书中心有限公司产品责任纠纷"、[4]"王某彬与广州市好又多百货商业广场有限公司产品责任纠纷案"[5]中，法院认为，使用绝对化用语使消费者产生错误认识，构成欺诈。在绝对化用语的认定方面，法院认为绝对化用语应当具有与其他商品或服务比较的意思。如在"李某军与广州百佳超级市场有限公司和广州百佳超级市场有限公

---

〔1〕　广东省珠海市斗门区人民法院（2018）粤 0403 民初 22 号民事判决书。

〔2〕　广东省广州市中级人民法院（2017）粤 01 民终 20869 号民事判决书。

〔3〕　广东省广州市黄埔区人民法院（2016）粤 0112 民初 6699 号民事判决书。

〔4〕　广东省广州市天河区人民法院（2015）穗天法民一初字第 1955 号民事判决书。

〔5〕　广东省广州市天河区人民法院（2015）穗天法民一初字第 1370 号民事判决书。

司黄埔分店产品销售者责任纠纷案"〔1〕中，法院认为"最新配方"是企业内部产品进行的比较，不是与其他企业产品进行横向比较，不属于绝对化用语。

（2）广西壮族自治区。

第一，绝对化用语认定情形，如表25所示。

表25　广西壮族自治区民事案例绝对化用语的认定情形

绝对化用语	非绝对化用语
顶级、极品、首选、最佳、最优质、最时尚、最强	首选

第二，案例特点。对于使用绝对化用语是否构成欺诈，法院存在不同看法。如在"陈某远与杭州朗驰服饰有限公司网络购物合同纠纷案"〔2〕中，法院认为使用绝对化用语不等同于构成欺诈，构成欺诈需要经营者故意告知虚假信息或隐瞒真实情况，致使消费者因陷入错误认识做出意思表示；而在"罗某恒与上林县红楼商贸有限责任公司产品销售者责任纠纷案"、〔3〕"李某华与广西大洋投资有限公司买卖合同纠纷案"〔4〕中，法院认为"极品""最佳"是绝对化用语，属于虚假宣传，构成欺诈。在绝对化用语的认定标准上，法院对"首选"是否属于绝对化用语存在不同看法。如在"李某华、南宁市江南南城百货有限公司亭江分店买卖合同纠纷案"〔5〕中，南宁市中级人民法院认为"首选"不属于绝对化用语；在"李某华与广西利客隆超市有限公司南宁北大店、广西利客隆超市有限公司买卖合

---

〔1〕　广东省广州市黄埔区人民法院（2016）粤0112民初6699号民事判决书。
〔2〕　广西壮族自治区防城港市中级人民法院（2017）桂06民终517号民事判决书。
〔3〕　广西壮族自治区南宁市中级人民法院（2017）桂01民终752号民事判决书。
〔4〕　广西壮族自治区南宁市中级人民法院（2016）桂01民终4704号民事判决书。
〔5〕　广西壮族自治区南宁市中级人民法院（2017）桂01民终186号民事判决书。

同纠纷案"[1]中，南宁市西乡塘区人民法院认为"首选"属于绝对化用语。

5. 东北地区的案例分析

（1）辽宁省。

法院对使用绝对化用语是否构成欺诈存在不同看法，如在以沈阳铁西乐购生活购物有限公司为被告的一系列案例[2]中，其中有 2 个案例法院认为，虽然广告中使用了"最佳"这一绝对化用语，但并不能证明销售者存在欺诈行为；[3]剩余 6 个案例法院认为，使用"最佳"这一绝对化用语违反法律规定，属于虚假宣传，销售者没有尽到审查义务，构成欺诈。[4]此外，在"赵某与北京某科技有限公司买卖合同纠纷案"[5]中，法院认为"顶级"是绝对化用语，但是以赵某具备正常的认知能力，

---

〔1〕 广西壮族自治区南宁市西乡塘区人民法院（2015）西民二初字第 1117 号民事判决书。

〔2〕 辽宁省沈阳市铁西区人民法院（2017）辽 0106 民初 5549 号民事判决书，辽宁省沈阳市铁西区人民法院（2017）辽 0106 民初 5582 号民事判决书，辽宁省沈阳市铁西区人民法院（2017）辽 0106 民初 5543 号民事判决书，辽宁省沈阳市沈河区人民法院（2017）辽 0103 民初 1906 号民事判决书，辽宁省沈阳市沈河区人民法院（2017）辽 0103 民初 1910 号民事判决书，辽宁省沈阳市沈河区人民法院（2017）辽 0103 民初 1911 号民事判决书，辽宁省沈阳市沈河区人民法院（2017）辽 0103 民初 1905 号民事判决书，辽宁省沈阳市沈河区人民法院（2017）辽 0103 民初 1907 号民事判决书，辽宁省沈阳市沈河区人民法院（2016）辽 0103 民初 9933 号民事判决书。

〔3〕 辽宁省沈阳市铁西区人民法院（2017）辽 0106 民初 5549 号民事判决书，辽宁省沈阳市铁西区人民法院（2017）辽 0106 民初 5543 号民事判决书。

〔4〕 辽宁省沈阳市铁西区人民法院（2017）辽 0106 民初 5582 号民事判决书，辽宁省沈阳市沈河区人民法院（2017）辽 0103 民初 1906 号民事判决书，辽宁省沈阳市沈河区人民法院（2017）辽 0103 民初 1910 号，辽宁省沈阳市沈河区人民法院（2017）辽 0103 民初 1911 号民事判决书，辽宁省沈阳市沈河区人民法院（2017）辽 0103 民初 1905 号民事判决书，辽宁省沈阳市沈河区人民法院（2017）辽 0103 民初 1907 号民事判决书，辽宁省沈阳市沈河区人民法院（2016）辽 0103 民初 9933 号民事判决书。

〔5〕 辽宁省锦州市凌河区人民法院（2016）辽 0703 民初 157 号民事判决书。

可以从网页显示的销量、评价等综合指标对商品做出正确判断为由，认定不构成欺诈；在吴某为原告的一系列案例〔1〕中，法院认为构成欺诈的理由有两个，一是广告中使用绝对化用语，二是销售者无法提供证据证明广告用语的真实性，致使消费者因陷入错误认识做出购买决定。从上述案例中可以看出，对于使用绝对化用语可否直接认定存在欺诈行为，存在两种做法，一是使用绝对化用语构成欺诈，二是使用绝对化用语不足以证明存在欺诈行为，需要提供其他证据。

（2）吉林省。

法院认为使用绝对化用语不构成欺诈，如在"李某辰与中国联合网络通信有限公司吉林市分公司侵权责任纠纷案"中，〔2〕法院认为使用绝对化用语应当承担行政责任，而非民事责任，由于李某辰没有证据证明存在欺诈行为，因此不予支持其赔偿请求。

6. 西北地区的案例分析

以陕西省为例。

法院认为使用绝对化用语构成欺诈，如在"白某勋与咸阳爱家超市有限公司产品销售者责任纠纷案"、〔3〕"孙某民与石泉县家友商贸有商贸有限责任公司责任纠纷案""陕西省凤翔县华宇食品有限责任公司产品销售者责任及追偿权纠纷案"〔4〕中，法院认为使用绝对化用语是欺骗、误导消费者的行为，构成欺诈。

---

〔1〕 辽宁省大连市金州区人民法院（2016）辽 0213 民初 518 号民事判决书，辽宁省大连市金州区人民法院（2015）金民初字第 03508 号民事判决书，辽宁省大连市金州区人民法院（2015）金民初字第 03572 号民事判决书，辽宁省大连市金州区人民法院（2015）金民初字第 03570 号民事判决书。

〔2〕 吉林省吉林市船营区人民法院（2016）吉 0204 民初 1426 号民事判决书。

〔3〕 陕西省宝鸡市中级人民法院（2017）陕 03 民终 1494 号民事判决书。

〔4〕 陕西省石泉县人民法院（2016）陕 0922 民初 268 号民事判决书。

此外，法院认为，经营者未尽到审查义务应当承担赔偿责任，如在"沈某东与陕西民生家乐投资管理有限公司西安文景路分公司产品销售者责任纠纷"、[1]"白某勋与咸阳爱家超市有限公司产品销售者责任纠纷"[2]中，法院认为销售者未对销售商品进行审查，导致使用绝对化用语的商品误导消费者，应当承担赔偿责任。

7. 西南地区的案例分析

（1）四川省。

对于使用绝对化用语能否直接认定为欺诈，法院存在不同看法。如在"尹某林与成华区米旗西饼万科路店买卖合同纠纷案"[3]中，法院认为使用绝对化用语是否构成欺诈，需要考虑消费者是否因广告陷入错误认识并做出错误的意思表示；而在"尚某风与四川百佳超级市场有限公司和杭州鼎世贸易有限公司买卖合同纠纷案"、[4]"李某强与绵阳市富临百盛广场有限公司大都会分公司和北川羌妹子实业有限公司买卖合同纠纷案"[5]中，法院认为使用绝对化用语，是引人误解的虚假宣传，误导消费者，构成欺诈。

（2）重庆市。

对于使用绝对化用语是否构成欺诈，法院存在不同看法。如在"安某泉与乐视致新电子科技（天津）有限公司产品销售者责任纠纷"、[6]"舒某与北京京东世纪信息技术有限公司产品

---

〔1〕 陕西省西安市未央区人民法院（2015）未民初字第 08359 号民事判决书。

〔2〕 陕西省咸阳市中级人民法院（2016）陕 04 民终 2121 号民事判决书。

〔3〕 四川省成都市中级人民法院（2017）川 01 民终 6085 号民事判决书。

〔4〕 四川省成都市锦江区人民法院（2016）川 0104 民初 5515 号民事判决书。

〔5〕 四川省绵阳市中级人民法院（2016）川 07 民终 920 号民事判决书。

〔6〕 重庆市第一中级人民法院（2017）渝 01 民终 2837 号民事判决书。

责任纠纷案"、〔1〕"杨某龙与重庆华润万家生活超市有限公司解放碑店产品责任纠纷案"、〔2〕"刘某生与重庆永辉超市有限公司渝中区较场口合景分公司产品责任纠纷案"〔3〕中，法院认为使用绝对化用语是否构成欺诈需要结合案例具体情况进行分析，也就是使用绝对化用语并不当然构成欺诈；而在"刘某奎与重庆家乐福商业有限公司沙坪坝店产品责任纠纷案"、〔4〕"黄某峰与西藏拉孜藜米农业有限公司产品责任纠纷案"〔5〕中，法院认为，使用绝对化用语，误导消费者，构成欺诈。

各地区案例争议均涉及使用绝对化用语是否构成欺诈，以及除华南、西北、西南地区，其他地区还涉及经营者未尽审查义务应当承担赔偿责任，但也存在差异，华北地区在"顶级"是否属于绝对化用语以及绝对化用语与虚假广告的区分上存在争议；华中地区的个别案例在《广告法》的调整范围以及绝对化用语的合法使用上进行了解释；华南地区的个别案例在绝对化用语的认定需要具有比较含义以及"首选"是否属于绝对化用语上进行了阐释。

四、禁止绝对化用语存在的问题

《广告法》及全国人大法工委的《广告法释义》中并未对绝对化用语进行界定，在绝对化用语的范围、认定标准、处罚标准、使用绝对化用语是否构成欺诈等问题上存在诸多争议。

（一）绝对化用语的范围不清

绝对化用语的范围存在争议，最为突出的表现是，对顶级

---

〔1〕 重庆市渝中区人民法院（2016）渝 0103 民初 4407 号民事判决书。
〔2〕 重庆市第五中级人民法院（2016）渝 05 民终 550 号民事判决书。
〔3〕 重庆市渝中区人民法院（2015）中区法民初字第 09507 号民事判决书。
〔4〕 重庆市沙坪坝区人民法院（2015）沙法民初字第 12288 号民事判决书。
〔5〕 重庆市沙坪坝区人民法院（2015）沙法民初字第 08420 号民事判决书。

一词是否属于绝对化用语，存在不同的看法。部分地区的行政机关和法院认为，"顶级"不属于绝对化用语，理由是《国家工商行政管理局关于"顶级"两字在广告语中是否属于"最高级"等用语问题的答复》已被废止，而与其性质类似的关于极品、第一品牌的答复没有被废止，这说明现在不再将"顶级"认定为绝对化用语。然而，大部分的行政机关和法院认为，"顶级"属于绝对化用语，理由是法条采用了不完全列举的方式，"顶级"与"国家级""最高级""最佳"具有相同的含义，因此使用"顶级"违反了《广告法》禁止绝对化用语的规定。

《广告法》规定，广告不得使用"国家级""最高级""最佳"等用语，使用"等"字突出表明，绝对化用语不限于法条规定的"国家级""最高级""最佳"三种情形，因此原国家工商行政管理总局的答复被废止，并不是"顶级"不属于绝对化用语的充分理由。然而，"顶级"是否属于"等"所包含的范围仍然值得探讨。

《广告法》并未明确"等"字所包含的范围，但是全国人大法工委在《广告法释义》、原国家工商行政总局在答复作出中了"绝对化用语"这一表述。然而无论是《广告法释义》还是答复，均未对绝对化用语进行界定。全国人大法工委在《广告法释义》中仅仅是从立法目的层面说明禁止绝对化用语的原因，并没有解释绝对化用语的含义及范围；原国家工商行政管理总局在答复中同样未明确绝对化用语的定义，仅仅是认为"极品""顶级"等具体用语属于绝对化用语。

绝对化用语没有明确的定义，不利于明确绝对化用语的范围。相比于虚假广告可以采用事实验证的方式进行确认，绝对化用语没有证明方式。由于无法明确定义、范围，没有客观标准，在认定时会受到主观干扰，实践中对同一用语存在不同看法，也证明认定绝对化用语存在较强的主观性。

为了方便理解和适用，法条会采用列举的方法，但是法条不可能将全部情形一一列明，同时还要保证法条简洁明了，因此法条通常会使用不完全列举的方式，也就是使用部分列举+等字的结构。法条应当具备确定性和可操作性，法律规定应当具体、明确、可实施，对于采用"等"字表述的条文而言，法条体现出不确定性。为平衡法律的确定性和简明性，采用不完全列举方式的法条应当对"等"之前的情形进行概括，界定范围，以便明确某一事物是否应当受到法律规定的约束。尤其是对于涉及行使公权力的法条而言，明确范围更为必要。

（二）绝对化用语的认定标准不明

《广告法》《广告法释义》以及原工商行政管理总局的答复中均没有涉及认定绝对化用语的标准，不同学者在研究绝对化用语的认定标准时，提出了自己的看法。比如，有的认为应当结合用语是否存在比较内容、描述是否客观、是否是针对商品或服务进行宣传；[1]又有的将广告用语进行分类，认为表达主观感受的、表示理念追求的、进行自我比较的、客观真实的广告用语不属于法律禁止的绝对化用语。[2]但是，目前仍没有形成一致的标准。

（1）构成绝对化用语的理由不明。实践中，行政机关或法院在认定某一广告用语是《广告法》禁止的绝对化用语时，通常采用的表述是，某用语是绝对化用语，违反《广告法》第9条第（三）项的规定，并没有解释说明为什么该用语属于绝对

---

〔1〕 闫海、韩旭："广告绝对化用语的认定、规制与处罚"，载《中国市场监管研究》2019年第2期。

〔2〕 程远、张燕："不构成绝对化用语的常见抗辩事由"，载《中国市场监管报》2018年7月31日。

化用语。只有少部分法院会阐释认定理由，比如广告用语与"国家级"等用语含义一致、广告用语存在贬损其他经营者的含义。由于绝对化用语的认定标准并不明确，实践中通常以用词判断是否属于绝对化用语，具体表现为，各地案例中使用"最"字的广告用语被认定为绝对化用语的频率最高且没有争议。

（2）不构成绝对化用语的理由存在争议。只有在认定某一用语不是绝对化用语，行政机关或法院进行解释说明时，才会从广告用语不指向商品或服务、广告用语是真实的这两个方面进行论述。然而对上述两个理由能否作为抗辩事由，也存在不同看法。

其一，广告用语不指向商品或服务。广告用语不指向产品或服务，是指广告内容并不是修饰所要推销的商品或服务，具体表现为以下两种情况：一是，表达企业目标或追求的用语。在"孙某丁与无锡市锡山区市场监督管理局、无锡市锡山区人民政府行政复议案"[1]中，法院认为，"力争为您提供顶级享受"是酒店的经营理念和追求目标，不是对其商品或服务的宣传，因此不违反《广告法》的规定。二是，宣传其他商品或服务。在"陈某鑫与北京市工商行政管理局昌平分局不符举报处理决定案"[2]中，陈某鑫向昌平分局举报旅行套餐广告中使用最高级、最佳选择等用语，昌平分局认为，上述用语并非指向广告推销的旅行套餐本身，而是宣传旅行套餐中旅行地的食物品质和主题公园，不属于绝对化用语。然而，也有法院认为，广告用语不指向商品或服务不能作为抗辩理由。在"杭州市西湖区方林富炒货店与杭州市西湖区市场监督管理局、杭州市市场监督管理局行政处罚案"[3]中，法院在判决中指出，《广告

---

〔1〕 江苏省无锡市滨湖区人民法院（2018）苏 0211 行初 122 号行政判决书。
〔2〕 北京市昌平区人民法院（2017）京 0114 行初 241 号行政判决书。
〔3〕 浙江省杭州市西湖区人民法院（2016）浙 0106 行初 240 号行政判决书。

· 169 ·

法》不仅约束直接宣传商品或服务的广告行为，还约束间接宣传商品或服务的广告行为，比如宣传企业的目标追求，因为间接宣传同样能够引导消费者购买商品或服务，因此使用"最优秀""最特色"等用语宣传店铺，同样属于《广告法》的调整范围。在"刘某相与沃尔玛（湖北）商业零售有限公司武汉马场角分店产品责任纠纷案"[1]中，法院认为，产品外包装上使用了"国家级"形容企业，该宣传通过介绍企业间接推销了产品，应当属于《广告法》的调整范畴。此外，在"皮某嫣与天津百货大楼集团有限公司买卖合同纠纷案"[2]中，法院指出，虽然广告中的"顶级"是在宣传服装原材料，但是制作原料是商品的重要组成部分，宣传服装原材料是在间接宣传商品，因此使用"顶级"宣传商品原材料也违反了《广告法》的规定。

其二，广告用语是真实的。广告用语真实是指虽然使用了绝对化用语，但该用语能够被证明是真实的。《广告法》的立法目标之一就是确保广告用语真实，广告用语真实，不会损害消费者和经营者的合法权益，因此，真实的广告用语不应当被限制使用。然而，对能否以广告用语真实为由主张不违反禁止使用绝对化用语的规定，实践中存在不同看法。多数情况下，法院认为真实的广告用语不属于《广告法》禁止的绝对化用语，如在"郝某超与三只松鼠股份有限公司产品销售者责任纠纷案"[3]中，有统计资料可以证明广告用语"连续 4 年购物狂欢节行业销量第一"是真实的，法院认为不违反《广告法》的规定；然而，在"北京银之源科贸有限责任公司与北京市原工商

---

〔1〕 湖北省武汉市江汉区人民法院（2015）鄂江汉民一初字第 00051 号民事判决书。

〔2〕 天津市和平区人民法院（2017）津 0101 民初 47 号民事判决书。

〔3〕 江苏省南京市中级人民法院（2017）苏 01 民终 5393 号民事判决书。

行政管理局大兴分局行政处罚案"[1]中，大兴分局认为，《广告法》禁止绝对化用语，是一般性的禁止规定，也就是绝对化用语即便真实，也违反《广告法》的禁止性规定。

绝对化用语没有具体的认定标准，导致在判断某一用语是否属于绝对化用语上存在不同的看法，实践中存在同一广告用语既被认定为是绝对化用语，又被认定为不是绝对化用语的情形。

（三）绝对化用语的过罚不当

《广告法》第 57 条规定了发布使用绝对化用语的广告应当承担的法律责任，[2]实践中，争议焦点主要集中于罚款数额。根据《广告法》的规定，使用绝对化用语的罚款数额为 20 万元至 100 万元。罚款是行政处罚的类型之一，《行政处罚法》第 27 条规定了从轻、减轻处罚的情形。[3]在绝对化用语的案例中，行政机关通常会以主动消除或减轻危害后果为由决定从轻、减轻处罚，或者以违法行为情节轻微、及时纠正、并未产生危害后果为由决定不予处罚，即使行政机关没有从轻、减轻、免除处罚，法院也会根据上述理由变更、撤销处罚。

行政处罚的规定较为抽象，具体到个案而言，从轻、减轻、

---

[1] 北京市第二中级人民法院（2017）京 02 行终 914 号行政判决书。

[2] 《广告法》第 57 条规定："有下列行为之一的，由市场监督管理部门责令停止发布广告，对广告主处二十万元以上一百万元以下的罚款，情节严重的，并可以吊销营业执照，由广告审查机关撤销广告审查批准文件、一年内不受理其广告审查申请；对广告经营者、广告发布者，由市场监督管理部门没收广告费用，处二十万元以上一百万元以下的罚款，情节严重的，并可以吊销营业执照、吊销广告发布登记证件：（一）发布有本法第九条、第十条规定的禁止情形的广告的……"

[3] 《行政处罚法》第 27 条规定："当事人有下列情形之一的，应当依法从轻或者减轻行政处罚：（一）主动消除或者减轻违法行为危害后果的；（二）受他人胁迫有违法行为的；（三）配合行政机关查处违法行为有立功表现的；（四）其他依法从轻或者减轻行政处罚的。违法行为轻微并及时纠正，没有造成危害后果的，不予行政处罚。"

免除处罚主要考虑以下因素：一是广告影响力的大小，通过广告主的知名度、广告发布时间、广告发布范围、广告发布形式、广告发布期间的违法所得等因素，判断广告的影响范围，进而考量违法情节的轻重与危害后果的大小；二是改正违法行为的措施，根据是否积极配合调查、是否及时停止发布违法广告、是否撤销删除违法广告等因素，判断经营者违法行为和危害后果的轻重；三是经营者的违法记录，根据经营者是否因使用绝对化用语受过行政处罚、是否存在其他违反《广告法》的行为，判断经营者违法行为情节是否严重。广告影响力大小、是否改正违法行为、有无违法记录是违法行为情节轻重与否、违法后果大小的参考指标。

实践中，在决定处罚数额时，行政机关通常会决定从轻处罚，也就是罚款20万，较少出现仅因使用绝对化用语罚款20万元以上的案例，在具备减轻、免除处罚的情节时，行政机关或法院也会视情节减轻、免除处罚。然而，从轻、减轻、免除处罚的案例较多引出一个问题，《广告法》规定的绝对化用语罚款是否过重，是否过罚不当。

从《广告法》第57条的处罚规定来看，《广告法》第57条直接规定了罚款的具体数额，然而其他条款或是根据广告费用确定罚款金额，如第55条、第58条，或是根据违法所得确定罚款金额，如第60条，或者罚款起点低，如第59条罚款为10万元以下。罚款数额的规定不同自然有其原因，其中最为重要的原因便是违法行为轻重的差异。第57条相较于其他条款，主要约束严重损害人身健康或与损害人身健康相当的广告行为。第57条中提及的药品、医疗器械、婴儿食品、烟草等均与人身健康有关，第9条与其他情形并列，其内容也应当与人身健康有关或者与人身健康同等重要。

《广告法》第9条是对广告行为的一般禁止性规定，[1]其包含了十种具体情形和兜底条款，根据所要保护的利益可以将具体情形分为三类：保护国家利益、保护社会公共利益和保护个人利益。保护国家利益和社会利益的重要性明显不会落后于保护人身健康，因此违反第9条规定的情形，应当根据第57条进行处罚。但是，与泄露国家秘密损害国家利益、妨害社会秩序损害社会利益、危害人身安全损害个人利益相比，使用绝对化用语对国家、社会、个人的损害并不突出。将使用绝对化用语与使用国家机关名义、妨碍保护自然资源等并列并不合理。

行政处罚应当遵循过罚相当的原则，绝对化用语和与之并列的其他危害国家、社会、个人利益的情形相比，过错并不相当，如果按照其他情形的过错程度进行处罚，将导致过罚不当。此外，实践中，在处罚绝对化用语时，有关罚款数额的争议较多，行政机关和法院认定罚款数额存在困难，决定从轻、减轻、免除处罚，同样也反映出，禁止绝对化用语的处罚规定存在过罚不当的问题。

（四）绝对化用语与欺诈关系不明

《广告法》仅明确规定了使用绝对化用语应当承担的行政责任，没有明确民事责任，实践中，消费者会根据《消费者权益

---

〔1〕《广告法》第9条规定："广告不得有下列情形：（一）使用或者变相使用中华人民共和国的国旗、国歌、国徽，军旗、军歌、军徽；（二）使用或者变相使用国家机关、国家机关工作人员的名义或者形象；（三）使用"国家级"、"最高级"、"最佳"等用语；（四）损害国家的尊严或者利益，泄露国家秘密；（五）妨碍社会安定，损害社会公共利益；（六）危害人身、财产安全，泄露个人隐私；（七）妨碍社会公共秩序或者违背社会良好风尚；（八）含有淫秽、色情、赌博、迷信、恐怖、暴力的内容；（九）含有民族、种族、宗教、性别歧视的内容；（十）妨碍环境、自然资源或者文化遗产保护；（十一）法律、行政法规规定禁止的其他情形。"

保护法》关于欺诈的规定，[1]要求经营者承担民事责任。在有关绝对化用语的民事案例中，法院对于使用绝对化用语构成欺诈这一问题存在不同看法。

一种观点认为，广告使用绝对化用语构成欺诈，理由是广告使用绝对化用语，构成虚假宣传行为，根据原国家工商行政管理总局颁布的《侵害消费者权益行为处罚办法》第 6 条、第 16 条的规定，[2]虚假宣传构成欺诈，因此法院认为，使用绝对化用语构成欺诈，从而支持消费者 3 倍赔偿的请求；另一种观点认为，广告使用绝对化用语与构成欺诈并无必然联系，理由是根据《最高人民法院关于贯彻执行〈中华人民共和国民法通则〉若干问题的意见（试行）》第 68 条的规定，[3]构成欺诈

---

[1]《消费者权益保护法》第 55 条第 1 款规定，经营者提供商品或者服务有欺诈行为的，应当按照消费者的要求增加赔偿其受到的损失，增加赔偿的金额为消费者购买商品的价款或者接受服务的费用的 3 倍；增加赔偿的金额不足 500 元的，为 500 元。法律另有规定的，依照其规定。

[2]《侵害消费者权益行为处罚办法》第 6 条规定："经营者向消费者提供有关商品或者服务的信息应当真实、全面、准确，不得有下列虚假或者引人误解的宣传行为：（一）不以真实名称和标记提供商品或者服务；（二）以虚假或者引人误解的商品说明、商品标准、实物样品等方式销售商品或者服务；（三）作虚假或者引人误解的现场说明和演示；（四）采用虚构交易、虚标成交量、虚假评价或者雇佣他人等方式进行欺骗性销售诱导；（五）以虚假的'清仓价'、'甩卖价'、'最低价'、'优惠价'或者其他欺骗性价格表示销售商品或者服务；（六）以虚假的'有奖销售'、'还本销售'、'体验销售'等方式销售商品或者服务；（七）谎称正品销售'处理品'、'残次品'、'等外品'等商品；（八）夸大或隐瞒所提供的商品或者服务的数量、质量、性能等与消费者有重大利害关系的信息误导消费者；（九）以其他虚假或者引人误解的宣传方式误导消费者。"第 16 条规定："经营者有本办法第五条第（一）项至第（六）项规定行为之一且不能证明自己并非欺骗、误导消费者而实施此种行为的，属于欺诈行为。经营者有本办法第五条第（七）项至第（十）项、第六条和第十三条规定行为之一的，属于欺诈行为。"

[3]《最高人民法院关于贯彻执行〈中华人民共和国民法通则〉若干问题的意见（试行）》第 68 条规定，一方当事人故意告知对方虚假情况，或者故意隐瞒真实情况，诱使对方当事人作出错误意思表示的，可以认定为欺诈行为。

需要满足以下四个要件：一是经营者存在告知虚假情况或隐瞒真实情况的行为；二是经营者主观上存在故意；三是消费者因经营者的行为陷入错误认识；四是消费者因错误认识做出错误意思表示。虽然广告使用绝对化用语可以认为经营者故意告知消费者虚假情况或隐瞒真实情况，但广告中存在其他信息，消费者具备完全行为能力，可以依靠其他信息作出正确的判断，不可能仅根据绝对化用语做出购买决定。因此，法院认为，消费者仅能证明广告使用绝对化用语，不能证明其因绝对化用语陷入错误认识，做出错误的购买决定，不满足欺诈的构成要件，主张欺诈理由并不充分。

不仅是不同地区的法院，同一地区的法院对广告使用绝对化用语是否构成欺诈这一问题，看法不同，没有形成一致意见，裁判理由不一，判决结果存在冲突，说明绝对化用语与欺诈之间的关系并不明确。因此，广告使用绝对化用语与构成欺诈之间是否存在联系，值得讨论。

认为使用绝对化用语不构成欺诈的主要理由是，虽然经营者实施了发布绝对化广告用语的行为，但消费者没有因绝对化用语做出错误的购买决定，不满足欺诈的构成要求。然而，消费者之所以依据消费者权益保护法而非民法的规定维护自身利益，正是因为消费者权益保护法的欺诈与民法的欺诈有所不同。

民法是一般法，是对一般民事行为的规定，其默认交易双方地位平等，同样具备做出理性判断的能力，因此对双方的保护是平等的，不会倾向于保护交易的某一方；而消费者权益保护法是特殊法，规范的是经营者与消费者之间的法律关系，其出发点是侧重于保护消费者的权益，实际上是默认在交易中消费者与经营者地位不平等，消费者处于弱势地位，要更多地给予消费者保护，与消费者相比，经营者掌握更多的信息，所能承担的风险更高，因此要承担更多的义务。

在一般的民事法律关系中，构成欺诈应当满足《最高人民法院关于贯彻执行〈中华人民共和国民法通则〉若干问题的意见（试行）》第 68 条规定的四个要件，交易的一方实施了故意告知虚假情况或隐瞒真实情况的行为，这并不代表交易另一方可以以欺诈为由主张赔偿请求。民事主体维护自身权益、要求交易相对方承担民事责任的前提，应当是自身权益受到侵害，在没有因交易相对方的行为产生错误认识，做出错误的意思表示的情况下，即民事主体明知交易相对方存在欺诈行为，仍然做出意思表示，或者根据欺诈行为以外的信息做出意思表示时，其合法权益并未受到损害，因此不能要求交易相对方承担民事责任。

在消费者与经营者之间，通常是公民与企业之间，不平等地位更为突出。从保护消费者利益出发，经营者不能以消费者知晓欺诈或者因欺诈行为以外的因素做出购买商品或服务的决定、并非因陷入错误认识而做出错误决定为由主张免责。欺诈行为是客观的，无论消费者是否因欺诈做出购买决定，经营者实施了欺诈行为、存在欺诈的故意、有诱使消费者做出错误决定的可能性是毋庸置疑的。以消费者非因欺诈做出购买决定为由主张免责，实际是将经营者的欺诈责任转移给消费者承担，不符合责任自负的原则，因此消费者是否因欺诈行为做出购买决定，并不影响经营者承担责任，经营者承担责任的依据是其实施了欺诈行为。《消费者权益保护法》第 55 条第 1 款规定，[1] 经

---

〔1〕《消费者权益保护法》第 55 条第 1 款规定，经营者提供商品或者服务有欺诈行为的，应当按照消费者的要求增加赔偿其受到的损失，增加赔偿的金额为消费者购买商品的价款或者接受服务的费用的 3 倍；增加赔偿的金额不足 500 元的，为 500 元。法律另有规定的，依照其规定。

营者有欺诈行为应当承担赔偿责任，这一规定中仅提到经营者存在欺诈行为，并未提到消费者做出错误购买决定，说明经营者承担责任的唯一依据是实施了欺诈行为。

广告使用绝对化用语实际上是向消费者传递了虚假信息，根据《消费者权益保护法》的规定，广告使用绝对化用语构成欺诈，更加合理。

五、绝对化用语广告法规制的建议

《广告法》禁止使用绝对化用语是为了保护消费者的合法权益和维护竞争秩序，但实践中绝对化用语存在范围不清、认定标准不明、过罚不当、与欺诈关系不明等问题，我国《广告法》禁止的是虚假的绝对化用语，因此，为了保护法益与解决实践问题，可以将绝对化用语作为虚假广告的表现形式之一，利用《广告法》中有关虚假广告的规定进行规制。

（一）明确绝对化用语的含义及范围

《广告法释义》虽然没有指明绝对化用语的定义，但是说明了禁止广告使用绝对化用语的原因，即绝对化用语与实际情况不符，向消费者传递虚假信息。这反映出，《广告法》禁止广告使用绝对化用语，不是为了防止广告使用带有表示最高级含义的词语，而是在于禁止经营者利用广告向消费者传递虚假信息，实际是为了禁止发布虚假广告。

制定《广告法》的目的在于规范广告活动，维持社会秩序。广告是促成交易的重要手段，《广告法》通过规定禁止实施的广告活动以及法律责任，约束广告主体的行为，确保广告传递的信息是真实、准确的，从而保证消费者根据真实的广告信息做出购买与否的决定。《广告法》严禁与其立法目的相反的虚假广告。我国《广告法》既规定禁止绝对化用语又规定禁止虚假广告，两款条文是独立的，但是绝对化用语与虚假广告不是无关的，《广告法》正是由于禁止虚假广告，才会同样禁止广告使用绝对化用语，因为绝对化用语通常向消费者传递虚假信息。根据上述分析，可以得出虚假广告包含绝对化用语，绝对化用语是虚假广告的一种具体表现形式，是虚假广告的类型之一。

从实践角度同样可以证明虚假广告与绝对化用语之间的关系。绝对化用语在推销商品或服务时具有较强的吸引力和说服力，是常见的广告行为，因此，其他国家和地区也会采取措施，规范使用绝对化用语的广告，而利用虚假广告规制绝对化用语是通常做法，比如美国、英国均通过虚假广告进行规制。

美国通过虚假广告规制绝对化用语。美国最高法院在"弗吉尼亚州药局诉弗吉尼亚市民消费者委员会案"〔1〕中，指出商业言论属于《美国宪法第一修正案》的保护范围。根据该案的判决，广告是商业言论的一种类型，也属于言论自由的保护范围，美国对广告内容的监管受到一定的限制。但是该案也指出商业言论在具有欺骗性和误导性时应当受到监管，〔2〕因此各州有权对虚假广告采取措施，而商业吹嘘是虚假广告的法定抗辩理由。美国允许广告使用绝对化用语，也是因为其认为绝对化用语属于商业吹嘘。但是商业吹嘘是有限度的，广告使用绝对

---

〔1〕 Virginia State Pharmacy Board v. Virginia Citizens Consumer Council, 425 U. S. 748 (1976).

〔2〕 Virginia State Pharmacy Board v. Virginia Citizens Consumer Council, 425 U. S. 748, 771. In concluding that commercial speech, like other varieties, is protected, we of course do not hold that it can never be regulated in any way. Some forms of commercial speech regulation are surely permissible. Untruthful speech, commercial or otherwise, has never been protected for its own sake. Obviously, much commercial speech is not provably false, or even wholly false, but only deceptive or misleading. We foresee no obstacle to a State´s dealing effectively with this problem.

化用语也是有限度的，能以数据量化的绝对化用语在缺乏客观数据支撑时将被认定为虚假广告，广告中使用了"最好"等形容性的绝对化用语，实际上商品或服务却与该用语存在巨大差异，也将被认定为虚假广告。[1]

英国利用误导性广告规制绝对化用语。英国的广播广告准则、非广播广告与促销和直销准则均规定，广告不得存在实质性的误导或误导的可能性，也即禁止误导性广告。对于明显的夸大（吹嘘）或宣传而言，只要普通消费者不会当真且广告不存在实质性误导，这种夸大宣传就是合法的，但是对于消费者有可能认为是客观真实的广告或者能够被证明是客观真实的广告，发布广告的主体必须拥有可以证明广告内容的书面证据，如果缺乏充分的证据，广告标准协会将认定广告具有误导性。因此，广告可以使用绝对化用语，但是使用绝对化用语的广告在无法提供证明证明时，将被认定为误导性广告。误导性广告与虚假广告含义相同。

美国和英国均允许广告使用绝对化用语，并通过虚假广告规制绝对化用语，在没有证据证明绝对化用语的真实性或者绝对化用语误导消费者时，依据虚假广告的规定进行处罚，对于能被证明内容真实或不会误导消费者的广告，无论使用何种绝对化用语，都不属于法律禁止的范围。

在理清虚假广告与绝对化用语的关系后，可以明确绝对化用语的含义及范围，绝对化用语是含有最高级意思的用语，而我国《广告法》禁止的绝对化用语，指的是传递虚假信息的、表示最高级含义的用语。

（二）明确绝对化用语的认定标准

绝对化用语的认定标准不清，不仅导致认定难度上升，执

---

[1] 程远：《广告法理论与实务》，法律出版社 2018 年版，第 155 页。

法的精确度和效率下降，也会削弱执法机关的公信力。因此，明确绝对化用语的认定标准极为必要。利用虚假广告规制绝对化用语可以明确绝对化用语的认定标准。《广告法》禁止虚假广告和禁止绝对化用语均是为了防止广告传递虚假信息，因此绝对化用语的认定标准为是否真实或是否误导消费者。

认定广告用语是否属于绝对化用语之前，需要确定该用语属于《广告法》调整的范围。实践中，有关广告用语是否指向商品或服务存在争议，实际上是在争论该用语是否属于《广告法》调整的范围。根据《广告法》第2条的规定，[1]认定用语是否属于《广告法》调整的范围，不应当以用语指向商品或服务为判断标准，而应当以是否推销商品或服务为标准。只要用语是为了推销商品或服务就属于《广告法》调整的范围。推销商品或服务分为直接推销和间接推销两种，直接推销是直接对商品或服务进行宣传，吸引消费者，广告用语指向商品和服务；间接推销是指不宣传商品或服务，而是通过宣传企业规模、企业声誉、行业领先地位等内容，获取消费者的好感、信任，进而引导消费者购买商品或服务，因此不指向商品或服务的广告用语也可能属于《广告法》调整的范围。

在确认广告用语属于《广告法》意义上的广告的基础上，需要根据广告用语是否真实或是否具有误导性，判断广告用语是否属于《广告法》禁止的绝对化用语。是否真实是针对能够以客观数据证明的绝对化用语，例如最快、销量第一；是否具有误导性是针对能以客观数据证明、能被量化的绝对化用语以外的用语，例如最好、最棒。是否真实与是否具有误导性的标

---

〔1〕《广告法》第2条第1款规定，在中华人民共和国境内，商品经营者或者服务提供者通过一定媒介和形式直接或者间接地介绍自己所推销的商品或者服务的商业广告活动，适用本法。

准将引发两种后果，不真实或误导消费者的绝对化用语是虚假广告，应当受到处罚，真实的或不会误导消费者的绝对化用语，不违反《广告法》的规定，也就是广告可以使用真实的绝对化用语或不会误导消费者的绝对化用语。

真实性可以凭借客观证据加以判断，而误导性则是带有一定的主观色彩，因消费者个体的认知能力、经验水平等因素的不同存在差异。为了保证标准的可行性和准确性，在判定绝对化用语是否会误导消费者时应当以一般消费者为标准，也就是根据通常情况下消费者是否会被误导进行判断。只有依据大多数消费者的选择进行判断，才能保证结果是可以被预计的，进而促使广告避免包含误导消费者的用语。但是，个体判断能力存在差异，消费者确实可能被广告用语误导，为尽量减少此种情况的发生，消费者应当认清广告的本质是推销商品或服务，提高自身的辨别能力。

（三）规制绝对化用语应过罚相当

有关绝对化用语过罚不当的争议主要集中于罚款数额的认定上，其问题的根源在于《广告法》第57条直接规定了罚款数额区间，[1]行政机关应当根据《广告法》规定的区间进行处罚，减轻、免除处罚属于处罚的特殊情形，不应当成为惯例，多数案例从轻处罚也反映出罚款区间并不合理。利用虚假广告规制绝对化用语是保证绝对化用语过罚相当的有效措施。

《广告法》第55条规定，虚假广告应当以广告费用为计算

---

〔1〕《广告法》第57条规定："有下列行为之一的，由市场监督管理部门责令停止发布广告，对广告主处二十万元以上一百万元以下的罚款，情节严重的，并可以吊销营业执照，由广告审查机关撤销广告审查批准文件、一年内不受理其广告审查申请；对广告经营者、广告发布者，由市场监督管理部门没收广告费用，处二十万元以上一百万元以下的罚款，情节严重的，并可以吊销营业执照、吊销广告发布登记证件：（一）发布有本法第九条、第十条规定的禁止情形的广告的……"

依据，在广告费用无法计算或明显偏低时的罚款区间与绝对化用语的罚款相同。[1] 利用虚假广告规制绝对化用语，可以使得绝对化用语依照虚假广告的规定进行处罚。一方面以广告费用为计算标准，可以避免实践中行政机关或法院频繁适用减轻或免除处罚的规定，决定或变更罚款数额，从而将过罚相当由法律规定的特殊情形变为普通情形；另一方面，第57条的规定提供了裁量的空间，在广告费用与违法行为、违法后果并不相当时，行政机关可以在罚款区间内确定具体数额，同样保证过罚相当。

（四）理清绝对化用语与欺诈的关系

通过虚假广告规制绝对化用语，可以理清绝对化用语与欺诈的关系。绝对化用语与欺诈的关系不明，主要原因是有关欺诈的认定标准存在争议，但是根据《消费者权益保护法》的规定，是否构成欺诈应当以经营者是否实施了欺诈行为进行判断。在未明确绝对化用语与虚假广告之间的关系时，广告使用绝对化用语是否构成欺诈显然存在争议，因为部分广告用语并不属于《广告法》禁止的绝对化用语。

利用虚假广告规制绝对化用语，可以避免就绝对化用语本身产生争议，同时在认定经营者是否实施了欺诈行为时，与使用绝对化用语是欺诈行为相比，发布虚假广告本是就是虚假宣传，根据原国家工商行政管理总局颁布的《侵害消费者权益行

---

〔1〕《广告法》第55条第1款规定，违反本法规定，发布虚假广告的，由市场监督管理部门责令停止发布广告，责令广告主在相应范围内消除影响，处广告费用3倍以上5倍以下的罚款，广告费用无法计算或者明显偏低的，处20万元以上100万元以下的罚款；两年内有3次以上违法行为或者有其他严重情节的，处广告费用5倍以上10倍以下的罚款，广告费用无法计算或者明显偏低的，处100万元以上200万元以下的罚款，可以吊销营业执照，并由广告审查机关撤销广告审查批准文件、一年内不受理其广告审查申请。

为处罚办法》的规定，可以认定发布虚假广告构成欺诈，因此利用虚假广告规制绝对化用语，在消费者以欺诈为由主张赔偿、维护自身权益时更有说服力。

六、结论

《广告法》禁止绝对化用语的目的在于避免广告传递虚假信息，因此，《广告法》禁止的是传递虚假信息的绝对化用语，并不禁止真实的绝对化用语或者不会误导消费者的绝对化用语。由于《广告法》禁止绝对化用语与禁止绝对化用语的目的相同，且传递虚假信息的绝对化用语本身就是虚假广告，可以利用虚假广告规制绝对化用语，而利用虚假广告规制绝对化用语既有助于保证对绝对化用语的处罚符合过罚相当原则，又有助于明确绝对化用语与欺诈之间的关系，保护消费者合法权益，因此，利用虚假广告规制绝对化用语，将使用绝对化用语作为虚假广告的表现形式之一，是合理可行的。

文化娱乐行业的知识产权问题

我国网络版权监管的历史发展和展望

郑 宁

网络版权是指著作权人对其作品在网络环境下所享有的人身权利和财产权利的总称。近年来，随着互联网的迅猛发展，网络版权问题日益突出，网络侵权盗版活动不仅侵害了权利人的合法权益，扰乱了网络传播秩序，也阻碍了文化产业的健康发展，成为制约我国互联网产业发展和文化安全的突出问题。目前我国的网络版权保护实行的是行政和司法双轨制的模式，行政保护即版权监管部门进行网络版权监管。而司法保护是指法院通过裁判个案予以司法保护。[1]目前学界对于网络版权的司法保护的研究较多，而对网络版权监管的研究不多。事实上，网络版权监管对于网络版权秩序的维护发挥了独特的作用，其立足于公共利益，更具积极主动性且效率较高，可以突破个案，系统性地解决问题。[2]本文力图以梳理我国网络版权监管历史，总结出监管特点及存在的问题，并展望新形势下网络版权监管的未来走向。

---

[1] 李顺德："对加强著作权行政执法的思考"，载《知识产权》2015年第11期。
[2] 宗艳霞："论网络著作权行政法保护的正当性与必要性"，载《电子知识产权》2017年第8期。

一、我国网络版权监管的历史发展

版权监管的历史由来已久，早在 1985 年我国就在文化部内设立了国家版权局。而网络版权监管的方式随着互联网的发展呈现出不同的特点，大致可以分为三个阶段：

（一）2001 年至 2007 年：以立法保障网络版权监管，积极与国际接轨

（1）立法保障网络版权监管。这一阶段，我国出台了一些行政法规、规章，为网络版权监管提供了法律依据。2001 年，《计算机软件保护条例》第 24 条规定，有相关侵权行为的，同时损害社会公共利益的，由著作权行政管理部门责令停止侵权行为，没收违法所得，没收、销毁侵权复制品，可以并处罚款。

截至 2005 年 6 月底，中国网民数量已突破 1 亿，宽带网络的用户达到 5300 万，首次超过窄带（电话拨号上网）用户。[1]我国全面进入以博客为代表的 Web2.0 时代。这一年也被称为网络版权保护元年。2005 年 4 月，国家版权局与原信息产业部（现为工业和信息化部）发布了《互联网著作权行政保护办法》，设定了互联网信息服务提供者在收到著作权人通知和互联网内容提供者的反通知后的义务及法律责任，收到著作权人通知后，不立即采取措施移除相关内容并做好记录的，将受到警告及 3 万元以下罚款的行政处罚。这是我国互联网领域版权保护的第一部规章。

为了保障立法的有效实施，2005 年 9 月，国家版权局等部门下发《关于开展打击网络侵权盗版行为专项行动的通知》，这是我国第一次启动互联网领域版权保护的专项行动，即持续至

---

〔1〕 中国互联网络信息中心："第十六次中国互联网络发展状况统计报告"，载 http://it.people.com.cn/GB/8219/50653/3560019.html，访问日期：2019 年 10 月 8 日。

今的"剑网行动"。该次行动为期 3 个月，重点打击以营利为目的，通过网络提供电影、音乐、软件和教科书下载的非法经营行为，共查办网络侵权案件 172 件，关闭"三无"网站 76 家，责令137 家网站删除侵权内容，对 29 家侵权网站共处以 78.9 万元罚款，移送司法机关涉嫌刑事犯罪的案件 18 件。[1]

为鼓励投诉人提供网络版权侵权线索，更好地保障权利人的权利，2006 年国家版权局颁布了《著作权行政投诉指南》，对投诉机关、投诉人、投诉范围、投诉时效、投诉材料、处理结果等作了规定。该指南虽然只是版权局颁布的"非正式规则"，但仍具有行政机关内部拘束力和一定的对外拘束力，[2]是正式法律规范的有效补充。2007 年，国家版权局公布《举报、查处侵权盗版行为奖励暂行办法》，根据举报的侵权盗版案件影响程度或查获的违法财产数额确定奖励数额，每个案件的奖励金额不超过 10 万元。

（2）积极与国际接轨。随着我国互联网产业迅速发展，对网络著作权保护的需求日益加强。伴随着 1996 年世界知识产权组织两个关于互联网环境下的条约——《世界知识产权组织版权条约》（WCT）和《世界知识产权组织表演和录音制品条约》（WPPT）的通过，[3]我国为了顺应国内国际的趋势，需要建立更加完善的网络版权监管体系，[4]2006 年国务院颁布了《信息

---

〔1〕 国家版权局："查处网络侵权盗版行动 查办 172 案件"，载 http://news. cri. cn/gb/8606/2006/02/15/146@ 899444. html，访问日期：2019 年 10 月 8 日。

〔2〕 余凌云："现代行政法上的指南、手册和裁量基准"，载《中国法学》2012 年第 4 期。

〔3〕 WCT 第 14 条和 WPPT 第 23 条都对缔约国的执法提出了明确要求：缔约各方应确保依照其法律可以提供执法程序，以便能采取制止对本条约所涵盖权利的任何侵犯行为的有效行动，包括防止侵权的快速补救和为遏制进一步侵权的补救。

〔4〕 "《信息网络传播权保护条例》出台的背景"，载 http://www.gov.cn/zwhd/2006-08/03/content_ 353590. html，访问日期：2019 年 10 月 8 日。

网络传播权保护条例》，明确了网络侵权的行政法律责任，第 18 条和第 19 条规定了侵权和违法行为需要承担的行政法律责任，包括警告、责令停止侵权行为、没收违法所得、没收违法设备、罚款等。第 25 条规定，无正当理由拒绝提供或者拖延提供涉嫌侵权的服务对象的姓名（名称）、联系方式、网络地址等资料的，予以警告、没收违法设备的处罚。该行政法规比规章位阶高，设定了新的处罚种类，扩大了行政执法的范围，为网络版权监管提供了更为充分的法律依据。在建立健全了网络版权的法律体系之后，2007 年 3 月，我国向世界知识产权组织递交了两个公约的加入书，同年 6 月，这两个条约在我国生效，我国的网络版权监管正式与国际接轨。

（二）2008 年至 2012 年：监管规范化，加大监管力度，探索监管新方式

1. 网络版权监管规范化

随着互联网技术的发展，版权监管从传统领域不断向新技术领域延伸，1997 年制定、2003 年修订的《著作权行政处罚实施办法》遇到了很多新问题，为规范著作权行政处罚行为，2009 年国家版权局对《著作权行政处罚实施办法》进行了全面修订，明确界定了版权监管的执法主体，明确了侵害著作权违法行为的定义及实施行政处罚的种类，明确了著作权行政处罚的程序，增强了行政处罚的透明度。同时，对《著作权法》及《行政处罚法》的有关规定作了进一步细化，如明确了"情节严重行为"、行政处罚的"听证数额"、著作权侵权案件的管辖。这一修订增强了办法的可操作性，规范了版权监管程序，提高了版权监管的效率。

2010 年我国进一步推进三网融合，截至 10 月，微博服务的访问用户规模达到 12 521.7 万，因此这一年也被称为微博元

年。[1]同年6月,国务院新闻办公室首次发表《中国互联网状况》白皮书,阐明中国政府关于互联网的基本政策是"积极利用、科学发展、依法管理、确保安全",为网络版权监管的法治化、规范化提供了政策指引。

2. 网络版权监管执法力度加强

2010年至2011年开展的"剑网行动"力度空前,截至2011年6月,全国版权执法部门及公安、电信等部门共查处网络侵权盗版案件1148起,是2005年以来查处侵权盗版案件最多的一年。[2]2012年,"剑网行动"的重点是查办大要案、打击网络平台销售盗版制品,参与单位增加了国家互联网信息办公室,工作力度得到进一步增强。[3]专项行动能够在短时间内形成合力,对于遏制网络版权侵权发挥了较为积极的作用。

3. 探索网络版权监管新方式

(1)开展重点监管。重点监管有利于集中执法力量,解决突出问题。国家版权局于2009年针对大中型网站启动了版权重点监管工作,对重点网站的影视作品传播情况进行主动检查。各地版权部门实施版权重点监管的网站达3000多家,国家版权局直接监管了百度、优酷等具有全国影响的20家重点视频网站。[4]2010年,国家版权局将新浪、搜狐等18家知名视频网站纳入主动监管名单中,选定这些网站的300部重点作品进行监

---

〔1〕 "《2010中国微博年度报告》发布",载《青年记者》2011年第2期。

〔2〕 "剑指网络侵权盗版 ——2010年-2011年'剑网行动'阶段性成果综述",载 http://www.ncac.gov.cn/chinacopyright/contents/518/134989.html,访问日期:2019年10月8日。

〔3〕 "2012年'剑网行动'成果回顾",载 http://www.gapp.gov.cn/news/1656/135679.shtml,访问日期:2019年10月8日。

〔4〕 "2014年中国网络版权保护年度报告",载 http://www.ncac.gov.cn/chinacopyright/contents/6194/249936.html,访问日期:2019年10月8日。

控，督促网站做好自查自纠，加强对网站作品传播情况的技术监控，对视频网站的作品传播使用情况、自查自纠情况进行公开通报，对存在侵权盗版现象又不彻底删除的网站提出批评并列入重点监管网站名单，对上报信息与监控信息有较大出入的网站提出警示。

（2）约谈。约谈指版权监管机关依法或依职权对行政相对人违法违规经营行为开展的警示对话、沟通、协商。2012年11月，国家版权局约谈苹果公司大中华区相关负责人，要求苹果公司切实解决涉嫌的侵权行为，保护权利人权利，并将苹果商店（App Store）纳入主动监管的网站范围。[1]

（3）推动权利人组织及行业协会与网络交易平台建立版权合作保护机制。在国家版权局版权管理司的推动下，2012年，京版"十五社"反盗版联盟与淘宝网签订了《加强图书版权保护合作协议》；美国电影协会（MPA）与淘宝网签订了《关于加强影视作品版权保护备忘录》。[2]在政府的引导下，行业协会和企业达成合作，体现了网络版权合作治理的思路。

（三）从网络版权监管到网络版权治理：2013年至今

从2013年开始，我国进入4G技术驱动下的移动互联网时代，这一年也被称为微信商业化元年和大数据元年，移动互联网的各项应用开始普及，大数据产业欣欣向荣。2015年7月，《国务院关于积极推进"互联网+"行动的指导意见》出台，推动互联网与经济社会全面融合。网络监管的重点也随着新技术、新应用的出现而不断发生变化。2016年是网络直播元年和VR

---

〔1〕 "国家版权局第三次约谈苹果公司有关负责人"，载 http://www. sapprft. gov. cn/sapprft/govpublic/6693/283315. shtml，访问日期：2019年10月8日。

〔2〕 "2012年打击网络侵权盗版专项治理'剑网行动'新闻通讯稿"，载 http://www. ncac. gov. cn/chinacopyright/contents/499/140475. html，访问日期：2019年10月8日。

元年，2017 年是短视频元年，2018 年是人工智能元年，2019 是
5G 元年。

这一阶段突出的特点和趋势是：从网络版权监管走向网络版权治理。监管和治理具有不同的内涵。监管强调政府的控制和主导地位，主要是设定许可、限定禁止内容、设定各种义务等，以干预行政为主。而治理强调多主体的协调、合作、互动，综合运用政府监管、合作监管、自我监管等多种机制。互联网产业具有很强的技术性和创新性，新的问题层出不穷，在监管机关人力和技术水平都有限的情况下，仅靠监管机关的刚性监管，成本往往很高，而且效果不佳。在我国政府大力推行"放管服"改革的背景下，一方面，监管部门加大监管力度，改进监管方式；另一方面，政府、互联网企业、行业协会、社会公众合力进行网络版权治理。

网络版权监管和治理呈现出如下六个特点：

1. 通过立法和修法加大监管力度

2013 年，国务院修订《计算机软件保护条例》《著作权法实施条例》及《信息网络传播权保护条例》，加大了处罚力度，提高了非法经营额的罚款数额及最高限额。2017 年，《网络安全法》第 16 条明确规定，国务院和省、自治区、直辖市人民政府要保护网络技术知识产权。这是我国互联网领域的最高立法，强化了网络版权监管的法律依据。

2. 专项执法重点突出

每年"剑网行动"的重点都紧扣热点。2014 年"剑网行动"的重点是保护数字版权、规范网络转载、支持依法维权、严惩侵权盗版。最典型的案例是快播公司被深圳市市场监督管理局处罚 2.6 亿元。2015 年的重点任务涉及网络音乐、云存储、应用 APP、网络广告联盟、网络转载等领域。2016 年的重点是

网络文学侵权盗版、APP 侵权盗版、规范网络广告联盟。2017年主要围绕影视作品、新闻作品、APP 领域和电子商务平台版权开展专项整治。2018 年集中整治网络转载、短视频、动漫等领域侵权盗版多发态势。2019 年的重点是深化媒体融合发展版权专题保护，严格院线电影网络版权专项整治，加强流媒体软硬件版权重点监管，规范图片市场版权保护运营秩序，巩固网络重点领域版权治理成果。2005 年至 2018 年，"剑网行动"共查处网络侵权盗版案件 6573 件，关闭网站 6266 个，删除侵权链接 256 万条，移送刑事司法机关 609 件。2019 年，"剑网行动"删除侵权盗版链接 110 万条，查处案件 450 件，涉案金额 5.24亿元，对于遏制版权侵权行为起到了积极作用。

3. 重点监管，分类监管

版权重点监管有助于改变网站版权混乱的局面，使网站内容的正版率大大提升，净化了网络版权环境，规范了竞争秩序。2013 年，《国家版权局关于加强重点网站版权主动监管的实施意见》及《国家版权局关于进一步加强互联网传播作品版权监管工作的意见》出台，建立并完善互联网传播作品版权监管长效机制。2013 年，首次启动了对音乐视频作品的版权重点监管，对包括酷狗音乐网在内的 5 家以传播音乐作品为主要业务内容的网站进行重点监管。此外，国家版权局根据网络音乐、网络云存储、应用程序 APP、网络广告联盟、网络文学等领域版权保护的不同特点，实施针对性强的分类管理。2015 年 4 月，《国家版权局办公厅关于规范网络转载版权秩序的通知》出台，要求各级版权行政管理部门加大对互联网媒体的版权监管力度，严厉打击未经许可转载、非法传播他人作品的侵权盗版行为。同年 7 月，《国家版权局关于责令网络音乐服务商停止未经授权传播音乐作品的通知》发布，要求 7 月 31 日前，各网络音乐服务商必须将未经授权传播的音乐作品全部下线。同年10月，《国家版权局关于规范网盘服务版权秩序的通知》发布，要求版权行政管理部门对网盘服务商加强监管，依法查处网盘服务商违反著作权法的行为。2016年6月，国家互联网信息办公室发布《移动互联网应用程序信息服务管理规定》，明确要求"移动互联网应用程序提供者"和"互联网应用商店服务提供者"应依法严格履行相关义务和管理责任，尊重和保护知识产权。

4. 频繁运用非形式化监管手段

行政处罚这类传统的制度化、形式化手段，容易激化矛盾，强化行政机关与相对人之间的对立和冲突，已不能满足网络版权监管实践的客观要求，体现参与性、互动性、协商性和可选择性的非形式化监管方式开始被频繁运用，如预警、约谈、调解等。

（1）预警。预警是指预先发布警告，实现信息的超前反馈，为防患于未然奠定基础。2013年，为保护热播热映影视作品免遭网络盗版，国家版权局建立了重点作品监管预警机制，公布了重点影视作品预警名单，要求相关网站应对名单内的作品采取相关保护措施。[1]2016年，国家版权局在网络文学、广告联盟、APP等领域推行"黑白名单"制度，一方面，将从事侵权盗版的网站纳入"黑名单"，从源头上遏制侵权盗版势头；另一方面，通过公布重点监管作品"白名单"，明确热门文学作品等领域的授权链条，解决版权纠纷中的"明知""应知"问题。[2]2018年，国家版权局公布七批72部重点作品保护预警名单。在确

---

〔1〕 "2013年中国网络版权保护年度报告"，载 http://www.ncac.gov.cn/upload/files/2014/7/16171051711.pdf，访问日期：2019年10月8日。

〔2〕 "2016年中国网络版权保护年度报告"，载 http://www.ncac.gov.cn/china-copyright/contents/483/329978.html，访问日期：2019年10月8日。

定重点监管时，国家版权局注意听取监管对象的意见，邀请主要视频和音乐网站、著作权集体管理组织参加会议，共同探讨网络环境下视频和音乐作品的版权保护，为版权重点监管工作提供参考。[1]

（2）约谈。由于约谈介于柔性和刚性监管手段之间，逐渐成为常态化的监管方式。如2017年，国家版权局约谈主要网络音乐服务商及境内外音乐公司，要求对网络音乐作品全面授权、避免独家授权，引导探索建立良好的符合市场规律和国际惯例的网络音乐版权授权和运营模式，各主要网络音乐服务商积极响应，相互授权，网络音乐版权秩序持续好转。[2]

（3）调解。调解是指版权机关主持下，促成当事人对版权纠纷自愿达成协议的制度。2018年，国家版权局调解腾讯音乐与网易云音乐纠纷，促使双方相互授权音乐作品达到各自独家音乐作品数量的99%以上，并商定进行音乐版权长期合作，同时积极向其他网络音乐平台开放音乐作品授权。[3]

5. 联动监管

我国版权执法力量仍较为薄弱，有些地方没有设立专门的版权执法队伍，需要与其他机关联动配合进行监管。2014年，国家版权局与网信办、工业与信息化部及公安部开展了联合督查，国家版权局挂牌督办33起重大案件，提请工业与信息化部

---

〔1〕 "2018年中国网络版权保护年度报告"，载http://www.199it.com/archives/869531.html，访问日期：2019年10月8日。

〔2〕 "国家版权局约谈境内外音乐公司 要求避免授予独家版权"，载http://politics.people.com.cn/n1/2017/0914/c1001-29536451.html，访问日期：2019年10月8日。

〔3〕 "国家版权局力促合作 腾讯音乐网易云音乐纠纷化解"，载http://media.people.com.cn/n1/2018/0210/c40606-29816754.html，访问日期：2019年10月8日。

依法关闭 200 个涉嫌侵权盗版的网站，并列入互联网黑名单管理，保障了案件的最终查破。[1]2016 年，各级版权执法监管部门加强联动，进一步完善多部门协调办案工作机制，通过联席会议、督办督查、信息共享、开展区域合作交流，与网信、通信、扫黄打非以及公检法等部门积极开展合作，取得了显著成果。[2]

6. 多元主体共同参与版权治理

在实践中，形成了多方主体共同进行版权治理的模式，具体形式各异，笔者概括了三个典型模式：

（1）权利人投诉+司法机关裁判+监管部门处罚模式。如 2013 年 11 月，十家正版视频网站和版权方发起"中国网络视频反盗版联合行动"，对快播的盗版行为采取了技术反制，并向法院提起诉讼。2013 年 12 月，接到权利人投诉后，国家版权局认定，快播公司构成侵权，罚款 25 万元。2014 年 3 月，腾讯公司向深圳市市场监督管理局投诉，请求查处快播非法向公众传播《北京爱情故事》等 24 部作品的侵权行为。同年 6 月，深圳市市场监督管理局作出《行政处罚决定书》，决定处以非法经营额 3 倍的罚款 26 014.8 万元，一、二审法院维持处罚决定。[3]这一模式是由权利人联合发起维权，进而启动行政处罚和司法程序，最终惩治了侵权人。

（2）权利人投诉+行政机关调查+和解模式。2014 年，今日头条陷入了和《广州日报》、搜狐网等的版权侵权纠纷。接到投诉后，国家版权局对今日头条进行立案调查，随后确认其构成侵权。在调查过程中，今日头条积极整改，迅速删除了所有侵

〔1〕 "2014 年中国网络版权保护年度报告"，载 http://www.ncac.gov.cn/china-copyright/contents/556/249941.html，访问日期：2019 年 10 月 8 日。

〔2〕 "2016 年中国网络版权保护年度报告"，载 http://www.ncac.gov.cn/china-copyright/contents/483/329978.html，访问日期：2019 年 10 月 8 日。

〔3〕 广东省高级人民法院（2016）粤行终 492 号行政判决书。

权作品，并主动全面地与媒体洽谈使用作品的版权采购事宜。[1]通过国家版权局的介入，促成了企业之间达成协议，规范了网络转载秩序。

（3）公众监督+多机关监管模式。2019 年 4 月 11 日，视觉中国网站上出现了黑洞照片，并打上了"视觉中国"标签，引发网民热议。当天下午，团中央官方微博发出质问，视觉中国立即通过官方微博声明致歉，并对不合规图片做了下线处理，天津市网信办连夜约谈网站负责人，责令该网站立即停止违法违规行为，全面彻底整改。同年 4 月 12 日上午，国家版权局发布公告称，国家版权局将把图片版权保护纳入即将开展的"剑网 2019"专项行动，进一步规范图片市场版权秩序。4 月 18日，天津市网信办以视觉中国对用户发布的信息未尽到安全管理义务，没有及时发现和处置用户发布的法律、行政法规禁止发布或者传输的内容，违反了《网络安全法》第 47 条的规定，且情节严重，对其罚款 30 万元。[2]这一事件是公众监督引发对版权侵权的关注，进而由版权局和网信办依据不同的法律进行监管，既有针对个案的处理，也有对这一类问题的专项行动，而且响应非常及时，体现了网络版权治理的优势。

二、我国网络版权监管存在的问题

在网络版权监管取得显著成效的同时，也暴露出了一些问题，主要有以下三方面：

---

〔1〕 "国家版权局确认'今日头条'侵权：积极整改是好现象"，载 http://media. people. com. cn/n/2014/0916/c120837-25666707. html，访问日期：2019 年 10月 8 日。

〔2〕 张鑫："罚款 30 万元 视觉中国被行政处罚"，载《北京青年报》2019 年 4月 19 日。

（一）立法层面：立法不够明确

目前网络版权监管最重要的法律依据规定不够明确，带来了适用上的困难。《著作权法》第 48 条和《信息网络传播权保护条例》第 18 条中规定网络版权侵权启动行政处罚的程序的前提是"同时侵害公共利益"。然而，"公共利益"是一个不确定的法律概念，内涵外延较为模糊。在实践中，版权监管部门难以把握，造成一些侵权行为人即使承认侵权事实，也以其未损害公共利益为由，质疑行政处罚的合法性和正当性。2002 年印发的《国家版权局版权司关于对著作权法第四十七条"损害公共利益"问题的意见》指出，《著作权法》第 47 条列举的侵权行为，不仅侵害了著作权人的合法权益，而且扰乱了社会公平竞争环境，破坏了市场经济秩序，导致国家税收严重流失，损害我国的对外形象，在国际社会上造成了恶劣影响。这一意见认为凡是著作权侵权行为就会侵害公共利益，实际上扩大了监管范围，因此在《著作权法》第三次修订的过程中，也有观点主张删除"公共利益"。笔者认为，虽然《著作权法》除了保护私权之外，也有维护公共利益的目的，但如果对所有侵权行为都给予行政保护，在执法力量有限、投诉成本低的情况下，容易影响执法效率，因此，"公共利益"仍有存在必要，只是其内涵和标准亟待明确。

（二）监管层面：监管力度有待提高、监管的法治化程序有
待完善

1. 监管力度有待提高

首先，监管需要常态化。我国网络版权监管机关连续十多年开展的网络版权专项行动是一种临时性、反复性、非常态的执法手段，虽然可以在短期内遏制网络版权侵权，但执法成本巨大，也无法从根本上解决网络版权违法问题。等行动过后，

违法行为往往又死灰复燃。网络版权监管过于依靠专项行动暴露出版权执法力量和执法手段的不足。

其次，处罚力度小。《信息网络传播权保护条例》第18条规定的处罚裁量权较大：非法经营额5万元以上的，可处非法经营额1倍以上5倍以下的罚款；没有非法经营额或者非法经营额5万元以下的，根据情节轻重，可处25万元以下的罚款。实践中，2005年至2013年，"剑网行动"共查办互联网侵权盗版案件4241起，罚款人民币783万元，平均每个案件罚款额仅为1846元，处罚力度不大，侵权成本远小于收益。一个重要原因是网络版权侵权获利手段多样，而监管机关取证能力有限，难以核实非法经营额。

2. 监管的法治化程序有待完善

预警、约谈、信用监管（黑名单）等新的监管手段已日益普遍，然而往往缺乏健全的程序机制，导致相对人的程序权利无法得到有效保障，不符合程序正当的基本原则。比如，版权部门尚未出台约谈的规范性文件，对于行政相对人在约谈中的申请延期、代理、回避、时限、记录、救济等机制缺乏有效设计。对于国家版权局颁布的版权预警名单，虽有《国家版权局办公厅关于进一步加强互联网传播作品版权监管工作的意见》，但对于预警名单的变更缺乏相应的制度规定。对于黑名单制度，没有更正、退出的程序机制，后果与其行为不合比例。

（三）治理层面：合作治理和智能治理未得到有效运用

（1）合作治理机制发挥不充分。网络版权治理具有高度复杂性，决定了不能仅靠监管部门一家努力，必须与党政机关、行业组织、企业、公民等形成合力，进行合作治理。然而，现实中，合作治理机制运用不充分，不同治理主体、不同平台之间的信息没有充分共享，存在大量对接、沟通成本，不同的监管主体之间尚未建立有效快速的协作机制，依靠专项行动执法也在一定意义上说明了这个问题。行业协会的作用没有充分发挥，如一些著作权集体管理组织存在分配机制不透明、谈判能力不强、许可方式不灵活等问题，无法适应网络环境下海量作品授权使用和报酬收取、分配的需要，2019 年 3 月的"广东九家 KTV 公司诉音集协垄断纠纷案"就是一个实例。版权监管部门在立法和决策中吸纳利益相关方和社会公众参与的程度仍不够，导致一些规定出台缺乏社会预期和认同感，执行效果也大打折扣。

（2）智能治理运用不充分。随着技术的发展和商业模式的演进，新型侵权形态层出不穷，给网络版权监管带来很大困难。侵权盗版网站朝隐蔽化、地下化、境外化发展，如网盘侵权的侵权入口、播放器、内容存储均由不同主体各自提供，且服务器多在境外，侵权链接、关键词不断变化，确定侵权人较为困难，权利人维权成本极高。因此，版权监管部门应当充分利用新技术、新手段，提高监管的精准度和有效度，对网络版权进行智能治理。

三、我国网络版权监管的展望

随着互联网技术的不断变革，版权侵权类型的层出不穷，对我国网络版权监管提出了新挑战和新要求。笔者认为，今后我国的网络版权监管应当依照依法治理、合作治理、智能治理三个原则完善相关制度设计。

（一）依法治理

我国正在大力建设法治政府。法治政府要求政府科学立法、监管合比例、程序正当。

（1）科学立法。科学立法要求增强立法的明确性和可操作性。建议在《著作权法》修改时，综合侵权数量、时间、损害后果、主观过错、侵权所得等，明确界定"公共利益"的标准，不可泛化监管范围，将有限的网络版权监管力量用到刀刃上。

（2）监管合比例。比例原则是行政法的基本原则，要求监管机关的监管手段和目的相匹配，采取对行政相对人侵害最小的手段，成本小于收益。因此，针对网络版权监管中一些不合比例的做法，如信用监管的手段和目的不成比例，监管机关应注意区分情况，只有严重的失信行为才能纳入名单，特别严重的失信违法行为才能考虑联合惩戒，并且建立黑名单期限和退出机制，不能一处失信，处处受限。

（3）程序正当。在预警、约谈等制度中，应当对相对人在行政程序中的申请延期、代理、回避、时限、记录、异议等机制进行具体设计，从而保障当事人的陈述权、申辩权、救济权。

（二）合作治理

（1）在机构改革的背景下，壮大版权监管力量，加强与其他机关的协作。在2018年党和政府的机构改革中，中央宣传部对外加挂国家新闻出版署（国家版权局）牌子，著作权管理工作由中央宣传部负责。版权监管部门从行政系统转入党的宣传系统之后，地位实际上是提升了。版权监管部门要发挥牵头和协调作用，强化与其他相关党政部门的有效协作，推进版权执法案件信息的公开和信息共享机制，完善打击网络侵权盗版的快速反应机制。

（2）完善版权监管部门与企业、协会、公民的合作机制。首先，版权监管部门在立法和决策中应充分听取利益相关方和社会公众的意见，如荣获2018年"中国版权金奖"的广州市文化市场综合执法总队，就多次深入众多互联网企业进行专题调研，政企交流，共同研讨争议问题解决办法。[1]其次，完善投诉举报和奖励机制，建立举报信息采集录入、问题分流督办、结果跟踪反馈的一体化工作流程，让公众成为监管的重要参与力量。最后，加强行业协会自律，发挥行业协会规范的软法机制作用；完善企业自律机制，企业应增强版权保护意识，健全版权合规业务。2018年，国家版权局版权管理司与中国版权协会监测中心、中国移动咪咕文化科技有限公司签署《网络版权保护合作备忘录》，联合推进网络版权执法，推动社会参与网络版权保护及行业自律。[2]

（三）智能治理

版权监管部门应创新版权监管手段，积极利用人工智能、区块链等技术，提高监管的有效性和精准度，建设权利人及侵权盗版的信息库，健全版权声明公示和版权检测存证制度，使得版权的每一次授权、转让、交易，都能够被永久记录和追踪，实现对互联网侵权盗版行为的发现、监控、取证、查处的智能化、精准化，增强版权监管的实效。北京市文化市场执法总队执法五队利用多种高科技手段，在线索发现环节主动出击，案件查处数量持续攀升，处罚力度明显增强。2018年，共结案163起，同比增长147%，罚没款162万元，同比增长91%。[3]2018年9月，北京互联网法院实行的"天平链""电子证据平

---

〔1〕 赵新乐："守护版权净土 勇当文化卫士"，载《中国新闻出版广电报》2019年3月21日。

〔2〕 "国家版权局联合中国版权协会、中国移动打造版权保护新模式"，载 http://www.ncac.gov.cn/chinacopyright/contents/518/372870.html，访问日期：2019年10月8日。

〔3〕 "以专项整治促多点'开花'——2018北京文化执法情况综述"，载 http://whzf.beijing.gov.cn/bjwhzf/xxgk/201906/b7276b3fb32542bdb930f72532159e94.shtml，访问日期：2019年10月8日。

台吸纳了司法机构、行业组织、大型央企、大型互联网平台等19个节点共建。上链电子数据超过930万条，跨链存证数据量已达上亿条。在案件审理过程中，无一当事人对区块链上存证、认证的证据真实性提出异议。[1]可见，智能治理能解决版权监管部门人手不足、取证难的问题。

四、结语

网络版权监管经过近二十年的发展，法治化和现代化程度不断提升，成为与司法并驾齐驱的网络版权保护利器。期待未来通过立法的完善，监管理念的更新，监管队伍的壮大和监管手段的优化，治理主体的多元合作，网络版权监管能走向依法治理、合作治理、智能治理，发挥网络版权行政保护的独有优势。

---

〔1〕 孙伟："北京互联网法院：'天平链'有力提升司法审判质效"，载 http://www. legaldaily. com. cn/zfzz/content/2019－11/06/content_ 8039843. htm，访问日期：2019 年 10 月 8 日。

我国同人文学作品实质性相似认定标准

王子璇[*]

一、绪论

金庸先生是家喻户晓的武侠小说作者，其经典作品如《射雕英雄传》《雪山飞狐》《倚天屠龙记》等，受到各个年龄段读者的喜爱，他可以当之无愧地被称之为武侠小说的泰山北斗。金庸的多部小说也被改编成电视剧等，成就了多部电视荧幕经典之作。江南是新时代的青年作家，同时也在 2013 年被评为中国作家富豪榜首富。他在 2000 年创作的《此间的少年》一书以自己的母校——北京大学为背景，借用金庸系列作品中的人物名称，还原了一个青春校园的小说。然而，也正是因为江南的此部作品，将两位前后辈作家关联起来。《此间的少年》借用了金庸武侠作品中的人物名称（如"郭靖""黄蓉"等），讲述了在大学校园（小说中称为"汴京大学"）中发生的一系列校园故事的现代青春文学作品。当大家还沉浸在青春文学的年少轻狂之时，金庸先生将江南《此间的少年》以侵犯著作权及不正当竞争诉至广州市天河区人民法院。

关于江南所作的《此间的少年》是否构成著作权侵权争论

---

* 北京市浩天信和律师事务所律师助理。

不休，除了两位作家的各自粉丝的分别站队，法律界人士对此看法也不尽相同：或认为《此间的少年》未经过原作者的同意使用其表达构成著作权侵权，[1]或认为仅被使用的原作品的人物名称太过抽象简单从而不具独创性等。[2]在金庸先生起诉之后，江南在其微博上表示其为金庸先生非常忠实的读者，起初采用金庸先生作品中的人物名称主要是出于"好玩的心理"，在准备将这部作品出版之前，也咨询过相关的法律专业人士，但是当时并未被告知这本书是侵犯著作权的，故才将该作品出版。江南作为粉丝"借用"金庸先生作品中的人物名称，进行创作的文学作品也可以称为同人作品。广州市天河区人民法院的判决认定：文学作品中的人物姓名是不受著作权保护的作品元素。因此，使用原作品的人物姓名不构成《著作权法》规定的侵权行为。虽然利用原作品的名字、人物性格特征、基本关系等，但只要不构成"实质性相似"就不属于侵权行为。

经过长达一年的诉讼，"查良镛（金庸）诉杨治（江南）著作权及不正当竞争案"（以下简称"金庸诉江南案"）随着法院的一纸判决落下帷幕，但是对于同人作品的争论却只是一

---

[1] 如李俊慧在"为何说江南〈此间的少年〉涉嫌构成金庸作品侵权？"中认为：郭靖、黄蓉、杨康、穆念慈等人物名称不仅是金庸系列武侠小说中的人物，同时，这些人物名称都由金庸虚构创作而来。当人们看到这些人物名称会自然联想到原作小说中的人物关系及情节等，鉴于金庸系列武侠小说的影响力，所有读者已经对这些人物名称与小说情节建立起牢固的"映射"或"关联"关系。作为依托原金庸系列武侠小说作品人物名称或人物关系重新创作的《此间的少年》，由于事先并未获得原作者金庸的许可或授权，因此，涉嫌对金庸系列武侠小说所享有的"保护作品完整权"和"改编权"构成侵权。

[2] 如王迁在"同人作品著作权侵权问题初探"中认为：《此间的少年》在使用原作品的角色名称、较为简单的部分角色性格和角色间的关系时，基本没有带入原作品中以这些角色为中心的情节。两部作品中角色们相似的性格又过于简单、抽象和普遍，在与更细致的情节抽离之后，它不大可能具有独创性，也无法构成表达的实质性部分。

个开始。

同人作品概念引自于日本,[1]同人作品起初作为作品喜爱者在其所属圈内对作品的二次创作而形成的与原作品不同的新作品,从而满足粉丝内心对原作品的遐想。同人作品的英文表达是：Fan Fiction, 即基于一个可识别的流行文化所创作的具有独创性的作品, 且不是通过专业人士创作的。[2]但是, 由于互联网的迅猛发展, 同人作品的发表和传播方式也发生了非常大的变化, 其创作目的也从以前的单一性变为多重性。网络环境下, 原作品作者与同人作品作者之间的著作权纠纷逐渐增多, 并成为大家关注的焦点。鉴于我国关于如何认定同人作品所涉及的著作权问题, 以及如何平衡原作品作者和同人作品作者之间的利益平衡问题还亟待解决, 本文主要首先梳理我国法院在判定是否构成实质性相似时的认定标准, 然后采用案例分析的方法, 重点分析"金庸诉江南案"中, 《此间的少年》是否侵犯了原作者即金庸先生的著作权, 最后归纳出判定同人文学作品的实质性相似的认定要点。

二、我国法院认定实质性相似的标准

近年, 我国著作权人的权利意识不断加强, 有关的争议和纠纷数量也急剧增长。[3]面对大量的著作权案件, 法院在解决相关纠纷时, 渐渐形成了比较统一的裁判思路：接触+实质性相

---

〔1〕 张璐："同人作品的著作权问题研究", 安徽财经大学 2017 年硕士学位论文。

〔2〕 Rebecca Tushnet, "Using Law and Identity to Script Cultural Production：Legal Fictions：Copyright, Fan Fiction, and a New Common Law", 17 LOY. L. A. ENT. L. J., 651, 655 (1997).

〔3〕 2017 年 7 月 5 日, 最高人民法院信息中心发布的《知识产权侵权司法大数据专题报告》显示, 2016 年全国知识产权侵权案件数量比 2015 年同比上升 41.34%。在知识产权侵权案件中, 著作权侵权案件数量占比为 50.20%。

似，并排除合理使用。针对原作品接触的认定，一般需要权利人证明侵权人具备了接触作品的机会或者已经实际接触了作品，这在实践中也比较容易操作。一般权利人需要证明自己的作品在先已经公之于众，则一般可推定为侵权人具备了接触机会，或者权利人证明曾将作品交给侵权人"欣赏"或两者之间存在特定的法律关系，则可认定为侵权人实际接触过作品。[1]但是，针对实质性相似的认定，无论是在学术界还是法院在裁判时，都莫衷一是。著作权侵权认定的法律依据是《著作权法》的第47条和第48条，法律仅将侵权行为进行了列举，对实质性相似并没有成文的规定。这一标准是法院在司法实践中逐渐形成的裁判规则。在著作权侵权认定方面并不是从一开始就使用实质性相似标准，该标准的首次提出是在美国法院裁判过程中，在判定作品之间是否存在抄袭时，要根据非专业人士的角度判断标的作品之间的表达是否具有相似或者相同。实质性相似从字面上理解可以分为两部分内容。"相似"指的是两个作品之间的内容具有相同或者相似。"实质性"指的是两个作品的相同或者相似已经超出了一定的量，发生了质变，并且这种质变足以影响读者的判断与选择。"实质性"还要求在判定两个作品是否存在相同或者相似时，要对作品中的具有独创性的表达进行比较，[2]要排除作品中的思想以及属于公共领域的内容。在判定该部分时，我国法院采用思想与表达二分法，根据不同的作品之间的特点，运用整体比较法和部分比较法等进行比较，判定是否侵权。

---

〔1〕 周小舟："论接触要件在剽窃案中的程序和实质意义——从《小站》案切入"，载《华东政法大学学报》2016年第2期。

〔2〕 王婧："影视剧本侵权的实质性相似判断规则研究"，安徽财经大学2016年硕士学位论文。

（一）思想与表达二分法

实质性相似的判断过程中最重要的一个环节就是要对所要判定的作品间的具有独创性的部分进行对比或者比较。在英美法系国家，版权是与大陆法系的著作权相对应的法律概念。版权并不是天生的权益，是随着社会和人类文明、文化的发展，法律为鼓励创作和促进文化繁荣，在作者和社会公众之间利益平衡而产生的法定权利。[1]现代著作权更多地被认为是符合功利主义的正当性制度。[2]著作权法不保护思想，是因为若将思想也纳入法律的垄断之中，这必将导致后人的创作陷入困境。没有人的创作可以离开在先创作的启发，而限制人们利用在先的思想，则不利于或者说禁止新作品的产生，这与著作权法鼓励创作的立法目的相违背。因为著作权法所保护的客体是作品中具有独创性的表达，也就是说，作品所表达的思想并不在著作权法的保护范畴之内。所以，我们就有必要将作品中的思想与表达区分开来。思想与表达二分法起源于德国，作品应该与社会事件分别对待，后者并不能作为所有权的客体。[3]思想与表达二分法的正式确立于"Baker 诉 Selden 案"，[4]美国最高法院认为被上诉人的空白账簿不属于著作权法的保护范围，Selden 描述的如何记录账簿的书受到著作权法保护不意味着其享有账簿记录方法的独占权，作品的附属物与作品本身要加以区分。思想与表达二分法在全球范围内确立起源于《与贸易有关的知识产权协议》（TRIPS）的第 9 条第 2 款，[5]这里规定了版权的保护范围

---

〔1〕 王迁：《著作权法》，中国人民大学出版社 2015 年版，第 2 页。

〔2〕 王迁：《著作权法》，中国人民大学出版社 2015 年版，第 8~9 页。

〔3〕 李雨峰："版权法上基本范畴的反思"，载《知识产权》2005 年第 1 期。

〔4〕 Baker V. Selden, 101 U. S. 99 (1879).

〔5〕 Copyright protection shall extend to expressions and not to ideas, procedures, methods of operation or mathematical concepts as such.

只限于表达，而不将思想、工艺、操作方法或者数学概念纳入到该范围。《世界知识产权组织版权条约》的第 2 条也再次肯定版权的保护范围（仅限表达）。《保护文学和艺术作品伯尔尼公约（1971 年巴黎文本）指南》[1]对此也有说明：能受到著作权法保护的是表现形式而不是思想本身。我国作为《伯尔尼条约》和世界贸易组织（WTO）的缔约国，《著作权法》必然与国际条约方向一致。虽然，我国《著作权法》并没有明确规定思想与表达二分法，但是我国《著作权法实施条例》第 2 条规定了著作权法的客体——作品的概念：具有独创性和可以复制的智力成果。我国《计算机软件保护条例》第 6 条规定的软件著作权的排除规定中，将软件的思想、处理过程、操作方法和数学概念排除在外。司法实践中，法院在判定实质性相似时，普遍认可思想与表达二分法，判断后作品是否与前作品在表达上具有相似性。对于著作权法中只保护作品中具有独创性的表达，而不保护作品的思想，这一原则已经几乎没有争议。同时，我国法律中（如《著作权法》）虽没有明确地将思想与表达二分法规定到现有的法条中，但是这一原则在我国司法实践中发挥着举足轻重的作用。

司法实践中，我国的思想与表达二分法借鉴了国外版权法，最早出现于英美国家的相关判决之中，并逐渐发展完善。[2]思想与表达二分法是指将作品中作者的思想与表达加以区分，法律只对作品中作者具有独创性的表达加以保护。针对作品中的思想，虽然也可能是作者首先有此灵感，但是法律对此并不加以保护，将其归为共有领域。如，在著名的"华纳兄弟诉美国

---

〔1〕 世界知识产权组织国际局著作权和公共信息司司长克洛德·马苏耶著。

〔2〕 杨宁："美国版权法上的思想/表达二分法"，对外经济贸易大学 2008 年硕士学位论文。

广播公司侵犯《超人》著作权案"中，虽然超人的形象或许为华纳兄弟首次创作出来的（实际上完全证明如此有困难），但是在《超人》这一电影上映之后，超人进入到广大公众视野之中，其会飞、力气巨大、感官灵敏等超能力形象深入人心。这时他人利用"超人具备超能力"再创作其他作品，属于利用思想，而非表达。[1]这种做法的目的是为了鼓励作品的创作和传播，从而对著作权法保护的范围加以限制，即对作者权利加以限制。思想一般只有经过外在表达才能被人所感知，只有借助表达才能使作者的思想感情被受众所知，实现其价值所在。常见的思想有概念、原则、事实、理论等。表达则是根据作者的思想感情以各种方式表示出来，常见的表达就是文字、音符、线条、颜色等。在一部文学作品中，作品的主题或者题材属于"思想"，而作品中的细节描写则被认为是"表达"。但是，在文学作品中除了主题或题材和细节描写之外，还有故事情节、人物关系、人物性格等，这些到底属于"思想"还是"表达"是很难界定的。所以，一直以来对于思想与表达的区分在学术和实践中都是难点。在一个作品中，哪些部分属于作者的思想部分，哪些部分属于作者的表达部分，这从该规则诞生到现在一直是最大的难题。思想与表达的划分自始至终也没有一个准确的以及适合于所有案例的判断方式，正如在"Nicholas 诉环球电影公司案"中，汉德法官所说的"思想与表达"的界限过去没有人能找到，将来也不会被找到。[2]

在判断作品内容属于思想还是表达时，看其表述是否具有独创性是基本判断标准之一。《最高人民法院关于审理著作权民

---

〔1〕 See Warner Brothers, Inc. v. American Broadcasting Companies, Inc. 720 F. 2d 231, 243（2nd Cir., 1980）.

〔2〕 王迁：《著作权法》，中国人民大学出版社 2015 年版，第 50 页脚注。

事纠纷案件适用法律若干问题的解释》第15条规定，由不同作者就同一题材创作的作品，作品的表达系独立完成并且有创作性的，应当认定作者各自享有独立著作权。这不仅肯定了同题材作品在满足法定条件时享有独立著作权，也说明了在判断是否享有著作权时应该满足的条件，即具有独创性。独创性是由作者独立完成，并在创作过程中付出创造性的智力劳动。[1]从上述论述我们可以看出，一部作品具有独创性至少应该满足以下要求："独立创作"加上具有"最低的创造性"。作品的独立创作是要求作者在创作作品时，独立完成对其所想表达的思想的输出。"独立完成"必然要求作者的创作不是对他人作品的抄袭、复制。著作权法上的独创性并不是要达到专利法所要求的创造性或者新颖性的高度，其仅要求不是抄袭他人独立创作而已。正如英国Peterson法官认为："著作权法并不要求作品必须是创造的或新颖的，而只是要求作品必须不是从其他作品复制而来，也即作品必须是独立创作的。"[2]这说明，就算建立在他人作品基础上创作作品，需要作者自己创造出与前人不同的内容，且这种"不同"要满足著作权法上所要求的创造性。这就是"最低的创造性"，指要求作者所创作出的作品要体现作者一定的个人智力劳动的结果，是作者的思想及对艺术美感的表达。这种创造性并不要求达到具有突出性的作者个性或者显著的进步，只要求是作者智力劳动的结果。关于独创性的判断并没有统一的适用标准。独创性的"高低"在不同国家和不同法系之间有着显著的差别。在普通法系，英国最先采取"额头汗水"标准，只要求作者对作品独立创作并且为之付出了辛勤的劳动。虽然

---

〔1〕 靳艳玲："论作品的独创性"，湘潭大学2007年硕士学位论文。

〔2〕 See University of London Press, Limited v University Tutorial Press, Limited. [1916] 2 Ch. 601.

这些劳动并非是智力的体现，但是仅仅是体力或者简单的脑力劳动的重复即可达到的，如电话号码簿则被认为是著作权法上的作品。[1]"额头汗水"标准后来被越来越多的人质疑和反对，因为其将著作权法所保护的范围不适当地扩大，这也违背了著作权法鼓励创新的初衷。后来，英国将独创性的判断延伸至作品创作过程中是否投入了智慧、判断和劳动。[2]同为英美法系的美国，在独创性的判断标准上早期也适用"额头汗水"这一标准，但是随后在其司法实践中确立了"独立创作"[3]加"最低限度的创造性"的判断标准。[4]大陆法系国家的"独创性"标准普遍较高。法国的独创性标准要求作品必须是作者的智力创作，[5]《法国知识产权法典》所保护的是"智力作品"[6]（work of the mind）。[7]《德国著作权法》要求是"个人的智力创作"[8]（personal intellectual creation），同时还要求作品必须具有严格的"创作高度"。[9]德国因将作品的"独创性"要求上升到作品质量

---

〔1〕 See Jeweler's Circular Pub. Co. v. Keystone Pub. Co. ，281 F. 83，at 88（2nd Cir. ，1922）

〔2〕 这尚不足以判断独创性。See Interlego A. G. v. Tyco Indus. Inc. ，U. K. R. P. C. P. 371（1988）.

〔3〕 在 1903 年 Bleistein 案中首先被定义，详见李伟文："论著作权客体之独创性"，载《法学评论》2000 年第 1 期。

〔4〕 美国法院自 Feist 案后，要求作品应具备最低限度的创造性。See Feist Publications，Inc. v. Rural Tel. Serv. Co. ，499 U. S. ，PP. 345~346（1991）.

〔5〕 1992 年《法国知识产权法典》第 L. 112-2 条中列举了受保护的作品类型，但是并未要求所列举的每一类作品都必须具备独创性，只在关于标题和演绎作品的第 L. 112-3 条和第 L. 112-4 条中涉及了独创性的要求。

〔6〕 Law on Intellectual Property Code，Art. I. L. 111. 1.

〔7〕 Media（Ste）v Scher，法官在该案中认为，视听作品中声音和图像的选择和编排，体现了作者的个性，因此具备独创性。

〔8〕 Law on copyright and Neighboring Rights（Copyright Law），Article 2（2）.

〔9〕 See Elizabeth F. Judge，Daniel Gervais，"of silos and constellations：comparing notions of originality in copyright law"，27 Cardozo Arts & Ent. L. J. ，P. 383（2009）.

高度，是远高于英美法系国家甚至是大部分大陆法系国家的。从欧盟层面上讲，欧盟法院 Infopaq 案确定作品只要体现了"作者智慧"即为原创作品，具有独创性。[1]我国尚未就独创性的内涵或判断标准在立法上作出明确的界定，各法院在司法实践中的判断尺度也不统一。

（二）读者观察法

当代无论是大陆法系的著作权法还是英美法系的版权法，都是为了鼓励创作、激励创新。以我国的《著作权法》为例，第 1 条明确其立法目的是为保护文学、艺术和科学作品作者的著作权，以及与著作权有关的权益，其根本目的是为了国家整个文化事业大繁荣。[2]法律给予权利人一定的权利保护，尤其是著作财产权，使得其通过作品在市场上获得一定的利益。侵犯他人的著作权必然使其市场利益受损，从而影响著作权法鼓励创作的立法目的。然而，消费者作为市场的主体，必然对是否妨害其市场选择具有话语权。所以，针对著作权法上两个作品是否存在实质性相似，读者作为一般消费者成为最后标准。

在判断两个作品之间是否存在实质性相似时，我国法院普遍认为要站在一个普通读者的角度来观察。普通读者相对应的概念就是专业读者，专业人士在判断一个作品时较容易将其焦点放在某些细节上，[3]更多地会关注自身需求，故不易判断出两个作品之间是否存在实质性相似。鉴于《著作权法》本身就是平衡权利人与社会公众之间的利益而产生的法律。普通公众角度作为评判标准的合理性还存在侵权人的行为是对权利人在

---

〔1〕 Infopaq International A/S v Danske Dagblades Forening c-5/08

〔2〕 2010 年《著作权法》并未修改第 1 条。

〔3〕 刘雅荣："多维度认定作品实质性相似"，载《法制博览》2017 年第 15 期。

市场上的读者侵占，[1]而以普通读者作为市场对象来判定两个作品之间是否存在实质性相似更能体现《著作权法》的立法目的。对于一般性读者也即不特定的公众，其不需要特定的注意力或专业知识，只需要以普通人的角度判断对比情节之间是否存在实质性相似。

但是，读者观察法也存在弊端。一是普通读者在欣赏作品时，很容易忽略作品中的细节性因素。而有时这些细节性因素恰恰可能是判定侵权与否的关键因素。二是该方法在实践中不易操作，涉及范围比较庞大，负有举证义务一方的维权成本较大，也大大影响了诉讼效率。

（三）整体比较法

在具体判定两个作品之间是否存在实质性相似时，我国法院借鉴的方法之一就是整体比较法。整体比较法是指以作品的整体进行感受，从而确定两个作品之间的相似之处。这种方法侧重于作品的整体感受。整体比较法源自美国版权法，该法的具体表述产生于 Roth 案。[2]在该案中，美国初审法院法官认为原告贺卡上的文字表达过于普遍，属于共有领域，不受到版权法的保护。美国第九巡回法院认为，虽然原告贺卡上的文字不受版权法保护，但是被告贺卡中的人物和情感、图片和语言所传递的情感以及文字编排与原告的贺卡在整体上形成了实质性相似，侵犯了原告版权。我国在运用整体比较法时，结合读者观察法即要求从普通读者角度观察判断两作品在整体上是否存在实质性相似。在判定两个作品之间是否存在实质性相似时，

---

[1] 冯颢宁：“论版权法中实质性相似认定标准的选择”，载《中国版权》2016 年第 6 期。

[2] Roth Greeting Cards v. United Card Co., 429 F. 2d 1106, 1110（9th Cir. 1970）.

法院要以作品给普通读者所带来的整体的意境和感受标准，对两个作品中属于"表达"的内容进行判断。

在"庄羽诉郭敬明等案"[1]中，庄羽认为郭敬明的《梦里花落知多少》在以男女主人公与第三者的情感纠葛为主线的故事情节等方面，抄袭其作品《圈里圈外》，起诉郭敬明等侵犯其著作权，法院最终认定两部作品的情节构成实质性相似，判决郭敬明等停止侵害、赔礼道歉、赔偿损失。在"李鹏诉石钟山等案"[2]中，李鹏同样以《地下·地上》一书的"地下"部分在以男女主人公假扮夫妻在军统局为党窃取情报为主线的故事情节等方面抄袭其创作的《潜伏》为由，起诉石钟山等侵犯其著作权，法院最终认定两部作品的情节不构成实质性相似，判决驳回了李鹏的诉讼请求。在庄羽诉郭敬明等以及陈喆诉余征等两个案件中，法院同样认为，对被控侵权的情节是否构成抄袭，应进行整体认定和综合判断。将这些情节作为整体进行对比就会发现，具体情节的相同或近似是整体抄袭的体现。就文字作品而言，对于一些不是明显相似或者可归于公知领域的情节及素材，如果仅仅就单一情节及素材进行独立对比，很难直接得出准确结论，但将这些情节及素材的创编做整体对比，则更有利于发现两部作品在结构上的相似性。法院采用整体比较法认为所谓的人物特征，人物关系以及相应的故事情节不能简单地割裂而看，人物与故事情节之间应该形成有机的整体。在判断两个作品之间是否存在实质性相似时，将其作为整体比对，被告作品与原告作品存在众多相同或相似之处，从而认定被告侵犯了原告的著作权。对于一些故事的单一情节来讲，难以界定是属于思想范畴还是表达范畴，仅就一个情节而言认定为剽

---

[1] 北京市高级人民法院（2005）高民终字第 539 号民事判决书。

[2] 北京市第二中级人民法院（2008）二中民终字第 02232 号民事判决书。

窃，对被告来讲或有失偏颇，但是多处情节与表达存在相似，被告就难以用巧合来解释。

整体比较法最大的问题就是对一个作品进行整体判定时，很容易将作品中的属于思想和公共领域范围的内容也加入到判定标准之中，并且在对两个作品进行判定时很难排除主观感受因素，这会大大增加《著作权法》的保护范围，不利于鼓励创作的立法目的。

（四）部分比较法

与整体比较法相对应的另一种判定实质性相似的方法是部分比较法，这与美国的抽象分离法相似，后者源于 Nichols 案。[1] 在 Altai 案[2]中，针对案件中的计算机软件作品，美国第二巡回法院法官首先将软件抽象区分出思想与表达，再通过过滤、分离出公知领域不受版权法保护的部分后，发现两个作品之间相似部分不属于版权法的保护范围，从而认定为被告没有侵权。该种方法将关注的焦点放在局部，将作品中的思想和属于公共领域的内容排除在外后，比对剩下只属于表达的部分。比如将文学作品中的文字表述、人物对话、情节设置、故事主线等属于著作权法保护范围的具有独创性的表达分离出来后，进行比较。若两作品进行过滤后，相似部分超出了临界点，后作品则不受到版权法的保护。

在"上海华严文化艺术有限公司与上海沪剧院、罗某臻、陈某宇侵害作品改编权纠纷案"[3]中，针对香港作家李碧华小说《胭脂扣》与罗某臻、陈某宇所创作的剧本《胭脂盒》两部文

---

〔1〕 Nicholas v. Universal Pictures Corp., 45 F. 2d 119, 121 (2d Cir. 1930).

〔2〕 Pamela Samuelson, "A Fresh Look at Tests for Nonliteral Copyright Infringement", 107 *Northwestern University Law Review*, 1826 (2013).

〔3〕 参见上海市徐汇区人民法院（2012）徐民三（知）初字第 4 号民事判决书。

学作品的相似性问题，法院认为在判定实质性相似时应当在对比过程中排除思想和非独创性部分后，再进行实质性相似判定。[1]二审上海市第一中级人民法院判决认为，在判定一部文学作品是属于二次创作还是重新创作时，必定要把两部作品进行比较，在比较过程中发现两部作品具有相似的地方，则需要再判定相似的部分是属于思想还是表达；若判定为属于表达，则再要确定是属于在先作品的具有独创性的表达还是已经归为公共领域（即公众广泛采用）的表达；若判定为属于在先作品具有独创性的表达，则还要继续判定两者之间是否属于具有实质性相似。在本案中，两级法院均使用了部分比较法：首先区分了构成表达的部分和构成思想的部分；其次还将不受著作权法保护的那部分表达排除在比较范畴之外；最后仅对具有独创性的表达（属于《著作权法》的保护范畴）部分进行实质性相似的对比，层层递进，最后得出两者对比的最终结论。

部分比较法弥补了整体比较法中忽略不属于《著作权法》保护客体和主观因素的干扰，但是其本身却忽略了某些作品的独创性体现在整体的作品，比如汇编作品。若对这种类型作品进行判断时采用部分比较法则将作品整体过滤掉属于共有领域的每一部分，则无法判断汇编作品对每部分编排衔接的独创性，不适当地限缩了《著作权法》的保护范围。

（五）"三段论"法

"三段论"法，产生于美国第二巡回法院审理的著名的 Altai 案[2]中。"三段论"具体指在判定著作权侵权时，依照三步来

---

[1] 判决原文："基本表达实质性相似的判断，涉及对两部作品相似成分的比对，在相似成分中应首先剔除在先作品中的思想成分，非独创性表达成分，再判断相似的独创性表达成分是否足以构成实质性表达。"

[2] Computer Associates International, Inc. v. Altai, Inc. 982 F. 2d 693（2d Cir. 1992)

判断，分别为抽象法、过滤法、对比法。第一步，"抽象法"，指的是将需要断定侵权与否的作品中的"思想"从作品中抽象剔除出去。若原被告的作品只有"思想"相似，则不构成著作权侵权。这也是符合思想与表达二分法的。第二步，"过滤法"，指将上述作品中属于不受《著作权法》保护的公共领域的部分排除出去。即原被告作品相同的部分若属于共有领域的表达，则也不构成《著作权法》上的侵权，因为该部分本身就是法律允许公众创作时可自由使用的内容。第三步，"对比法"，指对作品进行"抽象"和"分离"之后的部分进行对比。三段论法已经被我国司法实践所认可（如"李某贤诉贾某华侵犯著作权案"[1]），但是其存在的遗憾就是并没有说明如何进行对比。

除了上述的判断标准外，法院在判定实质性相似时还需要考量的是作品之间是否存在合理使用。合理使用是指，在《著作权法》保护框架之下，法律允许公众可以自由地使用他人享有著作权的作品，不必征得著作权人的同意，也不用向其支付相应的报酬，[2]但是需要尊重著作权人的精神权利（如署名权、保护作品完整权等）。合理使用制度是在《著作权法》保护创作的前提下，法律对作者对作品专有权的限制，目的是平衡在该领域的作者与社会公众之间的利益，从而限制著作权利人的一项法定制度。在国际上，无论是《伯尔尼公约》、《与贸易有关的知识产权协议》以及《世界知识产权组织版权条约》都对合理使用以及其检测标准作出了规定。当然，我国已经加入上述公约、协议和条约，必然也会紧跟国际规定和遵守相关的规定。

---

[1] 参见北京市西城区人民法院（1990）西民字第 2213 号民事判决书。

[2] 吴汉东：《著作权合理使用制度研究》（第 3 版），中国人民大学出版社 2013 年版，第 1 页。

但是，我国《著作权法》并没有明确的"合理使用"这一条款，《著作权法》第22条规定的12项详细的著作权利的限制，我们多称之为"合理使用"的法定来源。值得注意的是，《著作权法》强调的是合理使用不得影响作品的正常使用，亦不得不合理地损害著作权人的合法权益。虽说较之前的《著作权法》有所改进，但仍未能明确该制度在司法实践中的适用规则。同时，我国于2013年修订的《信息网络传播权保护条例》第6条也规定了互联网环境下的八项"合理使用"情形；我国《著作权法实施条例》第21条则是对"合理使用"的反限制。[1]

以上是法院常用的实质性相似认定的方式。在司法实践中，法院并不会逐一运用上述所有标准，而是根据具体案件的具体情况，选择一个或几个方式进行论证说理。每一种方法都有自己局限的地方，我国法院在判定实质性相似时，根据不同作品的特点，结合以上判定方法共同判定两个作品是否存在实质性相似，一般而言，法院以思想与表达二分法和部分比较法为主，结合整体比较法和读者观察法，对作品进行相似与否进行合理判定。在判断同人文学作品之间是否存在实质性相似时，可以按照法院惯有的裁判思路，首先将两个作品中思想和表达进行分析，将属于思想和公共领域内容排除之后判断所剩的表达部分的相似程度是否达到了质变。

---

〔1〕《著作权法实施条例》第21条规定，依照《著作权法》有关规定，使用可以不经著作权人许可的已经发表的作品的，不得影响该作品的正常使用，也不得不合理地损害著作权人的合法利益。

三、"金庸诉江南案"

（一）案情介绍

《此间的少年》是该案被告江南出版的第一部作品。这部作品是以虚构的"汴京大学"（实为作者的母校：北京大学）为背景，讲述在这里发生的一系列校园青春故事。被告的作品将发生在这个校园里的年少轻狂时的爱情和友情故事，以别具一格的写作手法和细腻的感情呈现在读者面前，深受大家喜爱。在这部作品中，最引人关注和议论的一点就是该部作品的人物名称均来自于原告金庸武侠小说中的人物名称，以及涉及一些简单的人物特征和人物关系。因此，原告将被告告上法庭，起诉杨治及该部作品的出版商北京联合出版有限责任公司等，要求被告立即停止侵犯其著作权及不正当竞争行为，停止复制和发行该作品，并封存和销毁库存图书，以及要求被告赔偿人民币500万元。除此之外，金庸先生还要求被告公开道歉。

在起诉书中，原告诉称四被告（杨治、北京联合出版有限责任公司、北京精典博维文化传媒有限公司、广州购书中心有限公司）应立即停止侵犯原告著作权及不正当竞争的行为等。原告认为《此间的少年》中的角色名称大都来源自金庸系列小说，小说中的人物特征和人物关系与金庸系列小说基本相同，这表明了《此间的少年》与金庸系列作品明显具有关联性，应认定为著作权侵权。同时《此间的少年》使用了金庸系列小说中的具有独创性的元素，金庸及其作品的高度知名度，也决定了被告使用金庸系列作品元素的行为构成了不正当竞争。

针对原告所提出的诉求和理由，被告方认为《此间的少年》与金庸系列作品中的人物性格及人物设定等存在较大区别。被告使用金庸系列作品中的某些元素是文学性〔1〕使用，也是在著作权法允许范围内使用在先作品的元素（这就是前文所称的合理使用制度），是法律和文学创作史上的正常现象。这中文学性使用也是合理使用，使得创作更加自由和文化更加繁荣。这属于《著作权法》的调整范畴，不应当通过《反不正当竞争法》来干预著作权的相关法律政策。同时，《此间的少年》并没有造成读者对原被告作品来源之间的混淆，没有违反公认的商业道德，也没有不正当地利用金庸系列作品的知名度和影响力，不构成不正当竞争。

本文主要关注该案的争议焦点是江南的《此间的少年》借用金庸先生原作品的人物名称及简单的人物关系，将金庸系列的作品进行了同人不同背景、不同故事情节的演绎的这一行为是否构成著作权侵权。

（二）《此间的少年》与金庸系列作品的对比

在该部分，笔者根据第一部分法院常用的实质性相似的判定标准，分别对《此间的少年》和金庸系列作品进行对比，判断两者之间的作品是否具有实质性相似。

（1）思想与表达二分法。根据思想与表达二分法，判断《此间的少年》所使用金庸系列作品的人物名称是属于思想还是表达。《此间的少年》中，所使用的名称主要是：郭靖、黄蓉、杨康、丘处机、欧阳克、穆念慈、令狐冲、段誉、林平之、乔峰、慕容复、康敏、虚竹、阿朱、木婉清、彭英玉等，这些名字都是金庸小说中的名字，金庸作为小说作者，大部分人物名称是自创，来自于诗词、成语等。例如，郭靖与杨康，取自于

---

〔1〕 文学性是一个比较笼统的概念，是 20 世纪初俄国形式主义学派提出来的。俄国结构主义语言学家、形式主义批评家罗曼·雅各布森（1891 年至 1982 年）在 20 世纪 20 年代提出了文学性这个术语，它指的是文学的特性。

靖康之耻，尤其是郭靖从出生便注定了其将背负家国仇恨，为国为民，侠者一生；又如"北乔峰，南慕容"，慕容复一名是其父慕容博寄予其不忘家族遗训，兴复大燕。作品中的人物名称很难单独满足著作权法保护的条件，这些名称就算满足作者"独立创作"的要求，但是单纯的名字在我国司法实践中不足以满足"最低限度的创造性"要求，如完美世界（北京）软件有限公司与上海野火网络科技公司等侵害作品改编权纠纷一审民事判决。[1]当然还有一些名字源自历史人物，例如丘处机、彭英玉等，这些更不属于著作权法保护的范畴。

（2）读者观察法。站在普通读者的角度来观看这部作品，江南的《此间的少年》讲述的是现代校园青春故事，在阅读体验上也基本上脱离金庸武侠小数带给读者的感官。从小说的题材上来讲，青春校园小说与武侠小说属于两个截然不同的类型。在小说读者市场上，仅因为金庸系列小说的人物名称无疑给《此间的少年》带来一定的市场知名度，但是在实际的阅读体验上是有很明显的区别的。站在比较两者之间是否存在实质性相似的立场上，笔者认为《此间的少年》仅借鉴了金庸系列作品的人物名称，在情节展开趋势和实际的阅读过程中，并没有与金庸武侠小说的实质性相似。

（3）整体比较法。整体比较法是在读者观察法的基础上进行的。首先根据上述论述，金庸系列作品的人物名称不能单独地受到《著作权法》的保护，《此间的少年》的人物和人物故事、小说语言风格、故事情节走向等在整体上与金庸系列小说相差较远。两者仅有人物名称和大部分人物性格上的简单相似，这部分难以认定为著作权法所保护的"表达"范畴，故其在整

---

[1]　上海市杨浦区人民法院（2015）杨民三（知）初字第55号民事判决书。

体的作品给读者所带来的意境和感受上，并不能达到实质性相似的标准。

（4）部分比较法。笔者结合我国法院在判定著作权侵权时对实质性相似认定的标准，对原被告的作品进行抽象分离，结合部分比较法分析作品之间的关系。详见下表。

抽象项目	金庸系列作品	《此间的少年》	对比结果
文字表述	他挂念红马，忙抢步出去，只见那红马好端端地在吃草料。两名店伙却在大声呵斥一个衣衫褴褛、身材瘦削的少年。那少年约莫十五六岁年纪，头上歪戴着一顶黑黝黝的破皮帽，脸上手上全是黑煤，早已瞧不出本来面目，手里拿着一个馒头，嘻嘻而笑，露出两排晶晶发亮的雪白细牙，却与他全身极不相称。眼珠漆黑，甚是灵动。[1]	原本这个出场可以适用于任何人，就是不适用于黄蓉，因为黄蓉很喜欢干净，而郭靖的袍子很脏。不过鬼使神差地，黄蓉撞在了郭靖的背后，也为我们发展后来的故事提供了不少方便。[2]	两段对话皆是节选自金庸与江南作品黄蓉与郭靖初次相识的文字表述，虽然两段文字描述的都是男女主人翁的初识场面，但是经对比可得金庸作品语言风格表述属于白话文中高雅华丽的辞藻、简洁明了的叙事风格；而在后者的表述中更见轻松风趣的言语风格，叙事更加现代文学化；同时，两者的表述内容也是大不相同。两者的相同点是初见黄蓉的郭靖有点脏。

---

〔1〕 金庸：《射雕英雄传》，广州出版社 2013 年版。

〔2〕 江南：《此间的少年》，华文出版社 2010 年版。

抽象项目	金庸系列作品	《此间的少年》	对比结果
人物对话	郭靖快步过去，道："贤弟可还缺少甚么？"那少年微微一笑，道："还没请教兄长高姓大名。"郭靖笑道："真是的，这倒忘了。我姓郭名靖。兄弟你呢？"那少年道："我姓黄，单名一个蓉字。"郭靖道："你要去哪里？若是回南方，咱们结伴同行如何？"黄蓉摇头道："我不回南方。"忽然说道："大哥，我肚子又饿啦。"郭靖喜道："好，我再陪兄弟去用些酒饭便是。"〔1〕	"同学，化学系在哪里？""同学，商店在哪里？""喂，同学，你先帮我去找商店，我再带你去化学系，我有点急事。"事实上黄蓉根本不知道化学系在哪里。"我刚来……"郭靖本来想说即使他帮忙也不一定有用，不过他还是点了点头，"那我去找老师问一问"。〔2〕	两段对话皆是节选自金庸与江南作品黄蓉与郭靖初次相识的对话，经对比可得金庸作品对话虽属于白话文小说，但是明显地可以读出古代文学中典雅郎畅、高华简明的语调，后者则是更为白话、更为日常的现代风格，两者的文字风格明显不同。在对话内容上更是不同的内容和不同的故事走向。
人物关系	郭靖与黄蓉：情侣（夫妻）；杨康与穆念慈：情侣（未婚夫妻）；郭靖与杨康：结义兄弟；郭靖与乔峰：前后辈（无直接关系）；欧阳锋与欧阳克：叔侄；黄药师与黄蓉：父女。	郭靖与黄蓉：情侣；杨康与穆念慈：单恋；郭靖、杨康、令狐冲、林平之、段誉、欧阳克：舍友；郭靖与乔峰：师兄弟兼朋友；欧阳锋与欧阳克：叔侄；黄药师与黄蓉：父女。	基本人物关系相一致，但在具体某些人物上做了更改，相似的人物关系也较为简单。

---

〔1〕 金庸：《射雕英雄传》，广州出版社 2013 年版。
〔2〕 江南：《此间的少年》，华文出版社 2010 年版。

抽象项目	金庸系列作品	《此间的少年》	对比结果
人物特点	《射雕英雄传》和《神雕侠侣》中郭靖是一个单纯刚直、重孝重义、勤奋爱国的大侠。《笑傲江湖》中的令狐冲是淡泊名利、潇洒不羁的道家人物，体现的是追求自由的精神。《射雕英雄传》中的杨康是聪明机智，争强好胜，不择手段。《天龙八部》中的康敏，外貌美艳却心肠歹毒。	《此间的少年》中的郭靖是一个单纯耿直、重情重义的向上青年。令狐冲，则是一个积极入世、有抱负却能力不足的"愤青"角色。杨康，则是身世优越却又十分散漫、不上进的人。康敏，则是豪爽、率真、具有非凡的领导能力的学生会主席。	经对比可以看出，两者的人物特点虽有相似之处，但是却又在细节，甚至主要特征上不同。相似的人物特点较为简单。
情节设计	黄蓉与郭靖首次相遇因黄蓉负气离家出走，扮作衣衫褴褛的小乞丐，与满身豪气又初入江湖有些呆傻的郭靖在酒楼相遇，并起乍见之欢。杨康与穆念慈相识于比武招亲，相识之时杨康对穆念慈并无多情之意，但是穆念慈却对他一心一意。最终杨康也被感动，再加上穆念慈相貌出众，便渐渐对她一往情深，结为夫妻。	郭靖与黄蓉初识与汴京大学入学第一天，娇气横生的黄蓉撞上蒙古粗犷傻小伙儿郭靖，然后在人挤人的校园中，郭靖帮助黄蓉买T恤开始。两人的感情故事则是从郭靖骑自行车撞了黄蓉，顺势照顾黄蓉一个多月而萌芽发展下去。穆念慈对杨康一见钟情，杨康在中学时代无意解救过穆念慈后，两人为好友，穆念慈暗恋五年，在大学时代两人感情无疾而终，穆念慈最终选择了彭连虎。	经对比可见，两部作品在主人公的初识情节设置和后续故事的伏笔设置上都存在不同。男女主人公的情感线起始的前者是女扮男装的一见钟情对比日久生情。在后续的故事具体情节描写和故事的发展主线上更是截然不同。

抽象项目	金庸系列作品	《此间的少年》	对比结果
作品布局	金庸的系列小说主要有《天龙八部》《射雕英雄传》《神雕侠侣》《倚天屠龙记》《笑傲江湖》等。这些作品大都是不同时代背景下所产生的故事。比如《射雕英雄传》，该作品是典型的历史背景为导向所发生的故事。故事时代背景是南宋宁宗庆元年间，以主人翁郭靖出生在该时期的前后，从家国抱负到与恋人和友人之间的爱恨情仇，以人物的性格和情节的发展及必然性，步步相扣。在章节设置以"风雪惊变""江南七怪"直至"华山论剑"结束。	该书共设有十章，除第一章为"相逢"外，其余九章都为人物名称，如"郭靖""乔峰""杨康"等。在小节上，以"宿舍成员""自行车事故""一个月的苦力劳动"等直白、现代词汇表述本章节主要内容。整体上以年轻人的大学生活从大一至毕业的时间轴为主线，描述一系列校园青春故事。	作品的布局：前者是大时代背景下的家国仇恨及爱恨情仇为主导而演绎的历史经过；后者则是校园中不同主人公在同一时间段内的不同故事，但在每一章的叙事上无疑也要遵循时间发展。
内容梗概	《射雕英雄传》讲述的是：在南宋年间，善良的包惜弱明知金国六太子完颜洪烈不是好人，害得丈夫和义兄郭啸天却还是救了他。不料被完颜洪烈设计陷害了自己的亲朋好友，也害得挚	《此间的少年》讲述的是大家较为熟悉的大学校园故事。但是故事的背景却还是在宋代，地点则是在汴京的汴京大学里。故事从蒙古呆傻的郭靖入学第一天开始，遇上优越的杨康、娇生	两个作品分别讲述着不同的故事，金庸作品主要是讲述历史背景下的武侠故事；而《此间的少年》则是在大学校园里发生的青春爱情和年少故事。

抽象项目	金庸系列作品	《此间的少年》	对比结果
	友郭啸天的妻子逃到蒙古大漠，生下遗腹子郭靖。郭靖性格耿直，却最终因其善良赢得了机灵鬼黄蓉的芳心，也成为一代大侠。包惜弱儿子杨康却认贼人完颜洪烈为父，成为金国太子，但也最终害人害己，以惨死结局。《天龙八部》讲述的是在北宋、西夏、辽国和大理四足鼎立的时代背景下，丐帮帮主乔峰与大理王子段誉以及少林弟子虚竹结拜成兄弟。乔峰发现自己的真实身份竟然是契丹人，作为武林第一大帮的帮主，他因此受到了武林人士的唾弃，但是他并没有以怨报怨，最终用自己的生命和叛国的罪名保护了大宋免遭辽国进攻，是一个心怀苍生、有情有义的大英雄。《笑傲江湖》讲述的是：令狐冲是华山派的大弟子，但是却生	惯养的黄蓉、愤青的令狐冲等。从此一个学校不同专业，却又具有千丝万缕的关系的大学生活正式打开。小说中有暗恋、有考试；有篮球、有干架；一系列故事随着他们的青春热血的少年时光一同讲述，直到他们毕业，在这所大学里他们尝试初恋的爱与恨、不舍与遗憾，同时也经历着自己青春辉煌的时刻与黯然神伤的片刻，直至到大学毕业，他们离开汴京大学，也永远地离开了自己的青春年少。	

抽象项目	金庸系列作品	《此间的少年》	对比结果
	性不羁爱自由。因为他喜欢结交一些非正派的朋友，最终被逐出师门。在流落江湖中，相识了日月神教的"圣姑"任盈盈，两个人性格相似、喜好相近，共同经历了生死患难之后，相伴一生、笑傲江湖。		
故事主题	历史武侠主题为主	青春校园主题	完全不同

（5）"三段论"法。结合上述已经使用的方法，笔者再利用三段论法对《此间的少年》与金庸系列小说进行实质性相似判断。第一步，"抽象法"，首先将《此间的少年》和金庸系列小说中属于思想的部分剔除出去，如《此间的少年》中校园青春爱情题材、金庸系列作品的武侠大义题材、主人公的简单性格如耿直憨厚与活泼任性等。这些简单设计思想的相似，并不构成侵权。第二步，"过滤法"。即把《此间的少年》和金庸系列小说中，虽然相同但又都是属于公有领域中的内容剔除出去。如《此间的少年》中校园中的耿直憨厚的男生与活泼任性的女生的恋爱线、校园中常见的篮球赛因裁判而产生的冲突等；金庸系列小说中，傻小子郭靖赢得心上人黄蓉的芳心、负有家国情仇的主人公的复仇线等。这些属于大众可自由使用的创作素材，相似并不构成实质性相似以及著作权侵权。第三步，"对比法"。在"抽象"和"过滤"之后，剩下的部分，结合上一部

分的部分比较法可知,《此间的少年》与金庸系列作品不存在实质性相似。

(三) 使用金庸作品中人物名称等元素的相似案例

"金庸诉江南案"是同人作品中的第一案,法院并对此并无相似判例。但是,金庸先生并非首次主张自己权利,在相似的网络游戏中使用金庸先生作品中的人物名称、人物关系及故事情节的侵权案件中,已有法院判决。通过分析相似案件中使用金庸作品的元素,把握法院判定实质性相似的方法和尺度。

在"北京奇游互动网络科技有限公司与北京畅游时代数码技术有限公司等著作权权属、侵权纠纷案"中[1]中,一审法院认为:原被告作品中的人物对比,仅看人物名称的独创性的话或许有争议。但是在原告作品中(即金庸系列小说)中的人物被作者赋予了特定的人物性格,并将其带入了特定的故事情节中,融入了相应的人物关系,这些元素结合在一起就产生了独创性。被告在该案中主张被诉作品中使用的人物名称来源于历史人物名称,对此法院认为,尽管该部分名称被证明为来自于历史人物,但是被告作品中还包括了对人物性格、人物关系、故事情节等元素的使用,这些属于对金庸作品中具有独创性元素的使用,并非仅仅是对历史人物的使用。最终法院认定游戏《全民武侠》与金庸系列小说中的人物、情节、武功、装备等元素相同或相似的部分超过了合理使用的范围,构成了著作权侵权。

在该判决中,法院使用了读者观察法和整体比较法,在排除了人物名称的独创性后,将人物的性格和故事的发展情节作为一个整体与被告作品作出比较,可以发现两者存在实质性相

---

[1] 北京市海淀区人民法院(2015)海民(知)初字第 7452 号民事判决书。

似。同时，被告游戏在使用原告元素的整体数量上也超出了合理使用的范围，因此构成实质性相似。该案将原被告作品进行整体比较，判定被告使用原告的元素超过了合理使用的范围，两者之间具有实质性相似。

在"完美世界（北京）软件有限公司与上海野火网络科技有限公司、福建博瑞网络科技有限公司等侵害作品改编权纠纷案"中[1]，法院认为在人物名称方面，原被告作品《笑傲江湖》与《六大门派》的人物名称是完全一致的，虽然被告在收到原告发出侵权函之后将其游戏中的名称略做了改动，但是也仅仅是简单的同音字替换，并且两者之间的人物关系也是相同的。在故事情节发展、故事情节设计方面，两者也基本相同或者相似。故，最终法院认为被告的游戏对享有《笑傲江湖》内地的独家游戏改编权具有侵害。

法院在该案中亦是采用的读者观察法和整体比较法，虽然在被告修改后的作品中不具有与原告一模一样的人物（名称），但是这些音同的人物名称再加上人物之间的关系以及故事的发展走向等都显示原被告的作品之间应该被认定为具有实质性相似。

同时，更加值得关注的是在该案中针对完美世界公司指控的《六大门派》游戏构成对《倚天屠龙记》《射雕英雄传》和《神雕侠侣》的改编，法院认为被告对原告系列作品中《倚天屠龙记》的元素使用仅仅体现在武当派张三丰、宋远桥、宋青书等，峨眉派灭绝师太、周芷若、丁敏君、纪晓芙等，明教杨逍，少林派觉远等这些人物的名称和人物关系，在故事情节上仅有"灭绝师太师兄被杨逍气死"这一情节相同。除此之外，在最重

---

[1] 上海市杨浦区人民法院（2015）杨民三（知）初字第55号民事判决书。

要的故事情节发展上，提交法院的证据并没有证明原被告的作品具有相同的故事情节。被告对原告系列作品《射雕英雄传》和《神雕侠侣》元素的使用仅仅体现在被告游戏中的一场游戏场景中，且是以列表的形式出现的丐帮长老们、郭大侠、蓉儿等人名，并没有出现与原告涉诉系列作品中的相同故事情节。故，法院认为现有的证据并不能证明被告游戏对原告系列作品进行了改编。

此部分判决则是利用了读者观察法和部分比较法，在抽象分离出不属于《著作权法》保护的思想和属于公共领域范围的内容（武当派张三丰、宋远桥、宋青书等，峨眉派灭绝师太、周芷若、丁敏君、纪晓芙等，明教杨逍，少林派觉远等人物名字和人物之间的关系，以及灭绝师太的师兄孤鸿子被杨逍气死的事件），对比两部作品的故事情节和脉络发展等，原告提交的证据并没有证明两者存在相同或者似，故不构成实质性相似。在该案该部分的判决也可以看出原告举证的重要性，在主张著作权相关侵权过程中，原告的证据必须要全面到位地体现被告对其合法权利的侵害，即被告作品与其作品的相似部分的完整对比。

在"完美世界（北京）软件有限公司与北京奇游互动网络科技有限公司等侵犯著作权及不正当竞争纠纷"案中[1]中，法院认为被告作品与原告的系列作品之间存在着大量相似的情节以及人物介绍，如郭大侠的人物简介为"生性单纯刚直……是一个不折不扣的大侠……"等，在人物中出现了杨左使、范右使、金国小王爷等人物以及灭门女尼和周姑娘等。法院认为被告擅自将原告系列作品改编成游戏，使用了大量的原告涉案作品的人物、情节、武功等元素，超过了合理使用的范围，属于著作

---

[1] 北京市海淀区人民法院（2014）海民（知）初字第 26654 号民事判决书。

权侵权。

在该案中法院使用的是读者观察法和整体比较法。被告游戏虽然只是卡牌游戏，但是在游戏中被告大量运用了原告系列作品的人物名称、关系、武功、武器等介绍和相关的故事情节，这些不仅仅是对原告作品的借鉴，而是对原告作品的改编。法院在认定两者实质性相似的时候，对游戏的整体进行感官对比，可以很容易地发现原被告作品之间存在很大的关联性，被告的游戏不属于合理使用原告作品元素，与原告作品是具有实质性相似的。

根据上述判决可以得出，法院在使用实质性相似的判断标准时并不是全部套用，不同的判决使用不同的对比方式和标准。也可以说，我国法院在该问题上并没用完整统一的判断标准，法官的主观裁量权较大。因此，判决的结果也不尽相同。另外，根据上述判决可以看出，我国法院认定作品人物名称的对比并不单独考虑是否使用原著的相同名称，若仅仅对人物进行同音字更改，而人物关系和故事发展情节与原作品相同，也认定为构成实质性相似。可见，人物名称并不是关键性因素，其背后的人物关系和故事情节才是决定是否构成实质性相似的关键判定因素。由此可见，法院在判定该案是否构成对金庸系列作品的人物名称使用时，结合人物背后性格、人物关系和故事情节等元素进行综合判断认定其与原作品构成实质性相似。

四、研究结论

结合上述论述，笔者根据五种实质性相似的判定方法进行比较，认为江南《此间的少年》不侵犯金庸系列作品的著作权，但是江南使用金庸先生系列作品中的人物名称确实给其作品带来了一定的知名度和市场吸引力。鉴于上述结论与广州市天河区人民法院判决结果一致，故笔者亦引用判决书中法院认为的部分精华表述。

（一）江南《此间的少年》不侵犯金庸先生系列作品的著作权

江南对金庸系列作品中元素的使用，从上文第二部分的对比表中可以发现，其使用了金庸系列作品中的人物名称及简单的人物关系，但是在具体的文字表述、人物对话、作品布局及故事主题等方面截然不同。《著作权法》仅保护原作者具有独创性的表达。天河区人民法院亦指出：根据"思想与表达两分法"，"著作权法所保护的是作品中作者具有独创性的表达，即思想的表现形式，不包括作品中所反映的思想本身"。[1]针对金庸作品中的人物名称，虽然有些确为其所创，但是其中也有些为真正的历史人物，如彭莹玉。[2]后者自然因缺乏原创性而不受到著作权法保护。但是原创单纯的人物名称是否能够得到著作权法保护，笔者认为仍存在争议，一般由于其独创性过低，不构成著作权法保护的作品范围，在"阿童木图形商标异议案"的法院判决中也可以证实这一点。人物名称再加上背后的性格特征和故事情节，则是具有独创性的表达，属于著作权法保护的范围。

除了利用金庸系列作品的人物名称外，《此间的少年》中的人物特点与金庸作品有相似之处，如郭靖的单纯耿直和黄蓉的古灵精怪。在判断该部分与原作品是否构成实质性相似时，要考虑原被告作品的相似情节的具体程度。[3]单纯耿直的大男生遇见古灵精怪的女生在文学作品中属于思想的范畴。若具体为，初入江湖的单纯耿直大侠在酒楼外遇见离家出走的假扮男装的

---

〔1〕 广东省广州市天河区人民法院（2016）粤 0106 民初 12068 号民事判决书。
〔2〕 元末民变领袖，南派红巾军开山始祖。
〔3〕 王迁："同人作品著作权侵权问题初探"，载《中国版权》2017 年第 3 期。

调皮女主，再加上经过结果等细节，则可以构成《著作权法》保护的具有独创性的表达。但是，实际上在《此间的少年》中郭靖与黄蓉相识于大学校园的超市，与《射雕英雄传》的情节基本上无一相同或相似，更是不存在重述和复制金庸系列作品的内容。天河区人民法院亦通过整体比较法和部分比较法分析得出，《此间的少年》仅使用原告作品中的人物名称，但是性格特征、人物关系和故事情节并不一致；故事情节虽具有抽象性相似，但是故事的主要情节、一般情节与故事的起承转合、具体描写等都不一样。[1]

针对同人小说作品，法院认为"《此间的少年》与原告作品的人物名称、人物关系、性格特征和故事情节在整体上仅存在抽象的形式相似性，不会导致读者产生相同或相似的欣赏体验，二者并不构成实质性相似。因此，《此间的少年》是杨治重新创作的文字作品，并非根据原告作品改编的作品，无须署上原告的名字，相关读者因故事情节、时空背景的设定不同，不会对原告作品中人物形象产生意识上的混乱，《此间的少年》并未侵害原告所享有的改编权、署名权、保护作品完整权"。[2]

笔者结论：由于《此间的少年》的相同人物名称下的故事发展和情节并不相同，站在普通读者的视角下，该文学作品呈现在读者脑海中的是一部青春洋溢的校园爱情小说，并不能联想到历史武侠，故并不构成实质性相似。

（二）江南《此间的少年》对金庸先生的系列作品或构成不正当竞争

虽然江南《此间的少年》与金庸系列作品之间并不存在实质性相似，但由于金庸小说的较高知名度必然赋予了其人物以

---

〔1〕 广东省广州市天河区人民法院（2016）粤 0106 民初 12068 号民事判决书。

〔2〕 广东省广州市天河区人民法院（2016）粤 0106 民初 12068 号民事判决书。

及人物名称较高的知名度。在我国现有的法律框架下，我国《反不正当竞争法》第 2 条第 1 款〔1〕规定了市场竞争中的一般原则。首先，根据《反不正当竞争法》第 2 条第 3 款〔2〕规定的经营者范围，其应当是从事营利性活动的主体。同人文学作品作家无论是将在网上或纸质出版，其行为都是获利的，可以视为将自己作品在市场上进行交易。如"王某文诉叶某军等著作权侵权、不正当竞争案"中，法院认为，作家通过出售作品的出版发行权等途径而换取交换价值，这种交换就是对其作品的经营，此时的作品即商品，作家的经济利益产生在这种交换之中。〔3〕当然，若同人文学作品作者仅作为原著粉丝将其作品免费传播，未收取任何费用，则不满足该条件。但是若同人文学作品传播行为是为了吸引更多读者阅读，增加其作品影响力和个人知名度，以求后期获利，那之前的免费传播行为也应该视为营利行为的一部分，构成竞争。

虽然金庸系列作品的人物形象难以受到著作权法的完整保护，其不同于具体、可视化的电影或动漫形象，后者属于《著作权法》上的"表达"，前者一般要和整体的故事情节发展联系在一起才能获得《著作权法》的保护。但是，金庸先生在创作出作品中的角色并且给读者阅读时，已经建立了作者、读者、小说形象或内容之间的特定联系，这种联系类似于商标和商品及背后商誉之间的联系。虽然我们普遍认为在文学作品中简单的人物形象很难直接获得著作权法的保护，但是若他人任意隔断或者利用这种形象去谋取自己的利益，就有违背商业诚实信

---

〔1〕 经营者在生产经营活动中，应当遵循自愿、平等、公平、诚信的原则，遵守法律和商业道德。

〔2〕 本法所称的经营者，是指从事商品生产、经营或者提供服务（以下所称商品包括服务）的自然人、法人和非法人组织。

〔3〕 湖南省长沙市中级人民法院（2004）长中民三初字第 221 号民事判决书。

用的道德嫌疑。但是这种判断是否隔断或利用要结合具体事例去判定。我国的不同法律都有其独自的立法目的和所要保护的法益。正如《反不正当竞争法》是经济法中的一部法律，其与《著作权法》必然不同。《反不正当竞争法》是通过禁止他人不正当、危害竞争行为的行为来保护权利人的合法权益及正常的市场秩序，而不是通过设立单独的权利来保护著作权人的权利。所以在《著作权法》中没有形象权[1]（这里也包括虚拟人物）的相关规定时，我国现有的《著作权法》和《反不正当竞争法》也可以保护权利人权利。但是，由于法律的滞后性和空白导致司法实践中对不同法律的适用标准并不一样。另外，同人文学作品的作者与原著作者之间的利益平衡和权利界限也将影响文化市场，同人文学作品必将利用原著作品的角色名称等，对此也不可根据《反不正当竞争法》一致否认同人文学作品的合法性。因此，在《著作权法》难以给予文学作品的人物名称等元素的保护下，根据具体案件的具体情况适用《反不正当竞争法》来保护文学作品中的虚拟人物的相关权益以及原著作者的利益。

广州市天河区人民法院认为："原告作品及作品元素凝结了原告高度的智力劳动，具有极高的知名度和影响力，在读者群体中这些元素与作品之间已经建立了稳定的联系，具备了特定的指代和识别功能，具有较高的商业市场价值。""杨治利用这些元素创作新的作品《此间的少年》，借助原告作品整体已经形成的市场号召力与吸引力提高新作的声誉，可以轻而易举地吸

---

[1] 根据世界知识产权组织（WIPO）的定义，"Right of Publicity"（通常被译作"形象权"或"公开权"，本文译作"形象权"）作为角色商品化权（Character Merchandising）的一种具体类型。See "WIPO: CHARACTERMERCHANDISING, WO/INF/108, December 1994", http://www.wipo.int/export/sites/www/copyright/en/activities/pdf/wo_inf_108.pdf.

引到大量熟知原告作品的读者，并通过联合出版公司、精典博维公司的出版发行行为获得经济利益，客观上增强了自己的竞争优势，同时挤占了原告使用其作品元素发展新作品的市场空间，夺取了本该由原告所享有的商业利益。"法院最后得出结论认为："杨治未经原告许可在其作品《此间的少年》中使用原告作品人物名称、人物关系等作品元素并予以出版发行，其行为构成不正当竞争，依法应承担相应的侵权责任。"[1]

综上所述，笔者认为江南使用金庸系列小说的人物名称，必然为其小说的阅读市场开启了快捷键，可以说，若没有这些知名的人物名称，《此间的少年》并不会如此火爆，尽管小说的内容与金庸的小说并无相似之处。江南在创作并利用《此间的少年》时，仅借用的是人物形象和简单的人物性格，两者之间的作品并不构成实质性相似，不能受到《著作权法》的保护。但是江南利用其作品以营利为目的多次且大量地发行了该作品，该行为已经超出了合理必要之限度，且在出版时直接引用指向原告作品，行为具有不正当性。此时适用《反不正当竞争法》，讨论江南是否违反诚实信用原则或商业道德，利用或切断了金庸先生与其作品之间的联系，同样能保护金庸先生的利益，并且不会给包括江南在内的同人文学作品作者施加过多的限制，也同时维护了两个市场间的竞争秩序。

五、同人作品的后续思考

同人作品存在潜在地侵犯原作品的著作权或其他权利的问题，但是同人作品并不完全对社会文化无益，在很大程度上，同人作品还代表了文化创新、表达自由和其他公共利益。著作

---

[1] 广东省广州市天河区人民法院（2016）粤 0106 民初 12068 号民事判决书。

权往往赋予原作品作者排他性的权利，以保护其著作权，从而做到保护作品、鼓励创作的功能；然而众所周知，文化创作不可能是完全的创新，其不可避免地将借用和复制在先作品中的元素。从同人作品角度来讲，同人作品的定义明示其必然将引用现有作品中的人物名称、情节等元素，但是在利用这些元素的同时，同人作品作者亦迸发出出人意料的创作力，营造了一个完全不同于在先文化世界的同人文学，其不仅仅涵盖了文化创作，亦融合了表达自由和其他公共利益。从广义上讲，著作权为保护著作权人利益，趋向于限制同人作品的创作，从而导致限制了同人作品的文化繁荣，但著作权的主要目的之一即为鼓励创新、创作，故其必然需要在一定程度上限制原作品的权利人，比如著作权的合理使用制度。所以，著作权如何更好地平衡在先著作权人权利和社会公共利益，亦是我们应该思考的问题。另外，同人作品作者的授权难、原作者的精神权利等亦是我们需要关注的问题。

由于"金庸诉江南案"被称为我国同人作品的第一案，法院判决中直接认定了涉案作品之间不存在实质性相似，不存在著作权侵权问题，故并未涉及合理使用制度。笔者亦研究了美国、欧洲同人作品的著作权问题，针对同人作品问题，著作权抗辩是该问题的关键点之一。著作权虽然是排他性权利，但是并不是绝对性的。《伯尔尼公约》和《与贸易有关的知识产权协议》都规定了合理使用制度（Certain Use），在美国版权法（US Copyright Act）上，一般从四个方面认定版权法上的合理使用（Fair Use）。另外，美国司法实践中针对"戏仿"（Parody）可被认定为转化性使用（Transformative Use），从而属于合理使用，这与美国版权法鼓励有价值文化（Useful Art）创新有关，从而给同人作品在美国版权法层面上更多的空间。

《欧盟版权指令》设置了著作权的例外和限制，一般限制在非商业性的私人使用（Private Use）。欧洲版权法一向是赋予著作权人更高的保护标准，留给同人作品的空间可能仅仅限于私下创作而不分享至他人。这对于同人作品来说往往是不可能的，因为同人作品的产生即为粉丝行为，对粉丝直接的分享亦是其必有之意。所以，在欧洲层面上讲，同人小说将更少地适用著作权的例外和限制，欧洲法院（CJEU）也强调了《欧盟版权指令》中的例外和限制应更严格地去解释，以保证给著作权人以更高标准的保护力度。所以，同人作品在欧洲更可能因侵犯了原作品的与公众传播权（Communication to the public）和复制权（欧洲法院亦倾向于给原作者的权利以更宽泛的解释），而被限制。由于欧洲法院对著作权人的高标准保护，甚至导致思想与表达二分法在欧洲亦遭质疑，比如著名的 Infopaq 案[1]中，欧洲法院认定只要作品体现了"作者智慧"即为原创作品，从而认定 11 字亦可以构成欧洲著作权法上的作品。

六、结语

著作权法及相关制度始终是为了文化产业繁荣发展以及在激励作者的创作热情和保护社会公共利益之间达成一种平衡。我国的《著作权法》及相关制度随着社会的愈发进步和文明，需要继续完善，包括独创性的认定以及实质性相似认定标准、合理使用制度等，尽量减少法官在判定侵权与否的主观随意性。本文结合"金庸诉江南案"，分析法院在判定同人作品之间是否侵犯著作权时，应着重于两者之间是否存在实质性相似。法官在进行实质性相似判断时，一是要利用好已有的司法经验；二

---

[1] Infopaq International A/S v Danske Dagblades Forening c-5/08.

是要结合个案充分利用已有的实质性相似判断标准，对原被告双方提交的证据进行对比，要以普通读者视角以统一标准去判定。由于目前我国司法实践中应用的实质性相似判断标准，如整体比较法和部分比较法等，各自都存在不足之处，因此需要法官结合它们的优缺点和案件的具体情况，选择有效和合理的实质性判定方法，在判决书的论证理由部分要充实有理。当然，这些都是要建立在思想与表达区分这一前提下的，以普通读者视角，选择相应的实质性相似认定方法，并注意在该过程中排除合理使用部分，这些步骤都应完整清晰、环环相扣。

同人作品亦有着其不凡的魅力，并涉及文化繁荣、表达自由等公共利益。实质性相似是判定同人作品是否构成著作权侵权的重要因素，而合理使用制度是同人作品的主要抗辩。从各国著作权法分析，美国版权法给予了同人作品更多的自由创作空间，欧洲著作权法因倾向于给予著作权人更高的保护而限制了同人作品的发展。对于我国来说，平衡好著作权人、同人作品创作及公共利益之间的权益，在保护著作权人权益的同时，应最大可能鼓励文化多样性和文化创新。

"格调不高"作为商标法"不良影响"判断标准的正当性研究

张艳丽[*]

一、绪论

近年来，在互联网经济的发展背景下，许多商家为追求热度而将一些非主流的标志申请注册为商标。众所周知，商标具有识别性，能够帮助消费者识别商品的来源，同时还具有促销、保证商品品质和广告宣传、树立商业信誉的功能。正是因为如此，商家追求标志的热度将其注册为商标，便能够获得一定的商机从而赚取利润。但正是由于网络热度，一些标志本身所具有的含义以及其衍生出来的其他含义成为商标注册的阻碍，其被认定为易造成不良影响，理由为"格调不高"，比如"MLGB""叫个鸭子"等。在相关的裁判文书中，法院或者商标评审委员会（简称"商评委"）在进行论证说理时，援引的法律依据是《商标法》第10条第1款第（八）项，即"有害于社会主义道德风尚或者有其他不良影响的"标志，不得作为商标使用，该条被称为"不良影响条款"。从该条规定看出构成不良影响的原因包括有害于社会主义道德风尚以及其他不良影响，而根据相

---

* 北京市京翰律师事务所律师助理。

关的司法解释，对上述两项原因的解释中并不包含"格调不高"。其次，对于商标的"格调"如何认定，司法实践中并没有明确的规定，法院在说理部分也并未明确，实践中也并未形成统一的判定标准，这就使得很多案件同案不同判。再次，"格调不高"本身具有模糊性，其既不能说明格调很低，也不能说明格调很高，是见仁见智的概念。因此，"格调不高"是否能够作为不良影响的认定理由是有待研究的。

现实中，针对此类案件的裁判，有的人认为此类标志有害于社会道德风尚，商标局、商标评审委员不允许其作为商标注册和使用，有利于维护社会清风正气，弘扬正确的价值观，相反有人却认为"格调不高"不应成为认定商标标志有害于社会主义道德风尚的理由。由此观之，"格调不高"能否作为商标注册被驳回的理由亟须研究。因此，本文试图运用规范研究法和案例研究法对"格调"进行解读，并对目前司法实践中出现的因"格调不高"而遭遇驳回的商标案件进行分析，理清"格调不高"与《商标法》第 10 条第 1 款第（八）项的关系，探析"格调不高"在判决理由以及在商标注册中作为驳回理由出现的正当性，并提出相关建议。

二、"格调"的理论研究

（一）"格调"的法律依据及含义

在司法实践中，法院或者商评委在适用格调不高时的法律依据为《商标法》第 10 条第 1 款第（八）项的规定，即"有害于社会主义道德风尚或者有其他不良影响的"标志，不得作为商标使用，该条被称为"不良影响条款"。从该条规定可以看出，构成不良影响的原因包括有害于社会主义道德风尚以及其他不良影响。对于社会主义道德风尚，国家工商总局商标局关于公布的《商标审查及审理标准》第9条认为其是指我国人们共同生活及其行为的准则、规范以及在一定时期内社会上流行的良好风气和习惯。而判断有关标志是否构成具有其他不良影响的情形,《最高人民法院关于审理商标授权确权行政案件若干问题的意见》第3条规定,应当考虑该标志或者其构成要素是否可能对于我国政治、经济、文化、宗教、民族等社会公共利益和公共秩序产生消极、负面的影响。根据上述的规定,"格调不高"并未被包含在内。

经笔者检索,目前关于"格调"的规定基本出现在文化领域。比如在《文化部关于网络音乐发展和管理的若干意见》中提出,我国面前网络音乐发展的现状为:格调不高、侵权盗版、非法链接、非法上传等侵犯知识产权、破坏市场秩序的问题突出。《中共中央办公厅、国务院办公厅关于加强和改进书报刊影视音像市场管理的通知》中提出我国书报刊、影视、音像市场出现了诸多格调不高、粗制滥造以及渲染色情、暴力的情形。《国家广播电影电视总局关于进一步加强电话和手机短信参与的有奖竞猜类广播电视节目管理的通知》中规定,有奖竞猜类广播电视节目中不得含有格调不高、内容不雅,庸俗无聊的内容。尽管以上文件中含有"格调不高"的相关规定,但对于何为"格调不高"并无明确判断标准。因此,在《商标法》或者相关司法解释未进行规定或者其他法律规定未明确其判断标准的情况下,"格调不高"能否作为不良影响的认定理由是有待商榷的,这就需要我们首先明确"格调"的含义。鉴于"格调"一般出现在文化领域,研究其文学含义及艺术含义对于理解"格调不高"具有重要意义。

(二)"格调"的文学含义

根据《辞海》的解释,"格调"有两层含义,既可以指不同作家或不同作品的艺术特点的综合表现,也可以指人的风格或品格。"格调"是中国古典诗学的一个重要范畴,"格"和"调"均有其所偏重的内涵。"格"最初表示量度、标准等含义,之后逐渐演变成"气格"等审美词汇。比如皎然《诗式》,分诗为五格,论诗强调"体格高逸"[1],其评论刘桢诗歌"不由作意,气格自高"[2],用"气格"来指称诗歌的力度美。"调"则由乐声的和谐延伸出可指声调、言辞、才情的"声调""才调""风调""气调"等,其包含了音、辞、音律及诗歌整体韵致的丰富内涵。[3]如殷璠评储光义诗歌"格高调逸、趣远情深"[4],元稹评杜甫诗"词气豪迈、而风调清深"[5]等句。由上可知,"格"与"调"的含义由最初对音律、体式的关注,逐步演变为对包含作品整体风貌的风格韵致的评价。

"格"与"调"除拥有其各自的含义之外,"格调"二字也经常被运用到人物品鉴和一般的景象风貌描述中,如唐代方干的"直缘多艺用以劳,心路玲珑格调高"[6],以"格调"形容人的品格风范。宋代陈亮的"君知否?雨僝云僽,格调还依旧"[7],用"格调"描述自然景象。至明代,七子的"格调说"囊括"格""调",表现为对作品形式和作品体制的整体把握,包括诗歌的格调声律与整体艺术风貌。[8]"格调"被用来

〔1〕(唐)皎然:《诗式校注》,李壮鹰校注,人民文学出版社 2003 年版,第137 页。

〔2〕(唐)皎然:《诗式校注》,李壮鹰校注,人民文学出版社 2003 年版,第110 页。

〔3〕张雪梅:"毛先舒《诗辩坻》格调诗论研究",江南大学 2017 年硕士学位论文。

〔4〕傅璇琮、李珍华撰:《河岳英灵集研究》,中华书局 1992 年版,第 213 页。

〔5〕(唐)元稹撰:《元氏长庆集》,上海古籍出版社 1994 年版,第 278 页。

〔6〕中华书局编辑部编:《全唐诗》(第 19 册),中华书局 1960 年版,第 7478 页。

〔7〕(宋)陈亮:《龙川词校笺》,夏承焘校笺、牟家宽注,上海古籍出版社1982 年版,第 44 页。

〔8〕张雪梅:"毛先舒《诗辩坻》格调诗论研究",江南大学 2017 年硕士学位论文。

形容诗歌经过雕琢后的一种美好状态。结合以上论断，"格调"既可以被用来评定作品的风格韵致，也可以用来判断作者的群体特征以及时代的精神风貌。

（三）"格调"的艺术含义

现代社会，格调已经不仅仅被运用于诗学领域，可以说格调是对艺术的一种评判，其不仅存在于文学，还存在与设计、绘画等一系列艺术领域。在这些领域中，格调一般强调艺术家在作品中所折射出来的人品、人格、情趣与道德修养。

（1）"格调"在艺术设计中的内涵。设计行为的产生在满足人们的物质生活需要的同时也需要与人们的精神需求相契合。这就需要设计师在设计的过程中必然地将自己的个人理念和情感蕴含其中。在这一过程中格调便应运而生。魏韵佳、户天顺认为格调是艺术作品本身散发出的内在品质，是设计者内心世界、文化修养的体现。[1]同样，李晓鲁、牛瑞林也认为"格调是设计者灵魂在作品中的渗透""设计品格调的高低也是设计者文化底蕴深浅的反映"，其还提到，格调也有高低雅俗之分，不同心境不同修养的人所能欣赏的艺术品的格调也不同。[2]

（2）"格调"在绘画中的内涵。水天中在《论"格调"》一文中提到绘画艺术的"格调"取决于绘画人的个性气质、艺术修养和精神境界，反映着画家的胸襟和趣味。各种文艺作品都有格调高低之分，人也有格调高低的不同。"高"一般与"雅"相联系，而"雅"一般含有高尚的、符合文化规范的含义。一方面，"高雅"等是人类德行和文化的累积，另一方面，其又是难以为一般人所理解的精英趣味；而"低"一般与

---

〔1〕 魏韵佳、户天顺："浅议设计艺术的格调"，载《艺术科技》2015 年第 6 期。

〔2〕 李晓鲁、牛瑞林："格调在设计艺术中的体现"，载《艺术与设计（理论）》2010 年第 8 期。

"俗"相对应,"俗"与"雅"一般处于对立面,含有明显的贬义,那是一种泛滥于日常生活中的趣味。[1]

综上所述,现代社会所说的格调主要强调的是创作者所体现出来的精神境界,而这一精神境界又与其学识、生活经历、文化底蕴等存在密切的联系。因此每个人所创作出来的作品在格调上也千差万别。相对应的,评判一个作品格调的高低水平,也是建立在个人的主观判断上,会因人而异。

(四)如何判定"格调"的高与低

自然、社会和思维规律中存在着各种对立现象,概括起来便是对立统一规律。列宁指出:"对立面的统一,就是承认自然界的一切现象和过程具有矛盾着的、相互排斥的、对立的倾向。"[2]以美丑为例,美和丑是客观存在的。两者尽管在形式上截然不同,但在源头上都是人与客观对象作用与反作用的结果。当客观对象不与人发生任何关系时,人们不会对其产生美丑的判断;当两者处于积极关系时,客观对象在人的心目中便生成正面的心理感受;若处于消极对抗关系时,客观对象在人的心目中便会产生负面影响。从美学的观点看,客观对象是美还是丑的决定因素不是客观对象本身,而是人们认识自然、改造自然的程度和与此相适应的精神自由程度。[3]相同的,对于格调高低的判断也与每个人认知程度的不同相关,没有统一且唯一的标准。因此,以"格调不高"作为商标注册被予以驳回的理由具有很强的主观性和随意性。

---

〔1〕 水天中:"论'格调'",载《中国文化报》2013年12月8日。

〔2〕 赵天成:"论矛盾的同一性与斗争性的真实联系",载《齐齐哈尔师范学院学报(哲学社会科学版)》1982年第2期。

〔3〕 祁嘉华:"美丑变奏的哲学阐释",载《西安建筑科技大学学报(社会科学版)》2005年第3期。

三、以"格调不高"作为不良影响判定标准的案例研究

（一）案件梳理

根据上文分析，"格调"主要用来强调创作者所体现出来的精神境界，而判断这一境界的高低，受限于每个人的人生阅历而有所不同。《商标法》作为一种私法，保障消费者和生产、经营者的利益以及促进社会主义市场经济的发展是其基本的立法目的。[1]而对于判定商标是否予以注册的标准应该是明确且统一的，但"格调不高"这一模糊的评判标准在商标注册中却被频繁地适用。因此，笔者对近几年商标注册因格调不高被驳回的情形进行检索分析，看各个案例之间是否存在矛盾之处，并以此为基础来分析"格调不高"作为商标注册驳回理由的正当性。笔者在知产宝上搜索"格调不高""商标"等关键词，通过对近年来法院因"格调不高"驳回商标注册的案件进行了相关梳理，如下图所示。

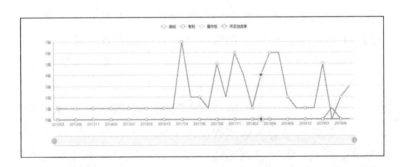

本文为方便统计，以案件案号计算案件数量。根据上述搜索，此类相关案件共计 51 件，其中大多数案件自 2016 年才开始

---

〔1〕《商标法》第 1 条规定，为了加强商标管理，保护商标专用权，促使生产、经营者保证商品和服务质量，维护商标信誉，以保障消费者和生产、经营者的利益，促进社会主义市场经济的发展，特制定本法。

增加，2017年及2018年均达到20余件，2019年则相对减少。并且，上述这些案件大多都在北京市进行审结。与此同时，笔者还通过上述关键词检索出商评委关于此类案件的审查，共计案件265件，其中驳回复审的便有264件。

根据检索的相关案例，可以将法院判定商标格调不高的理由大致将其分为以下几个类型：

（1）含有贬损之意，此类案件占比最多，达到43%。如在"'雪域吃货XUEYUCHIHUO及图'商标纠纷案"[1]中，法院认为"吃货"的常用含义为"好吃懒做的人"，具有较强的贬义，用作商标格调不高，可能导致相关公众误认为倡导错误的价值观。其他类似案例则见下表：

含有贬损之意	涉及色情及性暗示	其他消极联想	不构成不良影响的
22件	14	10	5
43%	27%	20%	10%

商标	商品类型	商评委	法 院	
第26879919号"要疯"商标纠纷案	服装；外套；童装；T恤衫等	诉争商标"要疯"在具体语境下，可解释为"精神失常、神经错乱"的含义，整体格调不高，具有一定贬义	北京知识产权法院	（2019）京73行初4225号 直接从其外在字面含义上来看，贬义居多，整体格调不高，可能会对他人人格造成否定和歧视性误认
			北京市高级人民法院	（2019）京行终7329号 易传递出不健康的精神状态，易对社会公共利益和公共秩序产生消极、负面的影响

[1] 北京市高级人民法院（2019）京行终4136号行政判决书。

商标	商品类型	商评委	法　院	
"疯男人"商标案	服装,帽,围巾,袜,婚纱等	申请商标文字格调不高,指定使用在服装等商品上有违公序良俗	北京市第一中级人民法院	(2014)一中知行初字第1078号
				申请商标中含有的"疯"字其本意为"疯狂、疯癫"等,带有贬损、取笑他人等消极含义
			北京市高级人民法院	(2014)高行(知)终字第2406号
				驳回上诉,维持原判
"吃货"商标	计算机程序(可下载)软件、电子出版物(可下载)等	格调不高,易产生不良影响	北京市第一中级人民法院	(2014)一中行(知)初字第6915号
				尽管"吃货"二字在特定情况下并非贬义词,但其通常被理解为具有贬损的含义,不利于我国文化的传承[1]
			北京市高级人民法院	(2015)高行(知)终字第243号
				驳回上诉,维持原判
"粗卤"商标	信息传送、计算机辅助信息和图像传送、电子公告牌服务等	与"粗鲁"同音,用作商标格调不高	北京知识产权法院	(2015)京知行初字第6515号
				申请商标"粗卤"与词语"粗鲁"的含义基本相同,均具有性格、行为等粗野鲁莽的解释。以"粗卤"作为申请商标核准注册,将易对我国社会秩序和善良风俗产生消极作用

---

〔1〕 李俊青:"'吃货'吃了闭门羹",载《中国知识产权报》2015年4月3日。

续表

商标	商品类型	商评委	法 院	
吃货宝 chihuobao 365.com 及图商标	计算机程序（可下载软件）；可下载的音乐文件；可下载的影像文件；电话铃音等	易造成不良影响，驳回申请	北京知产法院	（2016）京73行初535号
				格调不高，与通行的价值观和良好行为规范相抵触，具有鄙视、不尊重之意
熊样功夫面 KU-NGFU BEAR'S NOODLES 及图商标	广告、广告设计、饭店商业管理、市场营销、饭店管理辅助"等服务	"熊样"一般形容人窝囊无能，多数含有贬义，该文字用作商标使用格调不高，易造成不良社会影响。	北京知识产权法院	（2016）京73行初6353号
				"熊样"一词的负面含义必然遭到商标法的排斥。
			北京市高级人民法院	（2017）京行终2281号
				驳回上诉，维持原判
金融八卦女	技术研究、地质研究、化学研究、生物学研究、室内装修设计等	格调不高、易产生不良影响	北京知产法院	（2017）京73行初2071号
				不存在格调不高的情形
			北京市高级人民法院	（2017）京行终2994号
				我国公众更易将诉争商标理解为通过"流言蜚语""闲言碎语"或非正式渠道等方式散播各类金融消息的女性，整体上格调不高，对我国社会主流文化价值会产生消极、负面的影响
			最高人民法院	（2018）最高法行申1581号
				格调不高

续表

商标	商品类型	商评委	法 院	
"狗屎运"商标	咖啡;茶;糖;糖果;蜂蜜等	其含义系反讽一个人的运气好,作为商标使用于指定商品上格调不高,易产生不良社会影响	北京知识产权法院	(2017) 京73行初498号 诉争商标为"狗屎运",是一种带有讽刺感情色彩的说法,其含义系反讽一个人的运气好,有损道德风尚
			北京市高级人民法院	(2017) 京行终4056号 "狗屎"有肮脏的含义,"狗屎运"有讽刺意味,诉争商标指定使用在上述商品上,容易引起相关公众反感,从而产生不良影响
"熟女"商标	除广告片外的影片制作;戏剧制作;演出制作等	易产生不良影响	北京知识产权法院	(2017) 京73行初5226号 诉争商标为汉字"熟女",有性成熟、风情万种的女人等含义,文字格调不高,含有贬义,用在指定服务上有违公序良俗,易产生不良影响
			北京市高级人民法院	(2018) 京行终231号 在案证据尚不足以证明诉争商标由汉字"熟女"构成可能会对我国政治、经济、文化、宗教、民族等社会公共利益和公共秩序会产生消极、负面影响[1]

---

〔1〕 刘建臣:"异化与回归:原样保护原则下'不良影响'条款的适用——以"微信"商标案为视角",载《电子知识产权》2015年第9期。

商标	商品类型	商评委	法 院	
"吃货宇宙FOOD-IVERSE"商标	培训;咖啡馆等	易产生不良影响	北京知识产权法院	（2018）京73行初797号
				"吃货"二字与一般价值观及良好行为规范相抵触，含有鄙视、不尊重之意，易使人产生格调不高、倡导不健康生活方式的认识
			北京市高级人民法院	（2018）京行终2573号
				"吃货"的常用含义为"好吃懒做的人"，具有较强的贬义，用作商标格调不高，可能导致相关公众误认为倡导错误的价值观
"要疯"商标	玩具;运动球;锻炼身体器械等	整体格调不高，具有一定贬义，易产生不良影响	北京知识产权法院	（2019）京73行初6129号
				"要疯"二字中"疯"的含义为"神经错乱;精神失常;轻狂，不稳重;没有约束的玩耍"，因此"要疯"如果作为商标使用，直观含义与不健康的精神状态相关，会对社会产生消极、负面影响
"雪域吃货XUE-YUCHI-HUO及图"商标	肉;鱼（非活）等	格调不高，驳回申请	北京知产法院	（2018）京73行初8711号
				不构成不良影响
			北京高级人民法院	（2019）京行终4137号
				"吃货"的常用含义为"好吃懒做的人"，具有较强的贬义，用作商标格调不高，可能导致相关公众误认为倡导错误的价值观

（2）涉及色情或者性暗示等方面信息的，此类案例占比达到14%。如GoingDown、叫个鸭子等；其他案例见下表：

商标	商品类型	商评委	法院	
第 54266 48 号"美塑 jda meso 及 图"商标案	香精油、美容面膜、成套化妆用具等	其中图形部分左为人头雕塑，右为女性裸体，作为商标使用，易产生不良社会影响	北京市第一中级人民法院	（2010）一中知行初字第 101 号
				图案作为商标使用，其彰显和传达的含义与社会主义国家普遍倡导的行为准则和道德规范不相符合
第 58801 69 号图形商标	纸；纸或纤维素制婴儿尿布（一次性）；印刷品；杂志（期刊）等	申请商标主要由一男孩与一女孩图形组成，该图形所描绘的内容不雅，格调不高	北京市第一中级人民法院	（2010）一中知行初字第 828 号
				申请商标主要由一男孩与一女孩图形组成，该图形描绘的内容不雅，可能对社会公众，尤其是青少年带来不良的社会影响
叫个鸭子	酒吧服务、住所代理（旅馆、供膳寄宿处）"等服务	格调不高，易产生不良社会影响	北京知产法院	（2017）京 73 行初 2359 号
				"鸭子"的通常含义意指一种家禽，但在非主流文化中亦有"男性性工作者"的含义。一般情况下，第二种含义并不能为大众所接受。特别是本案中将其注册在酒吧等服务上，更会使相关公众加强对第二种含义的认知和联想，易造成不良影响〔1〕
			北京高院	（2017）京行终 3393 号
				一审法院认为"叫个鸭子"格调不高，并不能等同于社会公众的一般认知，认定错误
			最高院	（2018）最高法行再 188 号
				格调不高，不予注册

---

〔1〕 石少博："商标法'不良影响'条款的适用问题研究"，宁波大学 2018 年硕士学位论文。

续表

商标	商品类型	商评委	法院	
叫个鸭子	广告、市场营销、计算机数据库信息系统化、将信息编入计算机数据库、药品零售或批发服务等	格调不高，易产生不良影响	北京知产法院	(2016) 京 73 行初 4015 号
				"叫个鸭子"格调不高，并不能等同于社会公众的一般认知，并未构成不良影响
			北京高院	(2017) 京行终 395 号
				驳回上诉、维持原判
"挺乃儿"商标	成套化妆用具；香皂；洗面奶；洗发液；香水等	格调不高，易对中国的传统文化、公序良俗产生消极、负面的影响	北京知识产权法院	(2017) 京 73 行初 5190 号
				复审商标由文字"挺乃儿"构成，该文字作为商标使用，格调不高
			北京市高级人民法院	(2018) 京行终 268 号
				诉争商标文字使用了过于直白和低俗的文字表达方式，格调不高，不符合社会主义道德风尚，对于社会生活易产生负面影响
Pornhub 及图商标	服装、鞋（脚上的穿着物）、帽子等	"Pornhub"在整体上并未形成明显有别于"色情作品"的其他含义。故诉争商标作商标使用，格调不高	北京知识产权法院	(2017) 京 73 行初 8324 号
				"Porn"可译为"色情作品"，根据相关公众对"Pornhub"整体含义以及对单词"Porn"含义的认知，诉争商标作商标使用会对社会公共利益和公共秩序产生消极、负面影响
"秘戏坊"商标	广告；广告代理等	易产生不良影响	北京知识产权法院	(2018) 京 73 行初 9562 号
				商标"秘戏坊"作为商标使用，文字格调不高，有害于社会主义道德风尚，易产生不良的社会影响

续表

商标	商品类型	商评委		法院
"SEXY-GIRL" 商标	未加工或半加工贵重金属；贵重金属合金；贵重金属盒等	其中"SEXY"可译为"性感的、色情的"之含义，诉争商标整体作为商标使用，其含义格调不高，指定使用在全部复审商品上有害于社会主义道德风尚	北京知识产权法院	(2018) 京 73 行初 8029 号
				商标"性感女孩"的含义有违我国的公序良俗，也与我国的传统文化相冲突，可能对我国的社会公共利益和公共秩序产生消极、负面的影响
"装小蜜互联网家装监理及图形"商标	建筑施工监督；工程进度查核；安装门窗等	易产生不良影响	北京知识产权法院	(2019) 京 73 行初 1048 号
				对于中国相关公众而言，"装小蜜"中的"小蜜"易被理解为情人，从而产生不良的社会影响，有害于社会主义道德风尚
Going-Down	阴道冲洗器；可生物降解的骨固定植入物；假牙；牙科设备和仪器；避孕套；非化学避孕用具；性爱娃娃等	易造成不良社会影响	北京知产法院	(2018) 京 73 行初 10637 号
				诉争商标使用在指定商品上并无不良影响
			北京高院	(2019) 京行终 1512 号
				格调不高，予以驳回

（3）其他能使人产生消极联想的商标，此类商标占比相对较少，但标准较为模糊。比如在第 25510379 号"'车基友'商标案"[1]中，法院认为诉争商标为中文"车基友"，其中"基友"有"男性之间亲密朋友"的含义，将其使用在指定的"可

---

〔1〕 北京知识产权法院（2018）京 73 行初 13136 号行政判决书。

下载的手机应用软件；电子防盗装置"等商品上，容易使相关公众产生消极联想，整体格调不高，易对社会造成不良影响。详见下表。

商标	商品类型	商评委	法院	
"骷髅头"图案商标案	计算机游戏软件；已录制的计算机程序（程序）等	商标格调不高，作为商标使用会造成不良影响	北京知识产权法院	（2018）京73行初6129号
				诉争商标的显著识别图形部分明显包含有"骷髅头"图案，用作商标易对社会产生不良影响
			北京市高级人民法院	（2019）京行终3383号
				诉争商标图形组成部分中含有骷髅图形，该图形作为商标的组成部分整体格调不高，对我国社会主流文化价值会产生消极、负面的影响
屁颠儿	咖啡饮料	格调不高，易产生不良的社会影响，驳回	最高人民法院	（2011）知行字第98号
				格调不高、驳回
THE WAL KING DEAD 商标	塑料钥匙链；在线提供计算机游戏；娱乐服务，即虚构的系列电视连续剧	"THE W-ALKING DEAD"可译为"行尸走肉"，将其作为商标使用，整体格调不高，用于指定商品和服务易产生不良影响	北京知识产权法院	（2016）京73行初2049号
				不具有不良影响
			北京市高级人民法院	（2017）京行终874号
				该条款属于标志不得作为商标使用的绝对禁止使用的情形，是从保护"公序良俗"的视角出发，故此处的判断主体应为社会公众，而非"相关公众""THEWALKINGDEAD"对应为"行尸走肉"，但是将比喻不动脑筋、无所作为、糊里糊涂混日子的人的代名词即"行尸走肉"，作为商标进行使用，也与社会主义文化中鼓励公众"勤劳、积极向上"的意图相悖，亦可能会产生"不良影响"

续表

商标	商品类型	商评委	法院	
"蝦扯蛋及图"商标	餐馆、旅馆预订、自助餐馆、养老院等	商标文字格调不高，易产生不良社会影响	北京知识产权法院	(2016) 京73行初6795号
				"蝦扯蛋"与我国语言中的"瞎扯淡"同音。"瞎扯淡"一词是一种粗俗的表达，存在明显的负面性色彩。因此，诉争商标作为商标使用，易使相关公众将"蝦扯蛋"和"瞎扯淡"相联系，错误引导相关公众，对社会公益及社会主义道德风尚造成负面影响
MLGB	服装、婚纱、领带等等	格调不高、易产生不良影响	北京知产法院	(2016) 京73行初6871号
				少数意见：不构成不良影响；多数意见：易构成不良影响
			北京高院	(2018) 京行终137号
				格调不高，易产生不良影响
"WEE-WEE"商标	宠物用除臭剂；动物用化妆品；清洁制剂；去污剂	商标使用格调不高，易产生不良影响	北京知识产权法院	(2018) 京73行初1119号
				"WEE-WEE"常用作儿语中，表达"撒尿、尿尿"之意。以中国相关公众的认知水平和习惯，将该词汇作为商标使用，整体格调不高，有悖于我国传统文化，易产生不良影响
"车基友"商标	可下载的手机应用软件；电子防盗装置；量具等商品	易产生不良影响	北京知识产权法院	(2018) 京73行初13136号
				"基友"有"男性之间亲密朋友"的含义，将其使用在指定的"可下载的手机应用软件；电子防盗装置"等商品上，容易使相关公众产生消极联想，整体格调不高，易对社会造成不良影响

对于法院判决不构成格调不高的案例，在梳理的案例中，仅存在5例，详见下表。

"老鳖一"案	酱油、醋、豆豉、调味品商品	格调不高	北京市第一中级人民法院	（2013）一中知行初字第 3265 号
				"老鳖一"系我国山东、河南等地的方言，有小气、抠门的意思，虽非褒义词，但尚不足以对我国的社会公共利益和公共秩序产生消极、负面影响
"阿拉里"商标	咖啡；茶；甜食；糖果；蜂蜜；蜂胶；蜂王浆等	易产生不良影响	北京知识产权法院	（2017）京 73 行初 3275 号
				标志仍然存在被理解为"合法的、洁净的、信徒使用的"可能性，用做商标不能排除产生不良影响的可能性
			北京市高级人民法院	（2017）京行终 5524 号
				"阿拉里"蕴含着喜庆等正面含义，并无负面、消极、格调不高等含义
"野狗"及图商标	饭店；餐馆；流动饮食供应；茶馆等	文字"野狗"使用在饭店等指定服务上，易使消费者对服务的内容、原料等特点产生误认	北京知识产权法院	（2017）京 73 行初 9149 号
				结合诉争商标指定使用的"饭店、餐馆、流动饮食供应、茶馆、自助餐馆"等全部服务，相关公众不易对服务的内容、原料等方面会包含"野狗"产生对应性认识
			北京市高级人民法院	（2018）京行终 2685 号
				违反《商标法》第 10 条第 1 款第（七）项规定

除上面列举的案例之外，还存在其他很多类似的标志，比如"小资""UBER""浪哥""这货有料""寻欢"等。从上表可以看出被商评委或者法院的驳回理由中大多均存在"格调不高"的判定，但是经查相关的裁定书或者判决书，商评委或者法院并没有对"格调不高"进行充分的论证。比如在"'寻欢'

案"中，商评委仅仅阐述了"申请商标为经设计的纯中文商标'寻欢'，用作商标格调不高，易造成不良社会影响，不得作为商标使用"。

鉴于"格调"作为一个抽象的概念，再加上认定标准不统一，商标审查员或者司法人员只能根据自己的学识和理解进行判断。这种情况下极易出现同案不同判的情形。比如"'叫个鸭子'案"，在（2017）京73行初2359号案件中，北京知识产权法院认为诉争商标指定使用在"酒吧服务、住所代理（旅馆、供膳寄宿处）"等服务上会让人联想到"男性性工作者"的含义，因此认定格调不高，易造成不良影响。而在（2016）京73行初4015号案件中，北京知识产权法院却认为商评委"叫个鸭子"格调不高，并不能等同于社会公众的一般认知，故申请商标使用在指定服务上并未构成不良影响。由此观之，对于同一个商标，同一个法院在判决上却存在着不同的认定。从以上两个案件的判决中可知，北京知识产权法院之所以作出不同的判决，其因素之一便在于两者注册的商品或者服务类型不同。但认定商标的注册是否会产生不良影响，是否应该考虑商品或者服务类型，最高院认为是否具有不良影响，在于标志或标志构成要素本身，一般并不涉及基于商品或服务类别的特别考虑。[1]因此，在实践中，不同法院对于案件具有不同的裁判标准，即使对于同一商标的注册，同一法院也会出现不同的判决，这就说明司法实践中亟须统一裁判思路。

现实中，针对此类案件的裁判也存在不同的观点。有的人认为不允许此类标志作为商标注册和使用，有利于维护社会清风正气，弘扬正确的价值观。当然，也有人认为，商标法并未

---

〔1〕 最高人民法院（2018）最高法行再188号行政判决书。

要求商标具有"高格调","格调不高"不应成为认定商标标志有害于社会主义道德风尚的理由。[1]由此观之,商标注册是否应该考虑"格调"问题以及认定"格调"高不高的判断依据都亟须研究和探讨。

(二)"格调不高"在商标注册被驳回中出现的原因

受国家政策的影响,近年来,申请商标的内容、样式逐渐多样化,大多追随媒体热点。在这个过程中,"中央一套""六合堂封"等一系列拿低俗当创新的注册行为开始涌现。为坚持社会主义先进文化的前进方向,国家要求相关的审查机关对于此类商标标志进行严格审查,审慎对待。2010年,胡锦涛在中共中央政治局第二十二次集体学习时指出,要坚决抵制庸俗、低俗、媚俗之风(简称"三俗")。原国家工商行政管理总局商标局相关负责人在接受记者采访时说,抵制"三俗"商标,是商标审查的一项重要内容。[2]2018年11月8日发布并实施的《最高人民法院关于规范法院文化标识和文化环境布设工作的通知》中强调,在确定文化标识的表现形式和文化环境的布设内容时,要防止内容繁杂、主题不清以及格调不高。[3]为深入贯彻落实《中共中央办公厅关于培育和践行社会主义核心价值观的意见》,依法保护红色经典传承和英雄烈士合法权益,最高人民法院倡导讲品位、讲格调、讲责任,教育和引导社会公众自

---

〔1〕 刘胤颖:"从'叫个鸭子''MLGB'等案件看何谓'格调不高'",载 http://news.zhichanli.cn/article/6510.html,访问日期:2020年2月5日。

〔2〕 商标局:"反'三俗'是商标审查的重要内容",载 http://r.gbicom.cn/wz/15033.html,访问日期:2020年2月4日。

〔3〕 《最高人民法院关于规范法院文化标识和文化环境布设工作的通知》第1条第2款第(四)项规定,注重协调性,合理确定文化标识的表现形式和文化环境的布设内容,防止内容繁杂、主题不清、格调不高,让法院文化环境与国家审判机关庄重大方的文化风格相协调,具有鲜明的辨识度和标志性。

觉抵制"三俗"。[1]其次,在 2020 年 3 月 1 日施行的《网络信息内容生态治理规定》第 5 条第(七)项规定,政府鼓励网络信息服务平台提供讲品位讲格调讲责任、讴歌真善美、促进团结稳定等的内容。[2]由此可见,国家在社会主义文化建设方面的重视不断加强,其也在很大程度上影响着商标领域。

(1)法院判决追求法律效果和社会效果的统一。行政机关和司法机关对某一商标案件做出的裁决,不仅关系涉案商标的命运,同时也传递出何种商标能够予以注册的信息。[3]商标权的保护,必须要有利于鼓励正当竞争,为知名名牌的发展创造良好的法律环境,推动我国从制造大国向品牌强国的转变。法院要妥善把握商标注册申请人或者注册人的真实意图,用足用好《商标法》有关规定,加大遏制不正当行为的力度,充分体现商标权保护的法律导向。[4]就这一点而言,每一案件的裁判不仅仅在于追求结果公正,更在于通过裁判确立行业规范,指引市场行为。就个案而言,有些商标注册与否并无特殊意义,

---

〔1〕 参见《最高人民法院关于加强"红色经典"和英雄烈士合法权益司法保护弘扬社会主义核心价值观的通知》。

〔2〕《网络信息内容生态治理规定》第 5 条规定:"鼓励网络信息内容生产者制作、复制、发布含有下列内容的信息:(一)宣传习近平新时代中国特色社会主义思想,全面准确生动解读中国特色社会主义道路、理论、制度、文化的;(二)宣传党的理论路线方针政策和中央重大决策部署的;(三)展示经济社会发展亮点,反映人民群众伟大奋斗和火热生活的;(四)弘扬社会主义核心价值观,宣传优秀道德文化和时代精神,充分展现中华民族昂扬向上精神风貌的;(五)有效回应社会关切,解疑释惑,析事明理,有助于引导群众形成共识的;(六)有助于提高中华文化国际影响力,向世界展现真实立体全面的中国的;(七)其他讲品味讲格调讲责任、讴歌真善美、促进团结稳定等的内容。"

〔3〕 黄丽:"慎入'不良影响'的'禁区'——《商标法》第十条第一款第(八)项的适用",载《中华商标》2014 年第 11 期。

〔4〕 参见《最高人民法院关于充分发挥知识产权审判职能作用推动社会主义文化大发展大繁荣和促进经济自主协调发展若干问题的意见》。

但可能会在社会公众中产生一种示范效应。比如在"'Going Down'商标案"中，为了引导我国公众树立积极向上的主流文化价值观，制止以擦边球方式迎合"三俗"的行为，发挥司法对主流文化意识传承和价值观引导的职责作用，法院便认为涉案商标格调不高，不予注册。[1]再比如"叫个鸭子""叫了个鸡""寻欢"等商标，其本身并没有特殊的含义，但如果适用到相应的商品或者服务上，就可能会使人产生消极联想，审查部门为保证社会风气的纯正，便对此类商标进行源头上的限制。如果此类商标准予注册，大量此类商标可能被注册使用且广泛传播，这将会对社会的正常发展秩序产生不良的影响。

（2）注重商标的文化属性。商标除了具有商业属性之外，还具有文化属性。在当今社会价值观多元化、表达方式多样化的背景下，处理好商标个性表达与公序良俗、公共利益的关系，需要重视商标的文化载体作用，倡导积极向上的价值追求和健康文明的生活理念。在"长沙咖啡之翼餐饮有限公司诉国家工商行政管理总局商标评审委员会驳回复审案"[2]中，法院认为，多元价值论的评判需要明确一个重要前提，即以法律评价为前提，相互冲突的多元价值必然存在价值导向，价值多元化并不代表每一种价值都是规范人类活动行为的法律所倡导的。《商标法》是国家进行语言规划和管理的一种表现方式。商标权虽为私权，但是商标审查具有公共职能。一个标志能否作为商标使用或注册，体现了国家对语言和文字的总体规划，以绝对禁止使用或禁止注册事由，否定或认可某商标标志的可注册性，是国家对语言和文字的管理和控制在商标法领域的具体体现，因为它直接影响社会公共利益和公共秩序。因此在《商标法》的

---

〔1〕 北京知识产权法院（2019）京行终 1512 号行政判决书。

〔2〕 北京市高级人民法院（2016）京 73 行初 6353 号行政判决书。

制度安排方面，必须保证语言和文字的严肃性、统一性，选择和倡导正向的价值取向。《商标法》的上述价值选择，并非否定多元价值或文化多样性。多元价值和文化多样性对社会的意义重大。《商标法》没有选择的价值，并不意味着其在社会生活的其他领域没有存在的合理性。

任何主体均具有设计、选择商业标识的自由，但这种自由并非没有边界。当一个商业标识带有贬损、侮辱、宣扬暴力、色情、迷信等信息时，必然会在社会上产生消极、负面的社会影响，因而也必然要受到法律的规制。在激烈的市场竞争中，商家想要选择独特的标识以脱颖而出无可厚非，但忽略文化内涵，触碰社会道德及法律底线的行为，则很难为社会所认同。

（3）审查人员的认知良莠不齐。许多标志具有多重含义，但这些含义一般都比较隐晦，这就给审查员造成了审查的难度，且实践中关于道德风尚的判定并不能形成固定的认定标准，且很大程度上依靠的是审查员自身的主观认定。在这种情况下，就极易出现同案不同判的情形。由于每个人的学识、社会经验和价值观不同，在认定方面也必然存在区别，当审查员无法找到具体的理由时，"格调不高"极易成为兜底条款。比如在"'四创 SICHUANG'案"中，审查员认为"SI CHUANG"为"四川"的拼音，属于县级以上行政区划名称，不得作为商标使用。在"悠仁"商标案中，审查员认为该商标中"悠仁"为日本小亲王的名字，用作商标易产生不良影响，不得作为商标使用。"熏樱子"商标案中，审查员认为"熏樱子"是日本著名AV（成人电影）女演员，用作商标易产生不良影响，不得作为商标使用。

四、不良影响认定案件中适用"格调不高"的正当性

（一）"格调不高"与《商标法》第 10 条第 1 款第 （八）项的包含关系

司法实践中，适用"格调不高"的案件一般援引的法律依据便为《商标法》第 10 条第 1 款第 （八） 项。由于法律中并未界定"格调不高"的具体含义，因此我们有必要理清其与该法条之间的关系。而"社会主义道德风尚"与"其他不良影响"本身属于非常模糊的概念，对其进行解释需要追溯其来源。实际上《商标法》第 10 条第 1 款便是"公序良俗"在商标法中的具体体现。因此，我们需要在界定公序良俗的基础上明确"社会主义道德风尚"及"其他不良影响"的内涵，从而判断"格调不高"与这一法条的关系。

1. 公序良俗的界定

《商标法》第 10 条第 1 款第 （八） 项实际上是公序良俗原则在商标法中的具体体现。就公序良俗而言，史尚宽先生认为："公序良俗，谓维持吾人社会的共同生活应遵守之一般规范。"[1]公共秩序存在于法律本身的价值体系，善良风俗则是指法律外的伦理秩序。[2]梁慧星先生认为，善良风俗应以道德为其核心的概念。[3]总而言之，公序良俗原则上可适用于处理危害国家公序、危害家庭关系，违反性道德、限制经济自由、违

---

〔1〕 史尚宽：《民法总论》，中国政法大学出版社 2000 年版，第 40 页。

〔2〕 陈自强：《民法讲义Ⅰ：契约之成立与生效》，法律出版社 2002 年版，第 151 页。

〔3〕 梁慧星："市场经济与公序良俗原则"，载梁慧星主编：《民商法论丛》（第 1 卷），法律出版社 1994 年版，第 50 页。

反公平竞争、违反对消费者、劳动者保护、暴力等,[1]涉及国家政治、经济、文化等各个方面。

在商标法领域,也有诸多国家针对商标注册明确规定,违反公序良俗原则的不予以注册。《德国商标和其他标识保护法(商标法)》第8条就规定了"违背公共政策和普遍接受的道德准则的商标不应获准注册";《英国商标法》在第3条"驳回注册的绝对理由"中规定了"若一个标记仅含有不符合公共政策,或有违于道德准则,则不能作为商标注册"。[2]虽然这些国家的法条用语与我国的"不良影响"条款不同,但具体针对的都是与公序良俗相违背的标识。《美国兰哈姆法》第2(a)条规定,"严禁不道德、令人反感的标的物在联邦商标登记簿或补充登记簿上注册"。[3]而何为令人反感,美国通过大量的司法案例进行了明示。在"Riverbank Canning 案"中[4],法院认为对"令人反感"的理解应当诉诸其"通常和普遍的含义"(ordinary and common meaning),即"与社会习俗有激烈冲突,违背良心或道德情感或会受到谴责等的事物"[5]。在"Tinseltown 案"中,

---

[1] 于飞:《公序良俗原则研究——以基本原则的具体化为中心》,北京大学出版社2006年版,第86~96页。

[2] 中国人民大学知识产权教学与研究中心、中国人民大学知识产权学院《十二国商标法》翻译组译:《十二国商标法》,清华大学出版社2013年版,第81页,第414页。

[3] 林戈:"论商标法中的'不良影响'条款及其适用",华东政法大学2016年硕士学位论文。

[4] 本案涉及的"MADONNA"一词的字典含义为"圣母玛利亚",是《圣经》中的人物,如果将其与酒类商品相结合,将会使人们的道德情感受到侵犯,因而驳回了注册申请。

[5] 原文为:"causing or tending to cause scandal; ... shocking to the sense of truth, decency, or propriety; disgraceful; offensive; disreputable" or, alternatively, "giving offense to the conscience or moral feelings; exciting reprobation; calling out condemnation." See Riverbank Canning, supra note 34, 95 F2d at 328, 37 USPQ at 269 (quoting contemporary dictionaries).

审查机关认为，对于"个人性质的随身物品……公文包、手提包、钱包、皮带、皮夹"而言，"BULLSHIT"（狗屎）一词具有亵渎含义，是令人反感的[1]。再如在"Greyhound v. Both Worlds 案"[2]中，诉争标识被指定使用在运动衫及 T 恤衫等商品上，其图案是一只狗正在大便，审查机关认为人们可能在销售场所以及"实际上一切公共场所"（virtually all public places）看到申请者的商标，都会造成人们的反感。[3]以上两个案例的共同点是法院认为含有亵渎性、玷污性内容的标志不予注册。但同时我们也可以看到这种判断也是相对的，仍旧取决于人们的价值观和信仰，具有不确定性。

2. "其他不良影响"及"社会主义道德风尚"的内涵

《商标法》第 10 条第 1 款是对公序良俗的具体体现，那么"不良影响"与"社会主义道德风尚"也应该被限定在公序良俗的范围内进行解释。

针对上述两者的内涵，学术界内主要存在两种观点。一种观点认为"不良影响"是整个第 10 条第 1 款的兜底条款，也即在含义上既体现公共秩序和公共利益，也包括良好的社会主义道德风尚。反方观点则认为该规定主要是解决某些标识本身具有反动、色情等不良影响的情况。[4]而反动、色情的意涵与第 10 条第 1 款第（八）项前半段"有害社会主义道德风尚"的情形更为接近。其次，从立法体系上来看，若"不良影响"的含义包括前七项的规定，则其应该被单列为第（九）项，而不是

---

[1] See In re Tinseltown, Inc., 212 USPQ 863, 864（TTAB 1981）.

[2] See Greyhound Corp. v. Both Worlds Inc., 6 USPQ2d 1635, 1639（TTAB 1988）.

[3] 林戈："论商标法中的'不良影响'条款及其适用"，华东政法大学 2016 年硕士学位论文。

[4] 黄晖：《商标法》（第 2 版），法律出版社 2016 年版。

与"社会注意道德风尚"及逆行并列。因此,"其他不良影响"应该作为"社会主义道德风尚"的兜底更为合适。在法律解释方面,《商标审查及审理标准》第9条认定"社会主义道德风尚"是指我国人们共同生活及其行为的准则、规范以及在一定时期内社会上流行的良好风气和习惯。而判断有关标志是否构成具有其他不良影响的情形,《关于审理商标授权确权行政案件若干问题的意见》第3条规定,应当考虑该标志或者其构成要素是否可能对于我国政治、经济、文化、宗教、民族等社会公共利益和公共秩序产生消极、负面影响。

笔者认为,就本文而言,"其他不良影响"与"社会主义道德风尚"之间的关系并非是认定"格调不高"作为判断标准正当性的必要条件。根据笔者检索的案例分析可得,以"格调不高"作为驳回理由的案件,主要分为三种类型:带有性暗示、具有贬损之意以及能够使人产生消极联想的标志,而能够使人产生消极联想也是从社会主义主流文化方面进行展开,文化则应该属于社会主义道德风尚的问题。因此,不管"其他不良影响"兜何者的底,都能够包含"社会主义道德风尚"的内容。

3. "格调不高"不应作为裁判理由

根据上述分析,以"格调不高"作为驳回理由的案件其实从具体类型来看均可以用社会主义道德风尚的标准来进行解读。其次,"格调不高"在相关的法律中并没有相应的规定,属于非法律术语,且其概念具有高度的概然性,难以形成统一的标准。而社会主义道德风尚作为法律规定的要求,司法机关应该在有违社会主义道德风尚的具体类型上进行划分,比如:色情、贬损之标志。而不是采用更加模糊的概念对法律规定的标准进行解释。

（二）"格调不高"不符合法律明确性的原则

1. 不符合法律规定的明确性

法官判案必须以事实为依据，以法律为准绳。在案件审理过程中，法官必须寻找相关的法律依据。根据规定，可以作为裁判依据的法律形式包括法律及法律解释、行政法规等。[1]

法律具有稳定性的特点，但受立法者的认知以及社会关系复杂多变等诸多因素的限制，法律漏洞的存在不可避免，而为了解决法律漏洞带来的弊端，保证案件处理的公正，法律解释以及适当的"法官造法"对于理清法条的原本意图、发掘法律规则的隐含意思，具有重要作用。法律未经解释不得适用，对于法律漏洞，权威的解释机关应该属于立法机关，但法官作为最接近案件的主体，法官对于法律的解释恰恰能够符合案件处理的急迫需要。法律解释不仅能够指导司法实践，弥补立法欠缺，还应该是对法律规定范围之内应有之义的具体化、详细化，而不能溢出法律规则所框定的范围。

《商标法》第 10 条第 1 款第（八）项本身属于模糊性规定，需要对其进行具体解释方能使用。对此，《商标审查及审理标准》第 9 条以及《关于审理商标授权确权行政案件若干问题的意见》第 5 条对于"社会主义道德风尚"与"其他不良影响"均作了相应的解释。但以上解释中并未包括"格调不高"这一标准，而"格调不高"本身便是一个因人而异的概念，其和"社会主义道德风尚"及"其他不良影响"具有相同程度的模糊性。因此，法官在适用该条时，运用"格调不高"作为判断

---

〔1〕《最高人民法院关于裁判文书引用法律、法规等规范性法律文件的规定》规定，法院可以作为判案依据的法律形式主要包括法律及法律解释、行政法规、地方性法规、自治条例或者单行条例、司法解释。其他的规范性文件，根据审理案件的需要，经审查认定为合法有效的，可以作为裁判说理的依据。

标准，并没有达到将模糊性规定具体化的目的，反而使得裁判标准更加模糊，导致诸多裁判不一的情形。其次，在上述解释已经对"社会主义道德风尚"以及"不良影响"作出界定之后，法院应该在此基础上进行具体化。经过案件梳理可知，适用"格调不高"的案件主要分为含有色情信息、贬损信息及其他能够适用产生消极联想的信息的标志，而这些因素恰恰能够运用上述意见及审理标准，抑或是在判决书中予以明确表示属于何种有损社会主义道德风尚或者不良影响的情形，诸如色情、贬损等，而不是运用"格调不高"加以代替。

在法律解释无法弥补法律漏洞时，"法官造法"可谓是另一种方法，但是法官造法属于不得已而为之的情形。在法律没有规定的情况下，法官只有在充分利用了习惯规则、类推适用、反对解释、目的性扩张和诚实信用原则等方法仍不能裁判时，法官才能考虑创设一个规则来裁判本案。[1]对此，瑞士《民法典》中也有相应的规定，"法官裁判案件，如果法律有规定，应当依据法律规定；没有规定时，如果有习惯规则，应当依据习惯规则；如果既没有法律规定，也没有习惯规则，这种情形，法官应当将自己当作立法者，创设一个法律规则，裁判案件"。[2]对于"社会主义道德风尚"及"不良影响"均具有相应的法律规定的法律解释，法官应该充分予以应用，而不是重新创造"格调不高"的判断规则。

2. 不符合司法说理的明确性

判决书是人民法院审判工作成果的重要载体，也是衡量法

---

〔1〕 韩家凤、崔满长："我国'法官造法'的必要性及其完善"，载《改革与开放》2013年第12期。

〔2〕 庄绪龙："'法无明文规定'的基本类型与裁判规则"，载《法制与社会发展》2018年第2期。

官审判工作质量和法官能力的重要标尺。高质量的判决书不但能够对案件事实进行法律界定，还能在辨析过程中让公众了解法官判案背后所依据的证据及法律依据。[1]纵观世界各国，不管是英美法系国家，还是大陆法系国家，均非常重视判决说理。就英美法系国家而言，由于采取遵循先例的原则，当法官在撰写判决书以及说理的过程中，法院实际上就是在创造一个指导未来案件的先例[2]。而对于大陆法国家，"判决要说明理由的做法，在意大利从十六世纪起，在德国于十八世纪逐步确立起来，1879年判决说理作为一项普遍义务强使法官接受。判决必须说明理由这一原则今天是极为牢固地树立了"。[3]

近年来，尽管判决书的制作水平正在不断提高，但与社会公众的要求还存在一定的差距。在此方面，国家也进行了重点关注。党的十八届三中全会提出，要增强法律文书说理性，推动公开法院生效裁判文书。党的十八届四中全会提出，要加强法律文书释法说理，建立生效法律文书统一上网和公开查询制度。党的十九大报告指出，要深化依法治国实践，深化司法体制综合配套改革，全面落实司法责任制，努力让人民群众在每一个司法案件中感受到公平正义。近几年，最高人民法院也陆续发布实施了若干有关于裁判述说理的意见及规定并制定了各类诉讼文书样式。如2018年最高人民法院发布的《最高人民法院关于加强和规范裁判文书释法说理的指导意见》便针对裁判

---

〔1〕 孙立军："论司法判决书中的说理性"，载《法律方法》2015年第2期。

〔2〕 〔美〕理查德·A.波斯纳：《联邦法院：挑战与改革》，邓海平译，中国政法大学出版社2002年版。

〔3〕 〔法〕勒内·达维德：《当代主要法律体系》，漆竹生译，上海译文出版社1984年版。

说理进行了较为详尽的阐述。[1]

判决书进行充分说理,除了需要理清事实依据之外,还需要对法律依据的适用进行论证分析。法律适用说理就是对法律进行解释分析并结合案件事实来进行论证,以求得推理过程的正当性以及判决结果的可接受性。[2]法官在对判决所适用的法律依据进行详细说理的过程中,由于一般性和抽象性特点,法律规则不可能与特定的案件自动连接。法律规则也因语言和人的认识能力而常有不确定性。另一方面,立法者不可能预见未来的一切情形,因此立法中存在缺陷和不完善是不可避免的。因此,法官在审判过程中有自由裁量权是必然的,但这种必然应该受到一定的限制。美国法理学家霍姆斯认为:"说理性论证过程应该是一种'分子式'的立法权(molecular law‐making power)行使过程,即在立法存在空隙的地方寻求说理性论证的空间。"[3]由于自由裁量权涉及法官自身的经验以及价值观,具有较强的主观性,这就要求法官在案件审判中应该保持中立的态度,抛开不必要的成分,通过案件事实及证据达到公正审理的目的。同时,对于法律适用的解释也应该在法律规则所体现的立法精神之内。对于法律依据的适用,法官需要明确说明适用的法律以及适用某一法律的理由。尤其当法律规定本身具有模糊性,或者具有多重含义时,法官更应该在说理中明确选择适用其中一种含义的理由以及不适用其他含义的理由。

经过笔者对商标注册被驳回的相关案件进行梳理,发现商

---

〔1〕 参见《最高人民法院关于人民法院通过互联网公开审判流程信息的规定》。

〔2〕 付成斌、吴永科:"试析裁判说理的困境与出路",载《行政与法》2019年第8期。

〔3〕 [美]理查德·A.波斯纳:《法理学问题》,苏力译,中国政法大学出版社2002年版,第27页。

评委或者法院对于"有损社会主义道德风尚"及"其他不良影响"并未进行充分说理,部分案件中仅用"格调不高"来进行解释。但对于并非法律术语的"格调不高"并未进行充分阐明。比如在"'挺乃儿'商标案"中,法院认为复审商标由文字"挺乃儿"构成,该文字作为商标使用,格调不高,而对于"格调不高"并未进行解释。因此,由此观之,法官在判决书中适用"格调不高",但对其又并不详细说明,这并不符合司法说理的明确性。

(三)司法实践中认定"格调不高"的判定标准存在矛盾之处

尽管在相关的立法及司法解释中并没有对"格调不高"进行明确的规定,在司法实践中也并未明确"格调不高"的判定标准,但综合诸多相似案例可以看出,商标审查人员以及相关的司法人员对于商标的认定会从标志本身的含义以及其他含义、所使用的商品或者服务类型以及社会公众的认知等方面进行考虑。

1. 标志本身及其组成要素的含义

在"婴灵"这一商标申请中,商标局认为"婴灵"一词值得是停留在阴阳界的胎儿或婴儿的亡灵,用在所申请的商品上,格调不高,易产生不良的社会影响。在"妖精"的商标申请中,商标局认为"妖精"即妖怪,指奇形怪状、有妖术、会害人的精灵。现实生活中常用来比喻以姿态迷惑人的女子,具有一定的贬义,格调不高,有害于良好的社会道德风尚。以上两个案例中,商标局均是从其本身意义出发进行的认定。除此之外,商标局还会从标志的构成要素中进行认定。在第 18657532 号"'世豪吃货网 SHIHAOCHIHUOWANG 及图'的商标案"中,商评委认为标志的组成要素中含有"吃货"二字,而"吃货"虽然在特定的语境和特定的场合下不是贬义词,但其含有鄙视、不尊重之意，与通行的价值观及良好的行为规范相抵触，属于格调不高、易产生不良影响的标志。与此相类似的标志还有"屁颠儿"，其因标志中含有"屁"字而认为格调不高。"习美汇"中因含有"习"而认定会产生不良的社会影响。

与此同时，随着互联网的发展，一些词汇会产生新的含义。因此，判定所申请的标志所包含的第二含义也成为商标局重要的考量因素。在第 17908126 号"'金融八卦女'商标案"中，北京知识产权法院认为"八卦"一词具有多重含义，既指古代占卜术中的八种符号，又指非正式渠道获得的小道消息或新闻。从第一种的含义来理解并不存在有害社会主义道德风尚的情形，但是从第二种含义来看，相关公众对"金融八卦女"的整体理解是"具有多渠道获取金融信息能力的职业女性"，因此，其并不存在格调不高的情形。[1]但是北京高院却认为"八卦"不仅具有以上两种含义，其还具有"流言蜚语""闲言碎语"的意思，"女"又指向特定的性别或人群。因此，从整体构成来看，我国公众更易将诉争商标理解为"流言蜚语""闲言碎语"或者通过非正式渠道散播各类金融消息的女性，格调不高，易产生不良影响，对诉争商标不予确认。[2]在（2017）京行终 395 号"'叫个鸭子'案"[3]中，该标志的制定服务类型是广告、为零售目的在通讯媒体上展示商品、组织商业或广告展览等服务。商评委认为该标志由文字"叫个鸭子"及鸭子、矩形背景图形组成，格调不高，易产生不良影响。北京知产法院认为按照社会公众的通常理解，并不能从"叫个鸭子"的文字中解读出超出其字面本身的其他含义，因此认定其并未构成不良影响。然

---

〔1〕 北京知识产权法院（2017）京行初 2076 号行政判决书。

〔2〕 北京市高级人民法院（2017）京行终 2997 号行政判决书。

〔3〕 北京市高级人民法院（2017）京行终 395 号行政判决书。

而在（2017）京行终 3393 号的"'叫个鸭子'商标案"[1]中，申请人将标志申请注册在住所代理、酒吧等场所上，商评委认为格调不高，北京知产法院认为，"鸭子"具有"男性性工作者"的非主流含义，当诉争商标被注册在酒吧等服务上，会强化公众对于"男性性工作者"这一含义的认识，因此认定格调不高。然而，北京高院却从通常含义出发认定公众不会解读出"男性性工作者"的含义，从而判定北京知产法院认定格调不高判定错误。以上两个案例虽然均是申请注册"叫个鸭子"，但其间的判决理由却截然不同。在认定涉案商标是否违反《商标法》第 10 条第 1 款第（八）项时，北京知识产权法院和北京高院之间存在分歧：前者主要从两大因素进行考虑，其一是服务类型，其二是标志的含义，包括本身的含义以及第二含义。而后者仅从通常含义对涉案商标是否产生不良影响进行判定。

从以上相关案例中可以看出，对于认定标志是否构成"格调不高"，仅从含义方面来看，各个机构之间便存在分歧，即是否仅从整体上考虑标志的含义，还是需要考虑其组成要素的含义，其次对标志含义的理解是仅需要从其本来含义出发还是应该考虑其所产生的其他含义。以上两个问题并未得到切实的解决，这也就造成了司法裁判不一情形的存在。

2. 使用商品或服务的类型

上述所阐述的两个"'叫个鸭子'的案"中，其最主要的区别在于制定的商品或者服务的类型不同。第一个案件中，申请者指定的商品类型是广告、市场营销等，在这一商品服务上，法院认为其一般不会使公众认为具有"男性性工作者"的含义。而对于第二个案例，申请者将商标注册在酒吧等服务上便能够

---

[1] 北京市高级人民法院（2017）京行终 3393 号行政判决书。

强化公众对于第二含义的认识，因此北京知产法院认为格调不高。与此相类似的是"'叫了个鸡'案"，上海市浦东新区人民法院认为"鸡"的本身含义是一种家禽，但在"叫了个"加"鸡"的特殊构词方式形成的语境下，容易使人将"鸡"与民间约定俗成的隐晦含义相联系，从而产生购买色情服务的低俗联想。[1]因此，法院认为该商标易产生不良的社会影响，是不属于法律保护的合法商业标识，应该予以禁止。"叫个鸭子"和"叫了个鸡"从其本身含义来讲，两者并不存在很大的区别。两个案件相比，耐人寻味的一点是"叫了个鸡"的商品服务类型是餐饮，并主要针对"炸鸡"的生产，商品与商标能够相互对应，一般来说应该不会使人产生第二含义的认识，然而此标志却不予法律承认。而"叫个鸭子"注册在酒吧等服务上，实际上一定程度地加强了公众对于"鸭"的第二含义的认识，但北京市高级人民法院却予以承认。由此观之，两者存在明显的矛盾之处。

3. 社会公众的认知

对于这一认定标准，相关机构也存在分歧。有的机构认为社会公众应该限定于与商标注册指定的商品或服务相关的公众，有的则认为应该以一般公众为标准。在"'MLGB'案"[2]中，少数意见认为社会道德风尚取决于大多数人的认知，而"MLGB"所指代的特殊意义的辐射范围限于青少年，涉及范围小，两者之间并未形成固定的联系。但多数意见认为标志含义的识别范围并不局限于该含义被认知的范围，可能波及整个社会的道德风气。在"叫个鸭子"案件中，北京高院认为"鸭子"一词按照社会公众的通常理解，并不能从该词中解读出超出其字面含

---

〔1〕 上海市浦东新区人民法院（2018）沪 0115 民初 8222 号民事判决书。
〔2〕 北京知识产权法院（2016）京 73 行初 6871 号行政判决书。

义的其他含义,因此,认定该标志并未产生不良影响。以上两个案例说明法院在认定时会考虑公众的意见,但对于是考虑相关公众的意见还是社会公众的意见存在着争议。

4. 以上认定理由的缺陷

在认定商标格调时,各机构均有一定的认定标准,但是由上述案例可见,在认定标准方面各方并没有达成一致。首先,是否应该仅从标志本身含义出发,还是应该考虑其衍生出来的第二含义。如若考虑第二含义,应该适用什么标准才能避免因第二含义的解读导致大量的商标无法注册。其次,指定商品或者服务的类别是否应该予以考虑。最后,公众的认知是否应该成为商标认定的考虑因素,如若考虑,其涉及的范围是相关公众还是社会的一般公众。以上相关问题在司法实践中均存在矛盾之处,造成了很多案件同案不同判的情况,相关工作人员在司法实践中也存在操作难题,因此上述问题成为亟须解决的命题。

(四) 适用"格调不高"导致的不良后果

1. 导致法官及商评委的自由裁量权过大

就司法裁量权而言,《牛津法学大词典》对自由裁量权的内涵界定为:"酌情做出决定的权力,并且这种决定在当时情况下应是正义、公正、正确、公平和合理的。法律常常授予法官的权力或责任,使其在某种情况下可以行使自由裁量权。有时是根据情势所需,有时则仅仅是在规定的限度内行使这种权力。"[1]我国有学者认为自由裁量权是指法官在审判过程中,选择适用法律依据,对具体案件作出评判并作出处分的自由度。[2]就商

---

〔1〕 秦旺:"法理学视野中的法官自由裁量权",载《现代法学》2002 年第 1 期。
〔2〕 武树臣:"法律涵量、法官裁量与裁判自律",载《中外法学》1998 年第 1 期。

评委的行政自由裁量权而言，应该是在法律没有进行详细规定的情况下，行政机关在处理具体事件时，可以根据自己的判断采取适当的方法。[1]法官及商评委的审查人员在审判或者审查过程中有自由裁量权是必然的，且自由裁量权涉及法官及审查员自身的经验以及价值观，具有较强的主观性，在法律规定较为模糊时，极易造成自由裁量权过大的情况。

《商标法》第10条第1款第（八）项作为一般性规定，其适用范围相对较为广泛。结合笔者总结的案例可见，以"格调不高"作为驳回理由的案件中所涉及的情形并不是未经法律规定的情形，而第（八）项中所规定的内容实际上也包含了笔者总结的案例情形。在此情况下，法院及商评委应该审慎使用自由裁量权。且由于自由裁量权具有较大的主观能动性，"格调不高"的判断又与个人的知识水平、社会经验等密切联系，若以其作为裁判标准势必使得法官及商评委的自由裁量权过大。

2. 裁判标准不统一

由上述论述可知，适用"格调不高"作为判定标准将会导致自由裁量权过大，由此造成的结果就是导致同案不同判及司法混乱的情形。比如在"'熟女'案"[2]、"'THE WALKING DEAD'商标案"[3]、"'吃货宝 chihuobao365.com 及图'商标案"[4]及"MLGB案"[5]中，法院均以格调不高予以驳回。但实际上，与上述商标相同或者类似的商标已经被予以注册并正在予以使用的，大有存在。比如7303357号"熟女"商标，"吃

---

〔1〕 法学教材编辑部、《行政法概要》编写组：《行政法概要》，法律出版社1983年版。

〔2〕 北京市高级人民法院（2018）京行终231号行政判决书。

〔3〕 北京市高级人民法院（2017）京行终874号行政判决书。

〔4〕 北京知识产权法院（2016）京73行初535号行政判决书。

〔5〕 北京市高级人民法院（2018）京行终137号行政判决书。

货鱼"商标，第 10467461 号"walking dead"商标，BYD、SB、NND、NMD、CD、CNM、MLB、NMB、NB、TMD、TNND、MD、MB、NMD 等均存在已注册信息。除此之外，对于同一个案件，同一个法院也会有不同的裁判结果。比如"叫个鸭子"案件，在（2017）京 73 行初 2359 号案件中，北京知识产权法院认定该商标格调不高，而在（2016）京 73 行初 4015 号案件中其却没有得出格调不高的判定。

3. 违反比例原则

比例原则旨在考察不同方式（行为、手段）对两个相冲突利益的各自影响，从而选择能够最大程度上同时兼容两种利益的方式。一般来说，比例原则包括适当性、必要性及狭义比例原则三个子原则。其一，适当性原则，指所采取的损害行为必须能够实现行政目的或者至少有助于该目的的实现。其二，必要性原则，又称为最小侵害原则，是指在前述适当性原则已获肯定后，在能达成目的的多种方式中，应该选择对第一种利益侵害最小的方式。其三，狭义比例原则，又称比例性原则，要求所采取的损害行为所造成的侵害不得超越它从实现正当目的中获得的利益。在法律框架内，只有当损害明显大于收益时才构成对狭义比例原则的违反。如果造成的损害与所实现的收益相比并不明显失衡，则认定行为合法，从而给行为人留下足够的自由裁量的空间，而不会违法。[1]

从适当性来看，行政机关对于含有不良影响含义的标志不予以注册在一定程度上能够达到行政目的，维护社会的清风正气。《商标法》第 10 条属于绝对禁止条款，一旦申请人的标志因不良影响而驳回，则意味着其既不能获得该标志的商标专有

---

[1] 兰磊："比例原则视角下的《反不正当竞争法》一般条款解释——以视频网站上广告拦截和快进是否构成不正当竞争为例"，载《东方法学》2015 年第 3 期。

权，同时在商业活动中也不能使用这一标志。这对于经营者而言无疑是非常严厉的。[1]因此，在判断某一标志是否会产生不良影响时应该充分考虑这一标志可能产生不良影响的范围和程度。若因"格调不高"而对于那些影响范围不大的标识予以驳回，其不但增进的公益有限，也给申请人造成了非常大的损害，这种情况下商评委行政权的行使就是过度的。若此种情况不断累积，将会不利于市场经济的健康发展。[2]

4. 不符合市场规律

商标能够体现商品或者服务的来源，但其本身给消费者造成的主观感受与消费者因商标而产生的消费冲动之间并无直接联系。一般来说，消费者对特定商品或服务所附着的商标予以识别、区分，之后便于消费者可以便捷、准确地对商品或服务的来源、质量、性能、价格等属性做出判断，从而影响其消费行为。也就是说消费者对商标的认知过程不能单独依据商标本身的固有显著性而实现，必须结合相关商品或服务的认知而协同完成。[3]目前多个"格调不高"的商标，其来源多为新近产生的文化现象，具有一定社会热度。但这些新文化良莠不齐，自然给公众带来的心理感受也评价不一。而再此基础上产生的商标是否能够在市场上得以长久立足仍值得商榷。一方面，一些标新立异的猎奇型商标可能会因为短期的网络热度而产生吸引眼球的效果，但长久看来，消费者绝不会因为一个新奇的商

〔1〕 孙明娟："《商标法》中不良影响条款的定性与适用"，载《中华商标》2018 年第 12 期。

〔2〕 孙明娟："《商标法》中不良影响条款的定性与适用"，载《中华商标》2018 年第 12 期。

〔3〕 吴一兴："从'叫个鸭子'案看商标'格调'与商标法'格调'——评'格调不高'商标的社会影响及应对"，载 http://dy.163.com/v2/article/detail/DM-CIBPF6051187VR.html，访问日期：2020 年 2 月 12 日。

标而为劣质的商品或者服务买单。另一方面，限于商标本身短小精炼的特点，其承载的信息内容受到很大限制，因此需要商标权人通过一些宣传手段来强化宣传效果。比如，上海台享餐饮管理有限公司在取得"叫了个鸡"的商标后，在运营过程中进行了违法宣传，其广告中多次出现"叫了个鸡，没有性生活的鸡，和她有一腿，真踏马好吃"等违背社会良好风尚的字样，因此，2017年3月该公司被上海市原工商行政管理局罚款50万。[1]由此可见，因"格调不高"而造成对有害于社会主义道德风尚或其他不良后果的，往往不是商标，而是经营主体由此衍生出来的一系列不恰当的宣传内容，实践当中也可以通过广告行政监督等执法手段予以纠正，并不拘泥于商标法。

因此，"格调不高"商标对社会的负面影响实际上是有限的。首先，市场是最好的过滤网，消费者完全可以通过自己的消费选择淘汰那些缺乏内涵，仅仅依靠博眼球获取利益而不注重品质的经营者。其次，商标的选择与经营主体的经营风格息息相关，主体需要自我承担"格调不高"商标所带来的不利形象。最后，市场不应是死水一潭，猎奇型商标可以视为文化现象在市场中的正常映射。主管部门对所谓"格调不高"商标持相对宽容态度，交由市场自行评价，这既是对主流文化、社会主义道德风尚的信心，也是对消费者群体普遍拥有商业理性的信心。

综上所述，目前适用"格调不高"的案件实际上由《商标法》第10条第1款第（八）项进行调整，在法律适用上应该以有违"社会主义道德风尚"或者"其他不良影响"作为判决理由，而不是"格调不高"。且在适用过程中，判决书及相关的行

---

[1] 参见上海市工商行政管理局检查总队沪工商检处字［2017］第320201610105号行政处罚决定书。

政决定书上并未就商标"格调不高"进行详细阐述，并不符合法律规定和司法说理的明确性。除此之外，还会产生诸多的不良影响。因此，笔者认为"格调不高"作为裁判理由并不具有正当性，司法实践中不应该加以适用。

五、不良影响认定的相关建议

（一）明确商标认定的标准

在"格调不高"不能作为裁判理由加以适用后，我们仍应该寻求更多的处理方法，以下笔者将提出几种建议：

鉴于目前的司法实践中，实际上已经存在相应的认定标准，只是这些认定标准并未在司法部门进行统一。目前已经形成的判定标准包括：标志本身及其组成要素的含义、使用商品或者服务的类型、社会公众的认知。

1. 从整体上考虑标志本身的含义

针对这一判断标准，有学者认为损害公共利益的是标志本身，只有申请注册商标本身以及构成要素具有损害公共利益的特征才会造成不良影响。[1]《巴黎公约》规定了商标原样保护原则，其权威指南也指出判断一个标志是否违反道德和公共秩序时，只考虑该标志"个体的特点"，除此之外的因素都不应该纳入考量范围。[2]最高人民法院则在《关于审理商标授权确权行政案件若干问题意见》以及《商标审查及审理标准》中将《商标法》第10条第1款第（八）项的范围限定在标志本身及组成要素上。

---

〔1〕 张祎晗："《商标法》中的'不良影响'条款研究"，华东政法大学2016年硕士学位论文。

〔2〕 张祎晗："《商标法》中的'不良影响'条款研究"，华东政法大学2016年硕士学位论文。

笔者认为实践中很多不良影响是由标志本身所产生的，比如"泼妇鱼庄""霸道"等，这些词汇本身就与社会主流价值不符，有违社会善良风俗，从其含义出发就可以予以禁止注册。但随着互联网的发展，许多词汇产生了新的含义，因此出现了很多一词多义的情形，而这些词汇又经常被申请注册商标。从目前的申请注册情况来看，对于这些词汇是否构成"格调不高"还存在很多判断上的困难。笔者认为可以遵循以下的衡量思路。

当申请的标志仅存在一种含义时，只需要考虑该词汇在特定的语境下是否存在不良影响，一旦存在便不予注册。在"'通寻兵'案"中，二审认为其属于臆造词汇，并不会造成不良影响，其具有单一的词义，与"解放军"等词汇产生的影响并不是同一程度，并不必然的导致消费者将其与我国军队联系在一起。而当申请的标志存在多重含义时，法院采用的标准一般是社会公众所通常知晓的含义。比如在"'金融八卦女'商标案"中二审法院便认为社会公众更容易将该商标中的"八卦"理解为"流言蜚语""闲言碎语"而认定其格调不高。

同时，我们还应该从整体上进行考虑。在实践中存在很多本身具有贬义或者不能作为商标进行注册的词汇，但当其与其他词汇结合后形成了不再具有"格调不高"内容的新的整体含义时，则此类标志应该予以注册。例如在"'少年领袖'案"中，领袖一词很容易将其与国家领导人联系在一起，但该词汇与少年进行组合便使得整个语境都发生了变化，其并不会产生不良的社会影响。相似的案例还有"'植物大战僵尸'案"，虽然标志中含有"僵尸"这一贬义词汇，但其与"植物大战"结合在一起便使得整个标志脱离了"格调不高"的范畴。

2. 综合考虑使用商品或者服务类型

针对这一判定标准，有学者认为标志本身是一种客观的、中性的存在，只有将标志使用在特定的商品或服务上才能判断是否有损公共利益。比如，江户川认为"不良影响"条款不仅禁止使用有不良影响的标志，而且还禁止使用该标志而导致不良影响的行为。[1]邓宏光也认为标志不会自动产生不良影响，只有使用行为才会产生不良影响。[2]

如果严格按照标志本身的含义来进行认定，这并不能满足现实中出现的各种复杂的情况。因此在执法工作中应该有所引申，即使商标标志本身虽不会产生不良的社会影响，但如果将其使用在指定的商品或者服务上会产生负面影响，也应理解为"格调不高"。[3]2013年北京高级人民法院在其受理的一起案件中认为"在审查判断标志是否具有其他不良影响的情形时，应当考虑商标标识本身指定使用在特定商品或服务"。[4]

在美国，法院则通过判例确立了判断标志是否存在不良影响的基本框架[5]——首先是标识是否包含了"不道德、令人反感、贬损性"的内容；其次是结合申请书中指定使用的商品或服务类别，在相关市场中进行判断；最后是从"一般公众的实

---

〔1〕 张祎晗："《商标法》中的'不良影响'条款研究"，华东政法大学2016年硕士学位论文。

〔2〕 邓宏光："商标授权确权程序中的公共利益与不良影响：以'微信'案为例"，载《知识产权》2015年第4期。

〔3〕 董葆霖：《商标法律详解》，中国工商出版社2004年版，第52页。

〔4〕 北京市高级人民法院（2013）高行终字第2040号行政判决书。

〔5〕 1. Consist of or comprises. . . scandalous matter; 2. In the context of the marketplace as applied to only the goods or services described in the application for registration; 3. From the standpoint of not necessarily a majority, but a substantial composite of the general public." See KerryRyden, "What Does In re Fox Say? Revising the Scandalous Trademark Doctrine by Reference to the Obscene", *Federal Circuit Bar Journal*, Vol. 24, Issue 3 (2015), pp. 435~468, at 442.

质混合"而不必是"多数人"的观点来确定。[1]由此观之，对"格调"的解读不应该局限于主观上，还应该结合具体的语境与客观情况。实践中，确实存在一些标志，其本身无任何不利公序良俗的含义，比如"鸟巢""爽歪歪"。但若将"鸟巢"注册使用在内衣类的商品类别中，将"爽歪歪"使用在避孕套的商品类别中，则会给予人不雅甚至是恶俗的感觉，显然这种情况是进行规制的。因此基于现实需要的角度，应当适当考虑标志所作用的商品或者服务类别。

3. 考虑社会公众的认知

道德风尚具有公认公知的特性，因此对于商标是否构成不良影响，需要考虑社会公众的认知。但该公众的涉及范围是相关公众还是社会公众，在实践中还存在争议。有观点认为标识本身及其使用是否有可能传递不良的信息，应当从信息的接受者即相关公众的角度进行解读，这里的相关公众与商标侵权中的相关公众的范围相似，均指与商标所标识的某类商品或者服务有关的消费者和与前述商品或者服务的营销有密切关系的其他经营者。[2]也有观点认为社会公众中的每一分子均有平等的话语权，无论其是最敏感的还是最宽容的，因此应该以社会公众的认知为判断标准。[3]在美国判例法中，判断商标是否令人反感必须结合申请商标所识别的商品或服务的相关市场进行，并且必须从"一般公众的实质混合"而不必是"大多数人"的

---

[1] 林戈："论商标法中的'不良影响'条款及其适用"，华东政法大学 2016 年硕士学位论文。

[2] 吴蔼怡："论商标反向混淆的认定及法律规制——以'非诚勿扰'案为视角"，载《北京政法职业学院学报》2019 年第 4 期。

[3] See Stephen R. Baird, "Moral Intervention in the Trademark Arena: Banning the Registration of Scandalous and Immoral Trademarks", *The Trademark Reporter*, Vol. 83, Issue 5 (September–October 1993), pp. 661~800, at 763.

观点来确定。[1]比如在"Riverbank Canning 案"中，法院认为，在判断指定使用在酒类商品上的标识时，不能仅仅考虑喝酒的人的观点，还应当考虑不喝酒的人的观点。

笔者认为如今各种纷繁复杂的信息使得社会公众对特定事物的认知存在差异。部分公众对一件事物的认知和接纳并不能代表整个社会的认知和认可。正如"MLGB"案件中，多数派认为仅对特定群体而言具有负面含义的标志，同样可以波及整个社会的道德风气。因此，判断一个标志是否构成"格调不高"不仅需要考虑相关公众的认知，还应该考虑可能会受到影响的公众的认知，且这一认知应该以当代一定时期内的公众认知为准。

在明确上述标准的具体含义之后，执法过程中也应该综合考虑各种因素。笔者认为在商标的认定过程中，具体来说可以参考以下步骤：首先，应该从标志本身来看，若其本身只存在一种含义，若该含义会产生不良影响，便禁止使用。若存在多重含义，则应该结合使用的商品或者服务的类型以及公众的认知来进行判断。其次，应该从整体上进行考量，即使标志中含有能够产生不良影响的词汇，但其与其他词汇结合而从整体上消除了不良影响，则便不能禁止使用。

（二）利用大数据类案检索保持标准的统一性

随着科学技术的发展以及人民法治意识的提高，裁判尺度不一的问题一直备受民众诟病，而大数据检索则能够有效地将类似案例进行检索归纳，实现裁判尺度的统一。特别是在立法欠缺、规定模糊、案件新颖等情况下，大数据类案检索更能够帮助实现"同案同判"。2017 年最高人民法院发布了《司法责

---

〔1〕 美国专利商标局译：《美国商标审查指南》，中国工商总局商标局校，商务印书馆 2008 年版，第 185 页。

任制实施意见（试行）》，将类案检索规定为案件审判流程的一个环节，明确要求"承办法官在审理案件时，均应依托办案平台、档案系统、中国裁判文书网、法信、智审等，对本院已审结或正在审理的类案与关联案件进行全面检索，制作类案与关联案件检索报告"，并根据不同情况作相应处置。[1]2018年1月5日下午，最高人民法院院长周强正式宣布"智慧法院导航系统"和"类案智能推送系统"正式上线运行。伴随法律人工智能与法律大数据飞速发展，传统的搜索引擎网站以及越来越多的法律科技公司加入到对案例的开发中。目前，较为活跃的非官方平台包括北大法宝、无讼案例、Alpha案例库、威科先行法律信息库等。在智慧法院的建设进程中，最高人民法院和各地人民法院都积极推进审判领域人工智能研发，各种类案检索审判辅助平台相继上线。因此，在商标审查及相关的审判中，审查机关及法院也应该充分利用大数据检索系统统一裁判标准，这既是保证司法裁判统一的有效措施，也能够有效维护司法公正。

（三）审慎行使自由裁量权

尽管法官及审查员具有自由裁量权，但这种自由裁量权是应该受到限制的。一般来说，自由裁量权只可以在以下几种情形下进行使用：①由于法律的一般性而出现的法律未曾规定的情形；②一个问题的解决可以适用两个或两个以上相互抵触的前提、但必须在他们之间作出选择的情形；③对于所受理的案件尽管存在着规则或先例，但是法院或者审查机关认为在本案中适用这一规则或者先例并不合适，即通常所谓"合理"与

---

〔1〕 郑通斌："类案检索运行现状及完善路径"，载《人民司法（应用）》2018年第31期。

"合法"之间的矛盾。[1]法官及审查人员应该合理正确地行使自由裁量权，依据立法原意或者法律精神、原则和规则，秉持正确的司法理念和良知，遵循经验法则，运用逻辑推理方法，对案件事实认定、法律适用以及程序指挥等事项进行选择和判断，并最终作出合法、公平、合理地裁判或者决定。[2]

其次，对自由裁量权进行有效限制的根本方法在于加强立法解释。立法部门应该加强对于概括性规定的立法解释，从源头上减少裁量空间。再次，需要加强程序立法，通过规范适当的程序，对行使自由裁量权的依据、条件、过程、结果等予以公开，对涉及相对人利益较大的领域或过于集中的权力领域予以公开。[3]最后，相关的司法部门在行使自由裁量权时应该进行充分的说理，避免审查或者审判的模糊化。

六、结语

中国立法中存在多种模糊性规定，对于这种规定的适用则需要司法人员依据法律原则、立法目的等进行解释，并加以具体适用。《商标法》第 10 条第 1 款第（八）项便是一项模糊性规定，在司法实践中，商评委或者法院在对此条进行解释时，常用"格调不高"作为解释理由，认为商标注册不符合该条的规定。实际上，格调一般强调艺术家在作品中所折射出来的人品、人格、情趣与道德、修养。格调高低也与个人的阅历、知识水平等息息相关，具有很强的主观性。因此，"格调不高"作

---

〔1〕 王倩："关于法官自由裁量权的法理分析"，载 https://www.chinacourt.org/article/detail/2015/09/id/1714782.shtml，访问日期：2020 年 1 月 20 日。

〔2〕 宋晓明、雷继平、林海权："自由裁量权的行使及其规制（上）"，载《人民法院报》2012 年 5 月 16 日。

〔3〕 谢松："正确行使行政处罚自由裁量权"，载《中国纤检》2019 年第 9 期。

为司法审查或者裁判理由进行适用的正当性是有待商榷的。经过分析，"格调不高"所适用的案例一般都可以用《商标法》第 10 条第 1 款第（八）项进行调整，尽管该条具有模糊性，但司法人员的法律解释应该使法律更加具体化，而不是更加模糊化。其次"格调不高"的适用会带来非常多的弊端：司法裁量权过大、司法混乱、违反比例规则以及破坏市场规律。因此，笔者认为"格调不高"并不能成为商标注册被驳回的理由。

针对相关案件，尽管实践中也形成了判断商标是否予以注册的标准，但对于这些标准的适用存在不统一的情形。因此，面对此种情况，笔者认为目前的解决办法是，首先，需要统一裁判标准并明确标准之间应如何适用。其次，充分利用大数据检索机制，保证这些标准在裁判或者审查过程中的一致性，避免"同案不同判"的情形。最后，正是因为《商标法》第 10 条第 1 款第（八）项具有高度概括性，法官及审查人员在适用法律时具有较大的自由裁量权，但这种自由裁量权应该从立法技术等方面加以限制。

演绎作品著作权问题研究

赵 苏[*]

随着文化产业的日益发展繁荣及网络新技术的不断发展，演绎作品的创作模式更加多样化，演绎形式不断推陈出新，新型的演绎方式给当前的司法实践带来了层出不穷的著作权纠纷，如短视频、热门 IP 改编、音乐或视频混剪等商业新模式。目前，我国《著作权法》中没有规定"演绎作品"的概念，不能及时应对新技术下新型演绎作品的挑战，法院对演绎作品的保护态度和宽严程度难以统一。为了面对复杂多样的新型演绎作品纠纷，使著作权立法更加具有包容性和可预见性，立足演绎作品做出系统性研究就具有重要意义。

一、演绎作品的认定

演绎作品，就是通过演绎行为创作而成的作品。何谓《著作权法》意义上的演绎作品，需要从演绎行为和作品构成标准两方面来认识。为了明晰演绎作品的含义，厘清演绎作品与剽窃作品、滑稽模仿作品、重混作品等相似概念的异同点，一方面需要对演绎行为进行较为恰当的界定，另一方面需要针对演绎作品的独创性标准进行讨论。

---

* 无锡祥生医疗科技股份有限公司法务。

（一）演绎行为的界定

1. 演绎行为的含义

在我国，虽然理论界对演绎作品的概念已早有讨论，但是我国现行的《著作权法》还未提出演绎作品的概念。值得关注的是，在第三次《著作权法（修订草案送审稿）》（以下简称"修订草案"）中对演绎作品加以规定。[1]根据该条的规定，演绎行为包括改编、翻译、注释、整理等利用已有作品进行创作的行为。

统一在立法中对于演绎作品做出规定的立法先例已有不少。如美国立法就有规定，对作品进行重新安排、改变形式和改编的作品，或作品内有修订、注解或其他修改，均为演绎作品。[2]美国在立法上体现了极大的包容性，以"其他修改"可不完全列举的兜底，最大程度地扩展了"演绎"行为的外延，利用作品进行稍微地变化就可以视为是一种演绎。此外，美国法院在判例中对演绎作品的本质进行了进一步释义：只有需要著作权人许可的行为才有可能是演绎行为。换言之，演绎行为是利用了已有作品受保护的表达部分进行创作的行为。如果新作品只是在思想观念上与原作品相似，则新作品不能视为演绎。

《德国著作权法》第3条规定了"对某作品的翻译和其他改变，如能反映改编者的个人智力创作，在不损害被改编作品的著作权的情况下，当作独立作品予以保护"。德国在法规第一章第一节第3条仅对"翻译"和"改变"形成的演绎作品进行了规定，虽然其对作品独创性比英美法系采取了更高的标准，但德国在司法实践中有所放宽。吸取德国法及其司法实践的经验，我国在演绎行为类型的规定上应该更加丰富和包容，避免法条

---

〔1〕 参见第三次《著作权法（修订草案送审稿）》第16条。
〔2〕 参见《美国版权法》第101条。

规定脱离实务要求。

根据《伯尔尼公约》第 2 条第 3 款的规定，演绎行为是指"翻译、改编、乐曲改编以及对文学或艺术作品的其他改动"。我国修订草案对演绎作品的规定沿袭了国际公约该条的规定。

综上，无论是英美法系还是大陆法系，国内法还是国际法，对演绎行为的法律释义均是以不完全例举的方式进行的概括性归纳定义，本质上均是利用原有作品进行改变，但对此种"改变"的具体形式和范围未能形成法定语言进行释明。范围不明则界限不明，必然就会与相似概念产生混淆。归纳出演绎行为与其他类似概念的界限，有助于对演绎行为定义中尚且不明的范围进行准确说明和理解。下文将着重讨论演绎行为与相似概念的区别，试图划分出各类近似作品与演绎作品的界限。

郑成思教授认为，演绎作品是指在原作品中派生出的新作品，虽有后创作者的精神成果在内，但又并未改变原作之创作思想的基本表达形式。[1]王迁教授认为，演绎作品是指在保持原有作品基本表达的基础上，对原表达加以发展，并使新表达与原表达融为一体而形成的新作品。[2]以上学者对演绎作品的定义，没有明确演绎行为类型，是从演绎作品的派生性和独创性要求上进行概括性定义。而综合考虑各国立法的规定，往往通过列举"改编""翻译"等传统演绎行为进行定义，但是在实践中又倾向于扩大演绎行为的范围。笔者认为，演绎行为是与时俱进不断变化的，难以进行完整列举，不适宜通过立法方式进行强制性规定，否则会降低法律适应性，造成对演绎作品的保护空缺。演绎作品的定义应该采取"不完全列举+派生性+独创性特征"的定义模式。

---

〔1〕 郑成思：《知识产权法》，法律出版社 1997 年版，第 402 页。

〔2〕 王迁：《著作权法》，中国人民大学出版社 2015 年版，第 123 页。

2. 与复制行为的区别

复制行为，包括印刷、复印、拓印、录音、录像、翻录等。[1]理论上，复制行为和演绎行为的区别明显，复制行为是对原作品表达不加修改地再现，而演绎行为在复制行为的基础上增加了演绎作者的独创性表达。但是，由于生产技术的快速变革，复制行为更加多样性，复制过程中也会产生对原作品的改动，而这种改动尚不足以达到演绎行为的创作高度。但在复杂的实践中，这种改动的独创性判断往往变得模糊，复制行为和演绎行为的概念也随之被混淆。例如，我国《著作权法》在2001年修订时，将"临摹"从复制的概念中删去，临摹被认为有可能存在一定的独创性；将平面作品制作成立体作品，若只是改变了作品的载体（如将摄影作品制作成刺绣作品），只能认为是从平面到立体的复制，但如果包含了技术性创造（如将博物馆艺术品制作成缩小版雕塑[2]），则有可能被认为是演绎。区分复制和演绎的关键在于，考察新作品在原作品基础上的新增内容是否具有独创性，这种独创性只要达到可区别于原作品的程度即构成演绎。

笔者认为，首先，根据演绎行为所具备的利用性，新增内容可以分为两种：第一类，新增内容与原作品无法分割。这种情况满足演绎行为利用原作品的特征。第二类，新增内容可与原作品分离而单独使用。如果可与原作品分离，则没有达到演绎行为利用性的特点，不构成演绎，对原作品的利用构成了单纯的复制。

其次，根据演绎行为的市场替代性来看，复制行为的市场替代性是大大强于演绎行为的，前者可以直接侵占原作品的市

---

〔1〕 参见《著作权法》第 10 条第 1 款第（五）项。

〔2〕 Alva Studios, Inc. v. Winninger.

场份额，从结果上来看复制行为会极大地损害原作品的市场利益，对消费者来说复制作品内容可以覆盖原作品。通过复制取得的经济利益源于原作品同样的市场，通过演绎取得的经济利益源于一个新市场，比如将小说或者漫画改编为电影，演绎作者获取的经济利益来自于一个新的电影市场。并且，演绎作品不仅不会侵占原作品的市场，还会带来衍生利益，有一荣共荣的经济效果。《著作权法》赋予原作者演绎权，也是促进开发作品的新市场，从而增加著作权人的经济利益，可以说演绎行为为著作权人带来的新利润空间大于复制。

3. 与汇编行为的区别

汇编作品，是指若干作品、作品的片段或者不构成作品的数据或者其他材料，对其内容的选择或者编排体现独创性的作品。具体包括了两类作品：一是对于已发表作品进行选择、编排而形成的作品，如选集、期刊、百科全书等；二是对不构成作品的材料的内容进行选择或编排而形成的独创性作品，如电子档案数据库。

由此可得，汇编行为的本质就是对原作品内容进行独创性的选择或编排。汇编行为和演绎行为都有在保留原作品表达的基础上进行独创性编排的意思，但二者有显著的区别，演绎作品侧重对原作品的改编、翻译、注释和整理，而汇编作品是对若干作品、作品片段或者不构成作品的数据或其他材料的整合。具体可以归纳出以下不同之处：第一，利用的对象范围不同。演绎作品利用的是原作品的表达，但是汇编作品可以利用不构成作品的数据或者其他材料，已有学者将其统称为"信息"。[1]第二，创作方式不同。演绎作品的创作方式要与原表达形式存在实质

---

[1] 王迁认为，汇编作品是对信息的汇编。

性差异，而汇编作品仅限于在选择或者编排上有独创性，不触及原作品具体表达的层面。汇编作品的独创性表现于被选择或者编排元素之间的联系，而不体现在对已有作品的改动。[1]

4. 与重混行为的区别

重混行为（Remix），是指对已有的文字、图片、音乐、视频、美术、软件等作品进行摘录、剪辑、重新组合而创作出新作品的行为。[2]比如，混音师将经典歌曲通过重新选择乐器伴奏、添加回声、混响、延迟等效果形成新曲，从而表达个人的音乐理念或者改善作品的旋律张力，如音乐作品《十里红军》与《乌苏里船歌》相比加入了新的思想主题和感情色彩；再比如，选取某些视听作品素材进行剪辑加工并融入一定的配音或者解说，如网友剪辑《广告狂人》里的女性角色并配上音乐，从而表达作者对剧中女性角色的批判，类似作品还有胥渡吧、"谷阿莫"的电影解说、哔哩哔哩网站的鬼畜模块、羊圈影业的饭制剧等。

重混本质上属于演绎行为，是利用"摘录""合成""重新编辑"等数字技术手段进行的演绎行为。重混创作更加丰富了演绎行为的表现方式和内容，相对于传统的改编、翻译等演绎行为其具有独特之处：第一，作品传递的信息、价值观念、感情色彩可以不同于原作品的基调。传统的改编、翻译、注释、整理等演绎行为不会改变原作品的价值理念，但是通过重混创作的作品可以向受众传达出与原作不相同的理念，例如以文艺批评为目的的戏仿作品。若这种重混有歪曲篡改原作品的意图并造成公众的误解，将会侵犯到原作者的作品完整权。第二，重混作者的创作目的更倾向于表达个人的独特思考与自身感情

---

〔1〕 ［德］M. 雷炳德：《著作权法》，张恩民译，法律出版社 2005 年版。

〔2〕 胡开忠："论重混创作行为的法律规制"，载《法学》2014 年第 12 期。

思想。传统演绎行为对原作品的二次创作，演绎作者往往是为了促进优秀作品的开发利用，传播原作品的优秀内涵理念，但实际中的重混作者创作目的不限于欣赏与传播，更多的是加入作者本人的思考的评论，情感色彩可以是褒贬不一。

（二）演绎作品的独创性标准

1. 美国对演绎作品独创性标准的规定

针对演绎作品的独创性，美国最高法院在 Feist 案〔1〕中没有像对待一般作品那样仅仅采纳"额头出汗"原则，而是对演绎作品的独创性标准提出了新的要求：至少具有某种最低程度的创造性。虽然对演绎作品的独创性提出了额外的审查要求，但是美国最高法院提出的"必要的创造性"的量是相当低的，即使微小的量就可以满足。在 Feist 案中，法院认为电话簿的内容仅为事实部分，不应受版权保护，而对事实的汇编可能含有独创性。但考虑到侵权方 Rural 只是按照字母排列的顺序将其用户的基本资料编制成了电话目录，这是一种传统的机械性工作，缺乏创造性，并不足以获得有效的版权。从该案中可以发现，美国法院在审查演绎作品独创性的标准时，与一般原创作品有所区别，演绎作品必须表现出最低限度的创造性。

根据美国判例法的发展，法官在审查演绎作品的独创性时主要采纳以下两种标准：可区别性改变标准和实质性改变标准。一是可区别性改变标准，又称为超过微小变化标准，并没有对演绎作品提出较高的创造性要求，只要求演绎作品能够与原作品相区别，具备最低程度的创造性即可。Alfred 案〔2〕第一次阐述了超过微小变化的独创性标准，法院认为独创性要不同于实

---

〔1〕 Feist Publication. Inc. v. Rural Telephone SerVice Co., Inc, 499 U. S. （1991）.

〔2〕 Alfred Bell & Co. v. Catalda Fine Arts, Inc., 191 F. 2d 99, 103 （2dCir. N. Y. 1951）.

际复制，只要其具有可区别性的变化就可以具有可版权性。二是实质性改变标准，要求演绎作品的独创性要达到与作品充分的、显著的区别的创作程度，由此可以阻断在后的多次演绎造成对原作品的频繁侵权。实质性改变标准在 Gracen 案[1]中确立，判决认为版权法有关演绎作品的条款不是要求进行"美学判断"，而是确保演绎作品和原作品之间存在"充分区别"。具体到案件事实来说，如果原告的画是对现实生活的直接描绘，即使作品是粗劣的，也具备可版权性。但是，因为原告的画是对电影人物形象进行的二次演绎创作，那么该画作必须同原作品存在"实质性的区别"才具备可版权性。Gracen 案中的波斯纳法官认为："如果对演绎作品的独创性要求过于宽松，将对原作的利用产生不利影响，甚至会妨害原作的创作活动。为了避免后续侵权争议的发生与侵权判断上的困难，演绎作品要获得著作权保护，必须采用更为严格的独创性标准，即必须与原作品之间存在'显著差异'（sub-stantial difference）。"[2]换言之，演绎作品要具备可版权性，必须和已有作品存在"实质性"的区别。相比于 Alfred Bell 案提出的"可区别性"的改变，Gracen 案所要求的"实质性"的改变更加严格。但在 2009 年，Schrock 案[3]中，第七巡回上诉法院认为"实质性"的区别要求过重。在 Schrock 案中，法院认为："美国版权法并无任何支持 Gracen 案对演绎作品的独创性标准采取严格标准的基础，独创性的判断标准应当具有一致性。只要某项智力成果展现出足以使其与公共领域的作品或其他已有作品相区别的差异，就应当认定该

---

〔1〕 Gracen v. Bradford Exchange, 698 F. 2d 300（7th Cir. 1983）.

〔2〕 Gracen v. Bradford Exchange, 698 F. 2d 300（7th Cir. 1983）.

〔3〕 Schrock v. Learning CurVe Int'l, Inc., 586 F. 3d 513, 516-17（7thCir. 2009）.

成果具备著作权法意义上的独创性。"[1]可见，法院认为对于演绎作品的独创性不应当采用加重的标准，仅需要新作品在原作品基础上得到改变，创新程度达到易于区别于原作品的程度即可。

从美国判例法的演进中，可以看到美国法院在判定演绎作品是否具有独创性的问题上多数支持选择适用较低的创造性标准，这种创造性只要求在后作品与原作品对比达到"可区别"的结果即可。而要求演绎作品与原作品达到一定"高度"的不同背离了美国版权法独创性的一致性，要求过于严苛，往往适用性较低。

2. 我国独创性标准规定的细化

我国现行《著作权法》并没有对独创性的定义和判断标准做出明确规定，仅在《著作权法实施条例》（以下简称《实施条例》）中使用了"独创性"一词来定义作品。[2]我国学界对演绎作品的独创性标准的讨论也不多，郑成思教授曾指出："在确定再创作过程中是否有演绎作品产生时，要通过再创作的水平来衡量。如果演绎者在再创作中付出的精神劳动极少，那就不足以认为在原作之外另产生一部演绎作品。"也就是说，在认定演绎作品的独创性标准时，适宜采用与原创作品相比较的认定方法，而且要有人人可见的创造性。演绎作品的独创性要具备以下三点要求：第一，在原作品的基础上新增了创造性的表达；第二，演绎作品整体上呈现出创造性，而不能独立、分割开来；第三，创造性要能达到易于区别的程度，不得与其他演绎作品形成近似。

在司法实践中，法院普遍认为独创性是一个需要根据具体事实加以判断的问题，不存在适用于所有作品的统一标准。演

---

[1]　Schrock v. Learning Curve International Inc. , 586 F. 3d513（7th Cir. 2009）。

[2]　参见《著作权法实施条例》第 2 条。

绎作品既包含了原作品独创性的表达，又增加了演绎作者新的独创性表达，在分辨演绎作品的独创性部分时，需要法官对演绎先后的两个作品进行独创性要素上的对比分析。在判断演绎作品的独创性标准时，主要考虑以下几个途径：第一，剔除原作品独创性表达的部分后，剩下的演绎部分是否具有独创性。演绎作品的独创性仅体现在演绎作者所贡献的演绎成分上，而不能延及演绎作者所使用的原作品或其他材料。第二，演绎部分是实质性模仿，还是达到了智力劳动成果的要求。不同行业、不同类型作品对"独创性"要求有所不同，与付出的智力劳动的性质、难度、工作量相关，应该根据具体情况加以区分。仅仅添加了一些具有本专业领域知识的人就可以想到、做到的推定式的添加，达不到"独创性"的要求程度，不能认为具有实质的差异。[1] 比如，对文字作品进行演绎，如果只是添加了一些承接词或调整了一些顺序，显然没有达到独创性标准。第三，根据不同作品类型，采取相应专业的对比方式进行创造性判断。例如，音乐作品，对每小节的旋律进行比较，以及相同或相近的旋律是否连接成完整的乐句；[2] 影视作品，主要分析的要素包括故事框架和主题、情节主线和主要人物设置及人物关系的塑造、具体情节和台词；戏曲作品涉及的表达元素有作品标题、人物姓名、人物形象、人物念白、唱词、音乐、故事情节、场次和场景设计等。[3]

虽然司法裁判认为独创性标准根据作品情形具体分析，但

---

〔1〕 参见"泉州莳茂艺品有限公司与志麟艺品实业（惠阳）有限公司"案，福建省高级人民法院（2004）闽民终字第 222 号民事判决书。

〔2〕 参见"王庸与朱正本等侵犯著作权纠纷"案，北京市第一中级人民法院（2005）一中民终字第 3447 号民事判决书。

〔3〕 参见"章金元、章金云等与浙江绍剧艺术研究院著作权权属、侵权纠纷"案，浙江省高级人民法院（2014）浙知终字第 100 号民事判决书。

是仍需要立法设立明确的原则性条款，避免司法自由裁量的空间过大，不能给予演绎作品平等的司法保护。笔者认为，我国对演绎作品的独创性标准可以结合对美国相关司法理论的考虑，采取与原作品相比有超过微小的创造性。根据最高人民法院发布的《关于充分发挥知识产权审判职能作用推动社会主义文化大发展大繁荣和促进经济自主协调发展若干问题的意见》以及最高人民法院《关于审理著作权民事纠纷案件适用法律若干问题的解释》相关文件内容，创作受著作权保护的标准应该保持统一性，因而对于演绎部分的创造性也不宜设置较为严格的要求。我国对作品独创性并不要求必须具备较高的文学、艺术或科学价值，也不要求作品必须具有新颖性，演绎作品在新的表达上达到如此程度的独创性即可。往往演绎作品的独创性并不亚于原创作品，并且因为创作空间的有限性已具备一定的创作难度，必须要在原作品的创作上投入有技术性的专业创作才可能不构成实质性复制，应该给予文化创造者平等的权益保护，鼓励专业创作者进行二次开发。

二、演绎作品著作权的归属与行使

（一）合法演绎作品

1. 经授权的合法演绎作品

本文中的"经授权的合法演绎作品"是指演绎作者经授权后在授权范围内合法利用原作品进行二次创作的作品。如果超越授权范围或者侵害原作者的合法权利，则属于下文中讨论的"非法演绎作品"。演绎作者经授权后创作产生演绎作品，其享有完整的著作权，其行使著作权不受原作者的限制。对于他人出版、表演、录制演绎作品，演绎作者享有许可权。

目前，由于《著作权法》尚未规定"演绎作品"这一概念，而是对个别类型的演绎作品进行分散立法，导致原作者只对法律规定的几类演绎作品享有禁止权。我国《著作权法》第34、36、39条分别规定了出版、表演、录制演艺作品应取得演绎作者和原作者的双重许可。在修订草案中，该法条缺陷得到了修正，规定了演绎作品著作权属于演绎者所有，使用演绎作品时须要遵循"原作者+演绎者"的双重许可制度。根据该规定，各类演绎作品的使用均需要取得原作者和演绎作者的双重许可。

《德国著作权法》将演绎作品授权取得时间进行了分类规定，[1]对于一般作品来说，在行使演绎作品著作权时需要获得原著作权人的许可。如果是某些市场价值较高的演绎作品，从演绎之时就要取得原著作权人的许可。这种分情况讨论的原因主要是作品的演绎成本较大，演绎者对其进行演绎需要耗费巨资，投入许多人力物力。该类演绎开始之后难以停止，或者一旦停止演绎将会造成巨大的经济损失。演绎作品一旦完成，演绎者必将行使著作权进行商业利用，回笼前期大量的投资，很有可能损害原著作权人的经济利益。因此，这些作品在进行演绎之时就要征得原作品著作权人的同意。这与修正草案的规定有所不同，值得我们辩证地吸纳。我国《著作权法（修正草案送审稿）》中规定了所有演绎作品在创作时无须征得原作者的同意，在行使著作权时需要获得原作者的授权，可以在此基础上增设一类特殊的演绎作品（成本巨大或者停止演绎损失巨大的），其授权时间前移至演绎行为发生前。

2. 构成合理使用的演绎作品

著作权的本质是排他权，其本旨正是对于享有著作权的作

---

[1] 参见《德国著作权法》第23条。

品的后续利用及其派生作品予以控制。而合理使用是著作权私有化的一个例外，是指在法律规定的条件下不必征得著作权人的同意，且不必向其支付报酬，基于正当目的而使用他人著作权作品的行为。[1] 修订草案第 12 条规定，演绎作者行使著作权时不得侵犯原作品的著作权。换言之，原则上进行演绎创作应取得原著作权人的许可，才可以基于原作进行二次创作。若符合著作权合理使用的构成要件，那么演绎作者可以不经原作者授权使用原作品。

在实践中，演绎作者未经原作品作者授权进行演绎，又常以合理使用进行抗辩。近年来，网络创作和传播平台迅速发展，出现了以短视频为主要类型的大众演绎作品，用户规模大且创作门槛低，经常出现未经授权直接利用原作品进行二次创作的行为，这促进了内容传播，但也给著作权人造成了经济损失。2017 年 4 月，"谷阿莫"因没有获得授权混剪电影片段被三家影视公司和视频平台起诉侵犯著作权，谷阿莫辩称其行为属于合理使用，二次创作并未侵权。笔者认为，演绎作品在何种情形下构成合理使用，是一个需要探讨的问题。

修订草案第 43 条规定了合理使用制度的情形，采用了国际公约的三步检验法[2]，并增添了第（十三）项"其他形式"进行兜底，打破了之前的封闭式列举立法，增加了演绎行为构成合理使用的可能性空间。此外，最高人民法院在合理使用的

---

〔1〕 吴汉东：《著作权合理使用制度研究》，中国政法大学出版社 1996 年版。

〔2〕 《伯尔尼公约》第 9 条第 2 款规定了构成合理使用的"三步检验法"（Three-step Test）：①只能在特殊情况下做出；②与作品的正常利用不相冲突；③没有无理由损害权利人合法利益的情况下。

司法适用问题上，借鉴了《美国版权法》的四要素分析法〔1〕，为了鼓励创新发展，建议在司法审判中综合考虑使用作品的性质和目的、原作品的性质、被使用部分的数量和质量、对原作品潜在市场或价值的影响等因素，如果不会影响原作品的正常使用，也没有达到损害作者正当利益的程度，可以认定为合理使用。〔2〕

司法实践中，法院在对于合理使用的构成要件审查较为严格谨慎。在"网易诉华多著作权侵权及不正当竞争案"〔3〕中，广东省高级人民法院明确指出："构成合理使用的行为应当限于确有必要的特殊情形。"判决表明，对于合理使用的司法审查应当基于严格保护知识产权的司法政策进行审慎判断，如非确有必要，不应认定某一对权利人利益有影响或损害的作品使用行为构成合理使用，即使认定某一具体行为构成合理使用，也不意味着所有该类行为均构成合理使用。在具体案件中，法院对于演绎作品是否构成合理使用分为以下两种不同的审理思路：

第一种，对合理使用的构成要求较为严格保守，具体分为以下几步：首先，法院须判断被诉行为是否属于现行《著作权法》第 22 条所列举的 12 种情形之一，若不属于现行立法封闭

---

〔1〕 1976 年《美国著作权法》第 107 条规定了检验合理使用的"四要素标准"：①使用行为的性质和目的；②被使用作品的性质；③被使用部分的数量和质量；④使用对作品潜在市场或价值的影响。

〔2〕 参见《最高人民法院关于充分发挥知识产权审判职能作用推动社会主义文化大发展大繁荣和促进经济自主协调发展若干问题的意见》。

〔3〕 参见"广州网易计算机系统有限公司与广州华多网络科技有限公司侵害著作权及不正当竞争纠纷案"，广东省高级人民法院（2018）粤民终 137 号民事判决书。

式列举的任何情形之一（例如被诉行为利用原作品具有公益性质，
[1]但不属于合理使用），则不符合合理使用的范围。在"华盖
创意与广州切尔西著作权纠纷案"[2]中，法院表明，《著作权
法》不允许在第 22 条列举的合理使用情形之外创设新的合理使用
的情形，《实施条例》只是作为判断诉争行为是否构成 12 种
情形之一的标准。若属于 12 种情形之一，其次要判断是否符合
《著作权法》第 22 条要求，已指明作者姓名、作品名称，若仅
仅标明了类似于"图文来源于互联网"等无法清晰指明作者和
作品名称的表述或者以作品出处无注明进行抗辩，法院还须审
查是否有证据证明已经对作者身份和作品名称进行了全面且尽
力的查明，若无证据证明已进行了全面的寻访工作将被认定为
不符合合理使用的范围。因为合理使用制度已免除了使用者事
先得到许可甚至支付使用费的义务，为了防止合理使用制度被滥
用导致著作权人的基本权益受损，使用者应履行充分的注意义
务。[3]第三步，法院还须判断被诉作品是否符合《实施条例》
第 21 条的规定，有无影响原作品的正常使用，有无造成原作者
合法利益不合理的损害。由于该条规定较为抽象，法院往往结
合四要素分析法，根据具体案情依次考虑演绎作者使用原作品
进行二次创作的性质和目的、原作品的性质、原作品被使用部
分的数量和质量、对原作品潜在市场或价值的影响等因素，若
不满足四要素则不符合合理使用的范围。若以"演绎作品促进

---

[1] 参见"原告吴罗庚诉被告武汉市武昌区人民政府侵犯摄影作品信息网络
传播权纠纷案"，武汉市中级人民法院（2017）鄂 01 民初 4401 号民事判决书。

[2] 参见"华盖创意（北京）图像技术有限公司与广州市切尔西商贸有限公
司著作权权属、侵权纠纷案"，广州知识产权法院（2015）粤知法著民终字第 226 号
民事判决书。

[3] 参见"云南易游网络信息产业有限公司与周国能案"，云南省昆明市中级
人民法院（2007）昆民六初字第 81 号民事判决书。

了原作品市场经济效益"进行抗辩，法院往往不会采纳，反而会考虑演绎作品是否侵害了原作品的潜在市场。因为演绎作品在一定程度上挤压了原著作权人的演绎开发空间，很有可能损害了原著作权人进一步拓宽作品盈利方式的合理期待，导致原著作权人的期待利益有所减损，所以即使能证明原作品的经济收入有所增加，被诉行为也很有可能被认定为侵权，尤其是基于商业目的使用他人作品的情形。

第二种，被诉行为只要满足《实施条例》第 21 条概括式推定的规定，即属于合理使用。在"北京电视艺术中心与北京豆网侵害作品信息网络传播权案"[1]中，法院认为，由于互联网新兴技术的发展，《著作权法》第 22 条列举的 12 种情形无法完全解决现实需求。因此，法院在判断被诉作品是否构成合理使用时，认为使用他人已经发表的作品，未影响该作品的正常使用，也未不合理损害著作权人合法权益，这种使用就可以构成合理使用。随着计算机和通信技术的发展，网络等新兴信息传播方式使得《著作权法》第 22 条规定列举的 12 种情形已经不能解决现实中出现的情况。因此，法院在《实施条例》第 21 条规定的合理使用构成条件的基础上，采用合理使用的一般原理对本案被诉行为是否构成合理使用进行评述，遵循司法精神和合理使用制度的设置目的。不过，法院仍须要结合四要素进行具体分析论证被诉作品是否与原作品的正常利益相冲突，有无不合理地损害著作权人的合法利益，综合权衡兼顾作品权利人、作品传播者和社会公众的利益。

虽然司法审判中对《著作权法》第 22 条的封闭列举式规定

---

〔1〕 参见"北京电视艺术中心有限公司与北京豆网科技有限公司侵害作品信息网络传播权纠纷案"，北京市朝阳区人民法院（2017）京 0105 民初 10033 号民事判决书。

产生了不同的解读，但对演绎作品合理使用的审判要件都较为严格，均包括了：使用时必须注明作者身份和作品名称，不得影响该作品的正常使用，不得不合理地损害著作权人的合法利益，使用程度仅限于"适当引用"等要素。目前，为最大限度地保护原著作权人权益，演绎作品很难被认定为合理使用。针对演绎作品构成合理使用的具体情形，笔者有如下几点建议：首先，在立法上，《著作权法》应当规定原则性的条款，使演绎作品有构成合理使用的可能性。《著作权法》的立法目的在于促进作品的传播、文化的繁荣、产业的发展，必要时需要将著作权人的合法权利部分让渡给公共利益需求。其次，立法可以为演绎作品提供商业利用的避风港，但必须保证原作者的著作权不受侵害并能获得其相应著作的财产权收益。一方面出于公共利益的考虑，如果演绎作品发表后成功受到了公众的高度认可，或者演绎部分的表达达到了较高的专业创作水平，不仅不影响原著作权人的商业利益，在继续使用的情形下还会带来更多的文化价值，那么可以借鉴美国法院的"公共利益"理论，纳入合理使用的范畴。另一方面，为了保护原作品的著作权，必须满足现行著作权法及《实施条例》的一般要求，包括注明作者身份和作品名称以及不得与原作品的正常利益相冲突、不得不合理地损害著作权人的合法利益等规定。此外，还应当要求在演绎作品公开使用后，所得收益需要根据原作品的引用程度进行划分，及时支付原作者相应的报酬，保证原作者的著作人身权和财产权不受损害，不得侵害原作者的期待利益。

综上所述，演绎作品构成合理使用需要具备的条件有：使用时必须注明作者身份和作品名称，不得影响该作品的正常使用，不得不合理地损害著作权人的合法利益，使用程度仅限于"适当引用"，使用结果达到了公共利益需要或者演绎之后作品具备了较高的文化艺术价值，公开使用后必须向原著作权人支付相应的报酬。演绎作品只有在不损害原作者权益，促进了原作品的传播并且丰富了文化内涵，在满足了公众对文化艺术的欣赏的条件下，《著作权法》才会给予特殊的保护。

（二）非法演绎作品

非法演绎作品的含义有三：第一，此作品为演绎作品，具有独创性；第二，此作品应当经过原著作权人许可，而未经著作权人许可；第三，此作品属于未经许可演绎或虽经许可演绎，但侵犯了原作品的其他著作权。[1]即，非法演绎作品包括两类演绎作品：一是未经许可而擅自演绎的，二是虽经许可但侵犯原作者其他权利的。这两类非法演绎作品都具有侵权性，但是否会影响非法演绎作品著作权的获得，是一个需要探讨的问题。关于此问题，从各国立法、司法判例以及学者的主张看，主要有三种意见：肯定说、否定说和不当得利说。

1. 肯定说

肯定说认为，非法演绎作品应受法律保护。主要理由有以下几点：第一，根据版权自动获得的原则，非法演绎作品的著作权自演绎者独立创作完成时即可获得。第二，如果法律不保护非法演绎作品，将会造成他人恶意"搭便车"的行为，使得演绎作者的劳动成果没有法律保护。纵容他人随意使用和传播演绎作品，也会对原作品著作权造成损害，造成维权上的困难。第三，给予非法演绎作品法律保护，有利于激励演绎者进行二次创作，让更多的受众接触到原作品和演绎作品，这符合《著作权法》鼓励创作和传播的立法目的，对促进知识创作和文化发展具有重要意义。

---

〔1〕 郑成思：《知识产权法》，法律出版社 2000 年版，第 333 页。

2. 否定说

否定说认为，非法演绎作品不应受法律保护，比如以《美国版权法》为代表的侵权作品说。[1]非法演绎作品因侵权行为产生，基于违法行为产生的利益不应受法律保护。另外，作者对享有著作权的作品本身享有演绎权，作者享有对自己作品进行二次创作并使用新作品的权利。法律应该优先保护原作者的演绎作品不受到侵害以及不正当竞争，非法演绎可能导致法律对作者演绎权的保护落空。

3. 不当得利说

除了上述肯定说和否定说，有学者基于民法理论提出了不当得利说，也就是赋予非法演绎作品作者不当得利请求权，而非著作权保护。民法上，不当得利是指没有合法根据，或事后丧失了合法根据而被确认是因致他人遭受损失而获得的利益。不当得利说是指当第三人未经演绎作者许可对非法演绎作品进行使用，并在没有合法依据的情况下获得相应利益，演绎作者可以基于第三人的不当得利享有一种返还请求权。持该说的人认为消极保护说存在缺陷，在出现多次非法演绎行为的情况下，在先演绎的作者对在后的演绎作者可以根据消极保护说进行禁止性制裁，造成了演绎者之间的权利不平等。

4. 学说之比较分析

首先，否定说和不当得利说都存在明显的缺陷，并不适用于我国。对于否定说，笔者认为其主要存在以下不足之处：第一，演绎作者有权基于自身独创部分享有著作权。虽然演绎作者不可以从自己的侵权行为中获取利益，但对其独创部分应当享有著作权。我国《著作权法》保护演绎作者的创作行为，即

---

〔1〕 参见《美国版权法》103 之 a 规定。

使演绎作品存在权利瑕疵，但该演绎作品符合独创性的部分仍应纳入《著作权法》的保护范围，获得与其他作品没有差别的著作权。第二，演绎作者在他人未经许可使用演绎作品时需要公平的权利保护。如果说从演绎作品创作完成开始时就剥夺了演绎作者的著作权，那么在他人任意使用演绎作品的时候，演绎作者将丧失对自己独创部分的侵权主张。演绎作者自始至终不能取得财产利益，也就无法请求不当得利人返还使用演绎作品所得，违反了诚实信用原则的要求，演绎作者的合法权利受到了不公平、不完善的保护。第三，根据利益平衡原则，非法演绎作品应当先考虑保护"作品"再解决"非法"的问题。非法演绎作品存在两种权利的抗衡，原作者的著作权和演绎作者的著作权，但两者权重有所不同，主要是在原作者著作权中的某一类演绎权和演绎作者的著作财产权之间进行衡量。原作者给演绎作者带来的权利瑕疵是否可以影响到演绎作者获取著作权与否？根据两种权益大小的考量，答案应该为否。显而易见的是，这种权利瑕疵可以后续通过获取授权许可、赔偿损失等方式进行弥补、消除，而剥夺演绎作者的著作权来弥补"非法性"有矫枉过正之嫌。对于非法演绎作品来说，权利瑕疵显然不足以对抗演绎作者的著作专有权。第四，从效益最大化和公共利益角度考虑，为了积极传播优质作品，推进文化繁荣发展，需要充分发挥有限资源的效力，尽量减少创作成本以鼓励创作热情，并且演绎作品很大程度上能够为原作品和二次创作带来共同繁荣，非法演绎作品应当获得著作权保护。演绎行为可以展现出文化作品"千人千面"的奥义和不断推陈出新的无限魅力，大大丰富人民群众对文化传播不同形式、表达方式的多元化需求。

除此之外，不当得利说虽然可以避免演绎作者之间的权利不公平，但是该说存在明显不足。相对于著作权，不当得利请求权仅是获得报酬的权利，是一种相对权，而著作权是独占权、许可权，是一种绝对权。不当得利的功能在于事后的衡平，它体现的是法律上的矫正正义，而财产权制度的功能除了事后衡平外，还在于事前的确权以赋予权利人完整的支配力，它体现的是一种分配正义。[1]根据不当得利说，演绎作者享有的仅是事后的请求权，必须在不当得利发生之后才能产生，那么演绎作者只能在其受到损害之后才能得到保护。这种保护制度类似亡羊补牢，不能在侵权发生前及时制止将会给演绎作者带来不合理的损失。并且，因为只能事后追责，对非法演绎作品的保护力度弱，后续违法使用演绎作品的行为会更为猖獗。除此之外，不当得利制度不合理之处还在于其仅针对财产损失，无法弥补演绎作者的精神利益。综上所述，笔者认为，目前消极保护说更具有合理性。

笔者比较认同肯定说的观点，但是，非法演绎显然要区别于合法演绎，当然不可取得与合法演绎相同的著作权保护，否则将会给原作者的著作权带来重创。非法演绎作品也包含了演绎作者的独创劳动，自创作完成之时应当赋予其著作权，但是鉴于其非法性，需要剥夺其行使著作权的一部分主动权。修订草案对此也采取了消极保护的态度，非法演绎作品著作权自创作完成时即可获得，但在行使著作权时由于存在权利瑕疵可以受到原作者的限制。换言之，演绎作者享有"消极"的著作权，"消极"具体表现为演绎作者不得主动行使著作权进行获利，只得被动地禁止他人使用其演绎作品。非法演绎作品著作权人获得完整的著作权，但是对其作品的利用受到了限制，此种限制

---

[1] 黄汇："非法演绎作品保护模式论考"，载《法学论坛》2008年第1期。

不是演绎人享有的著作权受到限制，而是源于其作品上附有他人的独创性劳动，来自于原作品著作权的限制。这就如同，人物特写摄影作品会涉及作品中人物的肖像权的限制；文字作品中涉及国家秘密，其发表受到限制。王迁老师认为，独创性只是一种成果构成作品的条件之一，并非认定该成果是否为侵权作品的标准，因为这种成果完全可能既构成作品，又侵犯他人著作权。非法演绎作品是否受著作权的合法保护，判断标准只在于其是否具备独创性。非法演绎作品是否侵犯他人著作权不能影响对其独创性的判断，其侵权性不意味着非法演绎作品享有的著作权不完整。原著作权人仍能控制非法演绎作品的利用，保证其作品的市场不受影响。授予非法演绎作品著作权与原作品著作权人利益受损之间不存在关联性，其具有合理性。

5. 非法演绎作品著作权行使规则

根据上述论证，在消极保护说之下，非法演绎作品应该受到保护，但同时又不能破坏取得著作权应具备的条件，损害原著作权人的演绎权。因此，非法演绎作品虽然创作之时即可获得著作权，但是公开使用演绎作品时需要获取原著作权人的许可。在行使演绎作品著作权时，若存在未经许可擅自演绎的情况，法律可以要求演绎作者必须在一定的期间内获得原作者的同意。如果非法演绎者在一定的期间内积极地获得了原作者的授权，补正了其著作权的行使瑕疵，则可以取得《著作权法》上完整的著作权。此时，演绎作者获得第三人的著作权侵权损害赔偿时，原著作权人不可再对其主张权利，获得许可费和损害赔偿双重补偿。另一种非法演绎作品，即虽经许可但侵犯原作者其他权利的情形，在经过许可之后即可获得完整的著作权，但是要依法承担其他侵权赔偿责任。

另外，若非法演绎作品一开始存在权利瑕疵，后期才得到完整著作权，在获得著作权保护的时间上需要区别对待。非法演绎作品和演绎作品的保护应当有所差别，否则将会扰乱正常的作品市场授权秩序。可以对《著作权法》的溯及力进行另外规定，非法演绎作品自瑕疵补正之日起才能获得完整的著作权法保护，自创作完成之日起至取得完整权属前不具有溯及力，从而根据违法性程度设置不同的法律保护。在法律规定的合理期间内，如果演绎作者仍然没有取得原著作权人的许可而进行违法使用的，《著作权法》自期满之日起不再给予其作品著作财产权保护，因为要尊重和支持原著作权人维护相关合法权益。但是，不代表非法演绎作品丧失了保护基础，其仍然可以受到民法上的保护。当第三人非法使用演绎作品并且获益时，非法演绎作者可以基于不当得利返还请求权主张相应的财产损失。

三、演绎作品著作权的立法建议

在我国《著作权法》第三次修改的大背景下，将演绎作品给予法律上的明确地位势在必行。构建完善的演绎作品保护制度，对我国文化产业发展的促进和人民精神文化需求的满足大有裨益。

（一）设置"演绎权"

目前，草案并没有规定"演绎权"的条款，立法上没有"演绎权"这一上位概念。现行《著作权法》中设置了改编权、翻译权、汇编权、摄制权四项相关权利，而修订草案保留了翻译权，删除了汇编权，将摄制权合并到改编权统一规定。笔者认为，该条可以直接规定"演绎权"的概念，可将改编权、翻译权、摄制权三类著作财产权统一规定到演绎权的范畴。在立法上设置演绎权，无论出于理论或是实践层面的考虑，均具有合理性。

首先，设置演绎权的法定概念有利于区分演绎与复制。目前，法院在区分演绎权和复制权这一问题上存在不同的认识。[1]例如，将影视作品中的动画形象有所改变（包括表情、动作、姿态等外貌特征）后印刷在儿童服饰、玩具、生活用品、游戏角色等物品上，有的法院认为是对原作品的复制，[2]也有法院认为是对原作品的演绎。[3]在立法上明确"演绎权"的定义，有助于更加完善地保护著作权人的合法权益：当他人无法定或约定的正当理由对作品进行"无创造性"的改变时，可以认定为侵犯了著作权人的"复制权"；而当他人对作品进行具有"独创性"的改变时，法院可以认定为侵犯了著作权人的"演绎权"。将"演绎权"独立立法，既能保护著作权人的期待利益从而促进二次开发，又能解决法院司法适用上的同案不同判的矛盾。

其次，设置"演绎权"可以完善将各类演绎权分散立法的不足。当前《著作权法》中，对改编权、翻译权、摄制权、汇编权这四类演绎权进行分开立法，将造成立法保护的缺口，理由如下：第一，从文义解释角度出发，分散立法的条文规定各类演绎权所控制的仅仅是演绎行为本身，无法控制使用新的演绎作品的行为。比如，改编权仅包含控制他人改编的行为，但不能控制他人用其他方式使用改编作品的行为。在此情况下，当第三人使用改编作品时，改编作品的著作权人则享有相应的著作专有权，可以向其主张侵权责任。而第三人使用改编作品的行为，侵犯原作者何种著作专有权，按照分散立法的规定，将难以解释第三人侵犯了原作者的四类演绎权，给司法裁判带

〔1〕 梁志文："论演绎权的保护范围"，载《中国法学》2015年第5期。
〔2〕 参见"广东原创动力文化传播有限公司诉深圳市锦程玩具制品有限公司案"，广东省深圳市宝安区人民法院（2013）深宝法知民初字第1047号民事判决书。
〔3〕 参见"广东原创动力文化传播有限公司诉义乌市双伟电子商务有限公司案"，浙江省义乌市人民法院（2014）金义知民初字第927号民事判决书。

来了不便。

再次，设置"演绎权"可以解决改编权的适用范围狭隘的问题。修订草案将改编行为定义为改变成其他体裁和种类，该定义将改编权限于改编作品的种类和题材，将内容改编排除在外似乎考虑不当。[1]设立"演绎权"的概念，可以避免这种适用范围有限的情况，演绎行为的概念更符合立法可预见性的要求。

最后，设置"演绎权"，能与演绎作品的相关规定形成照应，体现出完整的立法逻辑。当前，修改草案在第 16 条规定了"演绎作品"的定义及其双重许可的使用限制。其中，使用演绎作品时须要双重许可这一规定，究其根本是源于演绎权的存在，也就是演绎作品的作者享有可以限制他人发表、使用演绎作品进行获利的权利。设置演绎权的规定，可以很好地解释目前修改草案第 16 条规定的法理渊源，形成完善的立法体系。

（二）规定演绎行为结果的可版权性

法律需要明确演绎作品的定义及其独创性标准。从国际立法经验中取其精华，增强法条的前瞻性和适应性，完善对"演绎作品"的法律定义。修订草案第一次引入了"演绎作品"，利用列举加归纳的形式规定了演绎作品的定义，明确了演绎作品的法律地位，扩大了演绎行为的范围，并突出了其利用性和创新性两个特征，能够较好地与实践接轨。同时，该条明确了演绎作品著作权的归属，属于演绎者享有，演绎者对演绎作品享有著作权法上规定的完整权利。另外，该条还规定了演绎作品的"双重许可"制度，需要原作者与演绎者的双重许可才能对演绎作品进行使用，保障了原作者对演绎作品的后续获益权。

---

〔1〕 张艳冰："演绎作品著作权及其归属制度完善研究——以〈著作权法〉（修订稿）为视角"，载《邵阳学院学报（社会科学版）》2014 年第 4 期。

根据该项规定，演绎作品的著作权创作即刻取得，但是使用时要受到原作者演绎权的限制，解决了"非法演绎作品"是否受保护的问题。但是，修订草案尚未对演绎作品的独创性标准给出明确的答案。根据上文中的论述，建议立法上采取与一般作品相统一的独创性标准，在实践操作中演绎作品对比原作品超过微小变化即可。

（三）规定原作者与演绎作者之间的授权许可机制

我国《著作权法》第10、24条等规定了著作权的利用制度，原作者与演绎作者之间的授权许可也应该依照相关规定进行。此外，为了节约创作成本，促进文化交易，还应该规定原作者与演绎作者之间的著作权默示许可制度。演绎作者若想与原作者达成许可使用协议，往往要经历一个复杂的过程，且交易成本较大。若取得原作者授权极其烦琐艰难，将会大大阻碍演绎行为的实施，打击优秀作品的二次创新及收益。尤其是当优秀作品进行了多次演绎之后，将形成冗长的权利链条，给在后的演绎作者获取授权带来无限放大的法律风险和交易成本。每一个著作权人就代表一个许可程序，缺少一个授权同意将会带来侵权风险，查明所有的在先著作权人成为一个巨大的工程，极大地加重了在后演绎者取得演绎许可的负担，增加不必要的创作成本，将对演绎作者的创作热情带来巨大的冲击。因此，在保留演绎作者与使用者之间的授权许可机制之下，还应该建立原作者与演绎作者之间的著作权默示许可制度。以任意解除权为保障，建立完善的付费和利益分配机制，充分保护原作者的合法权益。规定使用者对演绎作品的使用许可只需要经过演绎作者的许可，无须经过原作者的明示同意，但不得侵犯原作品著作权。

实践中，可以赋予著作权管理组织对演绎创作的管理职责。

现实中，演绎者因为无法查询到作品权属、无法与原作者本人取得联系、作品还存在法律争议、作者对相关授权合同条款无法达成一致意见等原因，因为多方面的不便和阻碍，无法获得合法授权，给演绎创作的商业发展空间带来不利影响。一般情况下，著作权人自己享有著作权并且自行管理，包括授权他人进行演绎创作，与他人签订许可使用协议，这种个人管理存在许多不足，一方面，在授权许可他人进行演绎创作时，个人需要消耗较多的人力物力去处理，大大增加了交易成本，在一定程度上降低了创作效率和经济利益。另一方面，出现未经授权进行演绎创作的情况时，侵权行为具有隐蔽性和广泛性，这就造成了著作权人对于未经许可的非法演绎难以排查，而且取证、维权过程比较困难。对于原作者和演绎作者来说，将部分权利交由著作权集体管理组织行使，有利于减少各方的交易成本，提高作品管理的整体效率。继而，演绎作者们在获取合法授权上的积极性也能有所提高，原作者的经济效益也能随之得到提升。

（四）建立非法演绎作品的消极保护制度

未经原作者许可的演绎作品，演绎作者有权禁止第三人非法使用演绎作品，有权对侵犯演绎作品著作权人主张损害赔偿。演绎作者不能主动行使其著作权，但有权行使基于演绎作品产生的署名权、修改权和保护作品完整权。只有在取得原作者的追认之后，演绎作品对其作品才能获得完整的著作权。

另外规定，演绎作者应当在合理期限内取得原著作权人的授权许可，弥补创作过程中的侵权过失，在获得原著作权人的许可之后才能获得完整的著作权。超出该合理期限之后，《著作权法》不再保护该侵权作品，演绎作者主张请求第三人返还违法使用演绎作品产生的相应不当得利。

（五）特殊的演绎作品著作权归属与行使

在前文中，提及德国《著作权法》在演绎作品的授权上采取了分类规定的立法，给我国《著作权法》带来了启示。一般的演绎作品需要在行使著作权时已获得原著作权人的授权，但是对于演绎成本巨大的演绎作品，如改编拍摄电影、依据图纸构造建筑物等，应当在演绎行为发生时即取得原著作权人的同意。

修订草案该条规定了一类特殊演绎作品（视听作品）的著作权归属[1]，以及原作品著作权人享有许可权。将小说、戏剧等文学艺术作品改编成电影剧本进而制作成影视剧的情况是目前影视界主要创作投资的主脉，其特殊性在于参与创作的人员众多，涉及的财产权利复杂且耗资巨大，需要立法的干预以厘清多方的著作权益。根据现行《著作权法》第15条的规定，电影作品著作权属于制片者，使用时无须经过原著作权人的许可。这将大大折损原著作权人著作权的后续收益，造成明显的分配不公。《伯尔尼公约》已将电影作品纳入演绎作品的适用规则进行规定。[2]根据公约规定，电影作品适用"双重授权"原则，这与我国《著作权法（修订草案送审稿）》的立法意图相吻合。视听作品作为特殊的演绎作品在其著作权归属上要进行特殊规定，在著作权行使规则上需要原著作权人的同意，但是也可以根据行业惯例意思自治。

（六）规定演绎作品合理使用的条款和具体情形

《著作权法》规定合理使用制度时，可以进行原则性的兜底条款规定，有利于司法适用的灵活性。但具体到演绎作品，司法实践中，应当结合具体案情，对演绎作品构成合理使用的构

---

[1]　参见《著作权法（修订草案送审稿）》第19条第1款。
[2]　参见《伯尔尼公约》第14条。

成要件进行进一步的审查。构成要件除了使用时必须注明作者身份和作品名称、不得影响该作品的正常使用、不得不合理地损害著作权人的合法利益等《著作权法》上的统一规定之外，还应该包括：使用程度仅限于"适当引用"，使用结果达到了公共利益需要或者演绎之后作品具备了较高的文化艺术价值。最重要的是，若公开使用获得商业利益，演绎作者必须向原著作权人支付一定的报酬。只有在演绎作品促进了原作品的传播，不损害原作者权益，并且丰富了文化内涵，满足了公众对文化艺术的欣赏的条件下，《著作权法》才会给予特殊的保护。

四、结语

演绎作品是经过多次创作而形成的，具备了多重著作权的属性，往往凝结了多个著作权人的智力劳动成果，从而也被赋予了多重的文化艺术价值。不管是出于对投入智力劳动的著作权人还是对具有欣赏价值的文化作品的尊重和保护，都应该给予其完善的法律保护。本文的写作意义在于通过对演绎作品的定义、独创性标准、归属、行使规则以及修订草案的相关法条规定的研究，在立法层面能够使演绎权、演绎作品相关制度有所完善，能够给予演绎作品充分的、适当的著作权保护，促进各行业对于优秀文化艺术作品进行演绎开发的创作激情。如今，将演绎作品纳入我国《著作权法》的保护势在必行，构建完善的演绎作品著作权保护体系指日可待，期待我国《著作权法》修订工程的更大进展。

机器人新闻稿件的法律属性及保护路径研究

张 颖[*]

一、绪论

随着人工智能的飞速发展及技术与行业融合的不断加深，新闻的发展经历了一个多角度的转变，从单一的"PGC（媒体人生成内容）向 UGC（用户生成的内容）再到 AGC（算法生成的内容）"转变。在美国，美联社于 2014 年就已经和 Automated Insights 合作，用写稿机器人 Word Smith 撰写财经新闻；华盛顿邮报目前已经投入使用 100 多个"机器人记者"。其中，写稿机器人 Heliograf 在 2016 年里约奥运会期间生成 500 条新闻；2014年，英国《卫报》发布了一份名为"#open001"的报纸，仅针对媒体组织和广告代理商发行。"#open001"的报纸，内容几乎全部借助机器人完成。[1]2016 年，人工智能创作的小说入围日经新闻社举办的第三届"星光与一奖"竞赛。[2]随后，新华社、南方都市报、今日头条等媒体单位也纷纷将"机器人记者"

---

[*] 山东政法学院教师。

〔1〕 周宣辰、梅国英："人工智能生成新闻稿的著作权问题研究"，载《常州信息职业技术学院学报》2018 年第 5 期。
〔2〕 参见名古屋大学大学院工学研究科佐藤·松崎研究室："コンピュータが小説を書く日"，载 http://www.fun.ac.jp/kimagure_ai/results/stories/617.pdf，访问日期：2017 年 5 月 5 日。

应用到新闻稿件撰写中。那么机器人新闻稿件是否具有可版权性？其权利的归属主体是什么？当面临侵权或者被侵权时，应该由哪些主体来承担责任？这些问题对于现今仍然只承认自然人才能成为作者的著作权法理原则是一种制度上的挑战，学界、业界也对此展开了激烈的讨论。针对人工智能产生的成果能否构成作品，国内学术界有三种观点："反对理论""支持理论"以及"中立理论"。"支持理论"和"中立理论"表明法律应该明确地将人工智能创造物设定为知识产权的客体。关于在传统版权法的理论框架下，是否可以解决人工智能生产成果的版权归属问题，"工具理论"认为人工智能是用户的工具，其作者应归属于用户；"意志代表说"把人工智能的生成过程看作按照其用户或程序员意志产生的表达；"创造者说"或"程序编写者说"主张可以通过参考雇佣作品或职务作品根据相关制度规定对人工智能产生成果进行保护；"公共领域说"将人工智能产生的结果视为没有作者的作品，任何人都可以使用；"邻接权说"主张为减少人工智能产生成果和版权理论之间的矛盾，对其生成成果通过邻接权加以保护；"虚拟人类作者说"用以应对传统版权理论，"孳息说"主要通过民法中关于孳息的相关规定来寻找理论支持。本文力图通过规范研究和比较研究的方法回答上述问题。

二、机器人新闻稿件的生成原理

（一）机器人新闻稿件的含义

2015 年，新华社的机器人写手"快笔小新"[1]的运行是我国传媒领域人工智能与新闻写作的首次结合，随后今日头条机

---

［1］ 参见 http://media.people.com.cn/n/2015/1117/c40606 – 27823918.html，访问日期：2020 年 6 月 27 日。

器人"小明"、南方都市报机器人"小南"相继诞生，人工智能在新闻领域的应用正变得越来越普遍。

所谓的"机器人新闻稿"是指在对信息内容进行爬行和分析之后，基于特定计算机程序系统自动编写的完整可读的新闻报道。[1]那么机器人是如何产出新闻稿件的呢？哥伦比亚大学新闻学院 Tow 数字新闻中心分析了"叙事科学"公司的机器人（算法），其生成完整的新闻稿件主要分为以下五个流程：[2]

第一步，读入大量结构化和标准化数据。该系统可以基于已有的资料库和数据库进行大量的数据分析学习，有关金融或体育方面具有波动性的数据是其学习的关键。

第二步，寻找"新闻性"数据。通常，系统会挑选出数据中最"异常"的方面，并监控每个不同类别的数据中出现的"最高点"或"最低点"。例如，在气象新闻或者财经新闻中，温度的最高值、最低值以及股票的涨跌、涨停数据，都是算法认为的具有"新闻性"的数据。

第三步，寻找"新闻角度"。自然人记者提前将新闻报道的不同的框架和模式确定好，系统算法根据数据的分析自动匹配应该适用的报道框架。[3]例如，体育报道的典型框架包括："亲密无间的团队合作"和"来自后方的反击战"等。

第四步，寻找"故事点"。智能写稿系统根据数据确定好应该选择的报道模式，然后接着选择具有"故事点"的数据，例如球员的胜负、名字、得分等，信息，还结合比赛的场地、历

---

〔1〕 参见孙振虎、张馨亚："机器人新闻的发展与反思"，载《电视研究》2016 年第 6 期。

〔2〕 参见张旦："欧美新闻算法应用研究的启示与经验"，载《新闻研究导刊》2018 年第 9 期。

〔3〕 参见邓建国："机器人新闻：原理、风险和影响"，载《新闻记者》2016年第 9 期。

史的战绩等信息进行匹配，通过接近性的匹配，该智能写稿系统可以优先选择或报道重点玩家的比赛情况。

第五步，从自然语言的角度来完善自动生成的新闻文章。该智能写稿系统可以根据主体的单数和复数情况变换不同的谓语或动词，还可以通过同义替换使用更加丰富的词语。另外，它也可以学习和模仿一些知名记者、作家的文风，能够使用不同的写作风格进行"创作"。

（二）机器人新闻稿件的生成机制

通过分析，机器人新闻稿件的生成机制可以概括为以下三种：

第一，如《洛杉矶时报》开发的地震报道机器人 Quakebot[1]的撰写模式，属于完全的 NLG（自然语言生成），是基于算法的新闻内容生产，根据人为输入标准的程序指令，按照预存模板进行填充，直接完成新闻的撰写。[2]

第二，以美联社所使用的 Word Smith 为例，Word Smith 的新闻撰写不再只是完全的自然语言生成，将 KDD（数据库知识发现）与 NLP（自然语言处理）相结合，[3]在对数据进行分析之后，可以结合国家政策、行业背景进行解读。

第三，在数据信息的加工处理方面，和前两种具有最大的差异。系统只是负责一些最基础的采编及数据处理工作，后续记者通过人工加工，作出具有创造性的意见分析，该类报道多为深度调查报道等。此时，该系统仅仅充当了一种"工具"的

---

〔1〕 参见余婷、陈实："人工智能在美国新闻业的应用及影响"，载《新闻记者》2018 年第 4 期。

〔2〕 参见金兼斌："机器新闻写作：一场正在发生的革命"，载《新闻与写作》2014 年第 9 期。

〔3〕 参见黎桥："人工智能生成内容在著作权法之下的法律保护问题研究"，浙江大学 2018 年硕士学位论文。

角色，这类新闻报道实质还是自然人通过系统软件的辅助完成新闻报道，我国现行法律已经对其有了明确的规定，下文的讨论中不包含该种生成模式的机器人新闻稿件。

机器人新闻的生成方式不同于人工新闻写作，前者是智能写稿系统通过读入数据、抓取关键性数据自动生成的，数据库的素材可以影响智能写稿系统的输出结果。

机器人生成的新闻文稿是作为人工智能创造物的类型之一，在下文讨论中，首先对国内外人工智能创造物的法律属性认定进行探讨，再结合我国理论界目前对此保护的几种观点进行对比，从中为机器人新闻文稿找到最优的法律保护途径。

三、国外关于人工智能创造物的法律属性认定

（一）英国

英国是第一个在立法中回应人工智能创造版权问题的国家。从 1973 年开始，英国版权法修正委员会就计算机创作的版权进行过为期四年的讨论，最后提出"计算机仍是一种工具，这一作品的著作权人应该是为了产生作品而操作计算机的人"。1981 年，委员会修改了一些论点，即计算机创作的作者应该是操作计算机并承担责任的人。1988 年，《版权、设计和专利法》规定，计算机生成意味着工作由计算机创建，不存在任何人类作者。执行计算机生成的工作所需程序的人被视为计算机生成工作的作者。[1]那些为计算机生成的作品做出"必要安排"的人可能包括人工智能系统或设备中的程序员、用户或投资人。

（二）澳大利亚

澳大利亚在 1993 年讨论了计算机创作问题，因澳大利亚

---

〔1〕 参见栾群、陈全思、王鹍峰："人工智能作品权保护的域外经验"，载《中国经济报告》2018 年第 10 期。

《版权法》要求作者为自然人，故即使人类的贡献未达到《版权法》的要求，也不能将权利归属于人工智能。

司法实践中却有着不同的观点，澳大利亚联邦法院合议庭首席法官指出，如果计算机操作者能够控制计算机的最终产出结果，将著作权归属于该操作者并无不当；但若操作者不能控制最终的结果，其未对创作的作品作出足够的贡献，则不能认定为作者，其生成成果无法构成作品。虽然澳大利亚在立法和实践中都同意人工智能不能成为作者，但在是否认可人工智能创造物这一问题上有所分歧，也就是说，该政策承认存在人工智能创造并将其版权归于计算机操作员，但在司法实践中，只有对计算机作品存在一定程度上的控制时，操作者才能被认定为作者，在此基础上，人工智能创作物才被认可，因此司法实践中不承认纯粹的人工智能创造物。

（三）日本

日本在1993年的一份报告中指出，计算机创作物产生过程中，如果人类有创造意图并且付出了能被《著作权法》所认可的贡献，该创作物则可以被认定为作品。2016年4月，日本知识产权部门宣布将人工智能纳入知识产权计划，人工智能创作以作品形式通过法律形式确定下来。同年4月，日本的《检讨委员会报告书》中指出，如果使用者在生成过程中存在创造性贡献，该创造物就被视为作品，该使用者即为权利人，而若没有人类的创造性贡献，则根据现有制度不能被认定为《著作权法》上的作品。[1]

2016年5月，日本在知识产权促进计划中明确指出：具有一定市场价值的人工智能创作也可能需要受到某些知识产权的

---

[1] 参见曹源：“日本人工智能发展及著作权问题上的选择与纠结”，文章来源于“百度公共政策研究院”公众号。

保护。同时提到，鉴于版权制度实施的无形性，人工智能创作的音乐、小说等一旦创作结束，就可以受到知识产权的保护，这种形式很容易使得受版权保护的作品数量急剧增加。根据经济产业省的报告，日本的机器人产业到 2025 年将产生 648 亿美元的收入。同时，由于机器人产业的快速发展，它可以弥补日本人口老龄化带来的社会劳动力严重短缺和经济增长放缓。因此，对机器人及其创作给予合理的法律保护对日本具有积极的社会意义。[1]

（四）美国

在计算机技术发展之初，有人就利用计算机创作了上千首歌曲，并请求美国版权局予以登记，但美国版权局以"从未有过对计算机创作的作品予以认定"为由，拒绝对这些歌曲进行登记。此后，美国就"计算机创作"问题进行讨论，1973 年《美国版权局工作手册》指出，《版权法》上的作品要求该作品必须是由人所创。1978 年美国国会成立"新技术时代作品委员会"（CONTU）以应对技术给版权带来的影响，在对计算机生成内容的研究过程中，有学者提出"计算机创作的成果不能构成作品，因为其创作的主体不是人"的观点。然而，最终报告指出，确定它是否构成作品的关键在于它是否符合《版权法》的要求。无论计算机是否参与，计算机创作都是如此，但也指出了"计算机不能成为作者"。在 1986 年美国国会技术评估委员会的报告中表明，虽然计算机缺乏自主权，但这并不代表说计算机在生成产物的过程中不会发挥任何自主权。但最终的报告指出，认定是否构成作品，关键在于其是否具备《版权法》的要求，计算机创作物同样如此，计算机是否参与对其不产生影响，

---

〔1〕 参见栾群、陈全思、王鹍峰："人工智能作品权保护的域外经验"，载《中国经济报告》2018 年第 10 期。

但同时也指出"计算机不能成为作者"。在 1986 年美国国会技术评价委员会的一份报告中认为，尽管计算机缺乏自动性，但这并不意味着计算机在生成物生成的过程中没有发挥任何主动性，因为计算机创作是由人与计算机之间的交互产生的。

美国现行的《版权法》的第 102 条（a）款规定其所保护对象是能够以有形形式固定的独创性的表达[1]，没有明确说明版权的归属对象是否必须为自然人。1982 年 Williams Electronics, Inc. v. Artic International, Inc. 案[2]与 1983 年 Midway Manufacturing, Inc. v. Artic International, Inc. 案[3]中均有判例认定人工智能创作物的作品归程序编写者所有，但至今仍并未以成文法的形式确认。司法实践中，著名案件 Naruto v. Slater 又称"猴子拍照案"[4]的判决结果表明，美国在实践中没有承认自然人之外的版权归属主体。

谷歌公司就曾针对在训练阿尔法狗的过程中产生的棋谱向知识产权管理部门提出过申请，但因棋谱并非是人类劳动的直接产物而被拒绝，谷歌公司并未放弃，当阿尔法狗在赛场上大

---

〔1〕《著作权清理、说明，及订正法案》第 102 条（a）款规定："本法保护的作品，是指以现在已知或者未来开发的有形形式固定的具有独创性的作品，直接或借助于机器设备可以感知、复制或者传播作品。"

〔2〕 Williams Electronics, Inc. v. Artic International, Inc. 685 F. 2d 870（3d Cir. 1982），载 http://openjurist. org/685/f2d/870. 2018-06-21，访问日期：2020 年 6 月 27 日。

〔3〕 Midway Manufacturing, NC. v. Artic International, Inc. 704 F. 2d 1009（7th Cir），certdenied，464 U. S. 823（1983），载 http://www. leagle. com/decision/1982154 6547FSu. 2018-06-21，访问日期：2020 年 6 月 27 日。

〔4〕 该案件的案情是从事丛林户外摄影活动的摄影师 David，在其架好设备后的短暂离开期间，一只黑猕猴触动拍摄按钮并拍下了一幅经典摄影作品，此后，美国动物保护组织 Slater 将摄影师 David 告上法庭，称其侵犯了这只黑猕猴的摄影作品版权。该案件在 2017 年 9 月 11 日由美国旧金山法院作出终审判，判定版权保护并不适用于猴子等动物群体。

放异彩后，继续就棋谱申请知识产权保护，美国此时也意识到人工智能创造物将对市场产生较大的冲击，开始在法律上予以重视。[1]

实际需求促使美国更早关注人工智能创作的版权问题。美国对待人工智能创作物可版权性的态度也随着科技的进步和发展不断发生着改变。目前，美国专利商标局认为，人工智能创造物作为人力劳动和创新的间接产物应受到知识产权法的保护。

（五）欧盟地区

1988 年，欧洲联盟委员会在版权绿皮书中讨论了计算机创作带来的挑战。委员会认为，能够实施足够的技能或进行相应的劳动是版权保护的基础，认为如果将计算机作为一种"工具"，那么其生成成果的作者应该就是该计算机的使用者。

2013 年以后，欧盟在制作业大量使用机器人代替人工进行简单的机械操作，这大大促进了欧盟对人工智能机器人相关立法的探究。2016 年，欧盟委员会率先提出人工智能立法动议。[2]该次立法动议主要集中在"机器人可否具有法律权利"、"法律上是否赋予机器人主体地位"以及"机器人侵权相关责任"展开。同年 10 月，欧盟委员会公布名为"欧盟机器人民事法律规则"的最新研究成果。2018 年 1 月，欧盟委员会玛利亚·加布里埃尔在数字生活设计大会（Digital Design，DLD）[3]上宣布，欧盟成员国开始致力于人工智能相关法案的起草。欧盟承认人工智能创作物的可版权性，并对建立电子人类法律制度体系持开放态度。

---

〔1〕 任晓波："谷歌在华专利布局分析及其启示"，载《管理观察》2016 年第 28 期。

〔2〕 参见胡裕岭："欧盟率先提出人工智能立法动议"，载《检察风云》2016 年第 18 期。

〔3〕 参见 https://baike.baidu.com/item/shuzishenghuosheji/16837016? fr=Aladdin.

人工智能创作物引发的法律问题主要集中在知识产权上，尽管目前世界上主要国家认识到人工智能生成的成果具有经济价值，应该受到法律保护，可是人工智能本身不能成为法律人格主体，其权利归属问题尚不明确。法规因国家而异，仍然缺乏明确的标准。

四、机器人新闻稿件的法律问题分析

"能够以某种有形形式复制，并且具有独创性的智力成果"是关于"作品"的最基本要求。[1]对"作品"的理解有四：首先，须为人类的智力成果；其次，须是可被客观感知的外在表达；再者，是文学、艺术、科学界的成果；最后，有独创性。本文作者认为，机器人新闻稿件不具有独创性，但具有经济价值，可以进行交易和复制，是一种文化产品。

（一）机器人新闻稿件非著作权法所规范的作品

1. 从著作权的主体角度分析

根据《北京市高级人民法院侵害著作权案件审理指南》的规定，构成"作品"的首要前提是考虑作品是否属于"自然人"所完成的创作。很显然，成为"作品"的必要条件是作者必须是"自然人"。换句话说，作品必须是人类智慧的结果，它排除了许多动物的"作品"（如马戏团的动物们画的画，拍的照片等），人工智能的照片或创造物（如机器人写的新闻文稿）同样不被纳入"作品"的范围。这是因为作品必须要反映人类的主观创造意图。所谓的"创意意志"意味着作品的独创性必须具有作者的创作意图和个人印记。如果创作的意图缺乏或不足，即使客观地形成艺术成果，也不能认为它构成作品。

---

〔1〕《著作权法实施条例》第2条规定，作品，是指文学、艺术和科学领域内具有独创性并能以某种有形形式复制的智力成果。

2. 从"独立性"和"独创性"角度分析

一部"作品"的灵魂在于其"独创性",也是判断该成果是否受版权法保护的先决条件。对于机器人新闻文本的独创性可从两个方面进行考虑:一是"独立性",二是"独创性"。

首先,关于独创性之"独立"方面,机器人新闻文稿是机器人独立生产的产物。在人工智能研究和开发的早期阶段,人工智能在协助人类创造方面起到了一个工具的作用。比如最开始使用新闻自动化软件进行写作时,自然人记者仍然需要对其成果进行修改编写,需要人类记者后期继续梳理该文章的逻辑,调整文章的结构。然而,随着人工智能研究和开发的深入,机器人创造所需的人类参与程度越来越低,自然人只要把"开"与"关"的按键启动打开就可以独立生成成果,自然人的参与程度很低且并未提供"实质性"贡献。正如 Perram 法官在 Desktop 案的判决中就指出:"如果自然人对软件程序的控制可以达到对创作作品进行调整和塑造,则自然人是该软件所生成内容的作者。如果自然人并不能用起个人操作而对计算机创作作品最终的物质形式进行控制,则不能将该人视为作者。"[1]由此,机器人新闻稿件的生成排除了自然人作为该作品作者的可能性。

然后,关于独创性之"独创"方面,人工智能创作物有"创造性"。一部作品的价值就在于它的"创意",然而关于"创造性"的标准,目前在学术界与司法实践中还暂无统一的判断标准。英美法系国家针对创造性的标注是"最低限度创造性",其要求限度很低,仅要求作者在创造作品的过程中付出了其与最低限度的智力相关的劳动。大陆法系国家主张作品必须

---

〔1〕 参见 Stammer K., "Copyright protection of information databases: Telstra Corporation Ltd Desktop Marketing Systems Pty Ltd", *Computer and Law*, (5)2001。

能够反映出作者的个性。对作品的"创造性"要求相对较高，德国著作权专家雷炳德认为"作品必须体现作者在创作活动中独特的个人智慧，并展现其辉煌"。[1]我国对"创造力"的要求没有明确界定，但在司法实践中，我们认为创造力需要达到一定的高度。

根据《北京市高级人民法院侵害著作权案件审理指南》（以下简称北高审理指南）规定，作品必须具备"独创性"。"独"和"创"这两个条件是版权法上对独创性的要求。[2]"独"指的是"独立创作、源于自己"，这里有两种情况：第一，从无到有的创作；第二，以已有作品为基础进行的再创作，如前所述，机器人新闻稿件系独立完成，但在此种情形下，还必须符合"创"的要求。"创"指的就是"创造性"，这意味着作品需要具有一定程度的创作高度。虽然作品的具体创作高度在各国司法实践中有不同的看法，但必须反映作者的个性化选择和安排却是中外流行的共识。换句话说，独创性要求将作品与其他形式的表达区分开来，不管个性化的成分多还是少，但个性化成分必须存在。在这种情况下，自然没有个人表达的余地。正是基于同样的原因，英国相关判例指出，"对于绘图而言，重要的是视觉价值。重新绘制原始绘图，如果只有少数视觉上的差异，则不构成原创艺术作品，不具有独创性，无论其复制过程需要多少劳动和技能"。

因此，北高审理指南在"独创性"方面的规定中着重指出，要确定一部作品是否具有独创性，首先要看其"对表达的安排

---

〔1〕〔德〕M.雷炳德：《著作权法》，张恩民译，法律出版社2005年版，第13页。

〔2〕参见袁博："从北高审理指南看如何证明'作品'的构成"，载《中国新闻出版广电报》2018年8月16日。

是否体现了作者的选择、判断", 同时 "认定表达是否具备独创性与其价值没有关系"。

以前文第二部分机器人新闻稿件的生成程序来看, 该智能写稿系统基于大数据资源、交叉算法技术, 能够在极短的时间内迅速地生成一篇完整的稿件, 其实质是作为一种自然语言生成引擎, 涉及数据库知识发现加自然语言处理, 它的写作流程包括获得数据、分析数据、改进结构句式。[1]在机器人 "记者" 生成内容的过程中, 人类需要向机器人提供基本信息, 为该智能系统设定好创作的风格和框架, 但稿件的生成并非全部由人工智能系统来完成。智能系统写稿的过程实际上是程序运行的过程, 即使生成的稿件和人类的稿件从形式和外观上看没有什么差别, 但其实是程序运行的输出结果。如果把一个相同的写作主体和写作要求交给两个不同的自然人, 那么他们创作出来的作品一定不会全部相同, 但是如果是交给同一个系统程序的两个机器人, 那么它们生成相同成果的概率非常之大。

从另一个方面来看, 人在整个新闻稿件的生成过程中, 承担的仅仅是提供基础数据等辅助性的工作, 没有实质性的 "创造"。依据《著作权法实施条例》第 3 条的规定[2], 虽然机器人新闻稿件具有作品的形式, 但它不是人类直接进行智力性行为的成果, 也不是一种作品。

由此, 机器人新闻文稿由机器人独立完成, 它的创造力也没有达到一定的高度, 它不符合 "作品" 的基本构成要件, 不能构成版权法中的作品。

---

[1] 黎桥: "人工智能生成内容在著作权法之下的法律保护问题研究", 浙江大学 2018 年硕士学位论文。

[2] 《著作权法实施条例》第 3 条规定, 创作, 是指直接产生文学、艺术和科学作品的智力活动。为他人创作进行组织工作, 提供咨询意见、物质条件, 或者进行其他辅助工作均不视为创作。

（二）机器人新闻稿件是可财产化的文化产品

古今中外，展示和表达文化的载体皆为文化产品，它们能够满足人们对物质文化和精神文化方面的追求。机器人新闻稿的外在形式与自然人创作的外在形式没有太大的不同。即使机器人新闻稿没有达到作品应有的"独创性"标准，不能构成版权法意义上的作品，但是该稿件的外在形式是固定且能够被复制的，在其展示的内容上可以被接受和理解，能够进行交易，带来一定的经济价值，具备可财产化的产品的要件。

首先，人工智能生产结果具有形式上的特定性，可以被复制。目前，人工智能所生成的一些成果，例如小说、新闻、诗歌等，它们都是通过文字形式进行表达的。依照现行版权法规定的作品类型来看，人工智能所生成结果的现有表达形式都可以被纳入其中，同时该成果还可以借助有形的载体复制和传播。其次，人工智能生成成果是可以进行交易的，具有一定的经济价值。经济价值是财产的本质，即可以用金钱衡量的价值。早在 2016 年，一位拍卖商花了 8000 美元拍了六幅机器人创造的画作，画作都是由"DeepMind"——谷歌自动绘画机器人完成。由此可见，人工智能产生的创造物也同样能够带来经济利益，以此类推，机器人新闻稿件也同样具有经济价值，能够在市场中进行交换，是可以财产化的文化产品。

（三）人工智能创造物的法律保护理论的对比分析

当前，学术界主要存在五种关于人工智能生成内容的法律保护途径的探讨。

1. 降低独创性标准

虽然人类对于人工智能生成的具体结果很难预测，但人工智能的编写仍然要求用户输入相应的关键词并对生成结果进行专门的筛选。由此，在许多英美法系国家，通常会把人工智能生成成果看作是"雇佣作品"，在具体构建上，由雇主来设定具体范例，由雇员进行创作，雇主享有作品权利。"雇佣作品"虽然在我国现行的《著作权法》中没有规定，但是"法人作品"制度的设定原理与其在本质逻辑上相吻合。

此种观点认为，如果把"法人作品"的规定应用在人工智能的生成成果方面，一方面能够使得法人享有创造物的权利，另一方面可以减少对现行法律体系的冲击，这样便不需要再重新进行立法，对于司法实践也更加的便利。

但是采取此种观点可能存在的问题是：由于著作权权利种类繁多，保护期限也很长，如果将降低独创性标准纳入《著作权法》的规定中，会导致权利的扩大，不利于对其他权利主体或者公共利益的维护。同时，该观点还存在一个问题，如果降低了标准，那么以前一些不被保护的客体可能也会由此被纳入《著作权法》保护的范畴，比如一些动物的"摄影成果"、一些没有经济价值的成果等，容易引起市场的混乱和模糊。

2. 赋予人工智能民事主体地位

此种观点认为，可以通过围绕人工智能重新立法的途径进行保护，将人工智能赋予民法上的主体地位，"作品"的权利主体不再局限于自然人或法人，通过立法规定人工智能创造物的具体权利内容、保护期限等。

但是采取此种观点可能存在的问题是：首先，是对现行以人为主体的版权体系的挑战。其次，如果进行单独立法，那么法律的制定、修改需要经过一段很长的周期，立法成本高、时间长，无法应对现在人工智能技术的发展和现阶段成果的保护。

3. 用《物权法》上的孳息保护人工智能成果

此种观点认为，如果从权利客体方面来看，人工智能是自然人创造的对象，那么该人工智能及其所产生的稿件理应归属于自然人。自然人对人工智能输入指令程序，其才能进行独立的创作，那么自然人的指令行为可以被认为是对人工智能的一种加工形式，由此可见，人工智能独立产生的成果可以称其为"机器人的孳息"（类似于罗马法中的"加工孳息"），与此同时，可以把人工智能定位为"物"，能够减少在法律道德方面产生的冲突。[1]

但是采取此种观点可能存在的问题是：我国法律只有"天然孳息"和"法定孳息"的规定，并没有"加工孳息"的概念。另外，我国法律主要是通过物权对孳息加以保护，这种形式便无法控制对该生成成果的复制，然而防止该成果被免费的复制又是其保护的首要任务

4. 通过注册保护模式或《反不正当竞争法》保护

此种观点认为，注册保护模式可以用于保护已经注册的人工智能生产成果。人工智能生产成果非常迅速，短时间内可以进行大量的输入和输出，比如微软小冰"创作"的诗集里包含的 139 首诗歌是在学习过 70 928 首诗中以后产生的。其中很多诗都是任意拼剪、硬凑在一起的，几乎没有什么可读性。假设采取"一刀切"的方式进行保护会造成法律资源的浪费，因此，可以通过登记保护人工智能生成的产物，需要被保护的内容要在版权局中进行注册，经过专家评估它们是否达到"作品的标准"后，再决定采用何种权利的保护。同时，通过《反不正当竞争法》也可以实现对部分人工智能创造物的保护。

但是采取此种观点可能存在的问题是通过注册保护可能只能规制一小部分的侵权行为，保护的范围和力度远远不够。注册保护模式也只能保护注册成果利益，还需要专家进行审核评

---

〔1〕 参见黄玉烨、司马航："孳息视角下人工智能生成作品的权利归属"，载《河南师范大学学报（哲学社会科学版）》2018 年第 4 期。

定再确定下一步具体的保护形式，造成人力资源的浪费和保护步骤的烦琐。反不正当竞争的保护模式也只能作为一种兜底保护，更何况该法适用的先决条件是在具有竞争关系的主体之间的不正当竞争，因此，这两种保护理论都是模糊不清的。

5. 扩张邻接权权利种类

此种观点认为，可以通过扩张邻接权的种类来保护人工智能生成创造物，该种方式具有三大优势：第一，不需要对独创性标准进行降低，可以避免权利主体的混乱。第二，不需要进行重新立法，节约了成本。第三，可以对人工智能成果用户起到激励作用，促进传播，有利于市场繁荣。

但是采取此种观点可能存在的问题是：目前的邻接权主要是建立在为"作品"进行传播而付出的物质资源和人力资源支持的基础之上的，但是目前的人工智能生成成果并不能够被当作"作品"进行保护，按照这种逻辑看，通过增加邻接权种类进行保护似乎与传统的邻接权理念有冲突。（笔者会在下文机器人新闻稿件作为邻接权客体的可行性分析中，针对该问题作出进一步驳斥和分析。）

五、增设邻接权种类保护机器人新闻稿件是最佳保护路径

即便机器人产出的新闻稿不构成具有法律意义的作品，然而该新闻稿内容的生成还需要机器人智能系统以及新闻、媒体单位等物质资源和人力资源的支持，该成果形式能够带来便捷性和经济价值。现行版权法的立法意图是保护文学、艺术和科学作品作者的权利，并促进具有精神和财产价值的作品的不断传播，如果只是因为法律难以界定"机器人记者"的法律主体地位和法律属性，忽略机器人产出内容的文化和经济效益，必然会和法律的立法宗旨背道而驰。

（一）机器人新闻稿件作为邻接权客体的可行性分析

人工智能的发展为现行版权法体系带来了很大的挑战，但是新事物层出不穷，我们面对新的挑战时最有效的方法不是动摇和改变法律的传统规则，而是要试图在原来的理论中找到更灵活、变通的法律解释来适用。

1. 符合邻接权的设立价值和发展趋势

首先，笔者以四类邻接权之一的录制者权为例，分析了邻接权种类的设立价值，发现通过增设邻接权种类保护机器人新闻稿件与录制者权利的设置具有立法价值的一致性。如唱片公司组织专业人员录制唱片时，选择一个最好的演唱环境是录制人员的主要任务，比如安排一个专业的录音棚，让歌手能够没有任何干扰地发挥其最好的演唱水平，达到录制的最佳效果，同时，录制者需要使用专业设备对其真实的录制，并在对录音进行过滤、剪辑之后制成唱片。录制人员的工作主要是物理性、技术性的，不具有智力性和创造性，所以不管进行录制和后期制作的人是谁，只要他们用的是同一部录音设备，按照同样的录制方法，录制的成品都是差别甚小的。就算录音内容也需要进行一定程度的后期制作，但这种程度的修改在当时的情景下也只是轻微的、小范围的编辑，由此制成的录音制品难以达到大多数国家对"独创性"的要求标准。所以，多数国家的做法是在著作权法中新设一种新型权利类型能够与传统著作权并行，以此来专门对一些"独创性"程度很低又和作品具有关联性的劳动成果进行保护。由此，机器人新闻稿件的生成也是依赖于使用者对人工智能系统的操作，使用者的工作主要是程序性的而非智力性的，所以无论由何人来操纵人工智能系统，只要他们使用的是同样的人工智能系统或者设备，并遵循相同的输入—输出模式，其生成的新闻稿件的内容也会一模一样。

人工智能系统的操作者基本上不对稿件的具体内容做出独立、有价值的贡献，但可以控制内容的产生和传播，这类似于音频和视频制作者对音频和视频录制的贡献和控制。因此，通过增设邻接权利中的权利类型来保护机器人产生的新闻稿，邻接权其他权利类型的设立具有理论统一性。

其次，邻接权能够适用的范围也在随着科技的发展不断扩大，一些邻接权的客体与作品没有联系，不再以作品作为基础，其权利主体也不是作品的传播者。"邻接权即作品传播者"——这种观点在邻接权制度的早期是没有问题的，那时候邻接权的客体都是和作品密切关联的，邻接权的主体也都是作品传播者，如广播电台、电视台通过广播电视信号将作品向各家各户发送。然而，如果认真研究邻接权的客体就会很容易发现，即使在邻接权制度最开始的时候，其客体有的也与作品无关。例如，将录音机放在郊外一晚，让其自动地录下青蛙的鸣叫，虽然青蛙的鸣叫本身不构成"作品"，但记录青蛙鸣叫的录音依旧是受邻接权保护的录音制品。再如，广播里播放青蛙声音的录音，能够对播出信号有广播组织权。但其广播信号中也并不包含任何作品。现代邻接权的类型比其产生初期包含了更多的内容。

在许多国家，邻接权制度逐渐发展成为一种兜底制度，对于没有独创性、不能构成作品又具有作品的某种价值的客体进行保护。[1]因此，邻接权也可以有广义与狭义之分。狭义的邻接权指的是与作品传播活动相关的权利；广义的邻接权指的是作品传播媒介的专有权，或者是具有"作品"的形式外观，但是不能构成作品的"类作品"的权利。例如，许多大陆法系国家将独创性不足的普通照片作为邻接权客体加以保护，这些照

---

〔1〕 刘洁：《邻接权归宿论》，知识产权出版社 2013 年版，第 24 页。

片多数并非是对作品的拍摄，因此与作品无关。例如，为了实施欧盟数据库保护指令，德国和其他欧盟国家等设置类似版权保护的"特殊权利"来保护没有独创性的数据库。这些数据库大多是不构成作品的数据的汇编，数据库的投资者和编制者也并非作品传播者。因而，应该用开放的态度对待邻接权制度的发展，邻接权制度在"保护投资者"理论的激励之下，应该接受越来越多的新的权利内容。[1]

2. 符合激励理论的内在价值

激励理论认为，法律通过设定具体权利来实现立法目的，通过督促权利的劳动行为促进社会整体经济发展。通过添加一类邻接权来保护机器人生成的内容有利于设置更合理的保护内容和期限，防止过度激励。它还可以弥补通过反不正当竞争法和民法进行保护的不充分，防止激励不足。利用邻接权利保护人工智能生成的内容可以在降低立法成本的同时为人工智能生成内容提供更全面地保护。最大限度地降低交易成本，实现各方利益的平衡，激励理论的价值追求与文化产业整体发展相适应。

3. 符合经济成本最小化理论，避免法律伦理道德问题

人工智能技术的发展在大力冲击了现行版权体系的同时，也给法律带来了的伦理道德方面的麻烦。如果按照有的学者的观点，人工智能产出内容构成作品，势必会使得人工智能也可能具有部分精神权利，如作者署名权等。当人工智能摆脱工具的地位并成为权利的主体时，如何解决机器人产生内容的侵权或被侵权引起的道德问题？通过增设邻接权种类进行保护的方式既节省了交易成本，避免重新立法等对人力、物力资源的耗

---

[1] 参见王超政："科技推动下的邻接权制度体系构建"，载《中国版权》2013年第2期。

费，还能防止人工智能成为权利主体时带来的道德困境。

（二）增设邻接权种类保护机器人新闻稿件的具体构建

1. 机器人新闻稿件的权利主体

机器人新闻稿件的生成涉及了该人工智能写稿程序的开发人员、写稿机器人设备的制造人员、所有者及其使用者等多方主体，这些主体可能是同一的，也可能是重复交叉的。当人工智能写稿程序的开发人员和设备的使用人员不同时，人工智能新闻稿件的权利归属可以通过"合同协议"或者"使用权人约定"予以确认。换句话说，如果人工智能写稿程序的开发人员和使用人员事先通过合同协议对权利归属进行约定的，可以按照合同约定；在没有达成合同协议的情况时，该写稿设备的使用权人作为该机器人写成稿件的权利人。因为该写稿设备的使用权人是新闻稿内容的实际支配者、具体传播者和实际决策者，具体理由如下文所述。

该人工智能写稿程序的开发人员享有其著作权能够控制该写稿程序的发表、复制及其传播。开发人员可以有两种获利模式：一是可以自己使用写稿程序生成内容获利，此时开发人员和使用人员为同一人；二是将该程序许可他人使用，将其著作财产权转让，此时双方可以在转让合同中约定权利归属。如果合同中没有明确的约定，则由该智能写稿程序的受让人（被许可人）或智能写稿机器人设备的受让人（承租人）享有权利更加合理。

第一，《著作权法》对于智能写稿程序软件的保护，已经对程序开发人员产生了足够的激励。第二，程序开发人员赋予该智能写稿程序生成内容的能力，但它不是客观地产生结果的人，也不是修正结果的人，不必然能够获得智能程序系统所生成的内容。第三，稿件的生成过程如果大部分是归功于智能机器人，稿件内容的产生是通过用户操作的输入—输出命令而实现的，那么其权利则应该属于对智能写稿设备进行激活、使用的人员。如果将其权利赋予智能设备的用户，一方面可以激励用户购买程序或获得许可，另一方面更加能够促进智能写稿程序开发人员的创作。第四，对智能写稿程序或设备进行投资的人多数是其使用人员，其权利由使用人员享有和影视作品的权利由制片人享有的利益不谋而合，由此让使用权人的投资得到回报，促进经济市场的交易和繁荣。第五，智能写稿程序（设备）的用户多为新闻媒体等单位，相较于该程序软件的开发人员，专业性的使用者可以更好地对其生成内容进行再加工和利用。

如果是某报社购入了该智能写稿设备，那么使用权人为该报社，但是具体进行操作的人员可能是报社的某位员工，这就会出现实际操作人员并不是使用权人的问题，所以如果简单地说使用者是机器人新闻文稿件的权利享有人是不确切的。用更确切的语言来说，其权利享有人应该是对智能写稿程序（设备）享有使用权者。换句话说，其权利享有人可以是智能写稿程序的许可使用人或受让人，也或者是智能写稿设备的所有者或被许可使用人。此时，如果智能机器人稿件面临侵权或者被侵权的问题时，其合法的使用权人则可以作为权利主体。

2. 机器人新闻稿件的权利内容

机器人新闻稿件在输出过程中并没有人的智力和创造力的投入，自然人在其中仅作为操作者的角色，其结果也没有直接反映或承载着人类的精神利益。因此，在权利设定上，人类对"机器人新闻稿件"只享有财产权更为合理。[1]

新增设的邻接权在权利内容的设置上可以参考著作权保护

---

〔1〕 参见许明月、谭玲："论人工智能创作物的邻接权保护——理论证成与制度安排"，载《比较法研究》2018 年第 6 期。

内容，但是不能享有作品的著作人身权及表演权等著作财产权。机器人新闻稿件的可财产化主要体现在其可以复制、发行等，这和作品的表现形式和保存方式一样。由此，该权利具体内容的设置可以参照录音录像制作者对其录音录像制品的权利内容，即智能写稿程序或设备的使用权人对其智能文稿应享有许可他人复制、发行、通过信息网络向公众传播并获得报酬的权利。

3. 机器人新闻稿件的权利保护期限

智能机器人新闻稿件的保护期限设置应该要远远少于著作权的保护期。该文稿内容的生成主要依赖于智能程序，而该程序软件本身也可能受到著作权或专利权保护，所以对该生成稿不需要采取过长的保护期。智能设备产生的稿件的经济寿命通常很短，其投入市场获得的经济效益与公布时间成反比。智能机器人通过大量文本的学习产生可财产化的成果，它靠着强大的计算分析能力远远超越了人类作者，而不具有人类的创造力，[1]所以，智能机器稿件在刚刚推出市场之时能获得最大化的市场经济效益，随着技术的不断革新，智能写稿设备的更新换代也非常迅速，那么之前的智能稿件价值便会越来越低，如果给予其过长的保护期，不但不利于文化产品的自由交易和传播，也会造成一种法律资源的浪费，不利于平衡各方利益，及社会进步。

"罗马公约"里规定邻接权的最低保护期限为 20 年，为保护机器人生成的新闻文稿所增设的邻接权的保护期也应该符合"罗马公约"关于保护期限的规定。[2]在其规定的最短保护期

---

〔1〕 参见熊琦："人工智能生成内容的著作权认定"，载《知识产权》2017 年第 3 期。

〔2〕 参见陈艺芳："人工智能生成成果的法权化路径"，载《西华大学学报（哲学社会科学版）》2018 年第 2 期。

内，保护机器人生成的新闻文稿的期限可以持续不超过 20 年。

六、结语

以上讨论都是基于"人工智能记者"进行的新闻通讯稿件的撰写，是处于弱人工智能时代的产物。目前，美国等国家已经着手开始"新闻评论机器人"的研究，但是目前仍未出现相关"作品"，相信不久的将来，"评论机器人"的问世也会对业界产生很大的影响，那又将是一个新的研究领域和挑战。

到目前为止，人工智能只能根据人工预设算法、规则和模板进行计算和生成。以上关于机器人新闻文章法律保护的讨论是一种法律预测和建议。增设邻接权制度的种类类型，需要经过严密的思考和体系的论证，不断的在实际应用中进行测试、修订和完善。机器人新闻文稿的法律保护需要全盘考虑整个版权法体系和立法目的，需要全面探索媒体行业的特点。人工智能的时代已经来临，关于人工智能的立法刻不容缓，目前，只有少部分国家正式出台了明确规定，多数国家还在积极探讨中。针对人工智能创造物，通过增设邻接权种类的保护路径是笔者通过对比目前学界存在的几种主流保护路径的对比研究分析得来，既有法律基础和逻辑支撑，也符合了定纷止争、和谐发展的目的。因此，希望本文的研究有些参考的价值。

影视角色的商品化权研究

刘红娟 *

一、绪论

2015 年 8 月，一直备受关注的"'功夫熊猫'商标行政诉讼案"经北京市高级人民法院审理，终于得以宣判，北京市高院对于商品化权的首次明确认可和论述，成为该案二审判决的最大亮点，从而也引发了社会各界人士尤其是法律领域内学者的广泛讨论。

当前，随着大众传媒的日益发展，影视作品中的虚拟角色越来越深入人心，而这些角色背后往往包含着巨大的经济价值，所以影视角色被商业化使用的现象层出不穷，由此引发的侵权案件也越来越多。最常见的侵权方式是将观众熟悉的或喜爱的人物角色的名字注册成商标或企业名称、将知名影视作品中人物角色的剧照印制在玩具、笔记本、文具盒等小型产品上，这种"搭便车"的行为，严重损害了为影视角色付出努力的制片人、演员以及幕后制作团队等权利人的合法权益，违背了公平正义的法律原则，破坏了正常的市场竞争秩序，不利于激发影视领域的创新积极性。

---

* 北京德和衡（杭州）律师事务所助理律师。

然而，从我国现行的法律体系来看，尚无任何条款可以有效规制对于影视角色商品化利益的侵权行为。因此，在立法没有明确规定商品化权的前提下，对影视角色的保护完全取决于法官的认知水平与解释技巧，很容易导致同案不同判的结果发生。

本文参考其他国家的相关立法规范，结合我国的实际情况，针对影视角色的商品化利益制定有效的保护机制，以规范商业领域中不断出现的影视角色被商业化利用的现象，并弥补法律的漏洞。

二、影视角色商品化权概述

（一）商品化权的起源与发展

关于商品化权的产生，最早要追溯到美国 1953 年所发生的"'海兰'案"，该案的大致案情是美国一家叫作"海兰"的公司同当时一些小有名气的棒球运动员签订了一份独占性许可协议，该协议的内容为许可海兰公司将这些棒球运动员的照片应用于商业活动。然而，海兰公司的竞争对手托普斯公司在未得到授权的情况下，擅自对这些运动员的照片进行了商业化使用，海兰公司认为，托普斯公司损害了其独占性财产利益，并将托普斯公司起诉至法院。针对此案，受理法院的法官弗兰克（Frank）先生在其撰写的判决书中发表了一个重要观点，即"除了独立的隐私权外（它是不可转让的，人格性的），一个人对他的肖像的经济价值还拥有一项权利……这项权利可以被称为'形象权'（the right of publicity）"，[1] 这里所说的"形象权"便是商品化权的前身。弗兰克法官认为，知名人物的形象具有经济价值，当这些知名人士的形象被他人不当利用时，他

---

[1] 张博："美国的形象权保护"，载《人民法院报》2012 年 3 月 2 日。

们不会因自己的个人形象暴露在公众视野里而感到痛苦，他们真正感到痛苦的原因是他人对其形象在商业领域进行使用，而自己没有获得相应的报酬。据此，纽约上诉法院最终支持了海兰公司的诉讼请求。

"'海兰'案"判决之后的第二年，美国学者尼莫（MelvilleNimmer）先生发表了一篇针对形象权的著作——《论形象权》，在该文章中他提出，由于公众人物对外界的评价或报道等具有一定的容忍义务，因此公众人物真正在意的不是他人侵犯其隐私或名誉的行为，而是他人利用其身份或地位的商业价值的行为。[1]尼莫教授的这种观点再次肯定了弗兰克法官对"'海兰'案"的判决意见，至此，美国不仅初步形成了形象权的概念，还使得这一权利从传统的隐私权中独立出来，成为一种新型权利，也可以说是含有财产利益属性的人格权。

到了20世纪六七十年代，日本学者伊藤正己和阿部浩二将美国"形象权"的概念引入了日本，[2]再后来，有学者把"Merchandising Right"译作"商品化权"，并在20世纪八十年代，组织了"商品化权保护协会"等民间机构。"在某些商品上使用著名人物的肖像或姓名、虚构角色的形象或名称，借以吸引顾客，增强相应商品的购买力"，[3]这是日本学者萩萩原·有里对商品化含义的界定，也就是说利用公众人物的知名度对消费者产生吸引力，并引起消费者的购买欲。1976年发生的"'麦克莱斯塔'案"，标志着日本对商品化权的全面承认。受理该案的法官在判决时提到，公众人物可以利用其姓名或肖像

---

〔1〕 李明德："美国形象权法研究"，载《环球法律评论》2003年第4期。

〔2〕 张鹏："日本商品化权的历史演变与理论探析"，载《知识产权》2016年第5期。

〔3〕 ［日］萩萩原·有里："日本法律对商业形象权的保护"，载《知识产权》2003年第5期。

的商业价值获取财产性利益，这与传统上自然人的姓名和肖像所具有的人身性利益完全不同。他人未经允许利用公众人物的姓名或肖像开展商业活动，即使没有给这些公众人物造成人身损害，受害者也可以因财产性利益被损害而获得一定的赔偿。虽然该案的法官并没有直接提到"商品化权"这一概念，但很明显从侧面反映出了对商品化权的认可。[1]

我国最初研究商品化权是在 20 世纪末，当时的商品经济发展速度迅猛，社会财富形态呈多样化，很多商家为了吸引消费者的注意，将一些著名明星和卡通人物的名称、形象等应用在其售卖的产品上，从而引发了众多纠纷。可当时我国的法律体系尚不完善，法官在审理这些纠纷时没有可供适用的统一规则。在这样的背景之下，我国的法学理论界从日本引入了商品化权的概念。然而，商品化权作为舶来品毕竟不是根据我国国情创设出来的权利，因此，学者们对此项权利在我国是否有存在的必要尚未达成统一的意见。但在司法实践中，已经有法官采用商品化权益的概念审理相关案件并进行判决。

另外，世界知识产权组织（WIPO）也已明确认可了商品化权的存在，在其 1993 年 11 月公布的一份学术报告中，对商品化权进行了这样的描述："虚拟角色的创作者或其他经授权的第三方，对于角色的主要个性特征，经过商业性改编或二次开发利用，并将该形象投放到市场中的某些商品上或服务上，使得消费者基于对该形象的熟悉、喜爱或认同而购买该商品或服务。"[2]

（二）影视角色商品化利益保护之必要性

商品化权所保护的对象，除了现实生活中的知名人士之外，

---

〔1〕 〔日〕五十岚清：《人格权法》，〔日〕铃木贤、葛敏译，北京大学出版社 2009 年版，第 142~143 页。

〔2〕 参见 WIPO：Character Merchandising，WC/INF/10847995/IPD, p. 6.

还包括虚拟人物，即卡通漫画、文学作品以及影视作品中的人物形象，这些虚拟人物的利益相关者所享有的商品化权叫作角色商品化权。

一般情况下，由于知名人士在现实中是独立的个体，因此，如果有商家利用其知名度进行营利活动，例如把某些明星的姓名和照片用于广告宣传，商家的侵权行为可以依据我国现行法律中姓名权、肖像权以及名誉权的相关规定受到规制。

例如，在"姚明与武汉云鹤大鲨鱼体育用品有限公司侵犯人格权及不正当竞争纠纷案"[1]中，武汉云鹤公司未经姚明允许，便公然在其售卖的体育器材上标注姚明的名字，并将姚明的照片用于产品宣传中，虚构姚明与其合作的事实，姚明认为武汉云鹤公司擅自使用其姓名和肖像的行为，会使一般公众误以为其是武汉云鹤公司所售卖产品的形象代言人，受其知名度的影响而购买武汉云鹤公司的体育用品，这种行为已经构成了对其姓名权、肖像权的侵犯。姚明作为著名篮球运动员，享有很高的知名度，其姓名和肖像是能够为他带来一定的财产性收益的。武汉云鹤公司故意将姚明的姓名和照片用于品牌宣传和商品销售中，刻意引导消费者产生姚明和武汉云鹤公司之间存在代言关系的误认，并希望从中获取不正当利益。武汉云鹤公司事先未征得姚明的同意，事后也没有向姚明支付合理的费用，很明显侵犯了姚明的商品化权益。从该案判决书中的具体内容来看，主审法官显然意识到了这一点，但我国目前的法律体系中没有关于商品化权的规定，法官最终适用了《民法通则》[2]和《最高人民法院关于贯彻执行

---

〔1〕 湖北省高级人民法院（2012）鄂民三终字第 137 号民事判决书。

〔2〕《民法通则》第 99 条第 1 款规定，公民享有姓名权，有权决定、使用和依照规定改变自己的姓名，禁止他人干涉、盗用、假冒；第 100 条规定，公民享有肖像权，未经本人同意，不得以营利为目的使用公民的肖像。

〈民法通则〉若干问题的意见（试行）》[1]有关姓名权和肖像权的相关规定，认定武汉云鹤公司的行为构成对姚明姓名权、肖像权的侵犯，从而保护了姚明凭借自身形象在广大消费者中的影响力而产生的相关权益。

当然，由于案情各有差异，即使商家的侵权行为不属于侵犯被侵权人姓名权、肖像权或者名誉权的情形，但确实给被侵权人的人格利益和财产性利益造成了损害，也可以参照适用《最高人民法院关于审理民事侵权精神损害赔偿责任案件适用法律若干问题的解释》中有关一般人格权的规定对被侵权人的合法权益进行保护。

对于虚拟人物来说，尽管我国的《著作权法》并没有将虚拟人物列为保护对象，但从近年来的相关判例来看，发生侵权案件的多为虚拟人物的形象或名称被商家恶意抢注，对于这类案件，如果是漫画作品中的虚拟人物，法院通常会将该漫画作品中虚拟人物的形象或名称认定为该作品著作权人的智力成果，再根据《著作权法》的相关规定，使相关权利人的合法权益得到保护。

"冯雏音等诉江苏三毛集团公司著作权纠纷"案（"'三毛'案"）便是一个典型案例，[2]"三毛"是已故漫画家张乐平先生创作出的虚拟漫画人物，大大的脑袋、圆润的鼻子以及头上的三根头发是该漫画人物的显著特点，该人物形象具有较高知名度，为我国大众所熟悉，张乐平先生也因此被称作"三毛之

---

[1] 《最高人民法院关于贯彻执行〈中华人民共和国民法通则〉若干问题的意见（试行）》第139条规定，以营利为目的，未经公民同意利用其肖像做广告、商标、装饰橱窗等，应当认定为侵犯公民肖像权的行为；第141条规定，盗用、假冒他人姓名、名称造成损害的，应当认定为侵犯姓名权、名称权的行为。

[2] 上海市高级人民法院（1997）沪高民终（知）字第48号民事判决书。

父"。江苏三毛集团公司在未取得授权的情况下，擅自在其售卖的商品上使用"三毛"漫画人物形象，并把"三毛"作为其企业名称进行宣传。冯雏音等作为张乐平先生的继承人，认为"三毛"漫画形象仍处于该漫画作品的著作权保护期内，其依法享有此漫画人物的使用权和获得报酬权，江苏三毛集团公司的上述行为是对其著作权的侵犯，应当停止侵权并进行赔偿。上海市高级人民法院将"三毛"漫画形象认定为美术作品，认为江苏三毛集团公司明知"三毛"漫画人物形象由张乐平先生创作，却擅自利用该漫画形象进行产品销售和企业宣传，侵犯了冯雏音等的在先权利，理应承担相应的法律责任。

需要注意的是，由于文学作品中的虚拟人物形象特点是借助文字描述的手段构造出来的，没有具体的画面展示，因此，如果只单纯使用文学作品中虚拟角色的名称，并进行了盈利活动，那么根据现行法律的规定，尽管侵犯了文学作品著作权人的商品化权益，也难以将该虚拟角色的名称视为《著作权法》的保护对象，只能依照《反不正当竞争法》加以评判。

以引发公众广泛关注的"查良镛与杨治、北京联合出版有限责任公司著作权权属、侵权纠纷、商业贿赂不正当竞争纠纷案"（"金庸诉江南案"）为例，[1]查良镛（笔名"金庸"）先生是著名作家，其创作过的多部武侠小说在大陆地区都深受读者喜爱，广为流传。作家杨治（笔名"江南"）在其创作的小说《此间的少年》中，直接使用了大量查良镛先生所著武侠小说中的人物名称，且人物的性格特点、出身等都具有一致性。查良镛先生据此认为杨治侵犯了其著作权，且成立不正当竞争。就整部作品来说，根据"思想与表达二分法"，判断杨治是否构

---

〔1〕 广东省广州市天河区人民法院（2016）粤 0106 民初 12068 号民事判决书。

成著作权侵权的标准是,《此间的少年》与查良镛先生所著作品是否构成实质性相似。经过一系列的对比和分析,我们会发现,除了人物名称、人物性格以及家境情况一致之外,《此间的少年》中的故事情节和发展脉络是具有独创性的,因此难以将《此间的少年》与查良镛先生所著作品认定为实质性相似。再就小说中单独的人物角色来说,按照广州市天河区人民法院对本案的判决,法官没有支持查良镛先生关于杨治侵犯其角色商业化使用权的主张,理由是文学作品中的虚拟人物与美术作品、商标标识相比,过于抽象,不具有形象性,且我国《著作权法》也没有对保护角色商业化使用权作出相应规定。

虽然最后法官依据《反不正当竞争法》给予了查良镛先生一定的权利保护,但在笔者看来,杨治在《此间的少年》中直接使用查良镛先生所创设出的角色形象,很明显具有攀附查良镛先生所著作品知名度和影响力的故意,同人小说之所以更容易引起读者广泛的阅读兴趣,就是因为同人小说作者将读者原本熟悉的人物角色代入到一部新的作品当中,会使读者对新作品产生新鲜感,同时也更容易激发读者对小说的故事情节产生丰富联想。因此,杨治的行为属于对文学作品角色的商业化使用并获取不当财产性收益的行为,显然侵犯了查良镛先生的商品化利益。

实际上,在司法实践当中,真正让法官感到棘手的案件往往是关于影视作品所塑造的虚拟角色的侵权案件,以"商品化"为关键字在中国裁判文书网上进行检索,检索出的案件中大部分也都与影视作品相关,而与漫画作品和文学作品虚拟角色相关的侵权案件只占少数。

首先,近年来影视行业发展速度迅猛,在大众日常生活的休闲娱乐活动中,电影、电视剧以及最近兴起的网剧占据了较大比重。随着某部影视剧的播出，该影视剧中的人物角色或动物角色也会被观众所熟悉。有些精明的商家在观察到这一点之后，往往会根据观众对某个影视角色的喜好，或抢先把该角色的名称注册成商标进行使用，或把该角色的形象标注在其售卖的产品上，或直接把该角色的模型制作成玩具等。在市场经济日益发达的今天，这种"搭便车"的行为已经屡见不鲜，而我国目前尚没有规定来直接规制这种行为，被侵权人在遭到侵权之后不知道该依据何种规定维护自己的权益，因此，"搭便车"的行为尚不能得到有效的禁止。保护影视角色的商品化利益既是落实财产性权益合理分配原则的必要措施，也是维护市场经济秩序协调发展的重要手段。

其次，通常情况下，拍摄一部影视剧要以创作剧本为前提，而目前很多剧本都是根据小说进行的改编，如果赋予某部影视剧中的虚拟角色商品化权，那么该权利应当归属于哪一方呢？是导演、制片人、编剧还是演员呢？或者由多方共同享有？由于我国法律体系的不完善，这些问题都是从我国目前现行的法律规定中找不到任何依据的，只能由法官根据个案的具体情形进行判断。一方面，法官自由裁量的空间很大，容易有同案不同判的情况发生；另一方面，如果权利人的主张因没有明确的法律规定而未得到支持，其创作积极性也很容易因此受到打击，不利于我国文化产业的发展。所以，涉及影视角色商品化利益的法律关系复杂，急需完善我国的法律体系，以有效解决影视角色商品化利益的相关法律问题。

另外，保护影视角色的商品化利益对于保障消费者的知情权也有着重要作用。当某部影视作品中的虚拟角色的形象或名称被应用在某种产品上时，消费者通常会认为该产品是该影视作品的衍生物，而出于对该部影视作品及剧中角色的喜爱，或者出于对该影视作品制作者的信任，消费者往往更加渴望购入该产品。从另一层面来讲，该影视作品中的虚拟角色在该产品的销售过程中，间接地为该产品进行了广告宣传，从而起到了促进销售的关键性作用。站在消费者的立场考虑，未经授权擅自将影视角色用于商业活动的商家，对于消费者来说又何尝不是一种欺诈。因此，出于对消费者知情权的保护也应当积极保护影视角色的商品化利益，从而促进我国的市场经济秩序持续稳定发展。

综上所述，无论是为了满足目前经济形势的发展需求，还是为了对影视角色创作者和消费者的权利进行更加全面的保护，都有必要设立影视角色商品化权的保护机制。从司法的角度来说，在以往发生的众多影视角色侵权案件中，当法官找不到相应的能够妥善解决纠纷的法律规定时，通常会适用《反不正当竞争法》的兜底性规定和诚实信用原则进行裁判，最终的裁判结果往往难以服众。如果赋予影视角色商品化权，那么对于法官审理案件会大有裨益，判决理由和判决结果更容易使当事人信服。

（三）影视角色商品化权的界定

通过观察日常生活中我们观看的电影和电视剧作品，不难发现，影视剧中的虚拟人物大致可以分为两种：

第一种是动画角色，即动画式的虚拟人物比如《喜羊羊与灰太狼》中的"喜羊羊"、《捉妖记》中的"胡巴"、《狮子王》中的"辛巴"，还有《星际宝贝》里的"史迪仔"等。这些动画人物的爱好者多为幼年儿童，商家为了达到产品促销的目的，有的会把这些动画形象印在笔记本、铅笔盒等文具上，有的会把这些动画人物的图案组合在童装里，有的会直接把这些动画人物的模型制作成立体玩具，利用观众对这些虚拟动画人物的喜爱，使产品更多更快地销售出去，这也是动画角色商品化权最常见的侵权方式。

第二种是真人角色，即由演员扮演的虚拟人物。在这个基础上，以是否利用演员真实面容效果为标准，又可以进一步分为体现演员真实面容的角色和未体现演员真实面容的角色。大部分影视角色都是指的前者，如《三生三世十里桃花》中的杨幂饰演的"白浅"、《美人鱼》中林允饰演的"珊珊"、《琅琊榜》中胡歌扮演的"梅长苏"，以及《欢乐颂》里刘涛饰演的"安迪"等，对于整部影视作品来说，演员的面容是塑造整个角色的关键要素，观众也能够轻易识别出该角色的真实扮演者。第二类真人角色通常出现在某些幻想类影视作品当中，如《西游记》中六小龄童饰演的"孙悟空"、《水形物语》中道格·琼斯饰演的"人鱼"等，在塑造角色过程中，为了贴近角色形象设定的需要，演员的面部往往会通过特殊的化妆技术进行部分或全部遮挡，使观众一时难以识别出真实扮演者。

对真人角色进行再分类的意义是，当真人角色被商业化使用时，可能会同时涉及侵犯演员肖像权的问题。

具体来说，由于第一类真人角色与演员自身的容貌是不可分割的，可以考虑以肖像权侵权为由维护自身权益。最常见的侵权情形为，商家未经允许把艺人的剧照用在产品或服务的广告宣传当中。[1]以"葛优与艺龙网信息技术有限公司等肖像权纠纷案"（"'葛优躺'案"）为例，[2]艺龙网公司未经葛优本人允许，也未经电视剧《我爱我家》制作者授权，在其微博上使用葛优在电视剧《我爱我家》中的剧照进行服务宣传，葛优

---

〔1〕 魏永征、李丹林主编：《影视法导论——电影电视节目制作人须知》，复旦大学出版社 2005 年版，第 225 页。

〔2〕 北京市第一中级人民法院（2018）京 01 民终 97 号民事判决书。

以肖像权侵权为由提起诉讼，一审海淀区人民法院和二审北京市第一中级人民法院均支持了其主张。

笔者认为，艺龙网公司虽然使用的是葛优在电视剧中的剧照，但是在宣传过程中提到的却是葛优的真实姓名，而不是剧中角色的名称，并且"葛优躺"已经成为网络热门词汇，艺龙网公司的做法很明显是在"蹭人气"，吸引更多消费者接受服务。这种情况下，葛优作为剧中角色的扮演者，其自身肖像构成了剧中角色外部特征不可分离的一部分，此时，艺龙网公司实际上同时侵犯了葛优的肖像权和电视剧《我爱我家》制作人的商品化权。

因为肖像是一种呈现在图画、影像等媒介物上的针对自然人面部特征的视觉形象，[1]所以，由于第二类真人角色可以脱离演员自身的相貌而独立存在，那么在发生侵权纠纷时，角色的扮演者似乎便难以再主张肖像权侵权，"章金莱与蓝港在线科技有限公司人格权纠纷案"（"六小龄童肖像权案"）的判决或许可以带给我们更多的启示。[2]

众所周知，章金莱先生是著名电视剧《西游记》中孙悟空的饰演者，蓝港公司在未取得章金莱先生同意的情况下，擅自使用孙悟空人物形象为其推出的网络游戏进行宣传。章金莱先生认为，由其塑造的孙悟空形象是最为经典的孙悟空形象，已经到了家喻户晓、妇孺皆知的程度，甚至提到孙悟空自然而然就会想到"六小龄童"，蓝港公司使用由其扮演的孙悟空形象，构成了对其肖像权的侵犯。对此，一审西城区人民法院的说法是，肖像权是专属于真实人物的权利，在现行法律框架下，不能随意进行扩大解释，且章金莱本人与其塑造的孙悟空形象具

---

〔1〕 陈明添、吴国平主编：《中国民法学》，法律出版社 2007 年版，第 391 页。

〔2〕 北京市第一中级人民法院（2013）一中民终字第 05303 号民事判决书。

有本质上的区别，主张肖像权侵权显然不合理。然而，二审北京市第一中级人民法院却持不同意见。二审法官认为，章金莱关于肖像权的主张不能得到支持是因为蓝港公司使用的孙悟空形象与其饰演的孙悟空形象有着较大差别，而不是因为章金莱本人的肖像与其塑造的孙悟空形象无关。

相对于一审法院的判决理由来说，笔者更加赞同二审法院的说法。二审主审法官提出了一个重要的观点——肖像权的可识别性，即通过某个肖像可以定位到具体的自然人。当某一角色能够使观众意识到是由某个具体的演员扮演的时候，即便该角色没有直接反映出扮演者的形象特征，也应当承认该扮演者与其塑造的角色之间存在关联，而不应随意否定扮演者就该角色所享有的权利。立法者设定肖像权的初衷，是为了保护权利人的人格性利益，但随着经济形势的变化，财产性利益也应当成为被保护部分，单纯保护自然人的精神性利益已经难以适应目前经济的发展水平。对于那些因成功塑造某个角色而知名度大大提高的演员来说，没有权利可主张对他们来说并不公平。通过该案二审法院的判决，我们发现在司法实践中，法官已经倾向于认同肖像权的财产属性，因此，当发生影视角色被商业化使用的相关侵权纠纷时，演员利用肖像权进行维权是具有可行性的。

综上所述，影视角色总体上可分为两大类，即动画角色和真人角色。其中，由动画角色所引起的商品化权侵权案件是目前司法实践当中最常见、最多发的损害商品化利益的侵权纠纷。真人角色则具有双重属性，即演员自身的人格权属性与影视作品制作人的商品化属性，因此，由真人角色所引起的商品化利益相关纠纷相较于动画角色而言更加复杂，所涉及的法律关系也更加值得探讨。

三、我国对影视角色商品化利益的保护现状及困境

（一）依照人格权制度对影视角色商品化利益的保护

由于人格权是专属于自然人的权利，因此，此处讨论的依照人格权制度对影视角色商品化利益进行保护仅针对由真人角色引起的权利纠纷，司法实践中常见的情形为，企业未经授权非法使用演员在影视作品当中的剧照或海报，通常情况下，演员会以企业侵犯其肖像权为由提起诉讼并主张权利保护，上文提到的"葛优躺案"便是典型案例。

近年来，随着艺人的演艺形象被商业性使用的情况日益普遍，此类案件的发生并不少见，如"唐嫣与北京搜房科技发展有限公司肖像权纠纷案"[1]"霍建华与哈尔滨市博能汽车零配件制造有限公司肖像权纠纷案"[2]"宇妥藏药股份有限公司与冯小刚肖像权纠纷案"[3]"京汉置业集团有限责任公司与王宝强肖像权纠纷案"[4]等，基本案情大同小异，均是被告未经许可使用了原告在某部影视作品中的剧照或海报，并用于产品或服务宣传获取不当利益之后，原告以肖像权侵权为由将被告诉至法院并请求赔偿。

这些案件的受理法院虽不同，但判决理由和判决结果大致相似。在这些案件当中，被告时常会以这样的理由来进行抗辩：其所使用的图片为影视作品的剧照，而非原告本人的照片，剧照中体现的是虚拟人物，而非自然人，角色的饰演者并不拥有该虚拟角色的肖像权。对此，法官基本上认为，虽然包含艺人

---

〔1〕 北京市海淀区人民法院（2016）京 0108 民初 1142 号民事判决书。

〔2〕 黑龙江省哈尔滨市平房区人民法院（2016）黑 0108 民初 690 号民事判决书。

〔3〕 北京市第三中级人民法院（2018）京 03 民终 12853 号民事判决书。

〔4〕 北京市第三中级人民法院（2018）京 03 民终 14215 号民事判决书。

形象和相貌的影视剧照从性质上来说不能完全等同于艺人的照片，但是，该剧照所体现的影视角色是由艺人所饰演的，与艺人本身的形象密切相关，不能将艺人的肖像权严格排除于对剧照的使用上。因此，艺人以肖像权侵权为由主张权利是能够成立的，应当予以支持。

笔者认为，被告把使用艺人的剧照当作宣传手段，其目的必然是提高企业、产品或者服务的知名度，从而获取更大的利润。因此，其在擅自使用艺人的剧照时，对该艺人的商业影响力必然是知晓了解的，明显具有攀附该艺人知名度的意图，属于未受许可擅自使用他人肖像并进行营利活动的情形，被侵犯权利的艺人作为角色的扮演者当然能够以肖像权侵权为由主张权利。那么，对于此类案件是否有必要再讨论商品化权的适用问题呢？

依据上文可知，由于商品化权的权利属性为包含智力成果的财产性权益，就影视作品而言，虽然最终呈现给观众的单一的影视角色是由演员塑造的，但是从根本上来说，整部影视作品凝聚着该作品制作人的智慧结晶，因此，某个影视角色也是由影视作品制作人设计并创造出来的，其商品化权的权利主体应当是影视作品的制作者。

在司法实践当中，法官依照人格权制度对影视角色进行保护实际上保护的仅仅是角色饰演者的肖像权，并不涉及对影视角色商品化利益的保护问题。影视角色既体现了演员的形象特征，又包含了制作者的智力成果，二者是并存的关系，而非吸收的关系。因此，当发生企业不当使用艺人剧照类案件时，艺人主张肖像权侵权的同时，该剧照所属影视作品的制作者亦可以商品化权侵权为由主张对方侵权并要求赔偿。只是在我国目前法律体系中尚未正式形成商品化权的概念，在发生此类案件时，多数情况下只有艺人一方作为权利主体主张权利，可见这对没有权利可主张的影视作品制作者来说并不公平。

（二）依照知识产权制度对影视角色商品化利益的保护

笔者通过检索近年来与影视角色商品化利益有关的案例，发现法官依照《知识产权法》相关规定进行判决的案例并不少，但经过比较与分析之后，归纳总结下来主要有以下两种。

1. 依照《著作权法》对影视角色商品化利益的保护

第一种常见的情形是，商家未经授权制造、销售或使用与影视角色外形相同的玩具、摆件、雕塑等，或者把影视角色的图像印在服饰、文具、日用品等产品上，此时，权利人多以著作权侵权为由进行维权。最早引起社会各界关注的案件是"广东原创动力文化传播有限公司、北京华联综合超市股份有限公司苏州分公司、北京华联综合超市股份有限公司侵害作品复制权、发行权纠纷案"（"'喜羊羊'卡通形象侵权案"）〔1〕，此外，近年来发生的典型案例还有"艾影（上海）商贸有限公司、麻城市元成经营管理有限公司著作权权属、侵权纠纷案"（"'哆啦A梦'纠纷案"）〔2〕、"魏勇祥等与华强方特（深圳）动漫有限公司著作权权属、侵权纠纷案"（"'熊出没'纠纷案"）〔3〕、"广州市锐视文化传播有限公司与中山市米依酷服饰有限公司著作权权属、侵权纠纷案"（"'奥特曼'纠纷案"）〔4〕等。

对于此类案件，法官首先会将涉案虚拟人物认定为美术作品，进而判断被诉侵权产品的外形或被诉侵权产品上的图画与涉诉虚拟人物是否构成实质性相似，如果经过严格比对之后，

---

〔1〕 江苏省苏州市虎丘区人民法院（2012）虎知民初字第0014号民事判决书。

〔2〕 湖北省高级人民法院（2018）鄂民终1060号民事判决书。

〔3〕 北京知识产权法院（2018）京73民终1496号民事判决书。

〔4〕 广东省中山市第一人民法院（2016）粤2071民初4271号民事判决书。

除了一些细微的差别，二者的形象特征基本相同，那么则认定被告的行为侵犯了原告的展览权、复制权、发行权等著作权，从而支持原告的诉讼主张。

笔者认为，法官在审理此类案件时，把影视角色视为美术作品，并适用《著作权法》的相关规定加以保护是不严谨的。传统意义上的美术作品是平面的、静态的，而存在于影视作品当中的影视角色是鲜活的、立体的，将影视角色的图片、模型认定为美术作品显然过于牵强。另外，《著作权法》所保护的美术作品是可以实现有形复制的，即以人工方式或机械方式将作品制作成一份或者多份，[1]但在此类案件中，商家以影视角色的外形特征为元素制作出的模型、玩具等的做法是否属于一种复制形式至今尚无定论。因此，不能轻易将影视角色认定为《著作权法》的保护对象。

退一步讲，即使认为为了保护相关权利人的利益而将影视角色认定为静态的美术作品具有一定的合理性，但是法官在审理过程当中却忽视了涉案虚拟人物的市场价值。上述几个典型案例当中，商家之所以选择将"喜羊羊""奥特曼""机器猫"等虚拟人物用于产品上，就是因为这些虚拟人物对于观众来说耳熟能详，在全国甚至全世界都具有非常高的知名度，其自身存在着巨大的商业价值。如果仅仅将商家这种"搭便车"的行为认定为不当得利，那么按照目前著作权侵权的赔偿标准，法官通常会综合考量侵权人违法所得的数额、侵权的过错程度及所造成的后果等最终确定赔偿金额，而涉案虚拟人物的知名度和影响力仅被作为次要因素加以考虑。可是，商家恰恰是利用了涉案影视角色的知名度和市场号召力来吸引更多的消费者购

---

〔1〕 冯晓青、付继存："著作权法中的复制权研究"，载《法学家》2011 年第 3 期。

买其产品或接受其服务，可想而知，此种维权手段只能使权利人获得部分补偿，不足以赔偿权利人的间接损失。

2. 依照《商标法》对影视角色商品化利益的保护

司法实践当中，另外一种依照知识产权制度对影视角色商品化利益进行保护的情形是，商家未经授权擅自使用影视角色的名称，用于企业宣传、产品销售等。面对此种侵权方式，权利人通常会选择依照《商标法》的具体规定进行维权。曾经一度引发社会密切关注和广泛讨论的"梦工场动画影片公司与国家工商行政管理总局商标评审委员会行政诉讼案"（"功夫熊猫案"）[1]，便是适用《商标法》的规定解决由影视角色名称被商业化使用所引起纠纷的典型案例，尽管之后此案的主审法官在审理相同案件时改变了最初的审理思路，不再认定权利人对涉诉虚拟角色享有在先商品化权，但此案对于确立商品化权的意义是毋庸置疑的，对此后相似案件的审理提供了很大的参考价值。除此之外，"埃德加赖斯巴勒斯公司与国家工商行政管理总局商标评审委员会行政诉讼案"（"'人猿泰山'案"）[2]、"金华大头儿子服饰有限公司等与国家工商行政管理总局商标评审委员会行政诉讼案"（"'大头儿子'案"）[3]也是近年来发生的比较具有影响力的类似案件。

由于此种类型的案件是以商标评审委员会（以下简称"商评委"）为被告的行政诉讼，涉及的法律关系较为复杂，故笔者将结合具体的案例进一步展开论述。

以"人猿泰山案"为例，《人猿泰山》是由美国作家埃德加·赖斯·巴勒斯创作的一部小说，后该小说被制作成同名动

---

〔1〕 北京市高级人民法院（2015）高行（知）终字第1020号行政判决书。

〔2〕 北京知识产权法院（2017）京73行初7562号行政判决书。

〔3〕 北京市高级人民法院（2018）京行终4484号行政判决书。

画，"人猿泰山"既是该动画作品的名称，也是动画中主人公角色的名称。作家埃德加与该案原告埃德加赖斯巴勒斯公司（以下简称"埃德加公司"）签订了关于"人猿泰山"系列书籍、动画作品等的权利转让协议之后，埃德加公司成为"人猿泰山"的相关权利人。该案的第三人长春市好吉利医药企业营销咨询有限公司（以下简称"好吉利公司"）未经授权申请了"人猿泰山"商标，并被核准使用在人用药等商品上。于是，埃德加公司以其对"人猿泰山"享有在先著作权和在先商品化权为由向商评委提出宣告该商标无效的申请，商评委对此作出了不予支持的裁定，理由是埃德加公司只能证明"人猿泰山"在影视娱乐服务方面享有一定的知名度，而好吉利公司所申请的"人猿泰山"商标被核准使用在人用药等商品上，二者之间差异甚大，不会使一般公众产生误认和混淆，同样不会对埃德加公司造成不利影响。埃德加公司不服此裁定，故将商评委诉至北京知识产权法院，请求撤销该裁定，并判令商评委对此重新作出裁定。

诉讼中，埃德加公司主要提出了两项主张：一是其为"人猿泰山"系列小说、动画等的相关权利人，因此对"人猿泰山"享有在先商品化权，该项权利应当受到保护；二是好吉利公司恶意抢注商标，是对"人猿泰山"商标的摹仿，对其恶意抢注的商标应予宣告无效。对于埃德加公司提出的上述主张，法官均作出了相应的认定，笔者概括如下。

首先，虽然《最高人民法院关于审理商标授权确权行政案件若干问题的规定》就商标使用的在先权益作出了规定，即当作品名称或作品中的角色名称享有较高的知名度时，将其作为商标使用在某种产品上容易使公众误以为其与权利人有着某种特殊联系，则应当保护权利人利用该作品名称或作品中的角色名称开展商业活动时所享有的财产性利益。[1]但是，该法律条文并未明确表明这种在先权益是在先商品化权，也就是说，埃德加公司关于其对"人猿泰山"享有在先商品化权的提法不成立。

其次，即使认为埃德加公司就"人猿泰山"商标的商业化使用享有在先权益，上述规定的适用仍须满足一定的前提条件，即涉案作品必须处于著作权保护期限内，一旦超过法定的保护期限，权利人的相关财产性权益将不再受到法律的保护。根据我国《著作权法》的相关规定，作品的保护期为作者生前及去世之后的 50 年。[2]本案中的涉案作品是由作家埃德加·赖斯·巴勒斯创作的小说《人猿泰山》，埃德加于 1950 年 3 月 19 日逝世，该作品的著作权保护期应截至 2000 年 12 月 31 日结束，可见，该作品已超过著作权保护期，进入社会公共领域之后能够被社会公众自由使用。现如今，埃德加公司主张其对"人猿泰山"享有优先权益的主张已然不能得到支持。

最后，《商标法》就商标的恶意抢注行为作出了相应规定，即如果商标注册申请人所申请注册的商标是对他人已经注册的驰名商标的复制、摹仿或翻译，以刻意引导公众产生误解并有可能损害该驰名商标注册人的利益，那么，对这样的商标商标

---

[1] 《最高人民法院关于审理商标授权确权行政案件若干问题的规定》第 22 条第 2 款规定："对于著作权保护期限内的作品，如果作品名称、作品中的角色名称等具有较高知名度，将其作为商标使用在相关商品上容易导致相关公众误认为其经过权利人的许可或者与权利人存在特定联系，当事人以此主张构成在先权益的，人民法院予以支持。"

[2] 《著作权法》第 21 条第 1 款规定："公民的作品，其发表权、本法第十条第一款第（五）项至第（十七）项规定的权利的保护期为作者终生及其死亡后五十年，截止于作者死亡后第五十年的 12 月 31 日；如果是合作作品，截止于最后死亡的作者死亡后第五十年的 12 月 31 日。"

局将不予注册。[1]本案中，虽然埃德加公司曾就"人猿泰山"动画作品在中国大陆地区做过推广和宣传，"人猿泰山"系列电影、动画作品等在中国领域内也的确具有一定的知名度，但尚不足以认定其已经达到驰名商标的标准，故埃德加公司关于好吉利公司恶意抢注商标的说法也不能成立。

综合上述理由，法官最终驳回了埃德加公司的全部诉讼请求。细细想来，理论上原本占有优势的埃德加公司，最后因没有任何有效的权利可主张，只能眼睁睁看着他人使用"人猿泰山"商标获取利润，自己却不能得到实质性的补偿。看来，依照《商标法》保护影视角色商品化利益的可行性也是值得怀疑的。

通过分析法官关于"人猿泰山案"的判决思路和判决理由，不难发现利用《商标法》来保护影视角色存在以下几个弊端，这些弊端表明根据《商标法》的相关规定保护影视角色商品化利益同样具有很大的局限性：

其一，权利人若想通过《商标法》获得保护，必然要对影视角色的名称进行商标注册，使影视角色纳入到《商标法》的保护范围。[2]但商标注册程序是非常烦琐的，整个过程需要持续很长时间，在此期间，即使有商家利用影视角色的名称开展商业活动并获取收入，权利人也无法就该行为主张权利。此外，《商标法》对商标的有效存续时间也作出了规定，若已经完成注册程序的商标从注册之日起3年内未被使用，那么该商标可能

---

[1]《商标法》第13条第3款规定："就不相同或者不相类似商品申请注册的商标是复制、摹仿或者翻译他人已经在中国注册的驰名商标，误导公众，致使该驰名商标注册人的利益可能受到损害的，不予注册并禁止使用。"

[2] 李晏、陈愉："论虚拟角色商品化权保护制度的构建——以'喜羊羊'卡通形象侵权案件为切入点"，载《河北青年管理干部学院学报》2015年第4期。

会被申请撤销。[1]也就是说，权利人将影视角色的名称申请注册为商标之后，必须要在 3 年内使用，如果不使用可能会丧失其对该影视角色的相关权利。

其二，权利人若主张侵权人恶意抢注商标，需要证明涉案影视角色的名称属于驰名商标，从《商标法》关于认定驰名商标的具体规定来看，需要考虑公众的知悉程度、使用的时间长短以及对该商标的宣传力度、范围等众多相关因素，[2]证明难度显然非常大。具体到"人猿泰山案"，正是因为埃德加公司不能提供足够的证据来证明其所引证的"人猿泰山"商标属于驰名商标，从而在一定程度上造成了败诉的结果。

其三，根据现行《商标法》的规定，影视角色相关权利人若主张其享有关于某部影视作品中虚拟人物名称的在先权利，需要保证该影视作品或改编成影视作品之前的文学作品仍处于著作权的保护期限之内，如果超出该法定期限，涉案作品包括该作品中的虚拟角色便会成为公共资源，可被他人无偿使用。"人猿泰山案"中，埃德加公司就是在超过"人猿泰山"小说著作权保护期后起诉维权，从而失去了在先权益得到保护的机会，这也是导致埃德加公司败诉的关键因素之一。

3. 依照不正当竞争制度对影视角色商品化利益的保护

立法者制定《反不正当竞争法》的初衷是禁止不正当竞争，

---

〔1〕《商标法》第 49 条第 2 款规定："注册商标成为其核定使用的商品的通用名称或者没有正当理由连续三年不使用的，任何单位或者个人可以向商标局申请撤销该注册商标。商标局应当自收到申请之日起九个月内做出决定。有特殊情况需要延长的，经国务院工商行政管理部门批准，可以延长三个月。"

〔2〕《商标法》第 14 条第 1 款规定："驰名商标应当根据当事人的请求，作为处理涉及商标案件需要认定的事实进行认定。认定驰名商标应当考虑下列因素：（一）相关公众对该商标的知晓程度；（二）该商标使用的持续时间；（三）该商标的任何宣传工作的持续时间、程度和地理范围；（四）该商标作为驰名商标受保护的记录；（五）该商标驰名的其他因素。"

维护正常的市场竞争秩序，保障市场经济有序发展。随着生活中各种各样的侵权类案件的发生，《反不正当竞争法》开始成为一部具有兜底性质的法律规定，似乎只要出现新类型的侵权类纠纷且发生在经营者之间，就可以通过《反不正当竞争法》中的一般条款得到解决。在这样的法治背景下，《反不正当竞争法》逐渐被扩张和滥用，使得其他相关法律规定不能得到合理充分的适用，严重破坏了整个法律体系的平衡与贯通。[1]

另外，由于法官对案情和法条的理解存在不同程度的偏差性，常常会有案情相似、审判结果却截然相反的情况发生。笔者将通过分别分析两个适用《反不正当竞争法》一般条款审理的案例，来说明依照不正当竞争制度保护影视角色商品化利益所存在的问题。

第一个案例是"天津金狐文化传播有限公司与朱昱、北京建德吉利综合商店不正当竞争纠纷案"（"'煎饼侠'案"）[2]，该案由北京市东城区人民法院审理，且最终原告的诉讼请求得到了支持。"煎饼侠"既是一部知名喜剧电影的名称，也是该电影男主角董成鹏在电影里的剧设人物名称，该电影经过发行推广及热映，已经具有了较高的知名度。被告在该电影热映期间，将"煎饼侠"三个字用作其店铺的招牌，在店内张贴电影剧照，并且服务员的穿着打扮也与"煎饼侠"人物形象相似。

对此，东城区人民法院认为，尽管原告是从事影视出品的公司，被告是从事售卖煎饼的商店，二者无论是经营范围、渠道、模式等都有着巨大差别。但是，被告的表现在客观上容易使消费者产生其与原告之间存在特定关系的误解，主观上明显

---

[1] 吴兵："论《反不正当竞争法》一般条款的严格适用"，载《河北北方学院学报（社会科学版）》2018 年第 6 期。

[2] 北京市东城区人民法院（2016）京 0101 民初 6348 号民事判决书。

具有攀附电影《煎饼侠》和电影角色"煎饼侠"的故意。被告利用观众对该电影角色的喜爱吸引更多消费者来购买其售卖的煎饼，给自己的经营带来了优势且增加了收入，却无偿占有了原告在出品该电影过程中的投入和付出，无形之中给原告的经营活动造成了不利影响，损害了其合法权益。被告所实施的行为虽不是《反不正当竞争法》特别规定的不正当竞争情形，但显然已经给其他经营者造成了损害，属于违反诚实信用原则和公认的商业道德的表现，若不加以禁止对其他经营者来说有失公平，也会严重破坏其他经营者的正常经营活动，应当适用《反不正当竞争法》中的一般性条款进行规制。[1]综上，法官最终支持了原告关于被告不正当竞争的主张。

第二个案例是"东阳正午阳光影视有限公司与太平人寿保险有限公司不正当竞争纠纷案"（"'欢乐颂'案"）[2]，该案是由北京市朝阳区人民法院审理的，虽然具体实施的侵权手段有所不同，但基本的法律关系与上述"煎饼侠案"如出一辙。然而，与"煎饼侠案"的判决结果完全相反，原告的诉讼请求却没有得到朝阳区人民法院的支持。本案原告是热播电视剧《欢乐颂》的制作方和出品方，该剧由国内五位高人气女艺人出演，饰演的剧中五个角色因深受观众喜爱而被称为"五美"。被告未经授权撰写了题为《跟着"五美"选保险》的文章，以剧中五名角色的人物特点作为参照标准，并使用该五位女艺人在该剧中的剧照作为素材，用于介绍和宣传其经营的保险产品。

对于被告的上述行为，本案法官的审理思路相较于"煎饼

---

〔1〕 《反不正当竞争法》第 2 条第 1 款和第 2 款规定："经营者在生产经营活动中，应当遵循自愿、平等、公平、诚信的原则，遵守法律和商业道德。本法所称的不正当竞争行为，是指经营者在生产经营活动中，违反本法规定，扰乱市场竞争秩序，损害其他经营者或者消费者的合法权益的行为。"

〔2〕 北京市朝阳区人民法院（2017）京 0105 民初 10025 号民事判决书。

侠案"来说稍显复杂，他认为不能过于死板地套用《反不正当竞争法》中一般条款的内容，因此，他没有直接适用该规定，而是结合《反不正当竞争法》中一切与本案可能相关的法律条文，全面地从各个相关规定的角度分析了太平人寿公司所实施的行为是否满足不正当竞争的条件，进而论述了该行为是否属于应当适用《反不正当竞争法》进行调整的违法情形。

首先，《反不正当竞争法》对于知名产品作出了规定，被诉经营者的行为只有达到混淆的程度才能构成不正当竞争。[1]根据原告提供的证据以及公众的反映足以认定涉案电视剧作品及其中所谓的"五美"角色已经达到了知名的标准，然而，被告对该电视剧名称、剧中角色的名称和剧照的使用方式都不会使一般公众在保险产品与影视作品之间产生混淆，因此，不能以该规定对太平人寿公司的行为作出属于不正当竞争情形的认定。

其次，《反不正当竞争法》还规定了以虚假宣传的方式进行不正当竞争的情形，[2]适用这种情形需要行为人具有通过商业性质的虚假宣传来引发消费者误解的目的。具体到本案，被告只是借助涉案影视角色来说明不同保险服务的特点，从而帮助不同群体的消费者理性选择适合自己的服务，并没有将涉案影视角色作为形象代言人对这些服务进行宣传，不足以使一般公众对被告的市场地位产生误解。因此，太平人寿公司的行为不

---

〔1〕《反不正当竞争法》第6条规定："经营者不得实施下列混淆行为，引人误认为是他人商品或者与他人存在特定联系：（一）擅自使用与他人有一定影响的商品名称、包装、装潢等相同或者近似的标识；（二）擅自使用他人有一定影响的企业名称（包括简称、字号等）、社会组织名称（包括简称等）、姓名（包括笔名、艺名、译名等）；（三）擅自使用他人有一定影响的域名主体部分、网站名称、网页等；（四）其他足以引人误认为是他人商品或者与他人存在特定联系的混淆行为。"

〔2〕《反不正当竞争法》第8条第1款规定："经营者不得对其商品的性能、功能、质量、销售状况、用户评价、曾获荣誉等作虚假或者引人误解的商业宣传，欺骗、误导消费者。"

属于虚假宣传式的不正当竞争。

最后，由于《反不正当竞争法》的一般条款是原则性规定，具有很大的不确定性，因此，不能轻易用该条文进行案件审理，即便要适用也一定要特别慎重，立足于案件发生时的社会背景，从案情细节着手，综合各方面因素来考量被诉行为的不正当程度，以及是否给权利人和消费者造成了实际损害。本案中，被告虽未经许可擅自使用涉案影视角色开展产品宣传活动，但涉案影视角色仅仅起到了说明问题的辅助性作用，即根据自身情况选择何种保险产品，这种生动形象的表达方式不会使消费者产生误解，更不会对消费者的权利造成不利影响，反而有助于消费者更加理性、更加便捷地购买合适的保险产品。另外，原告确实对涉案电视剧作品享有著作权，对该剧人物角色同样享有一定的权益，但原告行使权利的同时也应当顾及市场的竞争自由，不能对任何提及该作品的行为都要行使权力去制止，这种过度限制竞争的维权方式反而会抑制市场更新的速度。综上，被告的行为没有对消费者的权益造成损害，对原告的影响也是微乎其微的，不能适用《反不正当竞争法》的一般条款对太平人寿公司作出不正当竞争的认定。

综合上述理由，法官认为被告太平人寿公司的做法符合惯常的经营活动标准，并未违背诚实信用原则和商业道德，不属于不正当竞争行为，原告正午阳光公司的主张不能予以支持。

结合上述两个案例来看，同为擅自将他人享有权益的影视角色用于开展经营活动，"'煎饼侠'案"中的建德吉利商店被认定为实施的是不正当竞争行为并对权利人进行补偿，而"'欢乐颂'案"中的太平人寿公司却因未被认定为实施了不正当竞争行为而免于赔偿，深究其原因，依旧是因为我国没有针对影视角色保护问题的明确法律规定，使得两案法官的自由心证发挥了极大的作用。由此可见，依照《反不正当竞争法》来处理关于保护影视角色商品化利益的纠纷依然具有不稳定性。

此外，从法理的角度来看，《反不正当竞争法》的作用是规制市场中的各种不正当竞争行为，保障市场竞争的和谐有序进行，在适用过程中具有很强的灵活性与广泛性，也常常因此作为一项兜底性质的法律来处理相应的侵权纠纷。这种兜底性质的法律并未给权利人设定具体的权利，而是规定了一系列的禁止性条款来排除他人对权利人正当利益的损害，可以说，《反不正当竞争法》为权利人提供的是一种间接形式的保护。[1]而影视角色的商品化权是一种特定的权利，正如著作权、商标权等，需要法律赋予其实质性的内容，即需要法律给予权利人通过这项权利获取财产性利益的明确依据，因此，适用于保护影视角色商品化利益的法律应当是一部具有事前积极保护功能的法律，起到事后消极防御作用的《反不正当竞争法》显然不能为影视角色的商品化利益提供全面且充分的保护。

四、对构建影视角色商品化权保护制度的思考

（一）美国对影视角色商品化利益的保护模式及对我国的启示

美国是典型的判例法国家，且对商品化权的研究起步较早，多年来对有关商品化权判例的积累，使得美国对于商品化权保护问题已然形成了较为成熟的法律体系。美国将虚拟角色分为文学角色、卡通角色和影视角色三大类，根据这三类虚拟角色各自的特点，分别设置了相应的保护方式。[2]

---

〔1〕 郑友德、胡承浩、万志前："论反不正当竞争法的保护对象——兼评'公平竞争权'"，载《知识产权》2008 年第 5 期。

〔2〕 鲁甜："美国虚拟角色的版权保护——兼评 DC 漫画诉 Towle 案"，载《中国版权》2016 年第 4 期。

其中，对于文学角色商品化利益的保护，美国经过对 Nivhols v. Universal Pictures Corp 和 Sam Spade 两案的审理，确立了"充分描述标准"[1]，即当文学作品的作者对该作品中的角色进行了充分的描述，使之成为具有显著特征的形象，且对该作品中故事情节的推动产生了很大的作用，那么该文学作品中的虚拟角色可以被认定为具有独创性，并受到《著作权法》的保护。美国版权法专家李响曾在其著作中写道："一个角色的形成依赖于它的创作者为其勾勒出点点滴滴的性格和特征的不断积累，尽管这当中的每一点可能都属于想法，但是当它们叠加在一起的时候就构成了一种表达。"[2]也就是说，美国的判例法官认为，文学角色可以脱离文学作品作为独立的个体，成为《著作权法》的保护对象。

对于卡通角色的保护，美国在大量积累相关判例的基础上，总结出了相当宽泛的保护原则，只要卡通角色具有可版权性，就可以通过法律得到保护。换言之，一旦涉诉卡通角色被认定为相似，那么就可以此来认定使用者侵犯了卡通作品版权人的权利。美国对卡通角色的保护力度之所以会如此之大，是因为卡通角色的形象特点十分鲜明，一般公众对此太过熟悉，以任何形式利用卡通角色开展商业活动都会使权利人的权利受损。

由于影视作品大多由文学作品或卡通作品改编而来，因此，当影视角色来源于文学角色或卡通角色，则可以分别适用针对文学角色和卡通角色的保护模式得到保护。例如，《哈利·波

---

[1] 刘亚军、曹军婧："虚拟角色商品化权法律保护刍议——美国实践的启示"，载《当代法学》2008 年第 4 期。

[2] 李响：《美国版权法：原则、案例及材料》，中国政法大学出版社 2004 年版，第 229 页。

特》系列影片中主人公"哈利"的人物角色来源于英国女作家
J. K. 罗琳所著的魔幻系列小说《哈利·波特》，电视动画《名
侦探柯南》中的男主角"江户川柯南"来源于日本漫画家青山
刚昌创作的连载漫画作品《名侦探柯南》。

此外，美国的判例法还赋予了出演影视角色的演员形象权，
该权利由隐私权发展而来，用以保护影视作品中真实自然人的
商品化权，但并不限于表演者，其适用于任何具有知名度的名
人。对此，美国的《加州民法典》和《纽约州民权法》都进行
了相应的规定。在美国，形象权所保护的客体有两项，一项是
权利人的人格，一项是商业价值，即权利人依靠自身身份要素
可享有的财产性利益。上文提到的几个我国依照人格权制度解
决影视角色商品化利益问题的案例与美国依照形象权处理表演
者商品化权纠纷的情形相似，但不同的是，上述案例都是围绕
不当使用表演者肖像展开的，而美国的法官却认为侵犯表演者
形象权的方式并不仅仅局限于将表演者在影视作品中的肖像用
于商业活动，还包括使用表演者在影视作品中的台词、名称等
各种能够确定表演者身份的要素。

从上述对美国影视角色商品化利益保护模式的介绍可以看
出，美国十分重视影视角色所涉及的商品化利益，对此制定的
保护措施也很全面，这为影视角色相关权利人行使权利提供了
很大的保障。然而，无论是虚拟的卡通人物，还是真实人物角
色，美国的判例法对其保护的力度都过大，这既不利于市场的
自由竞争，也会限制新作品的再创作，长期发展下去，最终有
可能会造成权利人的私人利益与社会公共利益之间的失衡。

影视角色涉及的法律关系多样且复杂，其商品化利益固然
值得保护，但其作为虚拟角色的一个类别，没有必要对其单独
进行立法，可考虑对其与其他种类的虚拟角色共同设立保护机

制。但毕竟每个种类的虚拟角色的特点各不相同，此时，可以考虑借鉴美国对虚拟角色的分类，并根据不同的虚拟角色设定相应的保护制度。

（二）日本对影视角色商品化利益的保护模式及对我国的启示

由于法律的滞后性，日本至今对于虚拟角色商品化利益没有制定专门的法律进行保护，其他法律中也没有任何提及虚拟角色商品化权内容的规定。但是，从法学理论界的学说可以得知，日本对虚拟角色的商品化权给予了明确的认可和肯定。同时，在实务的司法判例中，日本也对虚拟角色的商品化利益予以了保护。

上文在介绍商品化权的起源过程与发展现状时曾提到过，日本最初对"商品化权"的说法来源于美国的"形象权"，而形象权是一项专属于名人的权利。因此，日本起初仅仅保护真实人物的商品化利益，随着社会、经济和市场形势的变化，涉及商品化侵权的纠纷和争议越来越多元化，日本才将商品化权的保护范围逐渐扩张到虚拟角色。对此，日本的学术界产生了"一元论"与"二元论"两种不同的理论。[1]其中，"一元论"学说认为商品化权应当遵循最初的适用原则，即其客体仅限于真实人物的形象，随意作扩大解释有违商品化权概念的基本含义；"二元论"学说则鼓励和支持对商品化权的最初含义作出适当的延伸，即商品化权的保护范围既可以包括真实人物，也可以包括虚拟人物。关于这两种学说在司法实践上的具体适用，日本的法院在不同的判例中均予以了承认，所以究竟以哪种学

---

[1] 胡芳芳："中国与美、日商品化权制度之比较分析"，载《时代金融》2011年第35期。

说为准至今还没有定论。[1]

对于这两种学说，笔者更加赞同"二元论"学说，法律环境不是一成不变的，为了满足社会的发展需求，适应逐渐出现的各种新型法律关系，有必要对商品化权的内涵进行适当的扩大解释。越来越多由虚拟人物引起的判例表明，虚拟人物同样具有商业价值，其相关权利人应当得到法律的保护。

与美国不同，日本没有对虚拟角色进行更为细致的分类，而是将各个类型的虚拟角色按照统一的标准进行保护。从目前的司法判例来看，日本直接把虚拟角色看作是独立的作品，进而通过《著作权法》保护虚拟角色的商品化利益。具体到影视角色，无论是该影视角色的外形、姿态还是个性，只要是使用了该角色的部分要素，并且能够使一般公众联想到该角色，即可被认定为侵犯了该影视角色著作权人的权利。这一点值得我国借鉴，与影视角色相关的任何要素都具有市场价值，但我国《著作权法》仅仅能够保护影视角色的整体形象，对影视角色商品化利益的保护显然不够到位。

值得注意的是，从日本近年来关于影视角色侵权纠纷的案例来看，影视角色的名称也受《著作权法》的保护。日本最高院法官认为，无论是影视角色的外形还是称呼，都是从属于影视角色的重要元素，都是影视作品著作权人创作的成果，应当通过《著作权法》的规定得到保护。当然，影视角色的名称如果经过商标的申请注册等一系列程序，并最终得到许可，那么该影视角色的名称也可以受到《商标法》的保护。[2]反观我国

---

〔1〕 马波：《美国形象权法律制度研究》，知识产权出版社第 2012 年版，第 109 页。

〔2〕 [日] 田村善之：《日本知识产权法》（第 4 版），周超、李雨峰、李希同译，张玉敏审校，知识产权出版社 2011 年版。

司法实践中影视角色名称被商业化利用的案例，从上述"金庸诉江南案"即可得知，在我国单纯使用角色名称的行为不属于违反《著作权法》的情形，只能依据《商标法》或者《反不正当竞争法》得到解决。

（三）对我国构建影视角色商品化权立法保护的初探

从本文第二章中我国对影视角色商品化利益的保护现状可以看出，虽然我国目前的人格权制度、知识产权制度以及反不正当竞争制度都能给予影视角色商品化利益不同程度的保护，但每种制度的保护都存在相当大的局限性，这使得权利人无法全面地行使权利，法官在处理相关纠纷时也缺乏明确的依据，因此，有必要重新考虑对影视角色商品化权设定规范的保护制度，从而使影视角色得到更为完善的保护。

通过分析域外国家对影视角色商品化利益的保护模式，虽然可以获取一定的相关经验，但我国与美国和日本的基本国情不同，社会背景与法律环境也不同。因此，可以选择性地借鉴国外在处理影视角色商品化权问题时的做法，但不能完全按照国外的措施实行，要从本国国情出发，在适应国内市场发展需求的基础上，实现对影视角色商品化利益的全面保护。下面笔者将从影视角色商品化权的法律性质入手，尝试着对适合我国国情的影视角色商品化权保护制度进行探究。

1. 影视角色商品化权的法律性质

要讨论影视角色商品化权的法律性质，不得不首先明确其原始概念即商品化权与角色商品化权的性质。

综合当前国内外学说，可以得知商品化权主要涉及两大主体，一是知名人士，二是虚拟角色。从我国目前的司法实务来看，知名人士的商品化利益在我国可以通过人格权制度得到保护，所以暂且不谈，本文中的商品化权特指虚拟角色的商品化权，简称角色商品化权。

迄今为止，法学理论界一直针对商品化权的性质争论不休，相应的产生了很多关于商品化权性质的学说，有的认为其是一种"新型人格权"[1]，有的认为其是一种"无形财产权"[2]，还有的认为是一种"新型知识产权"[3]。而当我们把商品化权的主体限定在虚拟角色时，确定商品化权的性质只需要在"无形财产权说"与"新型知识产权说"之间进行选择。

曾世雄认为，商品化权与智力成果的产生活动无关，其权利内容为利用权利对象的知名度和影响力开展商业活动并获取财产收益，具有明显的财产权益属性，而知名度和影响力是无形的、抽象的，因此应当把商品化权看作是无形财产权来加以保护。[4]笔者不认同这种观点，商品化权具有财产性权利的属性，这一点毋庸置疑，但并不能因此否认其与知识产权之间存在的关联性，至少从以下几个方面看，商品化权的特征与著作权、商标权等知识产权具有一致性。

首先，从基本含义出发，知识产权指的是一种权利人对自己创造的智力成果所享有的专有性权利。[5]而无论是文学角色、漫画角色还是影视角色，每种类型的虚拟角色都是伴随作品产生的智力成果，都凝结着创作人的智慧结晶。例如。电视剧《红楼梦》（1987 年版）中由欧阳奋强扮演的男主角"贾宝玉"，其在剧中表现出的每一个动作、每一个神态，以及所讲的每一句话，甚至穿着打扮、外形特征等，都是经由制作人精心设计

---

〔1〕 王利明："论人格权商品化"，载《法律科学（西北政法大学学报）》2013 年第 4 期。

〔2〕 吴汉东："形象的商品化与商品化的形象权"，载《法学》2004 年第 10 期。

〔3〕 郑成思："商品化刍议"，载《中华商标》1996 年第 2 期。

〔4〕 曾世雄：《民法总则之现在与未来》，中国政法大学出版社 2001 年版。

〔5〕 郑成思主编：《知识产权法教程》，法律出版社 1993 年版。

的，最终才能塑造出"贾宝玉"个性鲜明的整体人物形象。因此，角色商品化权满足知识产权的核心内涵。

其次，从知识产权的特点来看，角色商品化权符合知识产权专有性、地域性和时间性这三点特征。[1]角色商品化权具有专有性，是一项专属于权利人的具有排他性质的权利，只有经过权利人授权，他人才能够就相关虚拟角色开展商业活动；角色商品化权具有地域性，仅能在其法律效力范围内得到法律保护，也就是说，依照我国法律取得的商品化权只能在我国的主权范围内行使，若与其他国家签订了双边条约，那么在其他国家领域也能发生法律效力；角色商品化权具有时间性，任何作品的著作权都有一定的保护期限，虚拟角色作为作品的附属物，其权利也应当遵循《著作权法》的保护原则，在固定的时间内才具有相应的法律效力。

最后，从实务角度来看，司法实践当中，法官在处理与角色商品化权相关的纠纷时，多数情况下都会引用《著作权法》《商标法》等知识产权类法律条文的规定。例如上文提及的适用知识产权制度保护影视角色商品化权的案例，都是通过知识产权类法律规定得到解决的，另外，"'欢乐颂'案"作为依照不正当竞争制度保护影视角色商品化利益的典型案例，其法官也认为虽然该案依据《反不正当竞争法》不能对原告正午阳光公司予以支持，但是可考虑适用《著作权法》进行调整，这说明角色商品化权与知识产权有着共通性，它们从本质属性上说是存在相似之处的。

通过对角色商品化权与知识产权的内涵、特点以及在实务中的具体操作进行比较，可以发现，角色商品化权与知识产权

---

[1] 吴汉东等：《知识产权基本问题研究》（第2版），中国人民大学出版社2009年版，第16页。

的特性具有高度的一致性，应当认为角色商品化权就是知识产权的一种。同时，影视角色商品化权作为角色商品化权的一个类别，其法律属性也应当从属于角色商品化权，因此，影视角色商品化权也应当被归入知识产权的调整范围内。

2. 影视角色商品化权的体系归属

上述对角色商品化权法律性质的分析表明，角色商品化权属于一种新型知识产权，因此应当将其作为知识产权的一项分支性权利，并与著作权、商标权等其他知识产权并列受到法律保护。此外，还可以参照美国对虚拟角色的分类方式，按照角色赖以存在的作品种类的不同，将虚拟角色分成文学角色、漫画角色和影视角色三大类别。由于每种类型的虚拟角色特性不同，具体的保护模式也应当有所区分，因此，相应的也应当对角色商品化权进行更为细致地划分，即分作文学角色商品化权、漫画角色商品化权与影视角色商品化权三类。

在制定法律制度的实际操作中，可以将文学角色、漫画角色和影视角色作为角色商品化权的保护对象，先设定统一的保护原则，再根据三种虚拟角色各自的特征出台相应的保护细则。这样既不会对原有的知识产权体系造成破坏，也能够为权利人和潜在的侵权人带来确定的指引，更重要的是，还能为法官审理与角色商品化权相关的案件提供清晰明了的法律依据。

影视角色商品化权作为角色商品化权的一种，其在法律体系中的地位归属也应该和角色商品化权保持一致，成为一项实质性的权利，纳入到知识产权法的体系当中。总之，影视角色商品化权不能再作为其他知识产权的影子，而无法写入裁判文书中，它是一种不同于著作权、商标权的具有独立地位的知识产权。

3. 影视角色商品化权的构成要件

上文在讨论保护影视角色商品化利益之必要性时，曾提到过影视角色商品化利益相较于另外两种类型的虚拟角色，涉及的法律关系更为复杂，实务中出现的司法案例更多，理论界的相关争议也较多，研究价值和研究意义显然更多一些。因此，本文主要以探讨影视角色商品化权为主，将影视角色商品化权的构成要件分析透彻，其他类型的角色商品化权相关问题自然迎刃而解。

首先，需要对影视角色商品化权的主体进行明确。影视角色来源于影视作品，那么，该角色的商品化权人自然是影视作品的创作者。在我国，影视作品的著作权人既不是导演，也不是投资人，而是该影视作品的制片者。通常情况下，观看一部完整的影视作品，在该作品的片头和片尾均会显示出品方，该出品方即为影视作品的制片者。[1]当然，影视作品常常是在文学作品或漫画作品的基础上进行的二次创作，实践当中往往难以辨别该角色的具体来源，此时可能需要结合影视作品著作权人与其他关联作品著作权人之间的具体约定，来对影视角色的权利主体加以判断。

其次，还要了解影视角色商品化权的客体。民事权利的客体，也称民事权利的标的，指的是民事法律关系中的主体享有民事权利和承担民事义务的所指向的对象。[2]具体到影视角色商品化权，其权利义务所指向的对象是影视角色及影视角色的相关要素，既包括影视角色的整体形象，也应当包括构成影视角色的局部元素，如名称、动作和台词等。

---

[1] 陈文文："影视作品的著作权人认定及继受人的权利合法性判断——评观视公司与华星公司著作权纠纷案"，载《中国版权》2015年第3期。

[2] 黄和新主编：《民法学》，厦门大学出版社2013年版。

最后，要对影视角色商品化权的内容展开分析。民事权利的内容是指权利人可以按照自己的意志享有一定的利益或实施一定的行为，[1]就影视角色商品化权来看，其权利人所享有的权利应当包含两方面内容，一是自行使用影视角色并获取一定收益的权利，二是禁止他人利用影视角色获取收益的权利，前者是积极地行使权利，后者是消极地保护权利。当然，这只是从宏观的层面来分析，具体的权利内容可以参照著作权、商标权等其他类型的知识产权进行设定，如出租权、展览权、许可权等等。

五、结语

美国著名学者罗纳德先生曾说过："我们有理由对传统上并不被认为是财产或财产权利的权利给予越来越多的关注与保护。"[2]影视角色商品化权作为一项新兴权利，无论是在法学理论界，还是司法实务中，都产生了不容忽视的影响，理应引起更广泛的关注。然而，从目前的法律现状来看，由于我国的法律体系中尚未纳入商品化权，影视角色商品化权始终被当作敏感词汇，甚至法官在审理案件时也在尽力避免提到相关的概念，影视角色商品化权并没有受到足够的关注，更没有得到充分的保护，这对我国法治道路的发展十分不利。因此，急需针对影视角色商品化权制定一套保护机制，从而更加全面、彻底地解决与影视角色商品化利益相关的民事争议。

---

〔1〕 刘春田编著：《民事权利》，法律出版社 1987 年版，第 5 页。

〔2〕 张礼洪："美国财产法的当前发展趋势"，载《外国法译评》1994 年第 3 期。

影视改编中保护作品完整权的
侵权认定标准研究

李玥琳*

一、绪论

保护作品完整权被首次写入《伯尔尼公约》是在 1928 年。首次被中国《著作权法》写入是在 1990 年。不仅在中国，在英国、美国等以复制权为中心的国家的著作权法中也相继被写入。经过几十年长期的司法实践和学术研讨，保护作品完整权也在慢慢成熟并孕育出新的问题。但是因为保护作品完整权在各类成文法和司法解释中的论述有限，在司法实践中各地法院在每个案件中的审理标准也非常不同。本文通过对我国现有审判案例的数据分析，归纳总结出现有审判标准和趋势。并结合英国、德国、美国等其他国家的做法，对保护作品完整权的侵权认定标准进行探讨。除此之外，本文对保护作品完整权的探讨是在影视行业的背景中，影视改编的相关特殊因素也会对保护作品完整权的认定产生影响。最后，针对侵犯保护作品完整权的影视改编笔者提出了一些对策建议。以期能在今后的影视改编中各方能重视保护作品完整权的风险防范。

---

* 泽东电影法律顾问。

二、影视改编与保护作品完整权概述

（一）影视改编相关概念

1. 改编

改编是一种具体的行为方式，是作者在在先作品的基础上创造出新的作品，且是具有独创性的作品的行为。[1]笔者将用改编和修改、借鉴、剽窃等三个概念的对比来更加明确地解析改编。

改编区别于修改。修改是对原作品进行改动、删节或增添，纠正有错误的地方，主要目的是为了提高文章质量，并未形成新的作品。改编是要对原作品进行独创性的改变，经过改编的作品是新作品。区分改编和修改的关键在于是否产生了新的创作，改动内容的量的多少并不是根本性因素。

改编区别于合理借鉴。改编可以用原作品所拥有的一切表达，而合理借鉴使用原作品的内容非常有限。如何使用才是合理借鉴这个问题在"琼瑶诉于正案"中有清楚的论述。这个问题主要分为两种情况：①单纯借鉴思想；②借鉴的是表达但是属于合理使用。首先第一种单纯借鉴思想的行为是允许的，通常也没有涉及侵害著作权的情况；第二种借鉴表达要考虑借鉴内容占总体的比例，包括在原创作者作品中的所占比例和新作品中的所占比例。而这个比例的衡量，不仅要进行量化考虑，还要考虑质的维度。比如借鉴内容的重要性、表达独创性角度，当然评判标准还需要结合具体案件情况进行个案分析判断。[2]

---

〔1〕《著作权法》第10条第（十四）项"改编权，即改变作品，创作出具有独创性的新作品的权利"。

〔2〕北京市第三中级人民法院（2014）三中民初字第07916号民事判决书。

改编区别于剽窃。剽窃分为低级剽窃[1]和高级剽窃[2]，是著作权法上明确的一种侵权方式。[3]高级剽窃和未经授权的非法改编行为在实践中非常相似，一般也是采用"接触+实质性相似"的判断方法。区分非法改编和高级剽窃主要看两者的外在表现形式，对于剽窃来说不仅要有利用原作品的表达，还要有将该表达占为己有的意思表示，因此剽窃行为是不会标明原作者身份的，但非法改编则会标注原作者的身份[4]，如改编自某某小说，通常这种情况是为了借原著作品的名气。

2. 改编作品

改编作品是指经过改编形成的新作品，实践中，判断一部文字作品是否为改编作品可分为下面三步：[5]首先，运用思想—表达二分法判断两部作品的相似部分属于表达还是思想。其次，相似部分是原著作品拥有独创性的，并不属于他人所有。最后，若这部分内容是具有独创性的表达，才需要比对这部分内容是否构成实质性相似。除此之外，还要结合这部分分量的多少以及是否构成在后作品的核心内容等因素综合考量。

另外，以上只说了"接触+实质性相似"标准的一部分，还有一个重大的前提就是"接触"。若新作品不可能接触到原作作

---

[1] 低级剽窃是指原封不动地照搬他人作品或者稍加改动他人作品并署上自己的名字。

[2] 高级剽窃是指改头换面地使用他人作品或者作品的片段，往往还加入了自己的创造性劳动。

[3]《著作权法》第47条第1款规定："有下列侵权行为的，应当根据情况，承担停止侵害、消除影响、赔礼道歉、赔偿损失等民事责任：……（五）剽窃他人作品的……"

[4] 陈锦川：《著作权审判：原理解读与实务指导》，法律出版社2014年版，第316页。

[5] 杨光夏："网络畅销小说改编的影视作品法律问题探究"，海南大学2016年硕士学位论文。

品，那么不管两者是不是相似，该作品都应该属于作者独创，作者享有完整的著作权。在符合"接触"这个大前提下，还要考虑以下其他方面因素，如①相似的独创性表达部分归属于公共领域；②是否属于借鉴及合理使用。如果排除构成实质性相似，新作品应该属于原创作品，享有完全、独立著作权。综上所述，并不是所有可能接触在先作品都构成改编，还需要用三步检验法，来进行具体个案分析。

3. 改编权

改编权属于作者的著作财产权，它是一种控制他人实施改编行为的权利。在我国《著作权法》演变过程中，改编权也经历了一个不断发展变化的过程。改编权规定在现行《著作权法》第 10 条第 1 款第（十四）项中。[1]在 1991 年《著作权法实施条例中作品的表现形式或者用途也是构成改编的要件之一。但 2001 年的《著作权法》删除了改编方式限制的相关表述，2010 年的《著作权法》依旧沿用删改版。但在最新的著作权法修改草案第三稿中又重新要求改编权是"将作品改变成其他体裁和种类的新作品"。在学界，关于改编权的定义是否要限定于作品类型的改变也有很大分歧。有观点认为改编是指"在不改变作品基本内容的情况下将作品由一种类型改变成另一种类型"[2]；也有观点认为无论是变更作品的表现形式、用途还是内容等，只要是根据原作品并且产生了具有独创性的部分，都应该归属于改编范畴。笔者倾向于第二种观点，这给予著作权人对改编权更大的掌控空间，加强了对其保护的力度。[3]

---

[1] 改编权，即改变作品，创造出具有独创性的新作品的权利。

[2] 胡康生主编：《中华人民共和国著作权法释义》，法律出版社 2002 年版，第 72 页。

[3] 张玲玲、张传磊："改编权相关问题及其侵权判定方法"，载《知识产权》2015 年第 8 期。

4. 摄制权

摄制权本身属于改编权的范畴，[1]是一种特殊的改编权。目前我国关于摄制权的案件纠纷中，绝大多数主张与改编权共同提出。摄制权在现行《著作权法》中这样规定："作者或者其他著作权人有权决定是否以及由谁将自己的作品摄制成电影、电视"。[2]其本质是将文字作品转换成电影作品这一形式，这是一个基于原文字作品的全方位再创作，不可避免要对原来的文字作品进行必要的删改。根据《伯尔尼公约》相关规定，电影作品的性质是演绎作品，公约还规定原作品作者对电影作品传播利用的控制权。根据《著作权法》第 15 条规定，除了可以单独使用的音乐、剧本等作者有权单独使用外，摄制而成的作品著作权由制片者享有。[3]

依据《著作权法实施条例》第 10 条规定，原作品权利人他方摄制影视作品时，需要对原作品进行改动的，不再需要取得原作品著作权人的同意，但是这一改动要在必要的范围内，不能构成"歪曲篡改"。在"天下霸唱诉《九层妖塔》电影侵害著作权案"中一审法院认为该条规定的主要功能，不是强调电影作品不得歪曲篡改原作品，而是要明确电影作品可以对原著作品进行必要的改动。[4]但二审法院提出了完全不同的观点，认为本条的主要功能是强调改编不得歪曲篡改元作品。[5]

〔1〕 刘春茂主编：《知识产权原理》，知识产权出版社 2002 年版，第 203 页。

〔2〕 董涛：《〈中华人民共和国著作权法实施条例〉释义》，法律出版社 2003 年版。

〔3〕 董涛：《〈中华人民共和国著作权法实施条例〉释义》，法律出版社 2003 年版。

〔4〕 北京市西城区人民法院（2016）京 0102 民初 83 号民事判决书。

〔5〕 北京市知识产权法院（2016）京 73 民终 587 号民事判决书。

（二）保护作品完整权的概念

早在 1990 年《著作权法》版本中，保护作品完整权的定义，即保护作品不受歪曲、篡改的权利。[1]根据《汉语大词典》的解释，"歪曲的意思是故意改变事物的真相或内容；篡改意味着用作伪的手段对作品进行改动或曲解"。[2]我国《著作权法》中关于保护作品完整权的规定主要有第 10 条、第 20 条、第 47 条及《著作权法实施条例》第 10 条。保护作品完整权的定义规定在第 10 条，第 47 条规定的是侵权行为，第 20 条讲的是权利的保护期限，对保护作品完整权的限制规定在实施条例第 10 条。

"保护作品完整权是保护作者表达自由的一项人权。"[3]作者有权对其作品进行独占和控制，未经过法律规定或者作者许可，任何人不得擅自改动作者作品。[4]这项权利属于作者的精神权利，为了保护作者的思想、精神、意图与作品的同一性。[5]但是这里说的作者的精神、思想和著作权法不受保护的"思想"意思并不是相同。"思想表达二分法"在著作权中起源于美国 1930 年的 Nichols v. Universal Pictures Corp. 案。该案中，汉德法官认为，在作品中，随着故事情节被剥离，故事的模式渐渐变得抽象而概括，仅仅剩下一个标题，此时这个最终概括

---

〔1〕《著作权法》（1990 年）第 10 条第（四）项保护作品完整权，即保护作品不受歪曲、篡改的权利。

〔2〕阮智富、郭忠新主编：《现代汉语大词典》，上海辞书出版社 2009 年版。

〔3〕Leslie Kim Trigger—Bar—Am and Michael Spence. Private Control/Public Speech//Katja S. Ziegler, *Humman Rights and Private Law*: *Privacy As Autonomy*, Hart Publishing, 2007, p. 177.

〔4〕程财："保护作品完整权与言论自由的边界及冲突——以'戏仿'为主线"，载《太原大学学报》2013 年第 2 期。

〔5〕李雨峰："精神权利研究——以署名权和保护作品完整权为主轴"，载《现代法学》2003 年第 2 期。

成的就成为"思想"不受著作权法的保护。[1]但保护作品完整权所保护的作者"精神、思想、意图"指的是作者在艺术创作的过程中渗透进作品、无时无刻不体现着作者的个人审美、技艺、价值观念等,"是用来展示作者非常的个性与时代精神烙印的内容"[2]。

关于保护作品完整权的定义,学界存在着分歧。有学者将保护作品完整权做如下定义"作者有权禁止他人歪曲、篡改和割裂其作品,且这种歪曲、篡改和割裂也是有损作者声誉的"。[3]也有学者认为,保护作品完整权的内容包括以下三点:首先有权禁止他人对作品进行歪曲、篡改,其次有权禁止他人对作品进行割裂或更改,最后有权禁止他人对作者声誉进行诋毁、贬损。[4]有观点认为,损害作者的声誉属于侵犯保护作品完整权的形式之一,但另一种观点认为损害作者声誉是侵犯保护作品完整权不可或缺的构成要件。

(三)保护作品完整权与改编权的关系

从权利属性上来看,保护作品完整权属于著作人身权,属于精神权利;改编权属于著作财产权,属于经济权利。关于精神权利和经济权利的关系主要存在两种不同的观点:"一元论"和"二元论"。"一元论"认为精神权利和经济权利相互紧密关联、相互依赖的,作者的人身利益与经济利益就好像一棵树的两个树根的比喻来自于德国学者乌尔默曾:"著作权原本是一颗完整的树,著作权中各个权利都从树根中汲取营养,人身权和

---

　〔1〕　Nichols v. Universal Pictures Corp.

　〔2〕　陈一痕:"保护作品完整权研究",华东政法大学 2012 年硕士学位论文。

　〔3〕　李明德、许超:《著作权法》,法律出版社 2003 年版,第 78 页。

　〔4〕　吴汉东主编:《知识产权法》(第 3 版),北京大学出版社 2007 年版,第 65 页。

财产权相当于两个能量储备，有时候从一个树根中汲取，有时候需要同时从两根汲取能量。"〔1〕"二元论"认为这两种权利是不同的，相互独立的。精神权利一般认为其具有较强的人身依附性，具有不可流动性。经济权利具有可流动性。改编权流动性的前提是财产权属性。财产权属性赋予了其直接的经济价值，成为市场流通物。正式这种专有权所具备的交易可能性与交易需求性，赋予了改编权的流动性现实意义。〔2〕我国《著作权法》采取的是作者精神权利与财产权利相分割的"二元论"观点。〔3〕

两者又会产生冲突。改编是指保留了原作品的独创性而又形成了新的独创性的新作品的过程，原作者将原本属于自身的改编权让渡给他人，这是基于财产权利的可流动性。但同时，保护作品完整权仍然属于原作者本身，当他人不合理地改编了作品，两对权利矛盾就会出现。〔4〕

（四）影视改编侵犯保护作品完整权的现状

随着影视行业的发展，对热门小说的影视改编也越来越常见，从 2010 年起，越来越多的网络小说被影视改编，特别是网络畅销小说。〔5〕网络畅销小说有广泛的读者群体，这大大利于改编后的影视作品的传播。移动互联网时代下传播媒介的多样化和影视改编作品的高收益性，以及影视作品自身给观众的形象、

---

〔1〕 ［德］M. 雷炳德：《著作权法》，张恩民译，法律出版社 2005 年版，第 27 页。

〔2〕 冯宏声："保护作品完整权与改编权的博弈"，载《中国知识产权报》2009年 5 月 22 日。

〔3〕 北京知识产权法院（2016）京 73 民终 587 号民事审判决书。

〔4〕 张慧春："论作品精神权利保护——以文学作品改编成电影作品为例"，载《湖北警官学院学报》2013 年第 12 期。

〔5〕 杨光夏："网络畅销小说改编的影视作品法律问题探究"，海南大学 2016年硕士学位论文。

生动的艺术感受等。〔1〕

　　但是，已经改编成影视的作品出现了很多的法律纠纷。这些纠纷大部分是著作权纠纷。除了信息网络传播权、发行权外，改编权和人格权纠纷也越来越多。就本文重点讨论的保护作品完整权来说主要存在以下三种侵权类型：

　　第一种是狗尾续貂，基于原作品编写续集。此种情况通常没有经过原著作者的授权。1992 年，鲁兆明创作的《围城之后》由春风文艺出版社出版发行，这是《围城》的续集，沿用了原先的人物、人物关系、情节等。《围城》作者钱钟书先生以此书侵犯其保护作品完整权为由，请求著作权管理机关予以处理。〔2〕2015 年网络小说《匆匆那年》也经历了相同的问题。2012 年，作者九夜茴将小说《匆匆那年》的改编权转让给搜狐视频。到 2015 年，搜狐视频续写了《匆匆那年》，并完成了网络剧《匆匆那年：好久不见》的制作和发行。但是，九夜茴对此并不知情，也没有参与续集的制作过程。因此，九夜茴认为搜狐视频此举超出了双方合同中约定的改编的合理范围，侵犯了她的保护作品完整权。〔3〕

　　第二种是滑稽改编，法律术语称为戏仿。最著名的例子就是网友胡戈为了吐槽陈凯歌导演的电影《无极》，自己重新剪辑了一个新的搞笑短片《一个馒头引发的血案》，引来了极大社会反响。陈凯歌导演和制片方将胡戈告上法庭，起诉其侵犯保护

---

　　〔1〕　马晓明："论影视作品中改编权与保护作品完整权的冲突和平衡"，载《中国版权》2016 年第 1 期。

　　〔2〕　姚金海："保护作品完整权的法哲学思考——结合几则中外案例分析"，载《湖南民族职业学院学报》2007 年第 1 期。

　　〔3〕　马思遥："浅谈改编权的空间与限制——以文学作品改编成影视作品为例"，载《法制与社会》2017 年第 2 期。

作品完整权。这是个人著作权的保护和言论自由的冲突。[1]这种行为人通常抱着讽刺、戏谑的心里，主观心态是恶意的。但客观上是否造成保护作品完整权的侵犯还要具体问题具体分析。滑稽模仿是否构成合理使用要看是否符合在《伯尔尼公约》《与贸易有关的知识产权协议》和《世界知识产权组织版权条约》等国际协议中的"三步检验法"[2]。首先，滑稽模仿的确会对著作权人造成损害，但这种"损害"是"合理"的。其次，不能影响原作品的正常使用。最后，判断前两条的标准就是在于是否产生了商业竞争意义上的"替代作用"。

第三种改编行为因为其改变量较大或者与作者的意思相违背，常常造成作者和改编方的分歧。如天下霸唱诉电影《九层妖塔》，歪曲、篡改其原著小说，原告认为此举侵犯了他的保护作品完整权。[3]且有趣的是，一审和二审的法院的观点大相径庭：一审法院认为被告并未损害原著作者的声誉，不构成对原告保护作品完整权的侵犯。还指出："本案争议的法律焦点是保护作品完整权的边界问题，但纵观小说创作、电影改编、公众观看的各环节，实际上涉及文化创造者、商业利用者和社会公众的多方利益。为协调好激励创作、促进产业发展和保障大众文化需求之间的关系，在充分尊重、维护小说作者人格尊严和声誉的前提下，考虑到电影行业上百年的改编历史和电影产业当下的发展现实，亦应充分尊重合法改编者的创作自由和电影作品的艺术规律，促进文化的发展与繁荣，满足社会公众的多元化文化需求，使利益各方共同受益、均衡发展。"而二审法院

---

〔1〕 苏力："戏仿的法律保护和限制——从《一个馒头引发的血案》切入"，载《中国法学》2006年第3期。

〔2〕 李明德等：《欧盟知识产权法》，法律出版社2010年版，第297页。

〔3〕 北京市西城区人民法院（2016）京0102民初83号民事判决书。

认为"涉案电影中把外星文明直接作为整体背景设定，并将男女主人公都设定为拥有一定特异功能的外星人后裔，严重违背了作者在原作品中的基础设定，实质上改变了作者在原作中的思想观点，足以构成歪曲篡改。

三、我国司法关于侵犯保护作品完整权的认定标准

（一）关于侵犯保护作品完整权案件的数据分析

笔者使用"无讼案例"法律文书数据库，输入关键词"保护作品完整权"，选取了 1500 份相关判决书。并对其进行数据分析，从案件审判年份、审判法院所在地、结案审级、使用的审判标准等四个方面进行整理分析，从而得出以下报告：

1. 案件审判年份

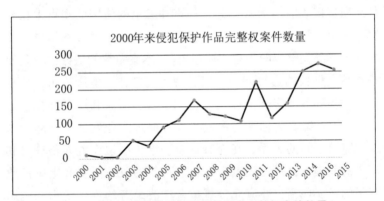

图 1　2000 年以来我国侵犯保护作品完整权案件数量

从图 1 中可以清楚看出，从 2000 年以来，我国侵犯保护作品完整权的案件数量整体呈波动上升趋势。

2. 审理案件法院所在地

审判法院所在地

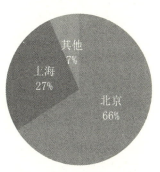

图 2　2000 年来我国侵犯保护作品完整权案件受理法院

从图 2 中清楚地得出，2000 年以来我国侵犯保护作品完整权案件主要审判法院为北京和上海，其中北京是大部分，占66%，上海排名第二。其他集中在浙江、天津、河北等地。

究其原因，首先，北京上海两地经济比较发达，经济越活跃，案件纠纷越多；其次，北京上海两地有两个专门的知识产权法院审理知识产权类案件。

3. 审理结案审级

结案审级

图 3　我国侵犯保护作品完整权案件结案审级

根据图3显示，自2000年以来我国侵犯保护作品完整权的案件有43%进入二审，57%以一审结案。可以看出，侵犯保护作品完整权有一定的复杂性，约半数会进入二审程序。

4. 认定侵犯保护作品完整权裁判标准

全国法院认定侵犯保护作品完整权的标准

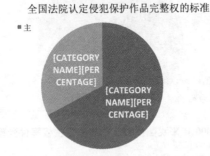

图4　我国法院认定侵犯保护作品完整权的裁判标准

根据图4显示，在笔者检索的1500份侵犯保护作品完整权的判决书中，法院考虑了"有损作者声誉"要件的有488份，占33%。因此，即使没有法律明文规定和支持的客观标准，法院在司法审判中依然适用。

有观点认为"损害了作者声誉"应该作为保护作品完整权的必要条件，司法实践中也常对此产生分歧。我国《著作权法》条款中并没有"损害作者声誉"这一要件，而《伯尔尼公约》规定对作品所进行的贬损性处理需要有损作者的声誉。我国法院在现行著作权法体系下如何判断侵害保护作品完整权呈现出司法不统一的混乱局面，具体来说存在两种不同的标准，即"主观标准"和"客观标准"。

（1）主观标准。"主观标准"认为只要违背作者意思对作品进行了改变，即构成侵害保护作品完整权。这种做法的实质就是将"歪曲、篡改"作品行为本身和"违背作者意思对作品进行修改"或者"未经同意对作品的修改"等同起来。法院对主观标准中"违背作者意思"的理解也分为两种，一种理解为"违背作者不希望对作品进行改变的意思"，另一种则理解为"违背作者在作品中表达的原意"。[1]

（2）客观标准。"客观标准"认为对作品的"歪曲、篡改"要包含客观上损害了作者声誉这一要件[2]。此时就要对"声誉"来进行界定。保护作品完整权中的"声誉"和民法中侵犯名誉权中的"名誉"是不一样的。民法中的名誉指的是社会对他人的普遍评价。而著作权法上保护作品完整权中的"声誉"势必要和作者的作品联系在一起，他不是普通的个人，是作为一个作者的名誉。

（3）对两个标准的评价。客观标准和主观标准各有其不足的地方。对于主观标准来说，过于保护原作者的利益，只要违背原作者的意愿进行修改，都会构成对保护作品完整权的侵害。这样的判定标准会造成作者滥用这项精神权利。[3]而对于客观标准来说，"有损作者的声誉"这一要件无疑限制了作者滥用权利。但是同时他也存在很多问题：第一证明声誉损害有一定的困难，是否对作者的声誉造成损害在很多情况下每个人的看法都不一样，见仁见智。其次，对作品的改编除了对作者声誉的贬损之外，是否还存在提高作者名声的情况，如一本小说被改编成了电影，客观上提高了原小说的知名度，反而提高了小说

---

〔1〕 刘有东："论侵犯保护作品完整权之行为"，载《西南民族大学学报（人文社科版）》2010年第4期。

〔2〕 李扬、许清："侵害保护作品完整权的判断标准——兼评我国《著作权法修订草案（送审稿）》第13条第2款第3项"，载《法律科学（西北政法大学学报）》2015年第1期。

〔3〕 李明德、许超：《著作权法》（第2版），法律出版社2009年版，第63~64页。

的销售量，但可能社会评价不怎么样，这种情况下作者认为是对自己声誉的贬损，但是却因此收获了客观上的利益。

笔者认为，不论是主观标准还是客观标准都不够完善。相比之下，笔者更加认同使用客观标准，"有损作者声誉"是用来防止原作者滥用自己的精神权利，特别是当原作者有偿转让自己的改编权的情况下，又利用保护作品完整权提出起诉，会对之前商务合作的稳定性造成毁灭性打击。

（二）关于侵犯保护作品完整权典型案件的裁判要旨分析

笔者选取几份比较典型的侵犯保护作品完整权的判决书，对其中法院的裁判要旨进行分析。发现以下特点：①法院对保护作品完整权的侵权认定标准不一，是具体案件具体分析。客观标准和主观标准都有出现。②不同作品类型、不同侵权行为以及双方的合同约定对最终的裁判结果都会产生很大的影响。

如在手 ZX 桃子诉文采公司著作权纠纷一案中，北京市二中院认为手 ZX 桃子已经相关权利转让给文采公司，如果其认为涉案小说中的某些特定内容，比如人物年龄、外貌特征等是必须保留和坚持的，应当在著作权转让合同中明确约定。如果没有明确的规定，制片方为了符合拍摄电视剧需要而做的改动不侵犯其保护作品完整权。[1]

在苏州市历史文化名城研究会诉吴恩培一案中，法院认为应该允许不同的人对真实人物沈万三的塑造。《巨商》一书虚构"沈万三为乞求与外商做生意将爱妾送洋人"的情节是塑造人物所必需。且沈万三为真实历史人物，不是《江南》专有原创的人物形象，因此法院判定该行为不构成对编辑作品《江南》的歪曲和篡改。[2]但在韩寒诉苏州市古吴轩出版社一案中，出版

---

[1] 北京市第二中级人民法院（2011）二中民初字第 16049 号民事判决书。
[2] 苏州市中级人民法院（2013）苏中知民终字第 0019 号民事判决书。

社将《小镇生活》和《早已离开》两部作品作为一个故事直接拼在一起，并命名为《纸上的青春》。法院却认为该行为侵犯了韩寒享有的保护作品完整权。[1]

在宁勇诉《卧虎藏龙》三电影著作权人一案中，电影《卧虎藏龙》使用了《丝路驼铃》片断，制片方在《卧虎藏龙》是使用的该音乐的片段，只用了 2 分 18 秒。宁勇认为这构成对他的保护作品完整权的侵犯。法院认为，第一，是举证存在问题，宁勇从音乐时间删改上进行了陈述，并未举证证明在电影中删减的具体情形和删减了哪些曲段。第二，电影作品中使用音乐作品，按照电影的需要，对音乐作品做出适当的、小范围的删节或改动是允许的。第三，电影制片方把宁勇欲表现沙漠驼队坚韧不屈精神的《丝路驼铃》用于剧中人物的打斗场面符合剧中欲表现的也正是女主人公玉娇龙的不屈与坚韧的个性。综上，宁勇主张三电影著作权人侵犯其保护作品完整权的主张不成立。该案二审法院维持了原判。[2]

综上所述，笔者认为判断是否侵犯保护作品完整权，需要遵循主客观相统一的原则。主观上是否有歪曲、篡改原著作者最核心精神最想表达的部分的故意，客观上是否真实给作者（围绕作品的）的声誉带来了实际损害，需要两者结合，综合考量，才不会让给人造成裁判过于主观臆断。

---

〔1〕 北京市第二中级人民法院（2005）二中民终字第 15285 号民事判决书。
〔2〕 广东省高级人民法院（2006）粤高法民三终字第 244 号民事判决书。

（三）其他影响因素

1. 是否拥有合法授权

图5　侵犯保护作品完整权案例中有合法授权的比例

根据图5显示，在搜集的1500份案例中，只有240份判决中表明是在合法授权的基础上侵犯保护作品完整权，仅占16%。首先，有合法授权协议在先，能够很好地避免一些不必要的纠纷，交易双方有了一定的信任基础。其次，法院会将得到合法授权这个因素纳入考虑范围。使用作品的权限方面，应当区分被诉作品是否获得相应授权。对于通过合法方式取得部分或者全部著作财产权的，作者本人虽然控制着作品的人身权，但基于合同履行的诚实信用原则和作品创作与传播之间的利益平衡原则，应当对保护作品完整权的行使予以一定程度的限制。[1]

2. 原作品的知名程度

保护作品完整权的出现为的就是要保护作者的思想与他的作品所表达出来的思想保持一致，禁止他人对通过改变作品对作者真实的思想、意图、目的错误传播。若采用客观标准来进行判定，其中就包含了"损害作者声誉"。声誉的意思是全社会对其的普遍评价。因此，将原作品的知名程度纳入考量范围就是必需的。原著是否已经发表，销售量、影响力等都成为判断

---

〔1〕北京市西城区人民法院（2016）京0102民初83号民事判决书。

是否侵权的因素。

3. 影视改编中的特殊影响因素

（1）特殊作品类型。对于演绎作品来说，除了有作品的独创性表达部分，还要有自己的独创性表达部分，不然就称不上是一部演绎作品。而文本要进行影像化的改编必然要对原著进行一定程度的更改，文本是平面的、抽象的，影像是复杂的、三维的、具象的、形象的，在抽象的小说剧本等文字作品变成影像过程中，必然要对原著内容发生一定程度的改动。

解析《著作权法实施条例》第10条之规定，从体系解释的角度讲，主要目的是要明确电影作品可以对原著作品进行必要的改动，并不是强调电影作品不得歪曲篡改原作品。因此，充分考虑法律关于电影作品的特殊规定在审理影视改编案件中非常重要。电影创作有其特殊的规律。首先，从小说到电影的最终完成，需要经历剧本创作、导演阐述、分镜头创作、拍摄、后期剪辑等多个环节。其次，预算限制、资金的筹措和支出、演员遴选、市场需求、宣传要求等种种复杂的问题都是在电影制作特别是商业电影的制作过程中需要考虑的，这些因素的变化会引起电影内容的调整。

（2）审查风险。在我国，影视行业要受到国家行政机关的管理，特别是国家广电总局对内容的审查。我国影视内容审查行政部门的审查标准不太稳定，不符合要求的内容随时存在下架、禁播等风险。2016年年初，大批网络剧被下架，[1]其中不少都有不俗的口碑，下架理由是这类网剧涉及血腥暴力、色情

---

〔1〕 据不完全统计，名单包括《心理罪》《暗黑者1》《灵魂摆渡2》《盗墓笔记》《太子妃升职记》《上瘾》《无心法师》《探灵档案》等。

粗俗、封建迷信等。〔1〕

2016 年 3 月实施的《电视剧内容制作通则》详细规定了不可以在电视剧中出现的具体内容。

下表是根据国家广电总局官方网站上信息总结的和内容审查有关的各项法律及规章〔2〕。

法律位阶	序号	名称	施行日期
法律	1	电影产业促进法	2017 年 3 月 1 日
行政法规	1	广播电视管理条例	1997 年 9 月 1 日
	2	电影管理条例	2002 年 2 月 1 日
	3	音像制品管理条例	2002 年 2 月 1 日
	4	互联网信息服务管理办法	2000 年 9 月 25 日
	5	国务院关于修改《音像制品管理条例》的决定	2001 年 3 月 19 日
部门规章	1	音像制品复制管理办法	1996 年 2 月 1 日
	2	电影剧本（梗概）备案、电影片管理规定	2006 年 6 月 22 日
	3	《中外合作制作电视剧管理规定》的补充规定	2008 年 1 月 1 日
	4	互联网视听节目服务管理规定	2007 年 12 月 20 日

---

〔1〕 "2016 广电新规下的电视剧死亡名单［完整版］"，载 http://mt.sohu.com/ 20160306/n439529415.shtml，访问日期：2017 年 4 月 2 日。

〔2〕 资料来源：国家广电总局官网，载 http://www.sapprft.gov.cn，访问日期：2017 年 4 月 2 日。

法律位阶	序号	名称	施行日期
部门规章	5	音像制品制作管理规定	2008 年 4 月 15 日
	6	关于废止部分广播影视规章和规范性文件的决定	2009 年 1 月 20 日
	7	复制管理办法	2009 年 8 月 1 日
	8	电视剧内容管理规定	2010 年 7 月 1 日
	9	关于废止部分广播影视部门规章和规范性文件的决定（其中包括《音像制品内容审查办法》）	2010 年 11 月 12 日
	10	音像制品进口管理办法	2011 年 4 月 6 日
	11	网络出版服务管理规定	2016 年 3 月 10 日
	12	关于修改部分规章的决定（其中包括《电视剧内容管理规定》）	2016 年 5 月 18 日
规范性文件	1	关于立即停止播出"健康365"和"杏林好养生"等养生类节目的通知	2014 年 6 月 6 日
	2	关于立即停止播出"名酒汇""胖大夫"等 22 条违规广告的通知	2015 年 1 月 27 日
	3	关于立即停止播出"瘦身大赢家"等 31 条违规广告的通知	2015 年 3 月 16 日
	4	关于立即停止播出"长寿密码"等 31 条违规广告的通知	2015 年 6 月 5 日
	5	国家广电总局随机抽查事项清单	2016 年 8 月 29 日

综上所述，我国严格的审查制度也是影视改编过程中制片方会考虑的因素，为了通过审查而迫不得已的改掉原著作品中的部分情节以及设定也是无奈之举。

四、侵犯保护作品完整权的认定标准的国际经验

（一）国际公约

与著作权相关的国际公约有两个：《世界版权公约》《伯尔尼公约》。《世界版权公约》要求成员国必须予以保护的只有四项经济权利，[1]《世界版权公约》没有要求成员国保护作者的精神权利，这主要是因为美国等一些国家的国内法不保护精神权利，公约要与其保持一致。因此，只有《伯尔尼公约》中有对作者精神权利的保护。

根据《伯尔尼公约》的第 6 条之二的规定对于保护作品完整权必须包括"实际损害作者声誉"。在司法实务上，司法机关对于保护作品完整权的司法认定，也同样遵循着上述理论及原则。[2]

（二）英国

"有损作者声誉"[3]要件在美国和英国法中明确提出，"视觉艺术"及"享有版权之影片的导演……损害性处理要求对作品处理达到歪曲、割裂的程度，或其他方面有损于作者声望或名誉"。[4]这类理论评述文章较多，按作者引用文献及关键词寻

---

〔1〕 复制权、公演权、广播权以及翻译权。

〔2〕 张慧春："论作品精神权利保护——以文学作品改编成电影作品为例"，载《湖北警官学院学报》2013 年第 12 期。

〔3〕 Prise de parole Inc v Guerin.

〔4〕 Clark v. Associated Newspapers Ltd〔1998〕EWHC Patents 345（21st January, 1998）.

找基本可确认为通说观点。[1]而"有损作品思想"的原理是"保护作品完整权维护思想的同一性"。[2]但是判断是否构成对作者思想的损害的判断标准仍不完善。[3]作者思想是否受损仍然取决于作者的主观判断。[4]因此,有观点认为,足以造成公众对于作品的误解是侵犯保护作品完整权的必要条件。

在 Ritchie v. Sawmill Creek Golf & Country Club Ltd. et al. 案中,原告是一位摄影师。度假村网站需要日常维护和运营,度假村便看上了这位摄影师的作品。当时摄影师和度假村的主人关系良好就当作礼物送给了他。最后度假村网站上使用了这张照片并进行了放大处理,后摄影师状告度假村侵权。摄影师认为,度假村放大照片并没有他的允许,在某种程度上侵犯了他照片的精神权利。司法安大略省高级法院司法迪沙尔姆没有发现任何歪曲,篡改或其他修改会造成损害原告的名誉或声誉。这个结论,要区别于 Snow v. The Eaton Centre 一案的情况,并指出,在这种情况下,摄影师的证据并没有充分支持有关的照片,放大他的位置等的意见。

在 Frisby v. BBC 案中作者仍然可以依靠旧的普通法的权利作为他们替代形式的救济,如果专用的道德权利的要求是可疑的,或被视为不可能成功。同样,作者有时可以依靠合同权利,如本案中,赔偿请求人可以用合同条款约定的方式阻止他人修改他的工作成果。如阻止英国广播公司对他的作品做结构性的更改。原来这些都是作者救济的唯一形式,虽然 1956 年版权法第 43 节创造了一个"张冠李戴"的侵权形式。

---

[1] Stevens v National Broadcasting Co.

[2] CARTER v. HELMSLEY-SPEAR, INC. , 71 F. 3d 77 (2nd Cir. 1995).

[3] Snow v. The Eaton Centre.

[4] Contract Law: Film Directors and Editing Rights for Television.

（三）美国

Carter v. Helmsley-Spear Inc. 案试图用视觉艺术家权利法案（VARA）来保护作家的精神权利。VARA 于 1990 年通过，并增加了在美国的关于艺术家（包括作者）的几个精神权利，以防止其作品被损害的权利。

该案案情主要是两个雕塑家在一个大楼的大厅做了一个雕塑。新业主未经许可就拆除雕塑，艺术家起诉其触犯了视觉艺术家权利法案（VARA）。VARA 规定禁止歪曲、篡改一个艺术家的作品，但不能延伸到"租用做工作"（其中，根据情况，委托工作的一方被认为是创造者和原来的主人）。VARA 一般旨在保护两项权利：①"诚信"，这使得作品的创作者，为防止作品任何变形和篡改，他或她已转移工作的所有权。②"归属"，一般由艺术家所有，并防止归因于别人的工作创造。此项权利包括防止他人，包括作者的原创作品的歪曲版本创作的作品使用作者的姓名权。然而在本案中，涉案的艺术家的雕塑是雇佣作品，它并不属于 VARA 保护。

在 Stevens v. National Broadcastings company 案中法院审判的主要问题在于是否错误地解释与原告的主张的"切割"，由原告监制和导演的电影"编辑"权限，根据劳动合同的规定被告也享有。当剪辑完成后，呈现在电视上一个"在阳光的地方"的画面，是由被告美国国家广播公司根据与被告派拉蒙影视制作公司，被告派拉蒙电影企业的附属公司所拥有的电影授权协议电视转播。同样，在另外两个同样拥有电影"编辑"权利的范围也被提起诉讼。原告要求禁令救济，并以宣告式判决来解决双方的合同项下的相互冲突的要求。原审法院否认一项禁令，以损害赔偿的方式因违反技术协议给付原告 1 美元，并宣布针对三部影片的权利和各方的职责如下：①被告派拉蒙影业公司禁止应用其中的所有权利；②有许可权表示，画面展示在电视上被广告中断；被告及全国广播公司，派拉蒙的许可相对于"在阳光的地方"，有这样展示的权利；③禁止对画面的制作是违反双方协议的。

（四）德国

利益平衡原则是德国著作权法中的重要原则，在许多条文中都有相关规定。[1]利益平衡原则要求即使是对著作进行了歪曲或损害，著作权人及使用权人也应互相考虑对方的利益，从而做出一些妥协。德国《著作权法》第93条第二段规定："他们相互之间和与电影制作人之间应当互相适当考虑对方利益。"那么，如何把握"适当考虑对方利益"这一尺度呢？在 Maske in Blau 案[2]中法院认为，这一尺度很难有一个通行标准。从原作者的角度来说他希望保留自己作品最精华的部分，但从改编者的角度来说又希望维护自己的使用权。每一方都有自己的尺度，法院只能尽量从中平衡。

德国法院用"三步检验法"来检验个案利益平衡问题。第一步判断是否有歪曲或其他损害的存在；第二步看歪曲或其他损害是否损害了作者的意图、观点，甚至损害了作者的声誉；第三步将纠纷双方的利益进行比较。著作权人之所以反对他人对自己的作品更改是基于他有权决定属于自己的成果展示给世人的样子。但是，著作权人想要自己的作品获得最大程度的经济利益，就需要授权/分享给他人对作品的利用，此时就必须考虑到在使用权人在使用作品过程中技术水平、经济能力、商业

---

〔1〕 范长军译：《德国著作权法》（德国著作权与邻接权法），知识产权出版社2013年版。

〔2〕 [德] 阿道夫·迪茨："德国著作权法中的人身权利"，许超译，载刘春田主编：《中国知识产权评论》（第2卷），商务印书馆2006年版，第179页。

目的等多种因素而对作品进行更改。有时不仅仅是作品经济利益最大化的考量，同时，还包括社会公共利益，因为个人智力作品的传播和推广也是符合社会文化建设需要的。法院在考量作者权益时，会考虑改动是否涉及作品中公有领域的部分，或者是否改变了作品中最具有个人特色的地方，但"著作人的过分敏感和过分虚荣则根本不予考虑"〔1〕。德国的三步检验法在遇到法律规定无法判断的情况下，不失为是对现实生活中的个案较为科学合理的方法。

五、完善影视改编中侵犯保护作品完整权认定标准的对策建议

根据前文所分析的混乱的司法裁判标准将可以得出这样的结论：剧本作者将摄制权以许可方式转移出去，但还能用保护作品完整权来反控制；因此，保护作品完整权对应的成为剧本作者与制片方冲突的焦点。而如前文所述，保护作品完整权的认定标准还存在许多缺陷，这就需要主要依靠作者、影视公司、法官等人的主观判断。〔2〕因此，笔者将从司法、行政、商业交易三个方面来提出解决办法，给这个问题的解决提供一些思路。

（一）司法方面

对于司法审判工作来说，确定相对统一的审判标准是关键。"主观标准"和"客观标准"哪一个更加适应现代社会的发展，这要站在《著作权法》的立法宗旨上来考虑。《著作权法》第1条明确规定，立法宗旨是鼓励各种对社会主义精神、物质文明建设有帮助的优秀作品，来促进这些作品的创作和传播，共同

---

〔1〕 ［德］阿道夫·迪茨："德国著作权法中的人身权利"，许超译，载刘春田主编：《中国知识产权评论》（第2卷），商务印书馆2006年版，第179页。

〔2〕 马晓明："论影视作品中改编权与保护作品完整权的冲突和平衡"，载《中国版权》2016年第1期。

促进社会主义文化和科学事业的发展与繁荣。因此，《著作权法》的立法宗旨还是倾向于保护公共利益的。"主观标准"相比较"客观标准"比较混乱而不确定，客观标准适用起来更加明确具体。

综上所述，笔者建议将"主观标准"和"客观标准"相结合，在对作者的保护作品完整权进行一定程度限缩的同时不要僵化认定标准，坚持主客观相统一的原则。

（二）行政方面

首先最重要的就是国家电影审查部门的各项法令规章制度的出台应该保持稳定性，特别是对于影视内容审查方面。

（1）制定明晰的事先审查标准。

（2）国家提倡电影创作的三性统一："思想性、艺术性、观赏性"；三贴近："贴近实际、贴近生活、贴近群众"；一个有利于："有利于保护未成年人健康成长。"根据总的指导方针[1]制定了内容的审查标准，分为禁止载有的内容和应删减修改的内容。根据现有的审查标准来看规定比较笼统，且解释权归相关部门，这样大大增加了制片方的审查风险。制定相对明晰的事先审查标准，如将电影剧本呈报审查，对不符合要求的地方及早退回整改，进而遏制影片全部摄制完成而因审查原因不能上映的尴尬境地。

（3）推进影视分级制度的建立。虽然在中国的国情下，现行的审查制度无法马上取消，但审查制度的存在对产业造成的困扰是无可厚非的，它不仅限制了电影作者的表达与原创力，还将审查人员的政治意识强加于电影的创作理念中，很大程度上限制着国产电影艺术的发展。所以，电影分级制度的推进是

---

[1] "大力发展先进文化，支持健康有益文化，努力改造落后文化，坚决抵制腐朽文化。"

非常必要的。第一便于电影放映的整体有序管理。不论制片方还是影院方都有了明确的指向。第二更加有利于保护青少年身心健康，这也是最重要的原因。[1]第三电影分级制度也为观众提供了一种观影选择性的期待。除此之外促进了电影制作的多元化，让电影制作方和管理方拥有法律的保障。让电影的完整性和艺术价值得到更大程度的保护。

（三）商业交易

著作权法第三章规定了著作权许可使用和转让合同，合同是每一个商业交易的文本体现，也是解决权利冲突最实用的手段。

当小说或者剧本要被摄制成影视作品时，作者与制片方可以通过合同来实现一切细致的利益平衡。为了避免未来发生保护作品完整权这类比较复杂的诉讼，双方可以事先将细节在合同中明确。第一种方案作者可以明确什么不可以改动，而什么允许改动，甚至对改编的量化范围、作者是否对改编有建议权进行直接约定。第二可以采取双方认可的第三人进行后续改动的认定，确定一个双方都信任的权威。笔者认为对每一种解决方案，都应当标明双方利益的让渡范围，通过一些具体条款来进行约定，如："双方确认，某人物设定、背景、环境等不能更改，其余部分的更改不视为对原著保护作品完整权的侵犯。"[2]

六、结语

随着社会经济的发展，文化产业的作用越来越大，《著作权

---

〔1〕 周旻："浅论中国电影审查制度现状及其改革"，中国政法大学 2010 年硕士学位论文。

〔2〕 张慧春："论作品精神权利保护——以文学作品改编成电影作品为例"，载《湖北警官学院学报》2013 年第 12 期。

法》也越来越受重视。《著作权法》中如保护作品完整权的难点问题日益凸显。我国《著作权法》上有关保护作品完整权的规定应当基于诚信原则和交易的稳定性予以完善。首先，赋予作者保护作品完整权是知识产权领域对作者人权保护的体现；其次，也更利于他人对该作品的正常使用，从而使作品价值最大化。实际上国家之所以在法律上给予作者这种权利，首先是为了保护人类文化的传承和文明的发展，其次在这个互联网信息时代大环境下让电子网络大发展，民主社会也会更自由、更繁荣。

关于保护作品完整权的概念、性质、构成要件及适用方法在司法实践和学术理论上的讨论越来越多。从本质上讲，保护作品完整权是作者和制片方、社会公众等其他主体间的利益平衡方式。立法原意是对作者的尊重、彰显人权价值。但在实际司法实践中，作者个人人权和社会公共利益、商业利益等多种利益的冲突还需要法官在具体个案中平衡。